社会の見方、測り方
計量社会学への招待

An Introduction to Sociometrics

Sociometrics

数理社会学会　監修

編集
与謝野有紀　YOSANO Arinori
栗田宣義　　KURITA Nobuyoshi
高田　洋　　TAKADA Hiroshi
間淵領吾　　MABUCHI Ryogo
安田　雪　　YASUDA Yuki

勁草書房

刊行の辞

「計量社会学」という用語は、当初は狭い特定の研究領域を意味するものとして使われた。それは小集団における対人関係の測定と記述を目的とした sociometry の訳語としてであった。その後、sociometry はそのままソシオメトリーと表記され、その用法が定着するにともない、計量社会学という語は一般にはほとんど使われない時期があった。そして現在、計量社会学という語は経験的研究による社会学理論の構築および展開という意味で誤解をともなわず共通に認識されるようになり、その欧文訳として sociometrics を当てようという気運のあらわれとともに、近年になって積極的に利用されはじめてきている。

計量社会学は、データ解析を手段として用いることにより、社会現象を記述し説明することを目的とする。計量社会学は社会学の他の分野と同様に、社会学独自の問題関心や概念枠組によって基礎づけられる。ただ、説明手段としてデータ解析を用いること、すなわち社会学の諸概念や命題を経験的に得られるデータを用いて計量化し検証することによって社会現象を説明する点にその特徴がある。

このような計量社会学に興味をもち、これから学び研究していこうとしている初学者は、つぎの2つの質問をしたくなるであろう。

1つ目は、社会学ではこれまでどのような計量的手法がどのように使われているのか、という質問である。これにたいする答えは、社会統計学や社会調査法にかんする良書と興味のあるテーマを扱っている実証的な論文とを読むのがよいということになる。これはしごく真っ当なものであり、いずれは避けて通れない道である。しかし、初学者には荷が重い。計量的手法には多種多様なものがあり、手法の説明には数学的な記号や式が多用されるからである。

2つ目は、計量的手法と対応した社会学理論にはどのようなものがあり、先行研究がどのように展開されてきているのか、という質問である。これにたいする答えは、社会階層と社会移動や意識・態度、社会関係・社会構造の領域で

刊行の辞

展開がなされてきているから、これらの中から興味のある書物や論文を読むのがよいということになる。これもまたしごく真っ当なものであり、いずれは避けて通れない道である。しかしやはり、初学者には荷が重い。各テーマには膨大な研究の蓄積があり、はじめからそれにのめり込んでしまっては多様な理論や議論に触れることができないからである。

　本書はこうした初学者からの素朴な、しかしもっともな質問に応えるべく、計量社会学の全体像が一冊で見渡せるやさしい入門書をめざして、数理社会学会の学会事業の1つとして企画されたものである。既刊の『社会を〈モデル〉でみる―数理社会学への招待』と姉妹編をなしている。本書の各項は、社会学のテーマと計量的手法の目的とではじまる。そして、理論や仮説あるいは目的が明確な先行研究に言及し、手法の使用が当該の研究にとって必然的になっていることを解説し、手法の数理構造についてはできるかぎりコンパクトにまとめ、可能な場合には手法の誤用や限界についても社会学理論との対応で触れている。さらに、今後の学習のための文献案内が必ずついている。

　本書を読み進めるうちに、読者は計量社会学のツボを無理なく修得でき、さらに高度な学習や研究にチャレンジしたくなるに違いない。本書が、計量社会学への興味と関心を抱いている諸氏への、魅力的なガイドブックとなることを願っている。

　2006年5月1日

富山慶典（前・数理社会学会会長）

はじめに

社会を見る

　本書は計量社会学の入門書です。計量社会学とは、数理・統計的な方法を使って現象を分析する社会科学の一分野です。私たちは、「教育」、「家族」、「都市」、「階層」など社会学的なトピックに焦点をあてて、計量的手法によって「社会を見る」ことの意味と面白さを語りたいと考えています。計量社会学が前提とする数学的なモデルの詳細な解説よりも、計量「社会学」を入口として、より広い社会学の世界へ、読者のみなさんを招待したいと思います。

　社会学のテーマは、「複雑な社会のしくみを整理する」こと、「見過ごしがちな社会問題の存在を明らかにする」こと、さらには、「社会を構想する」ことだといってもいいでしょう。多くの社会学者たちがこれらのテーマと格闘していますが、つきつめれば問題の核心は「社会をどのようなものとして見るか」ということになります。「社会を見る」ということは、ただ漫然と日常生活の実感から社会に対する感想を抱くこととは異なります。社会学的な想像力をもって社会を見ること、いいかえれば、なんらかの理論的な視角をもって社会に向き合うことで、初めて「社会を見る」という営みが始まるはずです。逆にいえば、「社会を見る」ということは、なんらかの社会理論を考えていくことだといってもいいかもしれません。こう考えると、社会学のもっとも重要な基礎は、理論だと言えます。

計量社会学とは？

　ところで、「理論的」という言葉は、揶揄的に「現実的ではない」という意味で用いられることもありますが、現実的でない社会理論には意味がありません。経験的な事実との相互作用の中で「社会を見る」ことによって、初めて社会理論を現実的なものにすることができます。このような理論と経験的事実の間の相互作用を支える柱の一つが、計量社会学です。もう一つの柱として、質的研究がありますが、この両者は決して排他的なものではありません。ただし、

はじめに

計量社会学には、数学や統計学の知識を利用することで、分析手続きをより明快にするという特徴があります。

ここで、計量社会学を大きく次のように定義したいと思います。

「社会理論を前提に、数学や統計的な技法を社会現象の分析に対して適用する経験科学」

計量社会学の目標は、このような技法を利用しながら経験的事実を整理し、社会理論に対する支持をあたえたり、社会理論に対する修正要求をつきつけたりしながら、「社会の見方」の解像度をあげていくことです。このような過程から、新たな理論が構想されることもあるでしょう。したがって、計量社会学とは、「社会を測る」ことで、より良い「社会の見方」を提供しようとする営みだといえます。

計量社会学と社会統計学

このような営みは社会学の最重要な中核ともいえる部分を占めており、また、ひじょうに多くの、そして、すぐれた計量社会学の研究が従前からなされています。経験科学としての社会学の進歩の多くは計量社会学の貢献にもとづくものだといっても差し支えないでしょう。しかしながら、この言葉をタイトルにもつ本は、現在のところほんのわずかしかありません。また、社会統計学と混同して理解される例も多くあるようです。社会統計学は「社会学のための統計学」であり、「研究上の問題を解くための道具」の展開を目標としています。一方、計量社会学は、社会統計学を道具の一つとして利用しながら「社会の見方」を考える社会学の営みの一つですから、この2つは密接な関係をもちながらも研究の目的、スタンスにおいて大きく異なります。このような混同を避けるためにも、計量社会学という呼称がもっと積極的に使われてもよいと考えています。

ソシオメトリクス宣言

計量経済学がEconometricsであるように、計量社会学も欧文でSociometricsと呼称されてもいいはずです。しかし、Sociometricsは、モレノの提唱したソシオメトリーと混同されやすいせいか、一般的には用いられてきませんでした。それでも、私たちは、あえてこの言葉を計量社会学の欧文として表紙に刷り込みました。前に述べたとおり、本書は、計量社会学の世界へ

読者の皆さんを招待し、計量社会学を通して社会学の面白さを理解してもらうことを第一の目的としています。ですが、それに先立って「広く社会の見方を考える科学」として、計量社会学を理解していただきたいと思います。Sociometricsという言葉を使ったのは、このような社会科学の一分野として、計量社会学を一般に認識してもらいたいからです。そして、日本から、「ソシオメトリクス宣言」をしていきたいというのが、本書に対する私たちの勝手な思いでもあります。

読者の皆さんの「社会の見方」に新しい何かが加わること。そして計量的、質的、数理的、実験的方法が排他的ではなく、相補的となり、社会学的研究が進むこと。本書がその一助となることを心から願っています。

与謝野有紀
栗田　宣義
髙田　　洋
間淵　領吾
安田　　雪

社会の見方、測り方
計量社会学への招待

目　次

目　次

刊行の辞
はじめに

本書の使い方

1　データの構造をあきらかにする

【データをつくる】

1-1　社会現象に数値をあたえる：
プリ・コード、アフター・コード、内容分析
　　　　　　　　　　　　── 社会学とデータ　11

【データの適切さを考える】

1-2　標本から全体を推測する：
標本抽出と統計的推論　　　── 調査の成功と失敗　23

1-3　欠けたデータの補い方を探る：
欠損データ分析　　　── 調査データの欠落に対処する　30

【データの分布をしらべる】

1-4　分布のかたちを数値であきらかにする：
代表値と散布度　　　　　　　── 日本の核家族化　37

1-5　分布のかたちをグラフであきらかにする：
ヒストグラム、箱ひげ図、散布図　── 犯罪と経済状態　46

1-6　分布の不平等を測る：
ジニ係数、アトキンソン尺度　── 経済的不平等と犯罪　54

2　社会現象の原因と結果をあきらかにする

viii

目次

【2つの変数の関連をあきらかにする】

2-1 連続的な2つの変数の関連の強さを測る：
相関係数 ── 自殺と社会的統合 67

2-2 カテゴリカルな2つの変数の関連を検討する：
ユールのQ、四分点相関係数、独立性の検定
── 投票行動の予想と実際 74

【ある1つの社会現象の原因を調べ予測する】

2-3 連続的な変数の原因を説明する：
一般線型モデル（GLM）、回帰分析、分散分析
── 家事分担と不公平感 95

2-4 カテゴリーに分けられた社会事象の原因を調べ予測する：プロビット分析、ロジット分析
── 社会階層と教育機会 113

2-5 異なる分析レベルの因果を同時に考える：
階層線型モデル（HLM） ── 社会的不平等と学校 121

2-6 質的データからメカニズムを探る：
ブール代数分析 ── 戦争責任の言説の解剖 132

【複数の社会現象の因果構造をあきらかにする】

2-7 3つの変数間の因果構造を調べる：
ブレイラックの因果推論 ── 宗教と自殺 149

2-8 3つ以上の変数の因果関係をモデル化し関係の
強さを調べる：パス解析、構造方程式モデル
── 社会的地位はどのように形成されるか 161

目 次

【社会学的概念を測定し、その社会現象の因果構造をあきらかにする】

2-9 社会学的概念を測定し、その因果関係をあきらかにする：共分散構造分析
　　　　　　　　　　　　── 地位達成アスピレーションと社会階層 177

【社会現象の時間的変化の原因を探る】

2-10 ある社会現象が生じるまでの時間の長さを予測する：イベントヒストリー分析　　　── 勤続と離職 197

2-11 時系列データから社会現象を予測し原因を調べる：ARIMAモデル　　　　　　── アノミーと犯罪 211

3 社会構造の様態を記述する

【結びつきをとらえる】

3-1 行為者間の関係を描く：
　　　ソシオグラム、隣接行列、所属行列
　　　　　　　　　　　　── 工場作業者の人間関係 233

3-2 行為者の位置関係を調べる：
　　　結合関係と構造同値　── 職場の人間関係と生産性 238

3-3 結びつきを指標化する：
　　　同質性（異質性）の距離と密度
　　　　　　　　　── パーソナルネットワークの結びつきと葛藤状況 243

3-4 関係を縮約する：
　　　ブロックモデル　　　── 世界システムの構造 252

【社会的カテゴリー間の関連のしくみをとらえる】

3-5 社会的地位の結びつきの大きさを調べる：
　　　移動指標　　　　　── 社会移動と社会の開放性 261

目次

3-6 社会的カテゴリー間の結びつきのパターンをあきらかにする：ログリニア・モデル
　　　　　　　── 母娘の家族形成プランの類似性 268

【変数や分析対象の類似性を把握する】

3-7 複数の連続変数間の類似性を検討し要約する：
　　因子分析　　　　　　　── 権威主義的攻撃とF尺度 279

3-8 複数のカテゴリー変数の類似性を検討する：
　　双対尺度法と数量化III類　　── 趣味と文化的慣習行動 296

3-9 類似性にしたがって、分析対象をいくつかの集団に分ける：クラスター分析　　　── 社会的地位の非一貫性 303

3-10 複数の変数の位置関係を空間に描き出す：
　　多次元尺度構成法（MDS）　　── 職業評定の構造 310

【変数を合成する】

3-11 複数の項目の信頼性を検討する：
　　尺度構成とα係数　　　　── 性別役割意識 321

3-12 複数の変数を重みづけて新たな合成変数を作る：
　　主成分分析　　　　　　　　　── 都市度 328

4 もっともふさわしいモデルをえらぶ

【モデルの説明力をたかめる】

4-1 モデルを選択し診断する：
　　決定係数とVIF　　　　　── 女性の階層帰属意識 339

4-2 モデルの当てはめの良さを測る：
　　適合度指標　　　　　　　　　── 教育と不平等 348

xi

4-3 より効率的なモデルを選ぶ：
　　　　AIC　　　　　　　　── 福祉国家の形成と産業化　357

付録　計量社会学の論文を提出するまえに

チェックリスト：計量論文を書き終えたら　367

参考文献　373

あとがき　383

事項索引　385
人名索引　391

本書の使い方

この本には、類書にはないいくつかの特徴があります。ここでは、それらの特徴と関連づけながら、本書の使い方について解説していきます。

1．本書の使い道

　本書は、以下の目的に使うことが可能です。

⑴　**社会学やその関連領域を学ぶ人にとっての計量分析入門書として**
　一般に、統計学や多変量解析の入門書は、分析手法の数学的説明については詳しいものの、手法の適用例が社会学的なものであることが稀なため、社会学の領域で計量分析をこれから始めようと考えている初学者にはとっつきにくいことが多いものです。そこに書かれている分析手法を社会学的研究に適用しようにも、どのようにしたら良いのかがわかりにくく、結局は手法の社会学的な意味が理解できないままに数学的説明で挫折してしまう人も少なくありません。
　本書は計量社会学の入門書ですが、「はじめに」でも述べたとおり、「計量」よりも「社会学」に重点をおいているという特徴があります。したがって、計量分析のための統計手法を数式によって詳しく説明することを目的とした本ではありません。社会学における計量分析の適用例を示しつつ、計量分析の手法の社会学的意味を解説するところに力点をおいた本となっています。
　この特徴から、本書は、社会学やその関連領域を学ぶ人にとって、計量分析の恰好の入門書として役立つことでしょう。社会学的関心から本書を読むことにより、計量分析手法への心理的障壁が低くなり、さらに高度な内容についての学習へと進んでいくことができるはずです。本書では、そのような学び方を支援するために、各節末尾に「今後の学習のための参考文献」を挙げてあります。本書を読むときには、分析手法の数学的な構造については大まかなイメージをつかむにとどめ、なによりも手法のもつ社会学的な意味を理解するようにしてください。そして、統計手法の数学的な詳細についてさらに勉強したいときには、「今後の学習のための参考文献」として挙げられている本を参照し、次のステップへとすすむようにするのが良いでしょう。

(2)　すでに計量分析の手法について学んだ人がその知識を社会学的研究に応用する際の実例集として

　本書では、「計量」よりも「社会学」に重きをおいているため、「どのような計量分析の手法」を「どのような社会学的問題」に「どのようにして適用する」のかが、他の入門書よりも豊富な実例によって示されています。したがって、すでに計量分析の手法について一通り学んだ読者が、みずから計量社会学的研究を実践する際に、本書を分析の実例集として参考にすることもできるでしょう。

　本書に掲載されている図表も、論文作成の際に一つの参考として利用することができます。ただし、常に本書で示されている図表の様式でなければならないというわけではありません。自分が提示したい分析内容にもっともふさわしい表、図は何か、また読者が理解しやすいようにするためにはどうすれば良いかに配慮して、本書での図表の様式をその時々にアレンジしながら作成することを心がけてください。

　また、本書の巻末には、論文作成時のチェックリストをつけました。いよいよ計量社会学の論文を執筆するときには、このリストを参考にして良い論文を書いてください。

(3)　計量分析をおこなう際に分析手法を選択するためのハンドブックとして

　あなたが実際に計量分析をおこなう際、自分のやろうとしている分析にふさわしい手法が何であるのかを確認したくなることもあるでしょう。そのような時は、目次の「分析目的」に着目して、自分がやりたいことを扱っている項目を探して確認してください。この意味で、本書は、読み終えた後も計量分析のハンドブックとして末永く使うことができるようになっています。

2．本書の使い方

(1)　目次の使い方

　上記の目的で本書を使えるようにするため、本書の目次には工夫がされています。目次は、「分析目的」、「分析手法名」、「社会学のテーマ」から構成されており、あなたの興味、ニーズ、そして社会学や統計学の知識に応じて、目次を活用しながら適切な項目を素早く見出すことができるのです。

【例】

本書を分析手法の「**ハンドブック**」として利用したいのならば、目次の「分析目的」に着目し、自分がおこないたいと考えていることを扱っている節を探してください。

本書を計量社会学の「**実例集**」とし利用したいのならば、目次の「分析手法名」に着目し、自分の知っている手法や使いたい手法を扱っている節を読んでください。

本書を計量分析の「**入門書**」として利用したいのならば、目次の「社会学のテーマ」に着目し、自分にとって関心のある社会現象を扱っている節を読み進めるとよいでしょう。

本書は、このような目次の使い方によって、読者が各自の目的に応じて、好きなところから読んでいけるようになっています。

表 本書の使い道・使い方

本書の使い道	本書の使い方
計量分析手法の**ハンドブック**として	目次の「**分析目的**」に着目して、自分のしたいことについて述べている節を読む。
計量社会学の**実例集**として	目次の「**分析手法名**」に着目して、自分の知っている手法や使いたい手法が、計量社会学でどのように使われているのかを理解する。その後、各節の図表や巻末の論文チェックリストを参考にしつつ、計量社会学の論文執筆へ進む。
計量分析の**入門書**として	目次の「**社会学のテーマ**」から、関心のあるテーマを扱っている節を読む。その後、関連する節を読み、さらに「今後の学習のための参考文献」へ進む。

(2) 索引の使い方

本書は、「データの構造をあきらかにする」、「社会現象の原因と結果をあきらかにする」、「社会構造の様態を記述する」、「もっともふさわしいモデルをえ

らぶ」という 4 部構成になっています。この構成にしたがって本書を読めば、統計手法の大きな目的別にいくつかの似た手法をまとめて概観することができます。しかし、本書の読み方はいろいろです。最初から通して読んでも良いですし、前述のように興味やニーズにあわせて好きな節を拾い読みするのも良いでしょう。このようないろいろな読み方を可能とするために、各節は、できるだけ独立した内容とし、その節だけで読み切ることができるようにしました。

もし拾い読みをしていて理解できない箇所が出てきたときは、目次や巻末の索引で、当該の語句を検索してみてください。索引で「章番号－節番号」がゴシック体となっている箇所を開けば、その用語についての具体例や定義を読むことができます。

【例】

> ……
> 同時に多くの変数を処理する事ができる予測や説明のための分析方法の代表的なものとして重回帰分析法がある。今回……

「回帰分析」という言葉を目次や索引で検索

> 2-3 連続的な変数の原因を説明する：
> 一般線型モデル(GLM)、回帰分析、分散分析 －家事分担と不公平感　95

ここで解説した使い方を参考に、計量社会学の学習と実践の良き伴侶として、本書を末永く愛用してくださることを願っています。

1
データの構造をあきらかにする

データをつくる

1-1 社会学とデータ

社会現象に数値をあたえる：
プリ・コード、アフター・コード、内容分析

栗田宣義

1-1-1 社会現象に数値をあたえる

　計量社会学を学ぶ多くの人びとは、「自分たちの扱う社会現象は、揺るぎないデータ集合として、この手にあるのだ」と信じて疑わないことだろう。しかしながら、SPSSやSASに代表される統計パッケージが算出してくれる緻密な計算結果にしても、EXCELのような表計算ソフトウェアが作成してくれる綺麗なグラフにしても、すべては、個別ケースと変数を縦横に配した数字行列から産み出されたものに過ぎない。そして、その数字行列は、当該分析者を含めて、誰かが、いつの時点かに、有限ではあるものの不定型な社会現象を、何らかの手続きによって採り出し、切り取り、積み重ねて、計量社会学に利用可能なデータのかたちに変換したものなのである。利用可能なデータへの変換とは、社会現象に数値をあたえるということに他ならない。社会現象に数値をあたえるという作業は、計量社会学の基盤かつ根幹であり、もし社会学が仮説検証を信条とする理論かつ経験科学たろうとするのならば、この作業は、あらゆる社会学の方法論的根拠となる重要な起点である。
　ここでは、「社会現象に数値をあたえる」をテーマとして、プリ・コード、アフター・コード、内容分析を例にとり、論を進める。

1-1-2 プリ・コード

　年齢は、重要な変数の1つとして、多くの社会学者が利用している。年齢には、通常、被調査者の満年齢が採用されており、そして、満年齢を操作的に定

1　データの構造をあきらかにする

義するならば、それは誕生日から経過した物理的時間を年数に変換し、小数点以下を切り捨てた数値を意味する。しかし、われわれは、年齢を変数として用いる時に、そのコードの標準化に、ほとんど関心を払わなくてすんでいる。それは、被調査者が、「生誕からの物理的時間経過は、21年4ヶ月13日7時間45分6秒だ」とか「306,600時間」などと返答することは、まず、ありえなく、年齢を尋ねられれば、満年齢を答えることが社会生活において自明であるからだ。年齢の定義および年数という測定単位について、調査側と被調査者の間には、合意もしくは前提となる知識が共有されており、それゆえ、調査員ひいては研究者は、調査拒否といった要因を考慮しなければ、測定時点での被調査者の年齢を容易に入手することができる[1]。

　プリ・コードという考え方は、有限ではあるものの不定型な社会現象を定型的に捉える、社会学的な試みの1つである。1つの変数（variable）は、値（value）の集合として定義しうるが、プリ・コードとは、当該変数の測定以前に設定された複数の値とそれを表示するラベルの集合を意味する。年齢でいえば、21や35が個別の変数値であり、21歳や35歳がそれらのラベルにあたる。

　年齢は、前述のように、便利な例だが、他の社会現象の場合は、なかなかそう上手くはいかない。表1-1-1は、P. F. ラザースフェルドらが1940年に実施したエリー調査の集計データを基に、筆者が再構成したプリ・コードである[2]。同年10月時点での有権者の投票意図に係わる態度群を事前に「1 共和党」「2

表1-1-1　1940年10月時点での投票意図

値	ラベル	ラベルに集約される態度群のうちで代表的かつ典型的な態度
1	共和党	次の選挙では共和党候補に投票するだろう
2	民主党	次の選挙では民主党候補に投票するだろう
3	わからない	まだ、どの候補者に投票するか決めかねている
4	投票意図なし	棄権するつもりでいる

出所：Lazarsfeld, Berelson and Gaudet（1944/68=1987：20）の表をもとに補充作成

1　年齢があたかもプリ・コード化された選択肢のごとく容易に聞きだせるのは、『旧約聖書』の「民数記」などにみられるように、古代以来、徴税・兵役目的で、国家レベル、共同体レベルの人口調査がいくたびも実施され、その際、年齢は最も重要な社会的属性であったからに他ならない。もちろん、現代国家においても同様である。
2　このプリ・コードの選択肢は、厳密にはエリー調査のものに似せた再現例である。

民主党」「3 わからない」「4 投票意図なし」の 4 カテゴリーに分類したうえで、質問紙上の選択肢にそれらを反映させていると、ここで想定してみよう。

被調査者の心中は様々である。質問紙法ではなく、綿密なインタビューを行なえば、「ほぼ間違いなく共和党候補に投票するつもりだ（α）」「投票日に雨が降らなければ民主党候補に入れるのは確実だ（β）」「馴染みの共和党候補が引退を決めたので、棄権するかもしれない（γ）」「はじめての投票なので、勝手がわからず決めかねているが、両親には民主党候補をすすめられた（δ）」など、多様な態度群が浮き彫りにされてくるかもしれない（図1-1-1を参照せよ）。しかしながら、計量社会学の仕事は、有限ではあるものの不定型な社会現象を定型的に捉える要請を課せられている。複数ありえる類似（similar）あるいは同型（isomorphic）の態度を「次の選挙では共和党候補に投票するだろう」という代表的（representative）かつ典型的（typical）なそれに集約可能であれば、「共和党」のラベルをそれらに掲げ、変数値として1の値を付与するのだ。「民主党」など他も同様である。以上4つの選択肢にプリ・コード化された変数は、単純かつ素朴ではあるものの、集約的（intensive）かつ能率的（efficient）に投票意図をあらわしている。当該変数は、そのままカテゴリカルなデータ解析にかけることもできるし、特定の値に注目し、論理変数に変換することも可能であることはいうまでもない。

もちろん、手間と時間を惜しまなければ、支持政党や投票意図について多次元的なプリ・コードを用いることもできる。しかしながら、選択肢や選択肢群の増加が、逆説的にも、残余カテゴリーの掘り起こしを促すことで、一次元的な測定に遡及することは、案外、容易ではないことは付記しておく必要がある（Lazarsfeld 1972=1984）。なお、残余カテゴリーの掘り起こしと、変数の多次元性については、後述の、内容分析の箇所で、再論する。

ところで、プリ・コードの定義にある「複数の値とそれを表示するラベルの集合」、つまりプリ・コード化された選択肢の設定は、被調査者の回答を予測しつつ調査側が準備する選択肢における、測定単位やカテゴリーの恣意性（arbitrariness）の問題を有している。それは技法上の制約として回避しえない問題でもあるが、測定単位に齟齬がある場合やカテゴリーの恣意性が甚だしい場合、言い換えるならば、調査側と被調査者の間に、合意もしくは前提となる知識がほとんど共有されていない場合には、既存の選択肢に合致しない回答が溢れ出ることになる。

1　データの構造をあきらかにする

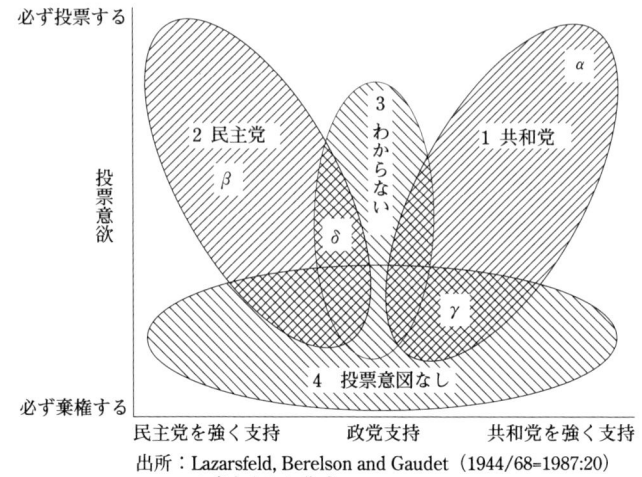

出所：Lazarsfeld, Berelson and Gaudet（1944/68=1987:20）の表をもとに作成。

図1-1-1　プリ・コードの構造

1-1-3　アフター・コード

　プリ・コードを用いた場合であっても、既存の選択肢に合致しない回答が予想外に多い場合や、自由回答欄に書かれたメッセージなどについては、それらに事後的に数値を付与することが必要になる。これをアフター・コードという。アフター・コードとは、当該変数の測定以後に、複数の値とそれを表示するラベルの集合を設定することを意味する。

　エリー調査で選択肢のプリ・コードがまったく用いられていなかったと想定してみよう。投票行動調査はラザースフェルド以来、パネル調査など洗練された技法が常に試されてきた領域ではあるが、ここは思考実験である。

　被調査者が、自身の投票意図についてインタビューされ、「ほぼ間違いなく共和党候補に投票するつもりだ（α）」「投票日に雨が降らなければ民主党候補に入れるのは確実だ（β）」「馴染みの共和党候補が引退を決めたので、棄権するかもしれない（γ）」「はじめての投票なので、勝手がわからず決めかねているが、両親には民主党候補をすすめられた（δ）」「ずいぶん迷ったが、共和党候補に入れることにした（ε）」「妻と支持政党が違うので迷ったが、やはり民主党候補に投票する（ς）」「はじめての選挙なので迷っているし、投票日の天

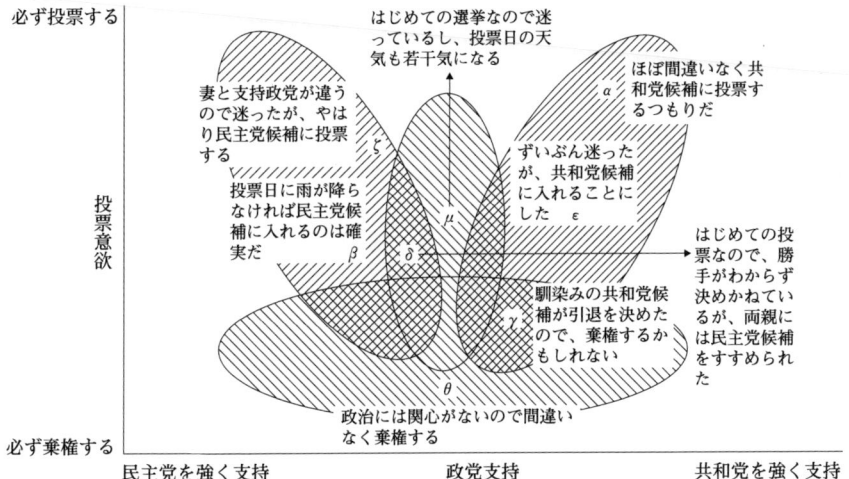

図1-1-2　アフター・コードの構造

候も若干気になる（μ）」「政治には関心がないので間違いなく棄権する（θ）」などといった回答が返ってきたとしよう（図1-1-2を参照せよ）。ちなみに、ケース α、β、γ、δ はプリ・コードの説明の際に用いたものと同じである。

　仮想例である、ケース α と ε に「共和党」のラベルを付することに異論はなかろう。同様に、ケース β と ξ には「民主党」、ケース μ には「わからない」、ケース θ には「投票意図なし」のラベルがふさわしい。それぞれに、1、2、3、4の値をあたえれば、名義尺度にもなる。しかしながら、境界に位置するケース γ と δ はどうするのか。プリ・コードされた質問であれば、ケース γ と δ に該当する被調査者は、「共和党」「民主党」「わからない」「投票意図なし」という選択肢から1つを、思案の末に、えらぶのだが、アフター・コードの場合は、コーダーひいては研究者が、それを判別する役割を担うことになる。政党支持に感応的（sensitive）な変数を作成することが目的ならば、ケース γ は「共和党」、δ は「民主党」のラベルを付せばよい。カテゴリーが分離的（discrete）な変数が必要ならば、ケース γ は「投票意図なし」、δ は「わからない」が適している。そして、双方の要請を満たすためには、ケース γ と δ を位置づける中間的なラベルと変数値を新たに設定することが必要になる。

　計量社会学が用いるデータセットは、当該分析者を含めて、誰かが、いつの

時点かに、有限ではあるものの不定型な社会現象を、何らかの手続きによって採り出し、切り取り、積み重ねて、利用可能なかたちに変換したものであることは、最初に述べたとおりである。アフター・コードは、方法論的には、プリ・コードが行なっている認知手順を逆転させているに過ぎないが、それがために、研究者が社会現象に数値をあたえる活き活きとした現場が、まさに、そこに立ち現れてくる。しかしながら、それと同時に、数値付与の手続きの、技法上の制約によって、つねにデータセットには歪みと揺らぎがもたらされている、ということも忘れてはならない。

1-1-4　内容分析

　アフター・コードの考え方を、さらに徹底するとどうなるだろうか。プリ・コードにおける選択肢の不整備による採り漏れ回答や、自由回答欄の分類に留まらず、メール、手紙、日記、日常会話や電話による通話などパーソナル・コミュニケーションから、新聞や雑誌の記事、テレビやインターネット・サイトの情報などマス・コミュニケーションにいたるまで、文字や音声のかたちで（場合によっては絵や画像でさえも）存在するあらゆるメッセージを、独立した意味の単位にまで分解し、それらに数値をあたえ、変数として利用することが考えられる。その手順を内容分析（content analysis）という[3]。内容分析は、ラザースフェルドの共同研究者であると同時に、コミュニケーション研究において先駆的業績を遺した B. ベレルソンによって、「明示されたコミュニケーション内容を客観的、体系的かつ定量的に記述する調査技術」と定義されているものの（Berelson 1952：8）、専攻間における縦割りのカリキュラムが災いし、残念ながら、日本の社会学者には馴染みが薄かった。しかしながら、社会現象に数値をあたえるという観点からは、計量社会学にとって、大変重要な方法論であることはいうまでもない。

　前節のアフター・コードで用いた仮想例で、簡単な内容分析を行なってみることにしよう。内容分析における分析対象および測定単位は、文字行列の場合は、単語（word）、文（sentence）、段落（paragraph）、頁（page）、文書全体（doc-

---

[3]　認識論的には「内容分析とは、テキストから妥当な推論をおこなうために、一連の手続きを用いる調査法である」と定義される（Weber 1990：9）。

ument）がありうる。たとえば、各時代の流行歌の内容分析で「あなた」と「おまえ」の出現頻度を較べるといった例では、分析対象は個々の楽曲における歌詞という文書全体であり、測定単位は「あなた」および「おまえ」という単語になる。ここでは、分析対象は、前節のアフター・コードで用いた仮想例、つまり文を扱い、測定単位も当該文全体とし、そこから意味内容を複数の変数に変換し、変数が対象としている内容が当該文に含まれていれば、1の値、そうでなければ、0の値をあたえる論理変数の形式としよう。

「ほぼ間違いなく共和党候補に投票するつもりだ（α）」では、投票先として共和党があげられていることと、そこに強い決意が存在することが注目される。そこで、「共和党（x_1）」および「強い決意（x_5）」という変数を設定するならば、ケースαにおいてはそれらの値に、各々1をあたえることができよう（表1-1-2を参照せよ）。次に、「投票日に雨が降らなければ民主党候補に入れるのは確実だ（β）」においては、投票先については、「民主党（x_2）」、それに加えて「投票日の天気（x_9）」なる変数も設定可能で、それぞれの変数値として1が付されよう。同様の手順で、ケースγについては「共和党（x_1）」「棄権（x_4）」、δについては「民主党（x_2）」「わからない（x_3）」「家族との関係（x_7）」「はじめての投票（x_8）」、εについては「共和党（x_1）」「迷い（x_6）」、ζについては「民主党（x_2）」「迷い（x_6）」「家族との関係（x_7）」、μについては「わからない（x_3）」「迷い（x_6）」「はじめての投票（x_8）」「投票日の天気（x_9）」、θについては「棄権（x_4）」「強い決意（x_5）」が、それぞれ、変数値として1が付されよう。

以上の内容分析によって、投票に係わる計9個の変数が抽出されたことになる[4]。

特定の文字行列から複数の変数値とそれを表示するラベルの集合を設定するという点について、内容分析はアフター・コードとなんら変わらない。仮想例の内容分析での「共和党（x_1）」「民主党（x_2）」「わからない（x_3）」「棄権（x_4）」を合成すれば、前述のアフター・コードで扱った選択肢とラベルの、同様な構造をそこに再構成することができる。しかしながら、アフター・コードでは、通例、文字行列から1つの変数を設定することが自明であるのに対して、内容分析は、メッセージの多次元的な意味構造を析出させることを得意とする。投票

---

[4] 表1-1-2では抽出変数がケース数より多くなっているが、ここでのケースは、統計調査でのケースというよりは、C. レイガンがいうところの、「構成概念（theoretical construct）としてのケース」であるゆえ、その旨を諒解していただきたい（Ragin 1992 : 9）。

1　データの構造をあきらかにする

表1-1-2　内容分析のコーディング具体例

ケース \ 変数	x_1 共和党	x_2 民主党	x_3 わからない	x_4 棄権	x_5 強い決意	x_6 迷い	x_7 家族との関係	x_8 はじめての投票	x_9 投票日の天気
α ほぼ間違いなく共和党候補に投票するつもりだ	1	0	0	0	1	0	0	0	0
β 投票日に雨が降らなければ民主党候補に入れるのは確実だ	0	1	0	0	0	0	0	0	1
γ 馴染みの共和党候補が引退を決めたので、棄権するかもしれない	1	0	0	1	0	0	0	0	0
δ はじめての投票なので、勝手がわからず決めかねているが、両親には民主党候補をすすめられた	0	1	1	0	0	0	1	1	0
ε ずいぶん迷ったが、共和党候補に入れることにした	1	0	0	0	0	1	0	0	0
ζ 妻と支持政党が違うので迷ったが、やはり民主党候補に投票する	0	1	0	0	0	1	1	0	0
μ はじめての選挙なので迷っているし、投票日の天候も若干気になる	0	0	1	0	0	1	0	1	1
θ 政治には関心がないので間違いなく棄権する	0	0	0	1	1	0	0	0	0

先には直接係わらない「強い決意（x_5）」「迷い（x_6）」「家族との関係（x_7）」「はじめての投票（x_8）」「投票日の天気（x_9）」といった変数は、アフター・コードの際に投票意図だけに注目しているのならば残余カテゴリーとして捨象されてしまう種類の意味要素であるし、投票意図をメッセージ群から集約的かつ能率的に抽出するという観点からは、それは当然のことでもある。

しかしながら、丹念なインタビュー結果や既存の文字資料などから、定量的なデータセットを作成する場合には、メッセージ群に潜在する多様な変数群を析出可能な内容分析が、まさに、その能力をフルに活かせるのである。その意味では、K.クリッペンドルフによる「内容分析とは、データをもとにそこから（それが組み込まれた）文脈に関して再現可能で（replicable）かつ妥当な（valid）推論を行うための一つの調査技法である」という定義は、正鵠をえて

いるといえるだろう（Krippendorff 1980=1989：21）。ここでは、単一変数のプリ・コードやアフター・コードの際には厄介物扱いされる残余カテゴリーの発掘こそが、主たる課題となっているからだ。

　内容分析は、アフター・コードの延長線上に位置する技法であり、また、そこから得られた知見は、プリ・コード化された選択肢に再度反映させることができる。社会現象に数値をあたえること、すなわち、有限ではあるものの不定型な社会現象を、何らかの手続きによって採り出し、切り取り、積み重ねて、計量社会学に利用可能なデータのかたちに変換する作業は、質問紙法による標準化調査であっても、インタビューなどでの質的データを有機的に活かし（Barton and Lazarsfeld 1961）、プリ・コード、アフター・コード、内容分析といった3つの技法の、複合的な利用によって果たされてゆくべきものである。そして、また、それゆえに、前述したように、それらの技法上の制約を熟知し、データセットに内在する歪みと揺らぎに、つねに敏感であることも求められているのだ。

【今後の学習のための文献案内】

・Lazarsfeld, P. F., 1972, *Qualitative Analysis,* Allyn and Bacon.
（＝1984，西田春彦ほか訳『質的分析法』岩波書店．）
　著名なラザースフェルドによる，かならずしも有名ではないが，重要な論点を含んだ文献．有限ではあるものの不定型な社会現象を扱わざるをえない社会学の方法論的制約について考えてみたい読者にお勧めする．

・Weber, R. P., 1990, *Basic Content Analysis,* 2nd edition, Sage.
　小著ながら内容分析の基礎的解説を網羅した定評のある入門書．日本ではあまり知られていないが，アメリカでは内容分析の標準的なテキストとして扱われており，初学者は是非読んでおきたい一冊．

データの適切さを考える

1-2 調査の成功と失敗

標本から全体を推測する：標本抽出と統計的推論

杉野　勇

1-2-1　全体から部分を選ぶ

　われわれの社会では、代表者を選ぶ場面が多々存在する。たとえば国会議員は社会の代表者として選ばれる。このとき国会議員は、国民の一般的な特徴をそのまま共有するという意味での代表者ではなく、世論をくみとりつつ優れた判断力に基づいて議論できる、言わば「選良」としての代表者であることを期待されている。一方、陪審員や裁判員もまた人々の代表であるが、これらは国会議員とは異なり、一般の人々の意見をそのまま反映するような「縮図」としての代表者である。

　この縮図としての代表のことを、社会調査では標本と呼ぶ。標本の結果から全体（母集団）を推測する調査を標本調査と言う。たいていの社会調査・世論調査では費用や労力の点から見て全数調査（悉皆調査）は不可能なので標本調査を行う。品質調査の場合ならば、多くの大量生産品では抜き取り検査だけを行う[1]。

　ただし、全数調査が無理だから標本調査で我慢しているのかと言えばそうではない。特に広い範囲にわたる社会調査の場合には、調査員の訓練や能力をはじめとした種々の調査条件を均質にすることが重要となる[2]。この点ではむしろ標本調査は全数調査よりも好ましい。

　標本の選び方には幾つかの種類がある。ここではまず、非確率標本抽出法と

---

[1] 日米の10年ごとの国勢調査のように、莫大な費用と労力をかけて行う全数調査もある。また、BSE騒動以来日本で食用牛の全頭検査を始めたように、危険度の高い製造物の場合にも全数検査を行うことがある。
[2] 調査条件の不均質性は、「非標本誤差」（後出）の原因になる。

確率標本抽出法の2つのグループに分ける。一般にランダム・サンプリングと言われる場合、確率標本抽出法の中のいずれかを指す。

非確率標本には、便宜的標本、意図的標本、割当標本などがある。一言で言えば、便宜的標本とはインタヴューしやすそうな人をつかまえて質問するものである。意図的標本の場合には、研究者が「典型」だと思う対象者を選び出して質問する。これらの方法の最大の長所は費用や手間が少なくてすむという点にあり、市場調査や流行調査などではよく用いられる。また、少数の事例を詳細に調査する場合も意図的または便宜的標本を採用することが多い。3つめの割当標本は、性・年齢・人種・学歴・職業などいくつかの基準を設定して人々をグループに分け、全体での構成比に合せてグループごとに人数を割り当てて集める場合を指す。

1-2-2　便宜抽出の失敗

1936年のアメリカ大統領選挙は共和党ランドンと民主党ルーズヴェルトの対決であった。大統領選挙の結果は社会経済的影響が大きいために事前予測への強い需要が存在し、そのために世論調査の技法や精度が進歩して来た面もある。それまでの20年で高い評判を勝ち獲ていた雑誌『リテラリィ・ダイジェスト』は、自誌の購読者、自動車や電話の保有者リストを元に1,000万通もの郵送調査を行い、得られた240万近くの回答からランドンが57％の得票率で勝利すると予測した。それに対して1935年に世論調査会社を設立したばかりのギャラップは、その1％にも満たない大きさの標本から56-44でルーズヴェルトが勝つと予想した。結果はルーズヴェルトが60％以上の得票率で圧勝。この後『リテラリィ・ダイジェスト』は廃刊、ギャラップの会社は最も有名な世論調査会社になった。このときのギャラップの手法が割当法である（Gallup and Rae 1940）。

『リテラリィ・ダイジェスト』の致命的な失敗の一因は抽出の歪みである。1936年当時の雑誌定期購読者、電話加入者、自動車保有者はいずれも富裕層に偏っており、共和党候補のランドンを支持する傾向が強かった。つまり投票者全体を適切に反映する抽出枠が得られていないのである。しかも1936年にはニューディール政策をめぐって経済的争点が以前よりも重要になっており、抽出の歪みの効果が強く出ることになった[3]。

これに対してギャラップの使用した割当法は、年齢・性・職業など、母集団

における人口学的・社会経済的属性の構成比を直接に標本に反映させるものであり、標本が富裕層に大きく偏るといったことを防ぐ。これらの属性を軸にして人々の利害関心が分かれており、調べたいと思う意見・態度がそうした利害関心に密接に関連しているのが確かであれば、この割当法は理に適っている。

1-2-3　割当抽出の失敗

　ギャラップと共に有名になった割当法も、1948年の大統領選挙予測では大失敗を喫する。この時は有力な世論調査が揃って共和党候補デューイの勝利を予測したが、結果は民主党トルーマンの勝利であった。予測が外れた原因としては、浮動票の影響以外に、次のような割当法の問題点が指摘されている。

　割当法では、それぞれの調査員に、40歳未満男性何人・40歳以上女性何人というようにカテゴリーごとのノルマを課すが、該当する対象者をどのように見つけるかは調査員任せである。つまり個々の調査員レヴェルでは便宜的もしくは意図的抽出が行われる。これが標本の歪みの元になった。調査員は民主党支持者よりも自分の階層に近い共和党支持者を選びがちであったことが後に判明したのである。

　割当法の問題点はそれだけではない。母集団の人口学的・社会経済的属性を直接的に標本設計に組み入れるためには、それらの属性が、調べたい対象である意見や態度に強く影響していることが理論的に前提とされる。すなわち、調査以前からすでに重要な変数が分かっていなければならない。これは必ずしも常に妥当するとは限らない。

1-2-4　確率標本抽出

　こうして、確率標本抽出、いわゆるランダム・サンプリングが登場する。細

---

[3] 通説ではこうなっているが、抽出の歪みよりも無回答による歪みの方が決定的であったとする説もある。回答数は極めて多いが「回収率」は僅かに23％。自発的に郵送調査に回答した人と回答しなかった人の差異に由来するのが無回答による歪みである。後の調査によると、ランドン支持者の方が『リテラリィ・ダイジェスト』に回答した傾向が高かったと言う。ここでは例示が目的であるので通説に従って紹介をした。ギャラップの標本の大きさも通説では3,000だが、これにも異説があるのでここでは明示しない。

かくは、単純無作為抽出、系統抽出（等間隔抽出）、層別抽出などに分けることが多い[4]が、共通の大原則は、「母集団の中の全ての単位（通常の社会調査では個人）が、どれも等しい確率で標本に含まれ得る」ことである。例えば、対象者人口５万の都市について1,000人の標本調査を実施したい場合には、５万人全員について、その人が標本に含まれる確率を$\frac{1}{50}$に等しくしなければならない。

単純無作為抽出では、全ての人を１番から50,000番に並べたリストを作り、５桁の乱数を生成してその番号の人を標本として選び、1,000人選ばれるまでそれを繰り返す。無作為性を確保するには最も望ましい方法だが、広い範囲を対象とした調査では統一的な通しリストを作成するのは極めて困難であり、選ばれた対象者が地理的にばらばらに点在してしまうので調査費用も膨大になる。したがって実際の社会調査で単純無作為抽出が行われることはほとんどない。

系統抽出では、最初に０〜50の中から乱数を生成して一人目を選び出し、後は50人ごとに等間隔で標本に含めていく。これだと単純無作為よりかなり手間が省けるが、論理的にはそれと引き換えに標本同士の独立性は失われる。また、統一的な通しリストを作成することの困難さは変わらない。

層別抽出は、母集団を幾つかの比較的均質な層に分けてからそれぞれで単純無作為抽出を行う方法である。地域性、市町村の人口規模、産業構成などの点で似通った地区（市町村や投票区）をまとめて層とする方法がよく使われる。

日本における実際の調査、特に全国規模の調査の場合には、これらのいずれかの方法を単独で使用することはない。多くの場合に層別多段抽出が用いられている。具体的には、地域・人口規模・産業特性などを考慮して幾つかの層[5]を作り、標本の大きさと地点数を層の多きさにほぼ比例するように割り当てる（比例割当）。第一段として、それぞれの層の中から地点を単純無作為もしくは系統抽出する。次に、選ばれた地点の有権者名簿などから個人を系統抽出する。

こうしてみると割当法の方がより「実質的な」工夫をしているように思うかも知れないが、現在の標本調査では確率抽出法が最も科学的な方法として多く使用されている。実際に母集団をよりよく代表した標本を与えることが多いの

---

[4] アメリカの教科書ではCluster Sampling（集落抽出）を、日本では多段抽出を併記することが多い（Simon and Burstein ［1969］1985; Singleton et al. 1988; Newman ［1991］1994; Frankfort-Nachmias and Nachmias 1992;西平［1957］1985；盛山ほか1992；大谷ほか1999；井上2001）。

[5] 「国民性調査」では、かつては数十もの層に分けていたが、近年では５つ程度の大きな層に分けている。詳しくは、統計数理研究所国民性調査委員会編（2000）を参照。

がその一つの理由である[6]。しかし、より決定的な長所は別のところにある。

1-2-5　確率抽出と統計的推論

　50,000人（母集団の大きさ N）の中から1,000人（標本の大きさ n）を選ぶ場合の選び方（標本の数）は $_{50,000}C_{1,000}$ 通りある。したがって、標本平均や標本比率といった統計量も $_{50,000}C_{1,000}$ 通りあり得る。実際の社会調査は一つの標本を取るだけであるから、無数に思える可能的平均値の中から一つだけを標本平均 $\bar{X}$ として得る。一つの現実化した標本平均の背後には無数の潜在的な標本平均が存在する。

　$_NC_n$ 組の可能的標本平均値は一つの分布をなす。そして、確率標本抽出法を用いた場合には、統計学的な基本定理として以下のことが言える。

(1)　$_NC_n$ 個の標本平均の平均（標本平均の期待値）は、母集団の平均値（母平均 μ）に等しい。
(2)　$_NC_n$ 個の標本平均の標準偏差（標準誤差）は $\sqrt{\dfrac{N-n}{N-1}\cdot\dfrac{\sigma^2}{n}}$ となる（σ^2 は母集団の分散）。
(3)　N と n が十分に大きければ、母集団の分布にかかわらず標本平均の分布はほぼ正規分布と見なせる（中心極限定理）。

　さらに、$n>100$ のような場合には未知の母分散 σ^2 を既知の標本分散 s^2 で代用してもほとんど影響がないので、95%の確率で次の不等式(1)が成り立つ。

$$\bar{X}-1.96\sqrt{\dfrac{N-n}{N-1}\cdot\dfrac{s^2}{n}}<\mu<\bar{X}+1.96\sqrt{\dfrac{N-n}{N-1}\cdot\dfrac{s^2}{n}} \quad \cdots(1)$$

　これを区間推定と呼ぶが、こうした統計的推論が可能なのは、標本が確率抽出されており、標本誤差以外の誤差を考慮しなくても良い場合に限られる。
　この標準誤差を利用すれば標本の大きさをどの程度にすれば足りるのかの見当もつく。大統領の支持率のような比率を調べる場合、95%の確率で予測誤差

---

[6]　ギャラップの大統領選挙予測においても、割当法を用いていた時の予測誤差よりも、確率抽出を用い始めて以降の誤差の方がかなり小さい（Gallup [1972] 1976=1976）。

表1-2-1 必要な標本の大きさ

	$\alpha = 2.5\%$	$\alpha = 2.0\%$
$N = 5$万人	$n \geq 1491$	$n \geq 2292$
$N = 50$万人	$n \geq 1532$	$n \geq 2390$
$N = 5000$万人	$n \geq 1537$	$n \geq 2401$

を±α％以内に収めたいならば、標本の大きさ n は表1-2-1の通りになる[7]。

α＝2.5％のとき、母集団の大きさが1,000倍でも必要な標本の大きさは3％増。それに対して、N＝50万人で予測誤差を±2％の範囲に抑え込もうとすれば n は約1.56倍になる。切実な問題は母集団の大きさではなくて推定の精度である。

1-2-6　確率抽出の重要性と限界

　全体の一部分を調べるのである限り、割当法でも確率抽出法でも標本が母集団からずれてしまうのは不可避である。割当法でかなり良好に母集団を代表することもありうるが、選挙のように事後的に当たり外れを判定できる方がまれだから普通は良好であるのかどうかも分からない。そして割当法ではその想定されるズレを扱うことができない。対して確率抽出法はより偏りの少ない標本を与えてくれると期待できるが、しかし偏りがないことを保証するものではない。そうではなく、その偏りを確率論的に扱えるようにしてくれることが重要なのである。計量分析において登場する種々の統計的推論や検定は、確率標本抽出のこうした確率論的な特徴を前提として成り立っている。

　現在のいわゆる「量的調査」においては、確率抽出が最善の抽出法として多用されている。しかしそれが扱えるのはあくまで標本誤差だけである。それ以外の様々な「非標本誤差」[8]については統計学的に処理することはできない。回収率が余りに低くても非標本誤差の危険性は高まる。標本の無作為性を確保し

---

[7] 詳しい数式は、東京大学教養学部統計学教室編（1994：28）、井上（2001：85-9）など参照。表1の n は誤差の丸め方によって異なりうる。

[8] 非標本誤差は、虚偽の回答や質問文の誤解に基づく回答、対象者の不在や調査拒否、調査員のミスや勝手な判断あるいはメーキング、コーディングや電子ファイル化の際の転記・入力ミスなど、様々な原因から生じる。

て統計的推論を可能にするためには、適切な抽出枠を獲得して確率抽出を行うのと同時に、種々の非標本誤差を抑える丁寧な調査の設計と実施が重要である。

【今後の学習のための文献案内】

・林知己夫編，2002，『社会調査ハンドブック』朝倉書店．
　高くて分厚いが，サンプリングや調査法に始まり，調査の実施やデータの質の検討，報告書の書き方，実際の調査例など，詳細かつ膨大な情報を収録．Random Digit Dialing も詳しく紹介されている．

・豊田秀樹，1998，『調査法講義』朝倉書店．
　数行〜2頁にわたるたくさんの数式展開が登場するので敬遠されがちだが，各標本抽出法について母平均の推定量，推定量の分散，推定量の分散の推定量などを非常に丁寧に解説している珍しい書．

・永田靖，2003，『サンプルサイズの決め方』朝倉書店．
　統計的検定における検出力の点からサンプルサイズの設計の意味と詳細を解説．普段はさらりと流してしまうような部分も，厳密に検討すればこんなにも奥が深いのだということを実感する．

・Zeisel, H., and D. Kaye, 1997, *Prove It with Figures: Empirical Methods in Law and Litigation,* Springer.
　数量的陪審研究の草分け *The American Jury* や統計入門書 *Say It with Figures*（『数字で語る』佐藤郁哉訳、新曜社、2005年）で有名な H. ザイゼルが，法社会学の領域の具体的事例を題材にして統計理論の基礎や調査法，調査バイアスなどについて解説．

1-3 調査データの欠落に対処する

欠けたデータの補い方を探る：欠損データ分析

保田時男

1-3-1 社会調査と欠損データ分析の深い関係

　社会調査の回収率は、年々低下の傾向が続いている。また、収入などの特定の調査項目に対して回答を拒否されることも増えているようである。データ分析の視点からすれば、これらはデータの欠損が増えるという問題を意味している。データの欠損を失くすことができればもちろんそれに越したことはないが、現状ではそれは難しい。そのため、分析者は、やむをえず発生してしまった欠損データにどのように対処するか、という問題に立ち向かわなければならない。

　欠損データの分析に対する統計学的な取り組みは、R. リトルと D. B. ルービンにより基本的な視点が確立されて以降、急速に議論の整理が進んでいる（Little and Rubin 1987）。社会学に携わる者からすれば、このような統計学者たちの取り組みは細かすぎる問題を議論しているように思われるかもしれない。しかし、それは大きな誤りである。

　現在、欠損データ分析の第一人者として活躍しているルービンが欠損データの研究に深く手を染めるきっかけは、まさに具体的な社会調査の分析場面で直面した問題にあったからである。ルービンは1971年に国語（reading）の補償教育についての実態調査に関わることになった。補償教育とは、家庭環境の違いから生まれる学力の格差を埋めるために、貧しい家庭の子どもやマイノリティの子どもに対して逆差別的に追加の教育を行う制度であり、当時アメリカでは補償教育が盛んに導入されていた。ルービンらは、アメリカ全国から660の学校を標本として選び、その校長に対して補償教育の内容や効果に関する質問紙を配布する形で調査を行った。472校（約72%）から回答が得られ、その回収率はけっして低すぎることはなかった。しかし、そのデータには深刻な欠損の問

題があることが判明した。自校の補償教育に自信のない校長が調査への協力を拒否しているらしいことが明らかになったのである。このまま分析を進めても、補償教育に自信のある学校の分析結果になってしまい、全国の実態を捉えることができない。ルービンらは、欠損データを適切に処理しなければ、調査の目的をまったく果たせないという状況に追い込まれたのである (Rubin 1977)。欠損データの分析に関する統計学的な研究は、このような現場の問題を受けて発展してきたものであり、社会調査データの分析と切っても切れない関係にあると言える。

1-3-2 欠損データの本質的な問題性

　ルービンのエピソードから考えると、欠損データが持つ問題性の本質は、欠けているデータの分量にあるのではないということが分かる。つまり、回収率・回答率の低さそのものに問題があるのではない。そうではなく、その問題性は欠損の発生メカニズムと密接に関わっている。サンプリングとの対比で、欠損の発生メカニズムが持つ重要性について説明しよう。
　標本調査におけるランダム・サンプリングは、全数調査に比べれば大量の欠損データを生み出していると見ることができる。標本として選ばれなかった人々のデータは、すべて欠けてしまうからである。それでもランダム・サンプリングを行うことが問題にならないのは、データの欠損がランダムに発生するように、欠損の発生メカニズムがコントロールされているからである。
　一方、社会調査において意図せずして発生する欠損データは、欠損の発生メカニズムがランダムでないことが多く、またそのメカニズムがしばしば不明という点でサンプリングの場合とは大きく異なっている。ルービンらの補償教育調査においても、欠損は対象校の教育内容を反映してランダムではない形で発生しており、またその具体的な発生メカニズムは不確かなものであった。そのために分析結果の解釈に問題が起こったのである。

1-3-3 欠損の発生メカニズムの分類

　したがって、欠損データの問題に向き合うためには、欠損の発生メカニズムによって問題の種類を切り分けることが有効となる。図1-3-1、図1-3-2を用い

1 データの構造をあきらかにする

	補償教育時間数	教室数	非白人の割合	政策の有無	…
A校	miss	48	75.2	1	…
B校	5	39	18.0	0	…
C校	10	55	22.3	1	…
D校	miss	20	10.9	0	…
E校	14	33	94.9	0	…

図1-3-1　欠損を含むデータ

て説明しよう。

　ルービンらの補償教育調査のデータは図1-3-1のような模式図で表すことができる。教室数などの基本情報は、学校センサスから得ることができるので、すべての学校についてデータが得られているが、いくつかの学校について補償教育の時間数などの肝心な情報が欠損している。データが欠損している状態とは、ちょうど本来入手しようとしていたデータの上にシールが貼られているようなものである。つまり、図1-3-1の「miss」シールの下には、本来入手しようとしていたデータが隠されている、と考えることができる。このシールが貼られる確率に対して(a)シールが貼られていない他の変数（教室数など）の情報が影響するのかどうか、(b)シールで隠されている情報そのものが影響するのかどうか、という組み合わせのパターンによって、欠損の発生メカニズムは3つに分類できる（図1-3-2）。後者の影響はややわかりにくいが、ここでの例の場合、実際に補償教育がどの程度の時間行われているかによって、その欠損確率が左

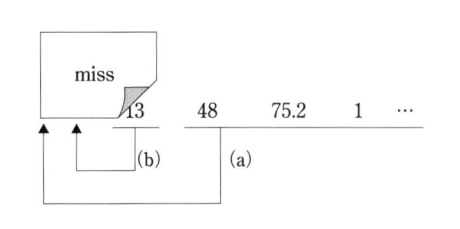

欠損の原因		欠損メカニズムの分類
(a)	(b)	
		完全にランダムな欠損
✓		ランダムな欠損
	✓	無視できない欠損
✓	✓	無視できない欠損

図1-3-2　欠損メカニズムの分類

右されることを意味する。

　欠損の確率がいずれにも影響されない最初のパターンは、「完全にランダムな欠損」(missing completely at random, MCAR) と呼ばれる。このとき、その欠損データはランダム・サンプリングによる欠損とまったく同じ意味を持つので、ケース数が減少することによって分析の精度がやや低下する以上の問題性を持たない。次に、欠損していない他の変数の情報(a)によってのみ、欠損の確率が左右されるパターンは、「ランダムな欠損」(missing at random, MAR) と呼ばれる。この場合、分析結果に偏りが生まれうるが、欠損の確率に影響を与えている変数を分析の中に投入しさえすれば、その問題を解決することが原理的には可能である。これに対して、欠損してしまった情報そのもの(b)が欠損の確率に影響を与えている場合には、その問題性は大きい。通常の分析方法では、欠損した情報を考慮に含めて偏りを修正することはできないので、偏りが修正されないまま放置されてしまうからである。この問題性に比べれば、他の変数の情報(a)が欠損の確率を左右することにより生まれる偏りは小さな問題なので、図1-3-2に示しているように最後の2つのパターンは、まとめて「無視できない欠損」(Nonignorable nonresponse, NINR) と呼ばれる（このような分類の細かい説明や証明については、Rubin (1976) などを参照のこと）。社会調査における欠損データは、「無視できない欠損」が少なくない。

1-3-4　欠損データに対してどのように向き合うか

　実際の社会調査においては、欠損の発生メカニズムを明らかにすることは難しい。形式的なデータには含まれない現場の情報を活用することや、データと照らし合わせながらどのような欠損のメカニズムが確率的にありうる範囲に収まっているかを検討することで蓋然的な推理をするより他にない。このとき、欠損の発生メカニズムによってその問題性が変容するという事実を頭に留めながら、推理の方向性を定めることが重要である。

　また、その事実は欠損のメカニズムを考慮することなしに欠損データの問題を解決することは不可能であることを示唆している。最近、その発生メカニズムを考慮することなしに、欠損の問題に配慮しているふりをしている分析を見かけることが多くなった。例えば、回帰分析においてある変数の欠損をダミー変数として投入することで、欠損データによる偏りを制御していると称される

ことがある。しかし、そのような処理で自動的に欠損の問題を回避することは不可能であり、欠損による偏りは改善するどころかより悪化する（Jones 1996）。

　欠損の発生メカニズムを考慮した上で、その問題性を回避するための方法は、現在いくつか開発されている。大きく EM アルゴリズムによる最尤推定を用いる方法と、multiple imputation による回避方法が有力であり、最近の動向は、P. D. アリソンによって簡潔にまとめられている（Allison 2002）。しかし、残念ながら（特に、無視できない欠損について）分析者が容易に扱える標準的な方法が確立される見通しはいまだ立っていない。そのため、現状では欠損データに直面した分析者がその発生メカニズムについて考察することの重要性をひたすらに強調することしかできない。しかしながら、それこそが欠損データの問題を解決する上で何よりも重要なことなのである。

【今後の学習のための文献案内】

・Little, R. J. A. and D. B. Rubin, 2002, *Statistical Analysis with Missing Data* (2nd), John Wiley & Sons.
　　欠損データ分析の基本文献．現在のアプローチが成立するまでの歴史的過程とさまざまな種類のデータへの応用について知ることができる．

・Allison, Paul D., 2002, *Missing Data,* (Sage University Papers Series on Quantitative Applications in the Social Sciences, 07-136), Sage.
　　100ページ弱の薄い解説書．近年の展開（特に multiple imputation）を含めて簡潔にまとめられており，また社会学者によって記されているので，理解しやすい．

データの分布をしらべる

1-4 日本の核家族化

分布のかたちを数値であきらかにする：代表値と散布度

渡邊　勉

1-4-1　日本の家族

　日本社会は核家族化が進んでいるといわれているが、はたして近代日本の家族形態はどのように変化してきたのか。社会学において家族の問題は常に古くて新しい問題であった。近代の家族形態の変化については、特に核家族をめぐる議論と絡められながら活発におこなわれ、大家族から核家族への移行は産業化と少子化による影響が大きいとする主張がなされてきた（森岡1993）。家族社会学による研究として、古くは戸田貞三の研究があげられる（戸田1937=1970）。最近でもたとえば森岡清美、盛山和夫、落合恵美子などさまざまな研究者によって、日本の核家族化が検討されている（森岡1993；盛山1993；落合1997）。家族形態の変化は人口学的な要因を強くうけるために、単純に核家族世帯数のみで変化をとらえることはできないものの、家族形態の変化を捉える最も単純な方法は、実際に日本の家族の世帯人数を数えてみることである。それを1920年の国勢調査を元におこなったのが、戸田貞三である。

1-4-2　戸田貞三による世帯人数の分析

　戸田は1920年（大正9年）におこなわれた第一回の国勢調査の結果から、1,000分の1のデータ、つまり1万1千世帯余りを抽出し、日本の家族構成の実態を統計的に明らかにしようと試みた。具体的に全国、青森県、岩手県、岐阜県、東京市、大阪市の世帯の分布をまず描く。表1-4-1はその集計結果である。しかしこの表を見ているだけでは、当時の日本の家族形態の実態は見えてこないだろう。そこでデータ全体の分布を簡潔に記述することで、データその

1　データの構造をあきらかにする

表1-4-1　世帯人数別普通世帯数（1920年）

	全国	青森県	岩手県	岐阜県	東京市	大阪市
1人	641,860	4,215	5,377	14,077	27,870	18,945
2人	1,392,026	9,768	11,074	25,355	71,644	49,826
3人	1,690,534	14,316	15,170	32,493	85,194	53,998
4人	1,698,893	16,405	17,996	33,310	75,959	44,797
5人	1,620,484	17,872	19,937	32,786	61,965	34,851
6人	1,397,347	17,248	19,625	28,962	45,229	25,093
7人	1,059,924	14,665	17,407	21,934	30,909	16,844
8人	702,613	10,980	13,596	13,722	19,267	10,371
9人	418,650	7,958	9,567	7,560	11,782	6,455
10人	240,002	5,329	6,152	3,690	8,078	4,183
11～15人	231,334	6,917	6,720	2,828	10,948	5,729
16～20人	20,765	581	412	249	2,389	1,135
21～25人	4,488	86	48	52	680	372
26～30人	1,685	18	16	16	256	149
31人以上	1,515	18	11	35	234	137
普通世帯計	11,122,120	126,376	143,108	217,069	452,404	272,885

出所：戸田 1937=1970：146

　ものをわかりやすく理解していくことが必要となってくる。つまり分布を要約する統計量によって記述していくことが、まずは重要である。ここでいう統計量には、大きく分けて代表値と散布度の2つがある。代表値とは分布の平均的な値を指し、散布度とは分布の形状、つまり散らばった分布なのか密集した分布なのかをあらわす値のことである。戸田自身は、平均値と最頻値という代表値によって分析をおこなっている。

　まず平均値とは各ケースの値を合計し、ケース数で割った値である。各ケースの値を Y_i、ケース数を N とすると、平均 $\bar{Y}$ は次のようにあらわすことができる。

$$平均値 \quad \bar{Y} = \frac{\sum_{i=1}^{N} Y_i}{N}$$

　たとえば、戸田の全国のデータについて平均世帯人数を求めると次のようになる（11人以上については、各カテゴリーの中央値で代表させ、31人以上は33人で代表させている）。

$$\bar{Y} = \frac{1 \times 641{,}860 + 2 \times 1{,}392{,}026 + \cdots + 33 \times 1{,}515}{11{,}122{,}120} = 4.91$$

　平均値は最もよく使われている代表値であるが、分布が歪んでいる場合やはずれ値がある場合には、分布全体の特徴をうまくあらわせない。そこで他の代表値も求め、総合的に分布の特徴を捉える必要がある。戸田自身も平均値以外に、最頻値を求めている。最頻値とは、度数分布の中でもっともケース数の多いカテゴリーの値のことである。たとえば表1-4-1の全国データでは、4人世帯の世帯数が最も多い（1,698,893）ことから、最頻値は4となる。さらに分布の特徴を捉える代表値として、中央値がある。中央値とは、順序づけられる度数分布を上下2つに等分割する値のことである。たとえば、表1-4-1の全国データでは、上から数えても下から数えても (11,122,120+1)/2＝5,561,060.5番目、つまり5,561,060番と5,561,061番の間に、データ全体を半分に分割する境界線、すなわち中央値、があることになる。このように各カテゴリーに含まれるケースが多い場合には、中央値は次のように求められる。

$$\text{中央値} \quad M = L_p + \left(\frac{0.5N - c_p}{f_p}\right) W_{50}$$

　ここで L_p は2等分する値が含まれる区間（I_p）の下限 [4.5]、c_p は L_p 以下（未満）のケース数 [5,423,313]、f_p は区間 I_p のケース数 [1,620,484]、W_{50} は区間 I_p の幅 [1] である（[ ] 内は表1の全国データの場合の値）。この公式に基づいて計算すると、中央値 M は、

$$M = 4.5 + \left(\frac{0.5 \times 11{,}122{,}120 - 5{,}423{,}313}{1{,}620{,}484}\right) \times 1 = 4.59$$

となる。これら3つの代表値は、分布が歪んでいる（非対称な）場合には異なる値をとるが、対称的な分布の場合には近い値をとるという性質を持つ。つまりこの3つの代表値を比較することで、分布の形状についてもある程度推測できる。

　戸田は平均値と最頻値から、1920年の段階ですでに小家族が日本の家族の中心であると結論づける（表1-4-2を参照）。さらに戸田は東京と大阪は都市型、青森と岩手は地方型、全国と岐阜はその中間型の地域に分類し、世帯人数の規定

1 データの構造をあきらかにする

表1-4-2　家族世帯データの代表値と変動（1920年国勢調査）

	全国	青森	岩手	岐阜	東京	大阪
平均	4.91	5.89	5.85	4.82	4.61	4.39
最頻値	4	5	5	4	3	3
中央値	4.95	5.53	5.60	4.60	4.17	3.89
変動係数	0.54	0.51	0.50	0.52	0.63	0.64
歪度	1.25	1.06	0.85	1.10	2.32	2.42
尖度	4.64	2.66	1.90	4.81	11.34	12.50

因を考察している。

　戸田の分析は非常に優れたものであるものの、代表値の分析のみであり、分布の形状については分析していない。そのため戸田の結論が本当に正しいのかどうか、特に3地域への分類については、もう少し検討してみる必要がある。そこで次に、散布度をもとめてみる。

　散布度をあらわす係数として最も代表的な値は、分散である。分散とは平均と各対象がとる値との偏差を二乗した数値の平均である。

$$\text{分散}\quad s_Y^2 = \frac{\sum_{i=1}^{N}(Y_i - \overline{Y})^2}{N}$$

また分散の平方根をとったものを標準偏差という。

$$\text{標準偏差}\quad s_Y = \sqrt{s_Y^2}$$

　平均と分散が異なる分布を比較する場合には、標準偏差を平均で割る（変動係数）ことで、標準化して比較する必要がある。

$$\text{変動係数}\quad CRV = \frac{s_Y}{\overline{Y}}$$

　データが平均値を軸にして対称ならば、散布度を求めればデータの性質を明らかにすることができる。しかしデータが右や左に大きく偏っている場合（図1-4-1を参照）、散布度だけではなく、さらにデータの偏り具合を調べる必要がある。そのための係数として、歪度がある。

1-4 日本の核家族化

$$\text{歪度} \quad S = \frac{1}{N}\sum_{i=1}^{N}\left(\frac{Y_i - \bar{Y}}{s_Y}\right)^3$$

歪度の値がプラスの場合分布が左に偏り、マイナスの場合右に偏っていることを示している。また、分布の平均への集中の具合をはかる係数として、尖度がある。

$$\text{尖度} \quad K = \frac{1}{N}\sum_{i=1}^{N}\left(\frac{Y_i - \bar{Y}}{s_Y}\right)^4 - 3$$

尖度の値がプラスの場合正規分布よりもとがった分布であり、マイナスの場合正規分布よりも扁平な分布であることを示している。

上の公式に従って表1-4-1のデータの散布度を計算した結果を表1-4-2に示した。表1-4-2から、変動係数と歪度の大きい東京と大阪、逆にともに小さい青森と岩手、その中間の全国と岐阜という関係が見えてくる。つまり散布度の分析からも戸田の分類が妥当なものであることがわかる。

以上からもわかるように、データの性質や特徴を調べる上で、代表値や散布度を求めていくことは有用である。しかし戸田のデータの場合、実際にはグラフを書けばおおよそ分布の形状はわかり、また6つのデータの分類もグラフを

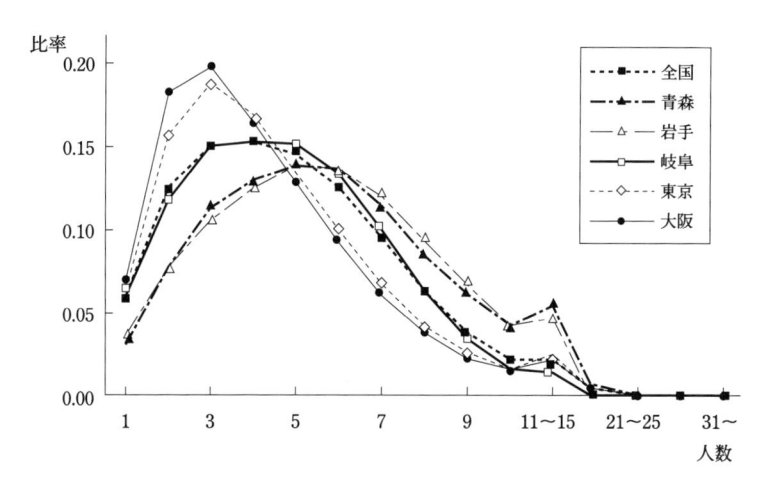

図1-4-1 世帯人数の構成（1920年）

1 データの構造をあきらかにする

重ね合わせてみれば明らかである（図1-4-1を参照）。代表値や散布度の分析がさらに重要となってくるのは、比較する分布が多くなってきた場合である。

1-4-3　国勢調査に見る日本の家族変化

　戸田は、1920年の国勢調査のデータのみを扱ったが、その後現在（2000年）に至るまで計13回の国勢調査がおこなわれている。そこで今度はこの13回のデータ（普通世帯）から80年間の世帯人数の変化はどのように変化しているのかを調べてみることにしよう。もちろん13回分のデータを図1-4-1のようにグラフに描き、その変化を見ていくことは可能であるが、非常に煩雑になり、実際、グラフからデータの性質を読み取っていくことは非常に難しい。こうした場合、代表値と散布度による分析がきわめて有用となってくる。

　まず13回のデータについて、代表値を求め、グラフにあらわしたのが図1-4-2である。平均値を見ていくと、1955年ぐらいまでは5人前後で推移していたのが、その後急激に減少し、75年以降やや緩やかになっている。この傾向は中央値も同様である。最頻値は、ほとんど変化なく4人で推移し、1995年に2人へと減少している。

　さらに分布の形状の変化を散布度によって見ていくことにしよう。

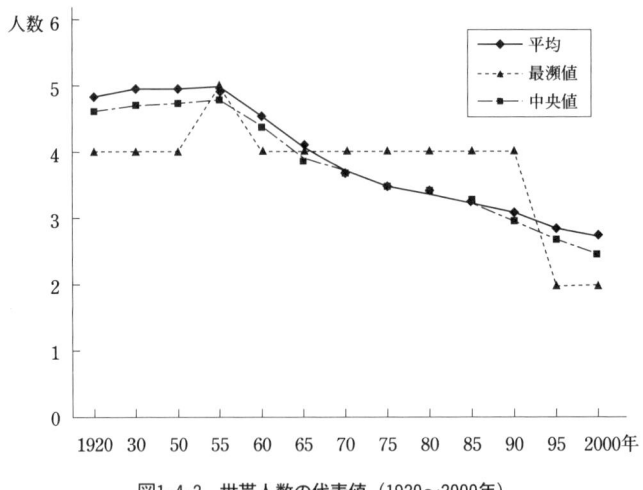

図1-4-2　世帯人数の代表値（1920～2000年）

1-4 日本の核家族化

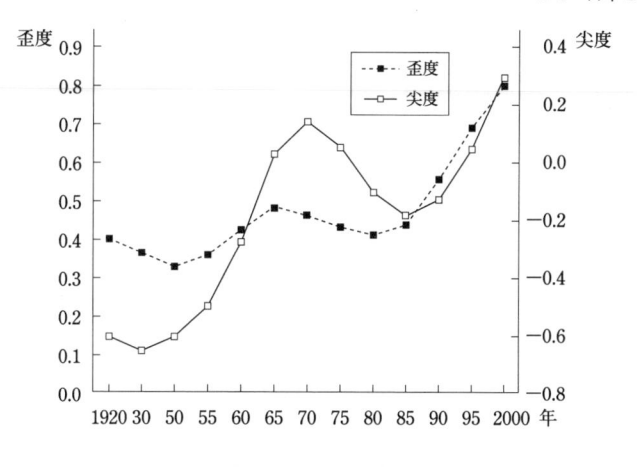

図1-4-3 歪度と尖度

　ここで特に歪度と尖度に注目すると、かなり似たような変化を示していることが読み取れる。歪度と尖度のグラフは似たような形をしているが、歪度の変化が尖度の変化に先行していることがわかる。1950年くらいまでは歪度は減少、尖度は一定、その後1970年くらいまで一度値が大きくなってその後減少する。さらに1985年以降、歪度、尖度ともに値が大きくなっている。
　以上、代表値と変動の値の変化をまとめると、次のようになるだろう。

(1) 1950年前後まで、世帯人数の構成に大きな変化はない。
(2) 1955年以降80年前後まで、急速に1世帯あたりの人数が減少していき、それにともない全体の分布が歪み、それを追うように平均（4人世帯）への集中度が高まる。この時代は1925～55年生まれの人口の多い世代が家族を形成する時代であった。そのため長男は親と同居するとしても第二子以降は新たに世帯をつくらなければならない。そのため世帯人数の多い家族も残しつつも、第二子以降の核家族世帯が急増したことで、全体の分布は左に歪み、そして4人世帯が増加したことにより、尖度も大きくなったと考えられる。
　　しかし、その後分布全体が左にシフトしていくことで、歪みは小さくなり集中度も小さくなる。つまり核家族世帯の増加が加速するのと同時に、多人数世帯が減少していくことで、歪みは小さくなったと考

えられる。
(3) 1985年以降再び、世帯人数の減少が進む。世帯人数の平均値はある程度安定しているものの、1995年以降は最頻値が2人となり、世帯人数の減少が進む。それにともない、分布の歪みと集中度も再び大きくなる。これは、それまで4人世帯が中心であったのが、1人、2人世帯中心の世帯構成へと変化していくことで分布の歪みが再び大きくなり、1、2人世帯への集中度が高まったと考えられる。

以上、代表値と変動によって分布の変化を見てきたが、もちろんこうした値のみで日本社会の核家族化が実証されたわけではなく、人口学的な要因（死亡率、キョウダイ数、初婚年齢、有配偶率など）に影響されていることはよく知られており、そうした点については、たとえば落合（1997）や盛山（1993）が分析している。しかしここでの分析からもわかるように、データの性質について大まかに知ることができるという意味で、代表値や散布度はデータ分析の重要な第一歩なのである。

1-4-4 分布のかたちをみる

以上の分析からもわかるように、データを分析する際には、まず代表値や散布度を調べることが重要である。その理由は、大きく2つある。第1に、代表値によってデータの基本的な特徴がわかる。1-4-2、1-4-3で見てきたように、代表値だけでもデータに関してかなり多くの情報が得られ、社会学的な知見を得ることができる。第2に、さらに複雑な分析をおこなっていくためには、分布の形状を知っておく必要がある。多くの分析方法は、正規分布を想定している。つまり極端に偏った分布を持つデータについては、そのままでは分析できないことが多い。逆に代表値などによって分布の形状を見ないうちに複雑な分析をおこなっても、極端な分布を持つデータであれば、その分析結果が意味を持たないこともありうる[1]。そうした危険を冒さないためにも、まずは代表値

---

[1] このような進んだ分析は、サンプルから母集団のことを推定するという作業になる。ここでは全数がそろっているようなデータ（あるいは母集団）について、代表値の計算を示したが、サンプルから母集団の代表値を推測使用とする場合、分散等の式に若干の修正が必要となる。

によって分布の性質を知っておくことが必要なのである。

【今後の学習のための文献案内】

・Bohrnstedt, G. W., and D. Knoke, 1988, *Statistics for Social Data Analysis* (2nd ed.), F. E. Peacock.（＝1990，海野道郎・中村隆監訳『社会統計学』ハーベスト社）
社会統計学の基本文献．代表値や変動についても，くわしく書かれている．

1-5 犯罪と経済状態

分布のかたちをグラフであきらかにする：
ヒストグラム、箱ひげ図、散布図

山本英弘

1-5-1 犯罪と経済状態

　犯罪社会学の研究では、犯罪がなぜ発生するのかを社会的要因を重視しながら追究してきた。その中の有力な議論の1つに緊張理論（strain theory）がある（Merton 1938, [1949] 1957=1961）。社会には重要だと合意が得られている目標がある。しかし、その目標を達成するための正当な手段を、誰もが平等に持っているわけではない。こうした目標と手段の乖離による緊張関係は、社会規範の無規制化（アノミー化）につながり、このような社会では犯罪などの逸脱行動が増加する。

　例えば、経済的成功は重要な目標として社会的に合意が得られているけれども、この目標を達成するための機会は必ずしも平等なわけではない。したがって、目標を達成する機会に恵まれない人々によって犯罪が行われると考えられる。ここから、経済状態と犯罪との関係を追究する研究が数多くなされてきた。

1-5-2 分布を視覚的に表現する

　犯罪と経済状態との関係は日本の地域間で比較した場合にもみられるだろうか。ここでは47都道府県の集計データを用いて、グラフを描くことによって探求していこう[1]。経済状態を表す変数として、ここでは失業率を用いる。職業

---

[1] データの出所は『民力1999』（朝日新聞社編）における生活満足指標である。『民力』データの出所は、犯罪発生件数については『1999年犯罪統計』であり、失業率については『平成7年国勢調査報告・第2次基本集計結果』である。また、犯罪発生件数については「刑法犯認知件数÷1999年住

1-5 犯罪と経済状態

表1-5-1 犯罪発生件数と失業率の要約統計量

	平均値	中央値	標準偏差	歪度	尖度
犯罪発生件数	83.75	79.60	26.34	0.79	0.13
失業率	95.58	90.40	29.20	3.03	14.38

は経済的成功を達成するための手段だと考えられる。そのため職業を得ていない人々の割合である失業率は、機会の格差を表していると考えられる。

まず、犯罪発生件数と失業率のそれぞれの分布を要約する統計量を求めておこう。表1-5-1は、1999年における47都道府県の犯罪発生件数と失業率（ともに全国を100としたときの各都道府県の値）について、平均値、中央値、標準偏差、歪度、尖度を示したものである。これらの値は客観的かつ厳密に分布の特徴を表すことができ、非常に有効である。しかしながら、これらの値を見ただけではデータがはたしてどのような形状の分布になっているのかを理解するのは難しい。また、表1-5-1を見る限りではあまり問題ではないが、平均値と中央値（および最頻値）が著しく異なることもある。こうした場合、ある1つの代表値だけを見て判断すると大きな誤解をすることもある[2]。

これらの問題に対処する方法として、分布をグラフで表現することが考えられる。グラフを描くことでデータの分布を視覚的、直観的に理解することができる。それにより、要約統計量が何を表しているのかもはっきりさせることができる。ここでは、分布を表すグラフとしてヒストグラム（histogram）と箱ひげ図（box-and-whisker diagram）を紹介する。

ヒストグラムは連続変数の度数分布をグラフで表現する代表的な方法である。横軸を観測値のとりうる値とし、階級ごとに柱をたてる。柱の幅は階級の幅とし、各階級の度数や比率を柱の面積に対応させる（各階級の幅が等しいときには高さに対応させる）。各階級は連続変数を便宜的に分割しているため、ヒストグラムにおいては各柱の間に間隔をあけないようにする。

なお、離散変数の度数分布を表現するには棒グラフが用いられる。横軸には観測値のカテゴリーをとり、カテゴリーごとの度数や比率を棒の高さに対応さ

民基本台帳人口」によって、失業率については「完全失業者（男）÷労働力人口（男）」によって算出されている。

[2] 代表例として収入や貯蓄額の分布を挙げることができる。例えば、1995年の勤労者世帯の貯蓄額の平均値は1261万円、中央値は836万円、最頻値は265万円である（清水 1996:38）。

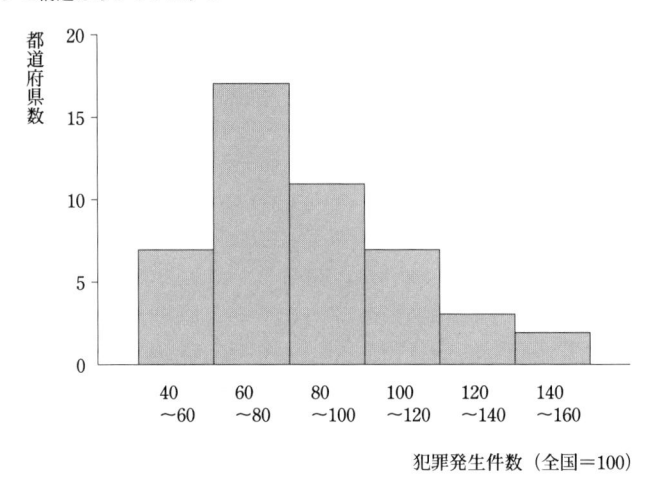

1 データの構造をあきらかにする

図1-5-1 犯罪発生件数についてのヒストグラム

せる。離散変数であるため棒の間隔はあけておく。

図1-5-1は、犯罪発生件数の分布についてのヒストグラムである。図1-5-1をみると、60〜80という階級の度数が最も多い（17都道府県）ことや、全体としては小さい値の方にやや偏っていることがわかる。このように分布が小さい値に偏っているために右側に長い裾をひく場合を「正（または左）に歪んでいる」という[3]。これに対して、大きい値に偏って左側に長い裾をひく場合を「負（または右）に歪んでいる」という。また、データによっては山の頂点が2つある分布（双峰型）になる場合もある。

ところで、表1-5-1から犯罪発生件数の平均値は83.75であり、平均値と最頻の階級（60〜80）とは若干ではあるがずれている。左右非対称の分布であれば、平均値、中央値、最頻値は完全には一致しない。図1-5-1のように正に歪んでいる場合には、一般に、大きいほうから平均値、中央値、最頻値の順になる（負に歪んでいる場合は逆の順）。そのため、特定の代表値のみでデータを捉えようとするだけでは不十分であり、グラフによって分布の形状を視覚的に確認する

---

[3] 分布の歪みについては厳密には歪度を算出することでわかる。分布が正に歪んでいるときには歪度は正の値をとる。表1-5-1から犯罪発生件数の歪度は0.79であり、ここからも分布が正に歪んでいることがわかる。

1-5 犯罪と経済状態

ことが大切である。

　また、分布の形状を知ることは統計分析の重要な基礎である。なぜなら、多くの統計分析の手法は、変数が正規分布など特定の分布にしたがうことを前提としているからである。そのため、実際のデータの分布が分析手法の前提を満たしているのかを確認することは非常に重要である。ヒストグラムを描くことによって、こうした分布の形状についての理解が容易になる。

　連続変数の分布を表すグラフとして箱ひげ図についても紹介しよう。箱ひげ図では中央値、上ヒンジ、下ヒンジという観測値の位置についての情報が活用される[4]。図1-5-2は、失業率の分布について実際に箱ひげ図で表現したものである。このように箱ひげ図は中央にある「箱」とそこから伸びた「ひげ」からなる。

　箱の中にある線は中央値（観測値全体を等分する値）を表している。そして箱の上端は中央値と最大値を等分する値であり、上ヒンジと呼ばれる。同様に、箱の下端は中央値と最小値を等分する値であり、下ヒンジと呼ばれる。また、箱の高さを表す上ヒンジと下ヒンジとの差はヒンジ散布度と呼ばれる。

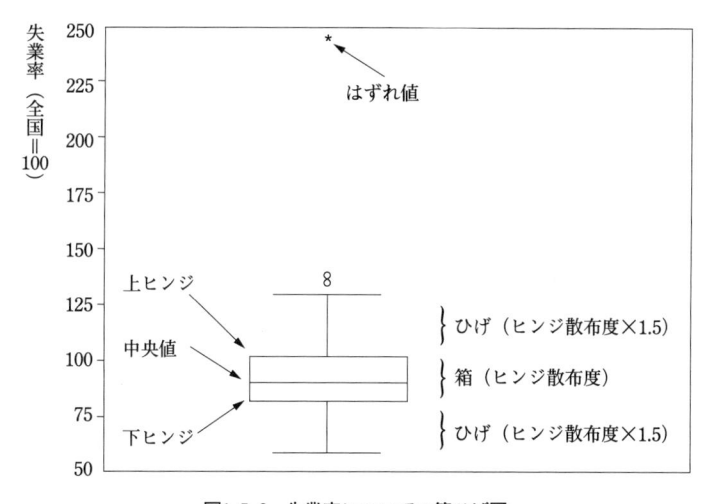

図1-5-2　失業率についての箱ひげ図

[4] 位置についての情報の代わりに平均値と標準偏差を用いるなど、ここで紹介するほかにもいくつかのバリエーションがある。

図1-5-2では、箱の中の線（中央値）がほぼ中央にあることから、分布には歪みがないと判断できる。中央値が上寄りであれば観測値が上部に集中しているため、負に歪んでいる。同様に、中央値が下寄りであれば観測値が下部に集中しているため正に歪んでいる。

箱から上下に伸びているひげは、それぞれヒンジ散布度の1.5倍まで続いている。それを越える値は個別に点で示される。このように他の観測値と比べて極端に大きいかまたは小さい値をはずれ値（outlier）という。図1-5-2では、上の方に非常に大きなはずれ値がある。これは沖縄県の値であり、沖縄県の失業率が他の都道府県よりも著しく高いことがわかる。はずれ値は他の観測値とかけ離れていることから、そのまま平均値や分散の値を求めると、データの実態とそぐわない値になってしまうことがある。そのため、正確な統計分析を行うためには配慮しなければならない。グラフで表現することによって、はずれ値の存在も容易に確かめることができる。

1-5-3　2変数間の関係を明示する

ヒストグラムと箱ひげ図によってそれぞれの変数における分布を確認したところで、犯罪発生件数と失業率に関係がみられるのかどうかを検討しよう。連続変数同士の関係を探るのだから、相関係数や回帰分析といった方法が考えられる。しかし、まずは散布図（scatter plot）を描くことが基礎的でかつ有効な方法である。

散布図は、X軸とY軸にそれぞれの変数の値を対応させ、2つの変数についての各個体の観測値を2次元の空間に位置づけたものである。2つの変数の間になんらかの関係がみられるならば、点の散らばりに特定のパターン（直線的、放物線的など）がみられるはずである。そして、2つの変数の間にどのような関係のパターンがあるのかによって、使用できる統計分析も制約される。例えば、相関係数（ピアソンの積率相関係数）や回帰分析は2つの変数の間に直線的関係があることを前提としている。そのため、変数間に直線的関係を前提としても差支えがないかどうかをあらかじめチェックしておかなければ誤った分析を行ってしまう可能性がある。

図1-5-3、1-5-4は失業率をX軸、犯罪発生件数をY軸として描いた散布図である。図1-5-3では、2変数間に直線的な関係がみられるものの、それよ

1-5 犯罪と経済状態

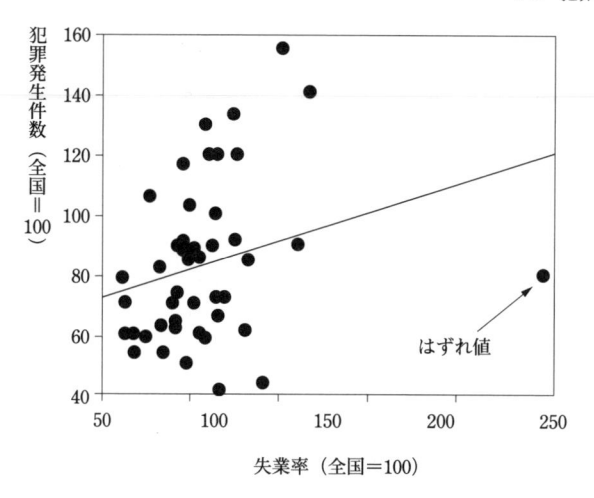

図1-5-3　失業率と犯罪発生件数の散布図

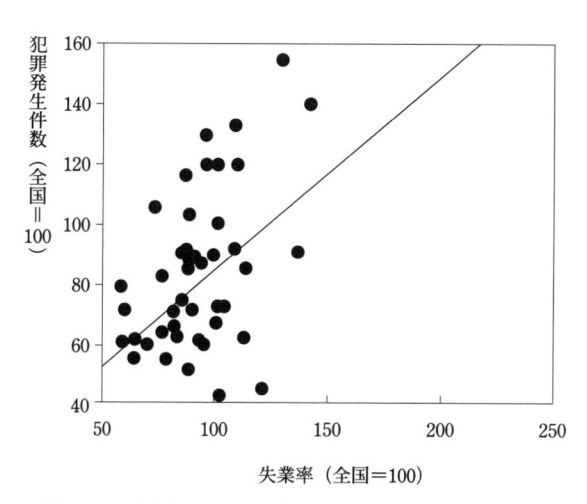

図1-5-4　失業率と犯罪発生件数の散布図（はずれ値を除外）

り目をひくのは他のデータとはかけ離れたところにある個体である。先に箱ひげ図で確認しように、沖縄県の失業率は非常に大きな値でありはずれ値となっていた。散布図で表した場合でも沖縄県の値がやはりはずれ値である。そして図1-5-3では、はずれ値があるために近似直線がデータの実態とそぐわないも

のになっていることがわかる。

　これに対して図1-5-4は、沖縄県を除外して描いた散布図である。やや散らばりがあるものの、2つの変数の間におおむね直線的関係があることがみてとれる。そこで相関係数を算出すると0.432である。はずれ値を含めた場合の相関係数は0.262であることから、はずれ値が及ぼす影響の大きさがわかるだろう。

　簡単な分析ではあるが、ここから失業率が高いと犯罪発生件数が多いという関係を見出すことができる。つまり、職業をとおしての経済的成功という機会に恵まれない人々の割合が大きいほど、犯罪も多くみられる。日本の地域間比較分析からも、緊張理論に適合的な結果が得られた[5]。

1-5-4　統計分析の基礎としてのグラフ

　グラフは非常に簡単な方法でありながら、データの分布をわかりやすく知ることができる有効な手段である。そればかりか、統計分析にとって重要ないくつかの問題に対処するうえでも有効である。例えば、平均値や中央値などの代表値だけでは十分にデータを捉えることができないし、場合によっては誤解してしまうことがある。また、はずれ値があるときには統計分析の結果が実態にそぐわないものになることがある。さらに、統計分析の手法の中には特定の分布を前提としたものが多い。グラフを用いてデータの分布や変数間の関係を確認しておくことは、こうした問題を考慮するうえで欠かせない作業である。

　しかしながら、グラフには視覚的でわかりやすいからこその問題点もある。例えば、同じデータであっても、グラフの目盛りや縦軸と横軸の比が変わると受ける印象が全く異なることがある。そのため実際にグラフを描く場合には、わかりやすく、かつ、誤解を与えないように注意しなければならない。例えば、縦軸と横軸が何を表しているかを明示することや、適切な目盛りをとることは重要である。また、グラフには視覚にうったえる反面、正確さに欠けるという難点もある。そのため、煩雑にならない程度に、度数や代表値も記載したほう

---

[5] ただし、ここでの分析のような集計データに基づく分析から得られた変数間の関係には生態学的誤謬（ecological fallacy）のおそれがある。失業率と犯罪発生件数に関係があるからといって、失業者が犯罪を行っているとは必ずしもいえないことに注意しなければならない。

がわかりやすくなるだろう．

【今後の学習のための文献案内】

・Bohrnstedt, G. W., and D. Knoke, 1988, *Statistics for Social Data Analysis* (2nd ed.), F. E. Peacock（＝1990，海野道郎・中村隆監訳『社会統計学』ハーベスト社．）
　　ヒストグラムや散布図の解説については，ほぼすべての初等統計学のテキストに掲載されている．その中でも代表的なものが本書である．度数分布や分布を表すグラフについても相当量のページを割いている．

・Huff, D., 1954, *How to Lie with Statistics,* W. W. Norton & Company.（＝1968，高木秀玄訳『統計でウソをつく法：数式を使わない統計学入門』講談社．）
　　グラフを含め，統計分析の結果で誤解を招きやすい点をわかりやすく解説している．具体例も豊富である．

1-6　経済的不平等と犯罪

分布の不平等を測る：ジニ係数、アトキンソン尺度

古宇田千恵

1-6-1　不平等と暴力的犯罪率

　1960年代から70年代のアメリカでは殺人、暴行、強盗などの暴力的犯罪が急増し、社会的な問題になっていた。特に、人口25万人以上の大都市ほど暴力的犯罪率は高く、人口1万人以下の小都市の5倍もあった。大都市にはスラムが多く存在する。貧しいスラムでの生活は厳しく、そこで生き残るためには暴力に頼らざるをえない状況がしばしば生じる。当時の研究者の多くは、大都市において暴力的犯罪率が高い原因を、スラムのような貧困地域特有の文化に求めた。

　しかしJ. R. ブラウとP. M. ブラウは、大都市の暴力的犯罪率の高さはスラムのような貧困地域特有の文化によるものではなく、その地域の社会構造によるものだと主張した（Blau and Blau 1982）。彼らが注目した社会構造とは、経済的不平等であった。大都市には高級住宅街に住む金持ちもいれば、スラムに住む貧者も存在する。金持ちの生活を見聞きすれば、自分たちの生活と比較して不満を感じることがあるだろう。さらに、スラムに住む人たちは所得が低いだけでなく、教育も十分に受けられる状態ではないし、政治的勢力も弱い。こうした複合的な不平等によって、不満を解消する手段は暴力しかないという状態が生み出される。スラムの人々にとって暴力が経済的不平等に対する不満の捌け口となり、大都市では暴力的犯罪率が高くなっているのではないか。ブラウらはこのように考えた。

　実際に、ブラウらは、アメリカの1970年国勢調査データをもとに、125都市圏における貧困度と不平等の大きさが暴力的犯罪率に及ぼす影響について調べた（Blau and Blau 1982）。貧困度は貧困世帯の割合で測定され、不平等の大きさ

は所得や社会経済的地位の不平等の大きさで測定された。貧困度も不平等の大きさもそれぞれ暴力的犯罪率に対して正の相関がみられた。しかし、重回帰分析の結果、不平等の大きさをコントロールすると、貧困度と暴力的犯罪率の関連はみられなくなった。以上の分析結果から、ブラウらは、暴力的犯罪率を高めるのは、貧困の文化ではなく経済的不平等という社会構造である、と結論づけた。

では、ブラウらはどのように経済的不平等を測定したのだろうか。以下では、不平等の指標について所得を例に考えてみよう。

1-6-2　不平等の大きさを視覚化する：ローレンツ曲線

不平等の大きさを数値で示す方法を考える前に、不平等の大きさをグラフによって視覚化してみよう。

所得の不平等の大きさを問うことは、「所得がどの階層にどれだけ集中しているか」「所得がどのように分布しているか」を問うことにほかならない。ヒストグラムを示すだけでも「右に裾をひいた分布である（低所得階層が多い」とか「均一な分布である」というように、所得がどのように分布しているかはある程度はわかる。

しかし、ブラウらのように複数の所得分布を比較することは、ヒストグラムを描いただけでは難しい。各社会の総所得や人口の違いによって、分布の印象が左右されることもあるからである。したがって、各階層の所得および人口を相対度数（割合）で示し、値を標準化したうえでグラフを作成する必要がある。この点に注意すると、「社会の総所得の何割が特定の階層にどのくらい集中しているのか」という問いになり、たとえば、「その社会の総所得の9割が全人口の1％の最上位階層に占められている」というふうに示される。

M. O. ローレンツは、この考えをさらに進めて、複数の所得分布の比較を行なうのに便利なローレンツ曲線を考案した（Lorenz 1905）。ローレンツ曲線は、累積所得割合を縦軸に、累積人口割合を横軸にとる。累積所得割合とは、所得割合を所得の低い順に足しあげたものであり、同様に累積人口割合とは、人口割合を所得の低い順に足しあげたものである。

図1-6-1を見てみよう。この図には、3つのローレンツ曲線が描かれている。左端が完全平等、右端が完全不平等、真ん中が不平等、という3つの所得分布

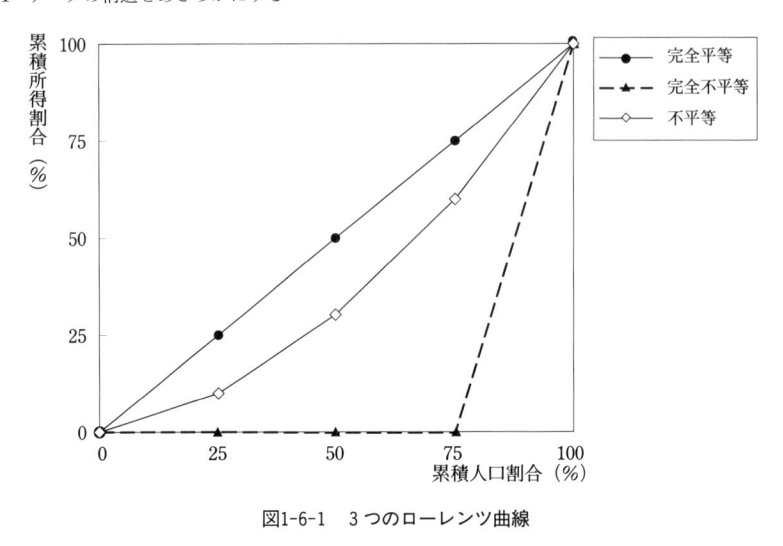

1 データの構造をあきらかにする

図1-6-1　3つのローレンツ曲線

の例である。具体的には、以下のような数値の所得分布である。なお、人口はそれぞれ4人である。

$$
\begin{aligned}
完全平等 &= (250万,\ 250万,\ 250万,\ 250万) \\
完全不平等 &= (\ \ \ \ 0,\ \ \ \ \ 0,\ \ \ \ \ 0,\ 1000万) \\
不平等 &= (100万,\ 200万,\ 300万,\ 400万)
\end{aligned}
$$

　図1-6-1のローレンツ曲線において、完全平等な分布は、「最下位25％の階層に総所得の25％が分配され、最下位50％の階層に総所得の50％が分配され、最下位75％の階層に総所得の75％が分配されている。そして、最上位25％の階層に総所得の25％が分配されている」と示せる。このように人口割合と所得割合を累積していくと、完全平等は45度の対角線で図示される。

　一方、完全不平等な分布とは「その社会のたったひとりに総所得が集中している」状態である。図1-6-1における完全不平等は「最下位25％の階層も最下位50％の階層も最下位75％の階層も所得は0％で、最上位のたったひとりに100％が分配されている」という状態である。したがって、完全不平等は、最上位の直前の人までグラフは横軸を這い、最上位の人で上方へ折れる折れ線となる。

1-6 経済的不平等と犯罪

現実の所得分布は、上記の2つのグラフ、すなわち対角線と横軸の間に存在することになる。ある2つの所得分布を比較した場合、対角線に近い所得分布ほど平等であり、逆に横軸に近い所得分布ほど不平等である。ローレンツ曲線によって、複数の所得分布の不平等の大きさが視覚的に比較できるようになったのである。

1-6-3　不平等の大きさを数量化する

しかし、ローレンツ曲線を使って視覚的に所得分布を比較することにも限界がある。曲線が交差する場合、どちらの所得分布が不平等であるかは、グラフを見ただけでは判断できないからだ。図1-6-2を見てみよう。点 M で交差しているということは、「点 M より高所得な階層については分布 A のほうが分布 B より不平等であり、点 M より低所得な階層については分布 B のほうが分布 A より不平等である」ことを意味する。しかし、曲線全体、つまり分布全体についてはグラフを見ただけでは判断できない。不平等の大きさを数値で示す必要があるのだ。

不平等の大きさを数値で示すには、グラフ上の面積を利用すればよい。「対角線とローレンツ曲線で囲まれた弓形の面積」と「対角線と横軸で囲まれた直

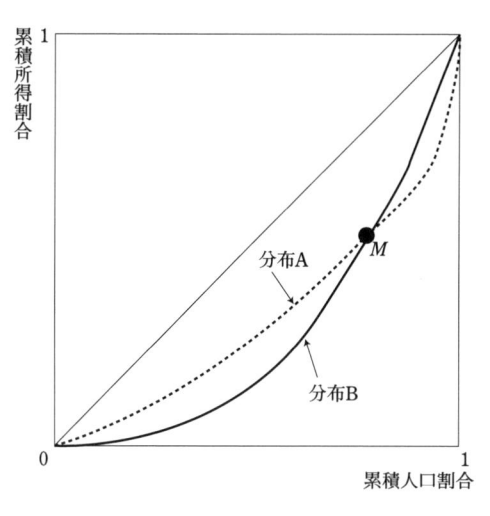

図1-6-2　ローレンツ曲線の交差

1　データの構造をあきらかにする

角二等辺三角形の面積[1]」に着目する。弓形の面積は、不平等になるにつれ直角二等辺三角形の面積に近づく。そこで、不平等の大きさを「直角二等辺三角形の面積に占める弓形の面積の割合」として示す。

　完全平等のときローレンツ曲線は対角線と一致するのだから、弓形の面積はゼロとなり、不平等の大きさはゼロとなる。一方、完全不平等のときローレンツ曲線は横軸を這い、弓形の面積は直角二等辺三角形の面積に限りなく近づく。したがって、このとき不平等の大きさは限りなく1に近い値となる。現実の所得分布では、一般的に、不平等の大きさは0から1の間の値で示される。

1-6-4　ジニ係数における不平等

　ブラウらが用いたジニ係数は、「直角二等辺三角形の面積に占める弓形の面積の割合」に等しい[2]。ローレンツ曲線との関係から、ジニ係数は理解しやすく、実証的分析によく用いられる。しかしもとをたどると、ジニ係数はローレンツ曲線との幾何学的な関係にもとづいて定義されたのではなく、C. ジニによって代数的に定義されたものである（Gini 1936）。ジニ係数は「全てのペアの所得差の平均が平均所得に占める割合」と定義される。

　ジニ係数 G は、以下のような数式で定義される。

$$\text{ジニ係数}\quad G=\frac{\sum_{i=1}^{n}\sum_{j=1}^{n}|Y_i-Y_j|}{2\bar{Y}n^2}$$

Y_i は、所得順位が第 i 番目の人の所得であり（$i=1\sim n$）、$\bar{Y}$ は平均所得である。G は、完全平等のとき最小値0となり、完全不平等のとき最大値 $\left(1-\frac{1}{n}\right)$ となる。n が十分に大きければ $\frac{1}{n}$ はほとんどゼロと見なすことができるので、$\frac{1}{n}$ を省略して最大値を1と示す場合もある。上の定義式は、以下の手順を意味する。

---

[1] 底辺と高さをそれぞれ1とすると、直角二等辺三角形の面積は $\frac{1}{2}$ となる。

[2] これは、弓形の面積がジニ係数Gの半分に等しいことから導き出される。すなわち、

$$\text{弓形の面積}／\text{直角二等辺三角形の面積}=\frac{1}{2}G／\frac{1}{2}=G$$

（手順1）　全てのペアの所得差の総和を求める。$\sum_{i=1}^{n}\sum_{j=1}^{n}$ は、$|Y_i - Y_j|$ だけでなく、$|Y_j - Y_i|$ も足すことを意味する。

（手順2）　この総和を $2n^2$ で割って平均所得差を求める。n^2 で割るのは、ペアの組み合わせが n^2 組あるからである。2で割るのは、そうでないと所得差 $|Y_i - Y_j|$ と所得差 $|Y_j - Y_i|$ とが重複してしまうからである。

（手順3）　こうして求めた「全てのペアの所得差の平均」を平均所得 $\bar{Y}$ で割る。

　ジニ係数にも限界がある。2つの所得分布を比較するとき、低所得層の利益を重視し、「低所得層の所得割合が少ない所得分布のほうが不平等だ」と判断する考え方がある。つまり、そのような社会のほうが深刻な貧困を抱えており、貧困が深刻であるほど不平等が大きいと判断するのである。貧困の深刻さを不平等の判定基準にする場合、ジニ係数は指標として適さない。ジニ係数は定義式が示すように、所得差の平均にもとづいて不平等の大きさを測定する。つまり、低所得層の所得が高所得層と比べて極端に少ない場合でも、その差は平均されてしまい、貧困の深刻さは十分考慮されない。

　例えば、所得分布 C（200万、600万、1800万）から所得分布 D（100万、800万、1700万）になった場合を考えてみよう（この場合、2つのローレンツ曲線は交差する）。最低所得者は所得の半額を損失し、所得100万となってしまった。最高所得者は最低所得者と同額の100万を損失したが、残りの所得はまだ1700万もある。所得の損失額は同じでも、分布 D のほうが分布 C よりも貧困の深刻さは大きい。貧困の深刻さを重視するならば、分布 C より分布 D のほうが不平等だと判定できる。しかし、この二つの分布のジニ係数を計算すると、同じ数値（0.41）となり、両者の不平等の大きさは同じということになってしまう。

1-6-5　貧困の深刻さを測る

　貧困の深刻さを不平等の指標に組み入れるためには、所得そのものではなく、所得によって得られる満足の度合いを指標とすればよい。つまり、貧困の深刻さをその社会の人々の主観によって捉えようというのである。A. B. アトキンソンは社会的厚生という視点に立った不平等の指標を考案した（Atkinson

1970)。社会的厚生とは、すべての人の満足度を合計したもの（正確には加重平均）である。さらにアトキンソンは、各人の満足度の限界効用が各人の所得の増加にしたがって逓減すると仮定した。これは、所得水準によって金銭の価値が異なることを意味する。各人の所得が増えれば各人の満足度も増加するが、所得の高い人ほどその増加分は少ないのである。逆に各人の所得が減れば各人の満足度は減少するが、所得の低い人ほどその減少分は多いのである。前述した所得分布 C と D の例がこれに相当する。この仮定のもとで彼は、所得分布 E が分布 F よりも不平等であれば、分布 E は分布 F よりも社会的厚生水準が低いことを証明した[3]。これにより、社会的厚生水準を比較すれば、同時に不平等の大きさを比較したことにもなる。

　実際には社会的厚生の関数を特定するのは難しく、現実の社会的厚生水準を測定するのは困難である。しかし、社会的厚生の関数を特定化しなくても、社会的厚生水準が比較できる場合がある。完全平等の社会の社会的厚生水準を比較する場合である。同じ完全平等でも、平均所得が高い社会のほうが社会的厚生水準が高いことは明らかである。アトキンソンは「完全平等な社会の平均所得」を用いて、不平等の大きさの尺度を示した。

$$\text{アトキンソン尺度} \quad A_g = 1 - \frac{y_e}{\bar{Y}}$$

　$\bar{Y}$ によって「望ましい社会の社会的厚生水準」を、y_e によって「現在の社会的厚生水準」を測ろうとしている。$\frac{y_e}{\bar{Y}}$ は本質的には、「現在の社会的厚生水準」と「望ましい社会的厚生水準」がどのくらい近いのか、ということを測定していることになる。ここでの望ましい社会とは「現在の平均所得と同じ額の所得が全員に均等に分配された社会」であり、$\bar{Y}$ はその社会の平均所得である。一方、「現在の社会的厚生水準」を「完全平等な社会の平均所得」によって測ろうにも、現実の社会は完全平等ではない。そこで、「現在の社会的厚生水準」と同じ水準になるように、ある額の所得を全員に均等に分配したと仮定する。この仮定された平均所得 y_e は、「均等分配等価所得」とよばれる。$\bar{Y}$ も y_e も「完全平等な社会の平均所得」であるので、それぞれの社会の社会的厚生水準の大きさを比較できるのである。$\frac{y_e}{\bar{Y}}$ のままでは、数値が高いほど平等、となってしまうので、1 からこれを引いたものをアトキンソン尺度 A_g と

---

[3] 詳しくは、Atkinson (1970) や高山 (1980：469-470) を参照。

したのである。

　しかし、このままでは実際の分析に用いることはできない。均等分配等価所得は理論的な概念であり、実際に均等分配等価所得が存在するわけではないからだ。現実の所得は均等ではなく、低所得者も高所得者も存在する。実際に分析する際には、現実の所得分布を加工して、均等分配等価所得に近づける必要がある。そこで、A_g を以下のように特定化する。

$$\text{アトキンソン尺度}\quad A=1-\left[\sum_{i=1}^{n}\left(\frac{Y_i}{\bar{Y}}\right)^{1-\varepsilon}p_i\right]^{\frac{1}{1-\varepsilon}},\ \varepsilon\neq 1,\ \varepsilon>0$$

　Y_i を均等分配等価所得に近づけるためには、低所得者には所得を足し、高所得者からは所得を差し引くことになる。このウェイトづけの役割を果たすのがパラメータ ε（イプシロン）である。貧困の深刻さを重視し、不平等の尺度に強く反映させたければ、ε の値を大きく定めればよい。パラメータ ε が大きいほど貧困の深刻さを重視していることになる。たとえば、指数 $(1-\varepsilon)$ を各人の所得に乗じるとき、ε が2であれば、指数は -1 になるので、所得の低い人ほど値が大きくなる。p_i は、第 i 番目の所得階層に属する人員数の総人員数に占める割合である。アトキンソン尺度によって、貧困の深刻さに対する評価を明示的に導入することが可能になったのである。

　分布 C と分布 D は、ジニ係数では不平等の大きさが同じであった。しかし、アトキンソン尺度 A では、分布 C は0.52、分布 D は0.71となり、分布 D のほうが不平等である、ということになる（$\varepsilon=2$ のとき）。これは貧困の深刻さを重視した判定と一致している。

1-6-6　分析目的と指標の選択

　不平等は、社会学が扱うべき問題の中で最も重要な問題のひとつである。ジニ係数は、不平等の大きさを分布全体の偏りを集約することによって示す指標である。ヒストグラムは複数の分布を比較するのに適さない。ローレンツ曲線はこの点を補うが、曲線が交差すると判定ができない。ジニ係数はこれらの欠点を補う、たいへん便利な指標である。たとえば、「日本社会は不平等化しているのか」といった議論の際に、主張の根拠としてジニ係数がしばしば用いられるのは、そのためである。だが、そのような問題を論じる際、ジニ係数には

1 データの構造をあきらかにする

注意しなければならない点も多いことが指摘されている（小西2002）。

　ブラウらは、ジニ係数を不平等の指標として、人々を暴力的犯罪に駆り立てるのは、貧困の文化ではなく、経済的不平等であることを明らかにした。しかし、彼らの仮説の出発点は単なる経済的不平等ではなく、スラム街の貧困にあった。彼らは、貧困層の不満のメカニズムについて考え、それをもとに仮説を構築した。もし彼らが貧困の深刻さを示すことができないジニ係数ではなく、貧困層の不満という要素をも含んだアトキンソン尺度を使ったならば、測定しようとした不平等概念をより正確に反映した分析となっただろう。

　不平等の大きさを測定する場合、自分が検証しようとする理論や仮説がどのような不平等概念を前提にしているのか、自分はどの所得層の利益を重視した問題設定を行なっているのか、という点に留意することが重要である。そうすれば、どの不平等指標を使うべきか自ずとみえてくるだろう。

【今後の学習のための文献案内】

・Coulter, P. B., 1989, *Measuring Inequality: A Methodological Handbook*, Westview Press.

・高山憲之，1980，「富と所得の分布」熊谷尚夫・篠原三代平(編)『経済学大辞典Ⅰ』東洋経済新報社：468-481．

　いずれも様々な不平等指標（ジニ係数，アトキンソン尺度，タイルの T 指標など）を紹介し，それぞれの統計的意味だけでなく，規範的意味（平等観）との関係についても論じている．前者は社会学だけでなく社会科学を専攻とする人を対象としている．後者は経済学を専攻とする人を対象としているが、社会学専攻の人にも有用である．

2 社会現象の原因と結果をあきらかにする

2つの変数の関連をあきらかにする

2-1 自殺と社会的統合

連続的な2つの変数の関連の強さを測る：相関係数

与謝野有紀・間淵領吾

2-1-1 自殺と家族人数：デュルケームの考察

　自殺する人の数は、いかなる理由によって変動するのだろうか。経済的な理由、もっと具体的にいえば「生活の負担の大きさ」から自殺の増加が引き起こされるのだろうか。それとも、何か他の社会構造上の特性によるのだろうか。E. デュルケームは『自殺論』の中でこの点を実証的に考察し、経済的理由ではなく、社会的統合の程度こそが自殺率を左右する重要な要因であると主張している。そして、このような議論のなかで、彼はたとえば次のように言う。「家族という社会が、宗教社会とまったく同じように強力な自殺の予防剤となっている……（中略）この抑止作用は、家族が密であればあるほど、つまり家族がたくさんの成員を含んでいればいるほど完璧なものになる」(Durkheim 1897=1968：142)。デュルケームのこの言明を簡潔な命題に書き換えれば、次のようになるだろう。

　デュルケームの命題　「家族人数が多いほど、自殺は起こりにくい」

　デュルケームはこの命題を実証するために、1886年のフランス人口調査などをつかいながら、フランスの全土の86県について、「平均の家族成員の数」と「人口10万人あたりの自殺数」の関係を表2-1-1にまとめている。
　この表は、全86県を自殺率の高いものから順に6つの群に分け、平均家族人数との関係をみたものである。表から、第1群から第6群へと下がるにしたがって平均家族人数が増加していることがはっきりとわかる。すなわち、平均家族人数が大きいほど自殺率は低く、平均家族人数が小さいほど自殺率が高くなっている。この表から、デュルケームは命題が支持されると結論している。

2 社会現象の原因と結果をあきらかにする

表2-1-1 自殺率と平均家族人数の関係

	県数	自殺率（10万人あたり自殺数）	平均家族人数
第1群	11	43〜38	3.47
第2群	6	30〜24	3.60
第3群	15	23〜18	3.76
第4群	18	17〜13	3.93
第5群	26	12〜8	4.18
第6群	10	7〜3	4.34

出所：Durkheim（1897=1980：234）第39表より作成

　ところで、デュルケームは86県のデータを6群に分けて考察しているけれども、なぜ個々の県について、自殺率と平均家族人数の関係を表にして考察しなかったのだろうか？　この理由の1つは、おそらくこうだろう。たかだか86ケースのデータであっても、2つの変数の関係の強さを表から直接読みとることは、一般に難しいということだ。すると、86個のデータがもっている情報すべてをつかって、2つの変数の関係を考察する方法はないということになるのだろうか？　この要求に応える方法として、ここでは相関係数のアイデアを説明する。

2-1-2　直線で2つの変数の関係を表す

　「家族人数が多いほど、自殺が起こりにくい」という命題をデータに即して表現し直せば、「平均家族人数の値が大きいほど、自殺率の値は小さい」と書ける。このように「変数 X の値が大きいほど、変数 Y の値が小さい」あるいは「変数 X の値が大きいほど、変数 Y の値も大きい」と表現される関係を、図示することをまず考えよう。さまざまな図がありえるけれども、もっとも単純な想定は、変数 X と Y が図2-1-1のような直線関係となるというものだろう。

　各データについて2変数の組み合わせを平面上にプロットしたとき、完全に直線が描かれるなら、一方の値が分かれば他方の値が正確に分かるから、X と Y はきわめて強い関連をもっているといえる。このとき変数 X と Y は完全な「相関関係」を有しているといわれる。もちろん、現実の社会学的データ

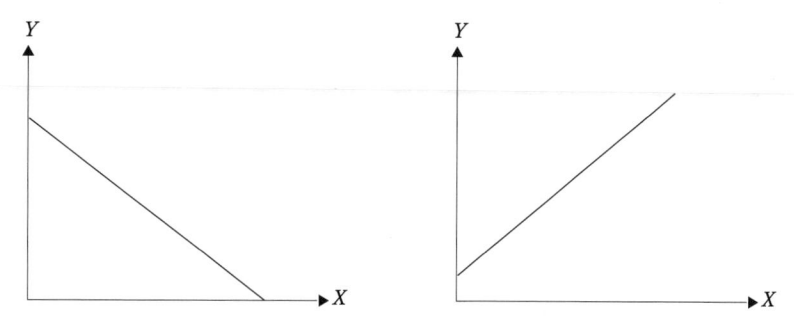

図2-1-1　変数 X と Y の直線的関係

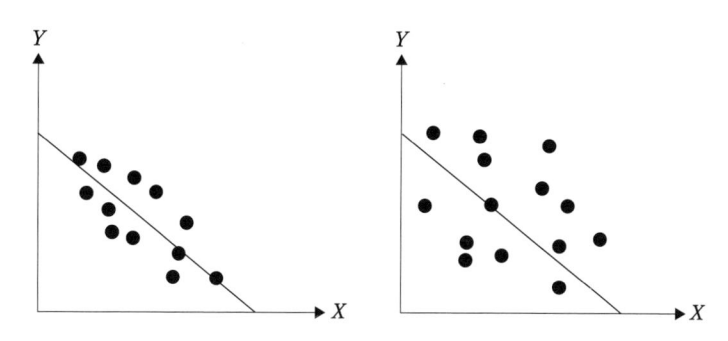

図2-1-2　変数 X、Y のプロットと直線への近さ

がこのような完全な相関関係を示すことはないから、どのくらい上の図のような直線で表現できるかが問題になる。完全ではないにしても、直線にきわめて良く当てはまるならば、2つの変数の関係は強いと言ってよいだろう。たとえば、図2-1-2のような2つの場合、左図の方が、右図よりも直線でよく関係が表されており、左図の方が強い相関関係を示している。もちろん、「このような直線をどうやって引けばよいのか？」という問題が残されたままだけれども、その点についてはのちほど簡潔に触れることにしよう。

さて、デュルケームは、表2-1-1に示したデータと別に、86県それぞれを自殺率、平均家族人数について地図上に塗り分けして比較している。いま、その図をもとに、86県それぞれの自殺率と平均家族人数のデータを再現し、直線の関係について考察することにしよう。表2-1-2に再現したデータの一部をしめした。このアヴェロンからロワレまでのデータをもとに、自殺率と家族人数の

2　社会現象の原因と結果をあきらかにする

表2-1-2　自殺率と家族人数のデータ

県　名	自殺率	家族人数
アヴェロン	5.0	4.45
アリエ	10.0	4.20
……（中略）……		
ロワール・エ・シェール	20.5	3.70
ロワレ	27.0	3.70

出所：Durkheim（1897=1980：235）第4図より作成

値の組み合わせをプロットした結果、図2-1-3のようになった。残念ながら、デュルケームが示した地図の塗り分けは、自殺率、家族人数ともに6カテゴリーに結合されてしまっているので、同じ値の組み合わせになる県が複数出てしまう。そこで、図2-1-3では、円の大きさで、同じ値の組み合わせをとる県のケース数を表現した。図をみるかぎり、右下がりの直線で、家族人数と自殺率の関係がうまく表現できそうである。これを客観的な数値で示そう。

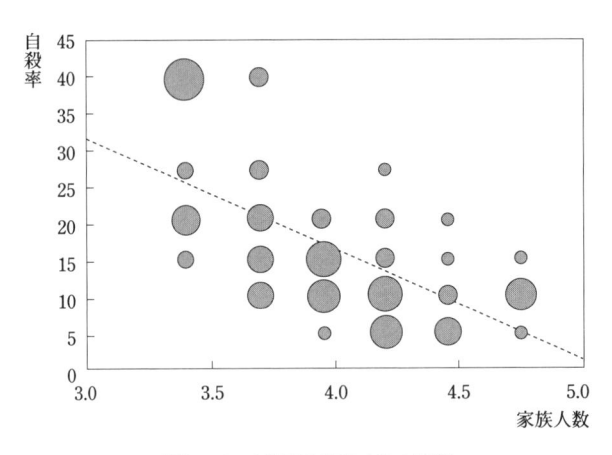

図2-1-3　自殺率と家族人数の関係

2-1-3　相関係数による検討

「変数の関係が直線で表せる程度」を検討するためには、データの特徴をよくとらえる直線の引きかたがはっきりとしていないといけない。このためのアイデアは、かの天才数学者ガウスに遡る。ガウスは、予測誤差（すなわち、直線とデータの乖離）の分散が最小になるような直線を求める方法を考案した。また、このような方法で見つけだされた直線は回帰直線と呼ばれている。この予測誤差の分散が大きいほど、直線がうまくデータを表現しきれていないことになる。逆に、予測誤差の分散が小さいほど、直線でデータをうまく表現できていることになる。被説明変数の分散に対する誤差分散の相対的な大きさはモデルの説明力を表す指標として用いられるが、これは以下の相関係数を二乗した値となっている。一般に、変数 X と Y の関係の強さを表す相関係数は r_{XY} と表記され、以下で定義される。

$$\text{相関係数}\quad r_{XY} = \frac{s_{XY}}{s_X s_Y}$$

s_x, s_y はそれぞれ変数 x, y の標準偏差（平均的なちらばりの大きさ）を表し、s_{xy} は変数 x と y の共分散を表す。n 個のデータに関する共分散は以下の式で定義され、変数 x がその平均を中心に増減するとき、変数 y がそれにしたがって自らの平均を中心にどのような変化の傾向をみせるかを表している。

$$\text{共分散}\quad s_{XY} = \frac{1}{n}\sum_{i=1}^{n}(X_i - \bar{X})(Y_i - \bar{Y})$$

さて、この定義式にしたがって、表2-1-2のデータから自殺率と平均家族人数の相関係数を求めてみる。自殺率、平均家族人数の標準偏差を計算するとそれぞれ10.28、0.412となり、自殺率と平均家族人数の共分散を計算すると−2.744となる。これらの数値を先の相関係数の定義式に代入すると、$r_{XY} = -0.65$ がもとまる。

この相関係数は理論的に−1.0〜1.0の間の値をとる。図2-1-1のような直線上にすべてのデータが乗るとき、1.0（図2-1-1右）あるいは−1.0（図2-1-1左）の値をとる。2つの変数の関係が、一本の適切な直線を選んで表現できないほど

弱い場合、相関係数は0.0となる。また、完全な相関関係でない場合でも、2つの変数が同じ向きに変化する関係があるときプラスの値（正の相関関係と呼ぶ）を、また、2つの変数が逆向きに変化する関係があるときマイナスの値（負の相関関係と呼ぶ）をとる。ちなみに、相関関係の強さは、符号とは関係しない。値の絶対値のみが関係の強さを表し、これが1.0に近いほど相関が強い。符号は2つの変数の関係の向きを表していると考えてよい。

　ところで、社会学的なデータにおいて、相関係数がどのくらいの大きさなら関係が強いと言ってよいのだろう？　この点について、なにか一般な基準があるわけではない。ただし、自然現象の場合とは異なり、社会学的な現象は複雑・多様な要素からなる場合が多く、また、測定誤差の問題もあるため、相関係数の絶対値が1.0にきわめて近いような場合は経験的にいって少ない。デュルケームがあつかったようなマクロなデータに関しては、高い相関がえられることがあるが、それでも絶対値が0.5以上であるようなケースは比較的少数であろう。相関係数が0.5であることは、回帰分析との対応でいえば、被説明変数の分散の25％をモデルで説明できることを意味するのだが、社会現象に関しては比較的よく説明されているといってもよいのではないだろうか。

　さて、デュルケームのデータでは、自殺率と平均家族人数が−0.65という相関係数を示した。この両者は、比較的強い負の相関関係にあるといって差し支えない。相関係数を調べることは、86県すべてのケースの情報をまんべんなく利用し、さらに、県を6個のカテゴリーにまとめ上げるという恣意性を排除したうえで、客観的に検討するということである。そして、その結果、デュルケームの考察はやはり正当なものであり、ここでも命題は支持された。

　この例では、マクロなデータ、すなわち、県を単位とするデータを分析した。相関係数の適用はもちろんこのようなマクロなデータにかぎられない。サーベイデータなど、個人を単位とした相関係数の利用例はきわめて多く、その例は古典の中にももとめられる。たとえば、T. W. アドルノは『権威主義的パーソナリティ』のなかで、人種差別的態度を生じるパーソナリティ特性について考察しているが、質問紙の回答に関する相関係数が数多く計算され、精神分析的手法と補完的に詳しく検討されている（Adorno 1950=1980）。

　相関係数の説明には、いくつかの仕方がある。ここでは、回帰直線の当てはめの良さとの関係で論じたけれども、そのほかにも、単回帰分析において、標準化偏回帰係数と相関係数が一致するという性格ももっている。また、回帰分

析を離れて、標準化した変数間の共分散として説明することもできる。そのほかにも優れた統計的性質を種々もつけれども、2次の関係をとらえられない、はずれ値の影響を受けやすいという限界も同時にある。

　社会理論において、量的に変化する2つの社会事象の関連性に関する言明は数多い。このような場合、まず相関係数で検討することが有効である。そして、そこから進んで重回帰分析、パス解析、同時方程式、因子分析、共分散構造分析へと進めばよい。実際、実証における基礎的検討の意味ばかりでなく、これらの分析は相関係数を分析的基礎としている。つまり、モデル内のすべての変数間について相関係数が与えられているならば、個票のデータがなくても上記の分析はすべて行うことができる。

【今後の学習のための文献案内】

・蓑谷千凰彦, 1985,『回帰分析のはなし』東京図書.
　相関と回帰という概念を初めて明確に定義したゴルトン（Francis Galton, 1822-1911）が, 何故, そして, どのようにしてこれを考え出したのかについて, 〈回帰と相関の歴史〉というコラムでゴルトン自身の言葉を引用しつつ, わかりやすく紹介している.

・安本美典・本多正久, 1981,『因子分析法』培風館.
　因子分析法のテキストだが, 因子分析の前提となる相関係数, 相関係数行列について, 現代作家の100人の文体の分析を例に, 丁寧に説明している. 標準化, 分散といった相関係数と関連する基礎的概念の説明も分かりやすい.

2-2 投票行動の予想と実際

カテゴリカルな2つの変数の関連を検討する：
ユールの Q、四分点相関係数、独立性の検定

栗田宣義・豊島慎一郎

2-2-1 二値変数の関連

　ここでの目的は、連続変数ではなく離散変数、言い換えるならばカテゴリカルな変数どうしの関連を検討する方法を学ぶことである[1]。ユールの関連係数 Q、四分点相関係数 r、χ^2 検定、クラメールの関連係数 V を順次紹介する。まずは、離散変数のなかで最も単純な二値変数を用いた以下の例から始めよう。

　リスコとウサギコは、ある大学のサークルでの次期リーダー選挙の有力候補者である。さて、選挙が行われる事前に、投票資格があるメンバー全員にそのリーダーにはどちらがふさわしいかを聞いたとしよう。いわゆる事前予想である。その結果は、リスコがリーダーにふさわしいと答えたメンバーは20名、ウサギコが相応しいと答えたメンバーは40名というものだった。全メンバー60名のうちで66.7%がウサギコを自分たちのリーダーに選びたいと考えており、事前予想ではウサギコが優勢なのがわかった。その後、本番のリーダー選挙が行なわれ、そこでもウサギコが40票を獲得し、20票のリスコを制してリーダーに選出されることになった。

　この投票行動では、事前予想と本選挙での得票数が変わらず、メンバーのリスコとウサギコへの忠誠心はずいぶん確かなようにみえる。しかしながら、事前予想でウサギコを選んだメンバー40名が全員ウサギコに投票したのではなく、そのうち10名は本選挙でリスコにくらがえしたことがわかったとしよう。同様

---

[1]　離散変数とは「人や、物、事象などを、それらが持つ特性の種類ないし質に従って分類した」変数を意味する（Bohrnsted and Knoke 1988=1990：13）。

に事前予想でリスコを選んだ20名のうちで10名が本選挙ではウサギコに投票していることもわかっている。たまたま、みかけのうえで事前予想と得票数が一致していたわけだ（表2-1-1を参照せよ）。そうであっても、リスコびいきの20名のうちの50%にあたる10名、ウサギコびいき40名のうちの75%にあたる30名が事前予想どおりに投票しており、メンバー全員で考えれば60名のうち併せて40名、つまり3分の2のメンバーによる実際の投票が事前予想と一致していることになる。この場合を状態 S とここで便宜的に名づけておく。

表2-2-1 事前予想とリーダー選挙（状態 S）
$Q=0.5$ $r=0.25$

事前予想		実際の投票		
		リスコ	ウサギコ	計
	リスコ	10	10	20
	ウサギコ	10	30	40
	計	20	40	60

　状態 S における事前予想と投票の間に関連があることは、直感的には明らかだが、その関連の強さ（弱さ）の程度を系統的かつ比較可能な何らかの手段で表したい。しかし、事前予想と実際の投票ともにここで用いている二値変数は、たとえばリスコへの投票という社会的行為に1の値を与え、ウサギコへの投票という社会的行為に0の値を与えるといった名義尺度、つまり個々の属性は質的な意味を有しているものの、その変数値としては間隔でも順序でもなく、カテゴリカルな変数、すなわち、離散変数という制約がある。そのため、ピアソンの積率相関係数をそのまま用いることはできない[2]。離散変数どうしの関連の強さを計る手段があれば[3]、社会学にとって大きな方法論上の武器になる。社会学では、性別や職業などの重要な変数でありながら、調査・測定時点においては名義尺度にとどまっている離散変数が数多く存在しており、集計・分析の初期段階においてはそれらについてクロス集計表を用いて、他変数との関連

---

[2]　後述する四分点相関係数は、形式的にはピアソンの積率相関係数に一致し、その特殊な場合と考えられる。

[3]　連続変数どうしの関係を相関（correlation）と表現するのに対し、離散変数どうしの関係は関連（association）と呼び慣わすことが多い。

2 社会現象の原因と結果をあきらかにする

の有無を確認する必要にせまられることが多々あるからだ。

2-2-2　ユールの関連係数 Q と四分点相関係数 r

　計量社会学の領域では、二値変数の組み合わせで構成される四分表（2×2分割表）において関連の強さを算出できる測度（measure）として、ユールの関連係数 Q（Yule's coefficient of association）や四分点相関係数 r（four-fold point correlation coefficient）などが利用されてきた[4]。Q および r は、正負の符号で関連の方向を示し、関連が最も大きい場合に絶対値1、無関連の場合に0となるよう設計された測度である。

　四分表における各セルの度数分布を表2-2-2のように表現した場合、まず、対角セルの値を掛け算した交差積の和を分母とし、その差を分子としたユールの関連係数 Q は、以下の式から求められる（Yule and Kendall 1950 : 30）。

$$Q = \frac{ad - bc}{ad + bc}$$

さて、前述の状態 S の四分表で、Q を算出すると、

$$Q = \frac{10 \times 30 - 10 \times 10}{10 \times 30 + 10 \times 10} = \frac{200}{400} = 0.5$$

$Q=0.5$ となる。

表2-2-2　四分表

		Y		
		1	0	計
X	1	a	b	$a+b$
	0	c	d	$c+d$
	計	$a+c$	$b+d$	N

　次に、4つの周辺度数の積の平方根を分母とし、Q と同様に交差積の差を分

4　これらの他に、比率の差、最適予測係数 λ なども用いられる。

子とした四分点相関係数 r は以下の式によって算出できる[5]。

$$r = \frac{ad - bc}{\sqrt{(a+b)(c+d)(a+c)(b+d)}}$$

状態 S の四分表で、r を算出すると、

$$r = \frac{10 \times 30 - 10 \times 10}{\sqrt{(10+10)(10+30)(10+10)(10+30)}} = \frac{200}{800} = 0.25$$

$r=0.25$ となり、Q よりも小さめの値を示している。

2-2-3 完全関連

状態 S における $Q=0.5$、$r=0.25$ という値ははたして大きいのか小さいのか。関連として強いのか弱いのか。サークルのメンバーが、とても忠誠心に篤く、事前予想でも実際の投票でも同じ人がリスコに20票、ウサギコに40票を入れた場合を考えてみればわかりやすい（表2-2-3を参照せよ）。

対角セル a と d にすべてのケースが集中すると、

表2-2-3 完全関連（状態 L）
$Q=1$　$r=1$

		実際の投票		
		リスコ	ウサギコ	計
事前予想	リスコ	20	0	20
	ウサギコ	0	40	40
	計	20	40	60

$$Q = \frac{20 \times 40 - 0 \times 0}{20 \times 40 + 0 \times 0} = \frac{800}{800} = 1$$

Q の値は1になる。同様に、r の値を算出すると、

---

[5]　四分点相関係数の絶対値は、後述するように、クラメールの関連係数 V の四分表での値である ϕ 係数と一致する。

$$r=\frac{20\times40-0\times0}{\sqrt{(20+0)(0+40)(20+0)(0+40)}}=\frac{800}{800}=1$$

r の値も1になる。

　リーダーとしてリスコがふさわしいと事前予想で答えたメンバーが全員、そして同じようにリーダーとしてウサギコがふさわしいと答えたメンバーも全員、実際の選挙でくらがえすることなく確実に投票しているわけだから、この場合、関連が最大になることは直感的にもうなづけるだろう。統計学的にはこの状態を完全関連と呼ぶ。候補者が忠誠心（loyalty）にあつい支持者に恵まれたという、理論的に考えうる1つの究極的な社会状態と、Q および r が双方にとっての最大値1を示すことが対応しており、これを状態 L と名づけよう。状態 L の場合、係数は最大値を示し、$Q=1$ および $r=1$ なのであるから、最小値0と最大値1の間に位置する前述の状態 S（$Q=0.5$、$r=0.25$）の場合は、事前予想と実際の投票との関連は著しく強くはないものの、一定程度存在すると結論づけてよい。

表2-2-4　完全関連（状態 A）
$Q=-1$　$r=-1$

		実際の投票		
		リスコ	ウサギコ	計
事前予想	リスコ	0	20	20
	ウサギコ	40	0	40
	計	40	20	60

　これとはまったく逆に事前予想でリスコがふさわしいと答えた20名のメンバー全員が実際のリーダー選挙ではウサギコに投票し、ウサギコがふさわしい答えた40名のメンバー全員がリスコに投票した場合を考えてみよう（表2-2-4を参照せよ）。事前予想と選挙のあいだに、このサークルを揺るがす大事件が起きたのか、はたまたメンバーの社会心理が尋常ならざる時に選挙が実施されたのか、経緯の詳細はこの四分表だけではわからないけれども、人びとの行為規範が相対的に弛緩したアノミー（anomie）状況だという可能性も想定されよう。このような事態が現実に観察されうるか否かは別として、社会学的にはこの状態も理論的には考えられうる究極の姿であると同時に、統計学的にはもう1つの完

全関連の状態である。何らかの大変動によって、リーダーに選ばれたのは事前予想で優勢だったウサギコではなく、リスコによる予想外の勝利となった。この場合を状態 A と名づけよう。対角セルの b、c に全てのケースが集中しているために、

$$Q=\frac{0\times0-20\times40}{0\times0+20\times40}=\frac{-800}{800}=-1$$

状態 A での Q の値は、状態 L とは逆に -1 と算出される。また、r の値も、

$$r=\frac{0\times0-20\times40}{\sqrt{(0+20)(40+0)(0+40)(20+0)}}=\frac{-800}{800}=-1$$

状態 L とは逆に -1 となる。以上のように、完全関連は、ユールの関連係数 Q、四分点相関係数 r 双方ともに絶対値 1 となる統計学的には極限状態であるとともに、社会学的にも理念型ともいうべき究極な姿を示している。

2-2-4 最大関連

Q には r とは異なり、完全関連でなくとも絶対値 1 となる極限状態が存在していることも知っておく必要がある。表2-2-2の四分表に $a=10$、$b=10$、$c=0$、$d=40$ を挿入してみよう（表2-2-5を参照せよ）。これについて、Q と r の値を算出すると、

$$Q=\frac{10\times40-10\times0}{10\times40+10\times0}=\frac{400}{400}=1$$

$$r=\frac{10\times40-10\times0}{\sqrt{(10+10)(0+40)(10+0)(10+40)}}=\frac{400}{\sqrt{400000}}=0.632$$

$Q=1$、$r=0.632$ となり、r についてはある程度大きな関連を示すものの極値ではないが、Q は 1 の極値を示す。周辺度数の積の平方根を分母とする r に対して、Q は交差積の和を分母とするため、どちらかの交差積が 0 の場合、つまりセルの 1 つが 0 となった場合は絶対値 1 の極値をとるのである。計算式は記さないが、表2-2-5の値を組み換えた $a=10$、$b=0$、$c=10$、$d=40$ のとき

2 社会現象の原因と結果をあきらかにする

表2-2-5 最大関連の例

		Y		
		1	0	計
X	1	10	10	20
	0	0	40	40
	計	10	50	60

に、$Q=-1$ になることもあわせて計算し、確認して欲しい。これらの状態を最大関連とよぶ[6]。

　事前予想でも実際の投票でも、それらの周辺分布が固定されていない、つまりリスコとウサギコという2人の候補への支持や投票が外的な制約なしに変化しうる。このようなサークルでのリーダー選挙の例では、表2-2-5の最大関連の状態はうまく説明がつきにくい。統計学的には、双方の変数で周辺分布が固定されている場合に、最大関連は有意味となる。表2-2-5の X に、ある大学のクラス受講生の性別、Y に、そのクラスでの成績優秀者ベストテンという変数をあてはめてみよう。これらの変数の周辺分布は固定されており、変えようのないものである1つの例だ。$X=1$ を女性、$Y=1$ を成績ベストテン(上位10名)とおけば、成績優秀者の10名全てを女性が独占している状態を示すことになる。このクラスでは女性が男性に比べて圧倒的に優秀であるという社会学的状態を、$Q=1$ という最大関連は統計学的に明快に表現することになる[7]。なぜなら、女性が20名(男性が40名)、成績優秀者が上位10名(下位50名)という周

表2-2-6 最大関連(性別と成績優秀者)
$Q=1$　$r=0.632$

		成績優秀者		
		ベストテン	下位	計
性別	女性	10	10	20
	男性	0	40	40
	計	10	50	60

[6] 最大関連は、もちろんこれら2つの状態だけではなく、セル (a, b, c, d) の1つが0となれば良い。なお、周辺度数 $(a+b, c+d, a+c, b+d)$ に0が存在する場合、Q と r はその定義上、分母が0になってしまい不定となる。

辺分布の条件があるがゆえに、女性20名がすべてベストテンで表彰されたりすることなどは不可能であり、完全関連はありえないからだ。

2-2-5 無関連

もう一度、リスコとウサギコのリーダー選挙の例に戻ろう。次は、$Q=0$ および $r=0$ となり、事前予想と実際の投票との関連が全くない状態を考える。

表2-2-7 無関連（状態 D）
$Q=0$　$r=0$

		実際の投票		
		リスコ	ウサギコ	計
事前予想	リスコ	10	10	20
	ウサギコ	20	20	40
	計	30	30	60

事前予想でリスコがリーダーにふさわしいと答えた20名のメンバーのうちの半数がウサギコにくらがえし、ウサギコがふさわしいと答えた40名のメンバーのうちでも半数がリスコにくらがえしたことで、リーダー選挙で双方の得票が同数となる場合を想定してみる（表2-2-7を参照せよ）。リスコひいきのメンバーでリスコへの投票者は10名、ウサギコへの投票者は10名となっており、その比率は1：1である。ウサギコひいきのメンバーでも、その比率は同様に、1：1となっている。双方の陣営ともに、同じ割合でリスコへの投票者とウサギコへの投票者を出しており、そこに差がない場合だ。事前予想ではウサギコが優勢であったものの、投票箱を開けてみれば、劣勢とされていたリスコが判官びいきされたのか、巻き返し、事前予想とは異なる膠着 (deadlock) した投票結果である。これを状態 D と名づけよう。

この状態 D について、Q および r を算出してみると、

$$Q=\frac{10\times20-10\times20}{10\times20+10\times20}=\frac{0}{400}=0$$

---

7 逆にいえば、周辺分布が固定されていないのにもかかわらず最大関連となる場合には、Q の使用は適していない、ということだ。

2　社会現象の原因と結果をあきらかにする

$$r=\frac{10\times20-10\times20}{\sqrt{(10+10)(20+20)(10+20)(10+20)}}=\frac{0}{\sqrt{720000}}=0$$

$Q=0$、$r=0$ となる。交差積の差が 0 になっているためだ。

　状態 D は、「統計学的には、2 つの変数に関連がない」という意味で 1 つの特殊型だが、無関連はこの場合だけに限らない。$a:b=c:d$ つまり $ad=bc$ の条件さえ満たせば、周辺分布のありかた次第で、社会学的にはウサギコが逃げ切ったり、リスコとウサギコの獲得票が同数となったり、リスコが勝利したりすることなど、複数の場合が考えられ、表2-2-7はそれらのうちの 1 つにすぎない。

2-2-6　オッズ比とログリニア・モデルへの繋がり

　さて、表2-2-7における無関連の場合、その四分表での交差積である ad を bc で除した κ という値を考えてみると、

$$\kappa=\frac{ad}{bc}=1$$

$\kappa=1$ となる。κ はオッズ比（odds ratio）ともよばれ、1 は無関連、$\kappa<1$、もしくは、$\kappa>1$ であれば、変数間に共変動があることを意味している。オッズ比は、クロス集計表のより高度な分析技法であるログリニア・モデルの基盤ともなる考えだ。詳しくは、本書でのログリニア・モデルの説明部分に譲るが、そこではオッズ比を用いて期待セル度数を計算し、観測データとの適合を χ^2 値によって検定することになる。

　ユールの関連係数 Q とオッズ比は、以下のような関数関係にあり、

$$Q=\frac{ad-bc}{ad+bc}=\frac{\frac{ad}{bc}-1}{\frac{ad}{bc}+1}=\frac{\kappa-1}{\kappa+1}$$

κ を絶対値 1 の範囲に収まるよう調整すると、それが Q と同型であることも分かる（Levine 1993：51）。r と比べると、最大関連の問題など取り扱いに注意を要する部分はあるものの、ログリニア・モデルとの連繋などを考慮するなら

ば、ユールの関連係数 Q の意義は現在もなお失われてはいない。

2-2-7 統計的検定

いままでは、リーダー選挙と成績優秀ベストテンという形で、統計学的手順を簡便にするため、さまざまな制約条件抜きの単純な仮想例を用いて説明してきた。しかしながら、社会学で実際に扱うデータは、母集団から抽出されたサンプルであるという制約条件がつくことが多い。そうなると、サンプルの集計では関連があったとしても、母集団でははたしてどうなのかという疑問が生じてくる。その課題に答えるのが χ^2（カイ自乗）検定である。しかし、その前に統計的検定について若干の説明が必要だろう。

統計的検定とは、サンプルにおける分布のなんらかの特徴が、偶然生じたものであるのか、それとも母集団においても同じ特徴があるのか否かを判断する技法とその一連の手順だ。そのために、まず、帰無仮説（null hypothesis；略記は H_0）および対立仮説（alternative hypothesis；略記は H_1）を設定する。2変数間の関連を例とすれば、帰無仮説 H_0 とは「変数間に関連がない」とする命題であり、対立仮説 H_1 とは「変数間に関連がある」とする命題である。ここで留意すべきは、研究者が確かめたいのは対立仮説の方なのだが、帰無仮説を棄却するという間接的な手続きを経て、はじめて対立仮説を採択することになる手順だ[8]。

統計的検定の基本的考え方に従えば、「母集団では変数間に関連がないのに、サンプルにおいては変数間に関連が存在する確率はどのくらいなのか」という問題を解けば良い。その確率がもし高いのであれば、「変数間に関連がない」という帰無仮説 H_0 は棄却できない。帰無仮説を棄却すれば、サンプルの分布から母集団の分布を誤って結論してしまう危険を冒してしまうからだ。逆に、その確率が非常に低いのであれば、帰無仮説を棄却し、「変数間に関連がある」という対立仮説 H_1 を採択することになる。社会学においては、従来から帰無仮説を棄却することになる確率の規準を20分の1未満に設定することが多い。コインを宙に投げ上げ、4回連続して表となる確率が16分の1であることを考

---

[8] 命題が真であるということは直接には確認できず、反証可能な命題を設定し、その棄却を通じて、真実に少しずつ近づこうとするのが、科学の姿勢である。

えば、この20分の1未満という確率がどの程度まれであるかが理解できるだろう[9]。通例、確率の表記には百分率を用い、20分の1未満の規準は、危険率5％未満と記す。なお、より厳格な規準が求められる場合には、100分の1未満の規準、すなわち危険率1％未満を用いる。

　危険率の大小は、統計的検定における判断の過誤（error）の問題に密接に繋がっている。危険率を大きくすると、帰無仮説が真であるのにもかかわらず誤って棄却してしまう。反対に、危険率を小さくすると、帰無仮説が偽であるのにもかかわらず棄却しない誤りを犯すことになる。具体的に記せば、危険率を20％未満（5分の1の確率）という大きすぎる値に設定すると、「変数間に関連がない」という帰無仮説 H_0 を棄却すべきではないのに、「変数間に関連がある」という誤った判断を下してしまう。逆に、危険率を0.01％未満（1万分の1の確率）という小さすぎる値に設定すると、「変数間に関連がある」と判断すべきなのに、「変数間に関連がない」という帰無仮説 H_0 を棄却できない誤りを犯す。前者を第1種の過誤、後者を第2種の過誤とよんでおり、適切な値の危険率を採用することで、これらの過誤を防がなければならない。

2-2-8　χ^2 検定統計量

　χ^2 検定は、「変数間に関連がない」という帰無仮説 H_0 が真であるとした場合のクロス集計表における各セルの期待度数と、実際の分布、すなわち実現度数との比較を通じてなされる。ここでは、χ^2 検定統計量について説明する。

　表2-2-8のごとく一般的に表される $I \times J$ 分割表において、χ^2 の検定統計量は、

$$\chi^2 = \sum_{i=1}^{I} \sum_{j=1}^{J} \frac{(n_{ij} - F_{ij})^2}{F_{ij}}$$

と定義される。この定義式において、F_{ij} は期待度数、n_{ij} は実現度数を表しており、F_{ij} は、

$$F_{ij} = \frac{n_{i\cdot} n_{\cdot j}}{n}$$

---

[9]　$2^4 = 16$に基づく。もちろん、コインの表でも裏でも確率は同じである。

2-2 投票行動の予想と実際

表2-2-8　$I \times J$ 分割表の一般型

		\multicolumn{5}{c	}{Y}	計
		1	2	····	j	····	J	
X	1	n_{11}	n_{12}	····	n_{1j}	····	n_{1J}	$n_{1\cdot}$
	2	n_{21}	n_{22}	····	n_{2j}	····	n_{2J}	$n_{2\cdot}$
	⋮	⋮	⋮		⋮			⋮
	i	n_{i1}	n_{i2}	····	n_{ij}	····	n_{iJ}	$n_{i\cdot}$
	⋮	⋮	⋮		⋮			⋮
	I	n_{I1}	n_{I2}	····	n_{Ij}	····	n_{IJ}	$n_{I\cdot}$
計		$n_{\cdot 1}$	$n_{\cdot 2}$	····	$n_{\cdot j}$	····	$n_{\cdot J}$	n

によって算出される。実現度数 n_{ij}、つまり実際の分布が期待度数 F_{ij} と一致していれば χ^2 の検定統計量は 0 となり、双方の差が大きくなればなるほど、χ^2 の検定統計量も大きくなるということがこの定義式からわかるだろう。

表2-2-9は、本書冒頭の「社会現象に数値をあたえる」でも登場した P. F. ラザースフェルドらによるエリー調査のデータである。ここでは、実際の分布

表2-2-9　投票意図と実際の投票
(括弧内は筆者による期待度数の挿入)

		\multicolumn{3}{c	}{実際の投票}	計
		共和党	民主党	棄権	
1940年10月時点での投票意図	共和党	215 (109.996)	4 (75.859)	10 (43.145)	229
	民主党	7 (80.215)	144 (55.321)	16 (31.464)	167
	わからない	4 (10.567)	12 (7.288)	6 (4.145)	22
	投票意図なし	6 (31.222)	0 (21.532)	59 (12.246)	65
	計	232	160	91	483

出所：Lazarsfeld, Berelson and Gaudet（1944/68=1987：21）

2 社会現象の原因と結果をあきらかにする

に加えて、期待度数もカッコ内に併記した。

このクロス集計表を見る限り、選挙前の政党支持と投票結果に大きな関連がありそうだ。そして、ランダムサンプリングにもとづくエリー調査でのこのクロス集計表は、社会学が扱う多くの他のデータ・セットと同様に、母集団で関連があることが推定、確認されてはじめて意味を有する。また、ここで扱うのは4×3分割表であり、四分表でのQやrは使えない[10]。そこで、登場するのがχ^2の検定統計量なのである。

期待度数F_{ij}は、当該セルにおける周辺度数の積$n_{i.}n_{.j}$をnで除した値だ。投票意図が共和党で、共和党が実際の投票先となる、表2-2-9左上のセルにおける期待度数ならば、

$$\frac{229 \times 232}{483} = \frac{53128}{483} = 109.996$$

のごとく計算される。統計学的には誤差を大きくしてしまうものの、表2-2-10のように、小数点以下をまるめて整数値とし、現実的な分布を再現すれば、期待度数の有する意味が具体的にわかるだろう。

表2-2-10は、表2-2-9と周辺分布は変わらないが、投票意図が共和党、民主

表2-2-10 投票意図と実際の投票との仮想データ
(括弧内は整数値にまるめる前の期待度数)

		実際の投票			
		共和党	民主党	棄権	計
1940年10月時点での投票意図	共和党	110 (109.996)	76 (75.859)	43 (43.145)	229
	民主党	80 (80.215)	55 (55.321)	32 (31.464)	167
	わからない	11 (10.567)	7 (7.288)	4 (4.145)	22
	投票意図なし	31 (31.222)	22 (21.532)	12 (12.246)	65
	計	232	160	91	483

[10] もちろん、カテゴリーを適宜、併合して四分表に変換することでQやrを算出することも可能である。しかしながら、それでは、当該クロス集計表における統計学的情報と社会学的含意の多くを捨象することになる。

党など、どのカテゴリーであっても、実際の投票先がその周辺分布の232：160：91の比率を保つと同時に、実際の投票がどのカテゴリーであっても、投票意図がその周辺分布の229：167：22：65の比率を保っており、「投票意図と実際の投票は関連がない」状態を示している。

2-2-9　χ^2による独立性の検定

　もしエリー調査における母集団において双方の変数が独立であれば、サンプルであるがゆえに多少の歪みはあるにせよ、χ^2は0に近い値をとるだろう。しかしながら、現実には表2-2-9のような分布が観察されている。したがって、検定ではサンプルにおけるχ^2の検定統計量がどの程度の大きさまでならば、母集団において双方の変数が独立である、といえるのかを確かめれば良いことになる。逆にいえば、サンプルでのχ^2の検定統計量がどの程度の大きさを超えたならば、母集団においても変数に関連があるといえるのかを確認する作業でもある。これをχ^2検定、正確にはχ^2による独立性の検定とよぶ[11]。

　標本分布でのχ^2の検定統計量は、一般に自由度$(I-1)(J-1)$のχ^2分布に近似することが知られており、χ^2検定においてはこの性質を利用する。なお、自由度（degree of freedom）とは、$I \times J$分割表において、変数双方のカテゴリーから1を減じた値の積で定義され、4×3分割表である表2-2-9の自由度は、$(4-1) \times (3-1) = 3 \times 2 = 6$となる[12]。

　さて定義式に従い、表2-2-9からχ^2の検定統計量を計算してみると、

$$\chi^2 = \frac{(215-109.996)^2}{109.996} + \frac{(4-75.859)^2}{75.859} + \frac{(10-43.145)^2}{43.145} + \frac{(7-80.215)^2}{80.215}$$

$$+ \frac{(144-55.321)^2}{55.321} + \frac{(16-31.464)^2}{31.464} + \frac{(4-10.567)^2}{10.567} + \frac{(12-7.288)^2}{7.288}$$

$$+ \frac{(6-4.145)^2}{4.145} + \frac{(6-31.222)^2}{31.222} + \frac{(0-21.532)^2}{21.532} + \frac{(59-12.246)^2}{12.246}$$

$$= 638.716$$

---

[11] χ^2の検定統計量を用いた検定には、この他に、適合度の検定や一様性の検定がある。
[12] 自由度というコンセプトのラベルは、$I \times J$分割表において、周辺分布が固定された場合、$(I-1)(J-1)$個のn_{ij}を決めれば、残りの値は周辺度数からの引き算によって自動的に決まるメカニズムを直感的にわかりやすく表現している。

2 社会現象の原因と結果をあきらかにする

$\chi^2=638.716$ となる。そこで、表2-2-11で示された、これに対応する自由度6の χ^2 分布を見てみよう。まず、社会学で通例用いられる危険率5％未満の規準では、帰無仮説 H_0「投票意図と実際の投票は関連がない」が真であるためには $\chi^2<12.592$ でなければならないが、サンプルでは $\chi^2=638.716$ であり、はるかに大きいことがわかる。より厳格な危険率1％未満の規準であっても、$\chi^2<16.812$ であるから、サンプルの χ^2 の検定統計量はこれを大きく超えている。したがって、帰無仮説は棄却され、対立仮説 H_1「投票意図と実際の投票は関連がある」が採択されることになる。

表2-2-9に見られるサンプルにおける分布は偶然生じたものではなく、投票意図と実際の投票には、母集団においても関連があることが、危険率1％未満の規準で確認されたわけだ。前述の例を繰り返せば、危険率1％未満とは、コインを宙に投げ上げ、6回連続して表となる確率64分の1よりさらに小さい確率であり、双方の変数における関連の存在は、かなりの程度確からしいといえる。

表2-2-11　χ^2 分布

		危険率		
		10%	5％	1％
自由度	1	2.706	3.841	6.634
	2	4.605	5.991	9.210
	3	6.251	7.814	11.345
	4	7.779	9.488	13.227
	5	9.236	11.070	15.086
	6	10.645	12.592	16.812
	7	12.017	14.067	18.475
	8	13.362	15.507	20.090
	9	14.684	16.919	21.666
	10	15.987	18.307	23.209

2-2-10 クラメールの関連係数 V

χ^2 検定の目的は、サンプルの集計では関連があったとしても、母集団でははたしてどうなのかという課題に答えることだった。しかしながら、せっかくだから、求められた χ^2 の検定統計量を用いて、Q や r のように変数間の関連の大きさを知りたいというのが人情でもある。しかしながら、χ^2 の検定統計量は自由度の大小やサンプル数に依存するため、異なる条件下の表どうしにおいては比較ができない。そのために各種の係数が考案されてきたが、ここでは、その代表格としてクラメールの関連係数 V (Cramer's measure of association) を紹介しよう[13]。

クラメールの関連係数 V は、

$$V = \sqrt{\frac{\chi^2}{N(\min(I, J) - 1)}}$$

のように定義される。ここで N はサンプル数、$\min(I, J)$ は、$I \times J$ 分割表における、I または J の小さい方の数を表しており、χ^2 を N と $\min(I, J) - 1$ の積で除することによって、最大値が1におさまるよう調整したうえで、他の測度との次元を揃えるためにその平方根をとっている。V の最小値は分子の χ^2 が0となったときで、その値は当然0となる。

表2-2-9についてクラメールの関連係数 V の値を算出すると、

$$V = \sqrt{\frac{638.716}{483(\min(4, 3) - 1)}} = \sqrt{\frac{638.716}{966}} = 0.813$$

$V = 0.813$ となり、かなり大きな関連が投票意図と実際の投票の間に存在することが測度の上でも確認される。V を用いることによって、四分表におけるユールの関連係数 Q や四分点相関係数 r のときと同様に、四分表より大きなクロス集計表でもカテゴリカルな変数間の関連の大きさを知ることができるのだ[14]。

---

[13] この他にピアソンのコンティンジェンシィ係数 C などがある（安田・海野 1977：34）。

[14] ただし、V の使用にあたっては、最大値が1に調整されているとはいえ、その定義式における分

ちなみに、四分表における V は ϕ 係数とよばれており、

$$V = \phi = |r| = \sqrt{\frac{\chi^2}{N}}$$

で示されるように、ϕ 係数の値は四分点相関係数 r の絶対値と一致することが知られている。

2-2-11 より高度な分析に進む前に

カテゴリカルな変数どうしの関連を検討する方法を学ぶことが、ここでの目的であり、ユールの関連係数 Q、四分点相関係数 r、χ^2 検定、クラメールの関連係数 V を紹介してきた。

現在では、高性能なコンピュータと多機能な統計パッケージが容易に利用できるため、いきおい、基礎的な集計や分析をおざなりにしたまま、次の段階に進んでしまいがちである。しかしながら、これらの測度の活用や検定手順は、より洗練された高度な分析に進む前にかならず通過すべき基礎的かつ枢要な分析作業である、と同時に、すべての分析が終了した後、再度、謙虚な気持ちでデータと向き合う際に、立ち戻ってくるべき分析の原点ともいえよう。

【今後の学習のための文献案内】

・安田三郎・海野道郎，1977，『社会統計学（改訂2版）』丸善．
　カテゴリカルな変数とその関連を扱った第1章「属性・比率・属性相関」は，有益な示唆に富む．この領域についてのしっかりした邦文解説書は現在もなお少なく，刊行から30年近く経ったものの，いまだ，その輝きを失っていない．

・Yule, G. U., and M. G. Kendall, 1950, *An Introduction to the Theory of Statistics* (14th ed.), Charles Griffin.
　古色蒼然としたテキストと思われがちだが，カテゴリカルな変数の関連を周到かつ慎重に考察

母を注目すれば分かるように、異なる大きさのクロス表や大きく異なるサンプル数という条件下での係数値の比較を安易に行なうことは勧められない。可能な限り似た条件下での比較を行なう慎重さが求められよう。

するための出発点となる古典の一つだ．第 2 章の Association of Attributes の箇所を読んで欲しい．高水準かつ多種多様なデータ解析が発達した現代にも通用する発想や技法の萌芽を読みとることができる．

ある1つの社会現象の
原因を調べ予測する

2-3　家事分担と不公平感

連続的な変数の原因を説明する：
一般線型モデル（GLM）、回帰分析、分散分析

岩間暁子

2-3-1　家事分担の不公平感は何によって決まるのか

　結婚によって多くの人は、「夫と妻でどのように家事を分担するか」という課題に直面するだろう。「そんなことは夫婦が話し合って決めればよい私的な問題だ」と思う読者もいるだろうが、話はそう単純ではない。なぜなら、近代社会では夫が外で働き、妻が家事や育児を担うという「性別役割分業」が広く見られ（落合 1994）、自由に選択した結果とは思えないほど画一的なパターンが見られるのだから。このような性別役割分業はどのような要因によって維持されてきたのだろうか。

　要因の一つとして指摘されているのは、近代以降に登場した「愛情」を重視するイデオロギーである（山田 1994）。山田昌弘によると、近代で認められる正しい愛情の示し方とは「夫が家族を養い、妻が家事や育児を引き受ける」ことであり、このような価値観を人々が自然なものとして受け入れて実行するために、個人の側から性別役割分業が支えられてきた。また、アメリカや日本の既婚女性のデータを用いた分析によると、夫婦の家事分担が同じであっても、性別役割分業を支持する妻ほど分担状況に不公平を感じていないことが明らかになっている（岩間 1997）。

　原因と結果に注意を払ってまとめると、「性別役割分業を支持している人ほど、家事分担の不公平を感じない」と言える。私たちの周りにはこのような「因果関係」に関わる問題があふれているし、また、社会調査データの分析では「因果関係が存在しているのか」、また、そのような因果関係が存在しているとしたら「どのような関係性なのか」が中心的な研究課題として取り上げら

れてきた。そのために最もよく用いられてきた分析方法が回帰分析（regression analysis）と分散分析（variance analysis）である。

　社会統計学のテキストの多くは、「結果となる変数が量的変数である時、原因が量的変数であれば回帰分析、質的変数であれば分散分析を使う」というように2つの分析方法を異なる手法として説明している。このような説明がなされる理由として、回帰分析は経済学、分散分析は農学という異なる研究分野で各々発展してきたことも関係していると思われるが、実は、共に一般線型モデル（general linear model）の仲間であり、数学的には同等に扱うことができる。ならば、統一的に勉強した方が理解は早い。さっそく「線型」という言葉の意味から説明しよう。

2-3-2　因果関係を線型モデルで検討する

　計量分析の目的は、データとしてとらえられた複雑な現象の中からより本質的な関係性を取り出して数量的にわかりやすく提示することにある（これを「モデル化」と呼ぶ）。因果関係をモデル化する場合には、最初に原因に相当する説明変数（または独立変数）、結果に相当する被説明変数（または従属変数）を特定した上で、説明変数がどのように被説明変数に効果を及ぼしているのかを考えていく。効果の及ぼし方は、線型（linear）と非線型（non-linear）の2つに大別できる。このうち、線型の関係性がより基本的であり、数学的にも単純に扱えるためより広く使われている。

　線型とは、説明変数の値が増減するとその変化の大きさに応じて一定の割合で被説明変数の値も増減するという関係性である。説明変数が一つの場合には例えば図2-3-1のように、説明変数である X の値が増えるほど被説明変数である Y の値が増えるという関係性である。たとえば、X を妻の家事分担量、Y を妻の家事分担に関する不公平感とすると、図2-3-1は、妻の家事分担量が多いほど不公平感が高いという正の関係性を示している。

　図2-3-2は非線型（non linear）の関係性の一例である。この場合、あるところまでは妻の家事分担量が多いほど不公平感の上がり方は大きいが、分担量が多すぎると不公平感の増え方は鈍くなる（あきらめの気持ちが働くのかもしれない）。このような非線型の関係性をモデル化した分析手法も考案されているが、(1)非線型モデルはより高度な数学的知識を必要とし、推定方法も難しい、(2)説明変

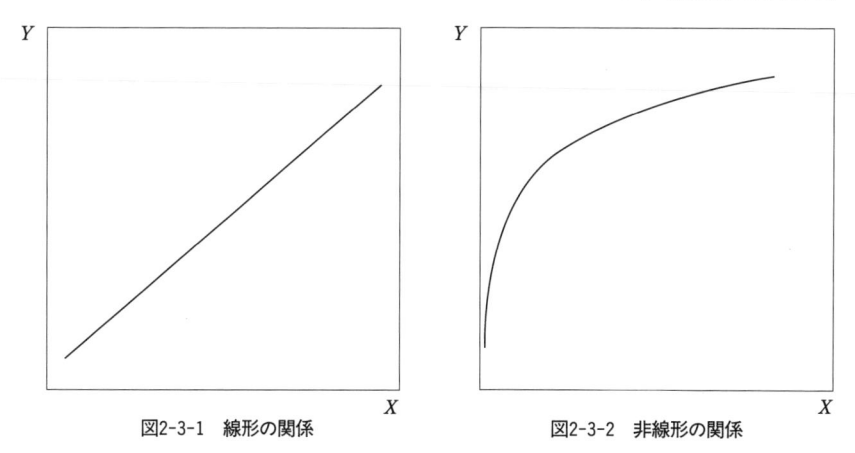

図2-3-1　線形の関係　　　　　　図2-3-2　非線形の関係

数の二乗や三乗の項を加えたり、説明変数や被説明変数をあらかじめ変換しておくなどの工夫によって線型モデルで近似できる（Rossi et al. 1983; Bohrnstedt and Knoke 1988=1992）といった主に2つの理由から、一定の制約を踏まえた上で、線型モデルで代替されることが多い。

　上図では説明を簡単にするため、一つの要因が効果を持つ場合のみを示したが、社会学が研究対象とする社会現象や人間行動などは複数の要因から同時に影響を受けていると考える方がむしろ自然である。このような複数の原因が作用してある結果を引き起こしているという因果関係を再現するためにも線型モデルは有効であり、要因の効果をたしあわせるかたちで、複数の説明変数が被説明変数に及ぼす影響を一つの式の中で表現している。このような工夫によって、他の説明変数が及ぼす影響を考慮した上でそれぞれの説明変数が持つ純粋な効果を検討できる。

2-3-3　一般線型モデルの基本的な考え方

　一般線型モデルの中には回帰分析、分散分析、共分散分析などが含まれる。また、共分散分析と呼ばれる手法は、回帰分析と分散分析の特徴を結びつけたものといえる。一般線型モデルは、基本的には次の式で表される。

$$Y = \alpha + \beta_1 x_1 + \beta_2 x_2 + \cdots + \beta_k x_k + \varepsilon \quad \cdots(1)$$

Y は被説明変数、$x_1, \cdots, x_k$ は説明変数、α は切片（X が0の時にとる Y の値）、

$\beta_1, \cdots, \beta_k$ は係数、ε は誤差項を表す。係数は、説明変数の値が1単位あたり増減した場合に被説明変数がどのくらい増減するのかという程度を表す。

　誤差項の中には、被説明変数に影響を及ぼす他の全ての効果や測定誤差が含まれる。たとえば、妻の家事分担不公平感の規定要因として、実際の分担状況と性別役割分業観という2つの変数をモデルに含めるとしよう。モデルに含まれていない年齢や夫の収入などの要因が影響を及ぼしている可能性も考えられるが、これらの他の要因は誤差項の中に含まれる。また、質問の解釈の仕方が違ったために真の値とは異なった回答をしたり、あるいは、夫とけんかした直後で普段より不公平を強く感じると回答した女性もいるだろう。このような真の値と実際の回答値とのズレである測定誤差も誤差項に含まれる。ちなみに、誤差項は説明変数と無相関であると仮定されている。

　それでは冒頭の例に戻って、回帰分析と分散分析について順に説明していくが、話をわかりやすく進めるために、説明変数が一つの場合から解説し、次に説明変数が2つ以上の場合を取り上げる。

2-3-4　単回帰分析

　まずは、「夫婦間で家事分担が平等であるほど妻の家事分担不公平感は低い」という2つの変数間の仮説を検討しよう。用いるデータは、筆者が1995年に無作為抽出法を用いて札幌市で収集した調査データである（サンプル数は253名）。ここでは、家事分担の男女間の平等性という指標を夫の家事参加度で代替しよう。つまり、夫の家事参加度が高いことは家事分担が平等であることを表すと仮定してこれから分析していく。ここでは、料理、食事のあとかたづけ、日常の買い物、洗濯、部屋の掃除、家の修理という6種類の家事に関する夫婦の分担度合いを「妻がする」、「妻が主にして夫が時々する」、「妻と夫が半々」、「夫が主にして妻が時々する」、「夫がする」の5段階で測定し、そのポイントを合計した「夫の家事参加度」を用いる。夫の家事参加度は最大で30という値をとりうるが、実際には妻が大半を担っているため最大値は19だった。また、妻の不公平感については1から4の4段階で測定している[1]。

1　厳密には、家事分担不公平感のように順序尺度を用いて測定された変数は質的変数として扱われ、数理統計学ではこのような質的変数を被説明変数とした回帰分析の適用は好ましくないと判断される。しかし、応用科学としての社会統計学では、社会現象を計量的に分析することが第一の研究目

2-3 家事分担と不公平感

　説明変数である夫の家事参加度を X 軸、被説明変数である妻の家事分担不公平感を Y 軸として、2つの変数の関係を考える。いま、全サンプルを平面上にプロットするとわかりにくいため、データのうち人数の多い点のみを取り出して関係の概要をプロットした散布図が図2-3-3である。参考までに近似直線を引いたが、両者の間には仮説で予想した通り、「夫が家事に参加しているほど妻の家事分担不公平感は低い」という線型の負の関係が見られるようである。

　そこで、式(1)をもとに、i 番目の既婚女性の夫の家事参加度を x_i、その女性の不公平感を y_i として、線型モデルで大まかに予測しよう。実際に観測された値 y_i と区別するため、線型モデルで予測される不公平感を $\hat{y}_i$ として区別する。それは式(2)のように、表現される。

$$\hat{y}_i = \alpha + \beta x_i \quad \cdots(2)$$

$\hat{y}_i$ は i 番目の人の収入 x_i の値を式(2)に代入して予測する値であるため、実際に観測された y_i とは通常ズレがある。統計モデルでは、このズレを誤差 ε_i として表現するが、この誤差の値が大きすぎてはうまく予測できないため、でき

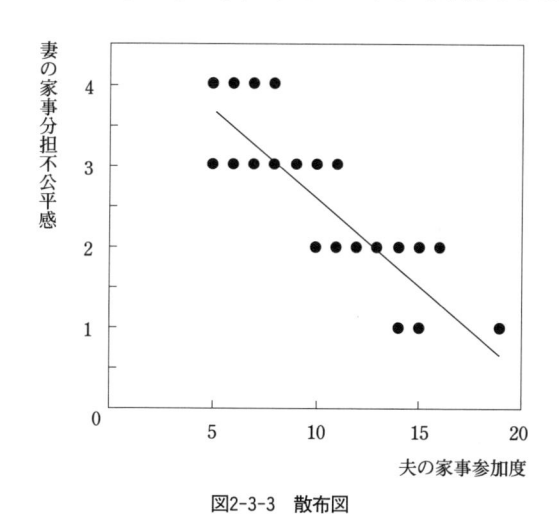

図2-3-3　散布図

的であるため、順序尺度の背後に連続的な性質があるという仮定をおいて一般線型モデルを適用することが多い。この点についての言及はボーンシュテットとノーキの『社会統計学』(Bohrnstedt and Knoke 1988=1992:16) を参照のこと。

るだけ小さくなるように配慮しながら、切片 α と係数 β を推定する。ただし、観測値の方が予測値よりも大きく正の値をとる誤差もあれば、観測値の方が予測値よりも小さく負の値をとる誤差もあるため、これらの総和は互いに打ち消しあって0になると仮定されている。そこで、誤差を二乗して全ての値が必ず正の値をとるように工夫し、その値を合計した次式が最小になるように α と β というパラメータを求める。

$$\Sigma \varepsilon_i^2 = \Sigma (y_i - \alpha - \beta x_i)^2 \quad \cdots(3)$$

このように、誤差の二乗値を最小にするという基準を用いてパラメータを推定する方法を「最小二乗法 (least squares method)」と呼ぶ。回帰分析では、パラメータ β は回帰係数(重回帰分析の場合には偏回帰係数)と呼ばれる。それでは分析結果を見てみよう(表2-3-1)。

解釈の手順は次の3つのステップを踏めばよい。

最初に、「夫が家事に参加しているほど妻の不公平感は低い」という仮説が、統計的に意味ある説明力を有しているかを確認する。回帰分析では、統計的有意性の判断の基準として F 値が使われるが、この例では、F 値は8.04であり、1%水準で有意という結果が得られた。つまり、「母集団において夫の家事参加度は妻の家事分担不公平感に影響を及ぼさない」という仮説(帰無仮説)をまず設定し、この仮説が成立する確率を F 値で調べたところ1%未満と極めて少ないから、この帰無仮説を棄却し、「夫の家事参加度が影響をおよぼす」と判断する。

次に、同じような考え方を用いて説明変数が影響を及ぼしているか否かを検討する。具体的には「夫の家事参加度の係数は0である」という仮説を設定し、t 値という基準を用いて統計的検定を行う[2]。この例の場合、t 値は-2.84であ

表2-3-1 家事分担不公平感の単回帰分析

変数名	回帰係数(t 値)	標準化回帰係数
切片	3.12(14.45)**	0
夫の家事参加度	-0.06(-2.84)**	-0.18

F 値=8.04**
**は1%水準で有意
決定係数=0.03
修正決定係数=0.03

り、1％水準で有意となった。回帰係数は負の値であるため、「夫の家事参加度が多いほど妻の家事分担不公平感は低い」と判断することになる。また、回帰係数を用いることで、説明変数の値から被説明変数の値を予測でき、夫の家事参加度が1ポイント上がると妻の不公平感は0.06ポイント下がると予測できる。ただし、回帰係数の値は測定単位に依存するため、目盛りの細かさによって、見かけ上は効果の大きさが異なって示される。たとえば、収入を説明変数とするとき、300万円という収入を3,000,000のように1円単位で測る場合と、10万円を単位として30として測る場合を比較すると、目盛りの細かい前者の方が小さな係数としてあらわれてしまう。つまり、測定単位の異なる変数間では、影響の大小を比較できないという制約がある。そこで、測定単位からの影響を受けないように、説明変数と被説明変数を平均0、分散1になるようにあらかじめ変換した値（Z得点）を計算し、この値をもとに求めた回帰係数（＝標準化回帰係数）が、2つ以上の変数の相対的な影響力を比較する目的で広く用いられている。

　最後に、このモデルが全体としてどの程度の説明力を持っているかについて、「決定係数」を検討する。注目するポイントは2つあり、一つは決定係数の大きさ、もう一つは決定係数が統計的に有意であるか否かである。決定係数は0から1の範囲の値を取り、1に近いほど説明力が高いことを示す。社会調査データには個人を単位としたミクロデータ、ミクロデータを用いて集団ごとの平均や分散などを求めてとらえたアグリゲートデータ、そして、集団や組織を単位としたマクロデータの3種類がある（盛山・近藤・岩永 1992）。一般的に、アグリゲートデータはミクロデータよりも決定係数が高い傾向にある。変数の種類などによっても異なるため一概には言えないものの、ミクロデータの場合、決定係数で0.15以上ならある程度の説明力があると経験的には判断されているようである。表2-3-1の例では、決定係数が0.03であり、説明力はかなり小さいと言わざるをえない。

　ところで、決定係数の有意性の検定には、最初のモデル全体の有意性の検定と同じくF値が用いられるが、この場合のF値は次のように定義されている。

2　説明変数が一つしかない単回帰分析の場合、モデル全体の適合を検定するF検定と、個別の回帰係数を検定するt検定の結果は一致する。

$$F = \frac{決定係数／説明変数の数}{(1 - 決定係数)／(サンプル数 - 説明変数の数 - 1)} \quad \cdots(4)$$

ここで得られた決定係数の四捨五入する前の値である0.0315、説明変数の個数である1、分析に使われたサンプル数である249のそれぞれを式(4)に代入すると8.03となり、1％水準で有意となる。

ところで、この値はモデル全体の有意性の検定の時に用いたF値の値8.04とほぼ同じであるが、これは偶然だろうか？ モデル全体の有意性検定のためのF値は次のように定義されている。

$$F = \frac{回帰変動／説明変数の数}{残差変動／(サンプル数 - 説明変数の数 - 1)} \quad \cdots(5)$$

回帰変動は説明変数によって説明される被説明変数の変動、残差変動は説明変数によって説明されない被説明変数の変動を意味するので、式(4)と式(5)は実質的に同じ内容を違った形で表現していると言える。つまり、決定係数で考えたモデルの説明力の有意性を検討することと、モデル全体が有意であるか否かの検定は同じものであり、有意性の検定結果は、一致する。

さて、以上を考えると、ここでのモデルは統計的に有意な説明力を有してはいるが、その説明力はいまだ小さいといわざるをえない。このことは、夫の家事参加度の他にも重要な説明変数が存在する可能性を示唆している。たとえば冒頭で紹介したように性別役割分業観が影響を及ぼす可能性が考えられるし、あるいは、家事分担よりも夫の収入が妻の不公平感に影響を及ぼしているのかもしれない。このように複数の効果を一緒に検討したい場合には、説明変数を二つ以上含めた重回帰分析を用いればよい。

2-3-5 重回帰分析

これまでの日本社会が性別役割分業を前提としてきたことを踏まえて、妻が性別役割分業を否定する度合い、夫の職業威信、妻から見た夫の職業的成功、夫の年収、家計に対する妻収入の貢献度、年齢という説明変数をあらたに加えたモデルを作ってみよう。その分析結果が表2-3-2である。

表2-3-2 家事分担不公平感の重回帰分析

変数名	標準化偏回帰係数
夫の家事参加度	−0.29**
性別役割分業の否定度	0.31**
夫の職業威信	0.08
夫の職業的成功	−0.13*
夫の年収	0.04
妻の家計への貢献度	0.19**
年齢	−0.03

F 値＝9.06**
**は1％水準で有意
*は5％水準で有意
決定係数＝0.21
修正決定係数＝0.19

　夫の家事参加度は、他の説明変数を考慮しても1％水準で有意である。その他に有意な効果を持つのは、性別役割分業の否定度、夫の職業的成功、妻の家計への貢献度である。係数の正負に基づいて解釈すると、「夫が家事に参加していない」ほど、「妻が性別役割分業を否定している」ほど、「夫が職業的に成功していない」ほど、「家計に占める妻の収入が多い」ほど、妻の家事分担不公平感が高くなる。標準化偏回帰係数の値を比較すると、性別役割分業の否定度の影響がもっとも大きく、夫の家事参加度がそれに次ぐ大きさであった。決定係数も夫の家事参加度のみを考えていたときの0.03から0.21まで大幅に上がっており、ある程度は不公平感を説明しているといえるだろう。また、単回帰分析と同様に式(4)を用いて決定係数の検定をおこなうと、F 値は9.06となり、1％水準で有意であった。

　ところで、一般に、説明変数の数が増えれば決定係数は大きくなるという性質があるため、有意ではない説明変数を追加しても見かけ上の説明力は上がってしまう。この問題を解決するために説明変数の数で調整した修正決定係数が工夫されている。このモデルの場合、修正決定係数は0.19であり、この点を考

3　ただし、2つの説明変数の間に高い相関があるとき、「多重共線性（multi-collinearity）」の問題が生じてしまう。この問題への対処方法については決定係数の節（4-1）を参照のこと。

慮しても説明力は上がったと判断できる。

　重回帰分析のメリットは、このように他の変数の影響も考慮した上で、それぞれの変数が及ぼす純粋な効果を取り出せる点にある[3]。この分析例にそって具体的にいえば、性別役割分業観や夫の職業的成功、妻の家計への貢献度などについての条件が同じ人々をモデルの上で想定し、夫の家事参加度の単独の影響を検討できるということである。

2-3-6　一元配置の分散分析

　次に、不公平感の規定因に関して異なる仮説を考えてみよう。性別役割分業を前提とする社会では、結婚や出産などのライフイベントによって増加する家事・育児負担に対応するのは女性である。そのため、女性は労働市場からの退出や再参入を頻繁におこなう。このような働き方の変化は、専業主婦、パートタイム、フルタイムという3つのカテゴリーの間の移動としてとらえられるが、こういった就労上の地位の違いによって女性の暮らし方はずいぶん違っているはずだから、就労上の地位が不公平感に影響を及ぼしている可能性が考えられる。図2-3-4は就労上の地位別に不公平感の平均点をあらわしたものである。専業主婦はパートタイムやフルタイムといった有職女性よりも不公平感が低い傾向が見られる。

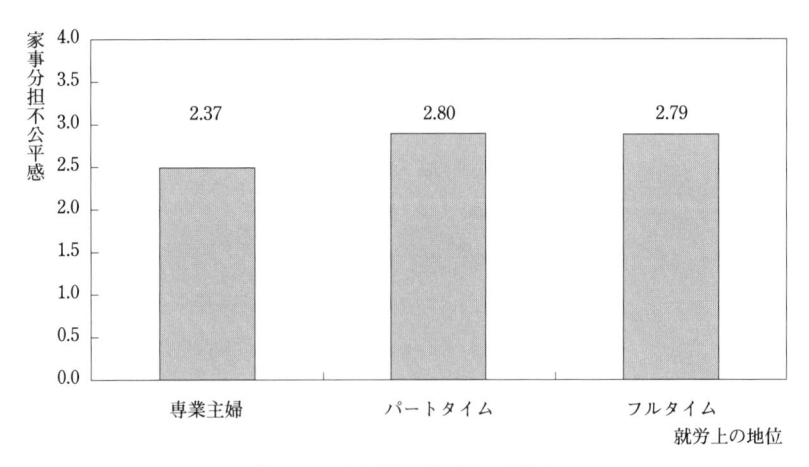

図2-3-4　家事分担不公平感の平均点

2-3 家事分担と不公平感

　専業主婦、パートタイム、フルタイムといった区分はカテゴリーとしてとらえられる質的変数であるため、回帰分析ではなく分散分析の利用が適切である。ただし、既述したように分散分析も線型モデルの仲間であり、分散分析はダミー変数を用いた回帰分析の特別な場合と考えることができるので、ここでは、両者の共通点に着目しながら説明していこう。

　分散分析では、説明変数は要因ないし因子（Factor）、要因の中のカテゴリー区分は水準（level）と呼ばれることが一般的である。この例では、就労上の地位という要因に、専業主婦、パートタイム、フルタイムという3つの水準がある。この場合、水準数から1を引いた数、すなわち2個のダミー変数を用いることで3つの水準が再現できる。ダミー変数とはある属性を備えている場合に1、備えていない場合に0の値をとる変数であり、質的変数を数値として表現するために工夫されたものである。たとえば、フルタイムを1、それ以外なら0というダミー変数 D_1、パートタイムを1、それ以外なら0というダミー変数 D_2 という2つのダミー変数を考えれば、専業主婦は $D_1=D_2=0$、パートタイムは $D_1=0$ かつ $D_2=1$、フルタイムは $D_1=1$ かつ $D_2=0$ にそれぞれ対応するから、2つの変数で3つの水準を表現できる。一般線型モデルの定義式(1)にこれらを代入すると次のようになる。

$$Y = \alpha + \beta_1 D_1 + \beta_2 D_2 + \varepsilon \quad \cdots(6)$$

　また、これを水準別に書きあらわせば、

$$\left. \begin{array}{ll} 専業主婦 & ; Y = \alpha + \varepsilon \\ パートタイム & ; Y = \alpha + \beta_2 + \varepsilon \\ フルタイム & ; Y = \alpha + \beta_1 + \varepsilon \end{array} \right\} \cdots(6)'$$

となる。式(6)と(6)′は同一である。

　回帰分析と同じく、パラメータの推定には最小二乗法を用いることができる。また、モデル全体の有意性検定にも回帰分析と同様、F 値を用いるが、この場合の帰無仮説は「水準にかかわらず平均はすべて等しい（＝全体平均と一致する）」というものである。もし、要因の効果がなければ、専業主婦、パートタイム、フルタイムという水準間の平均値のばらつきは、各水準内での水準平均値と個々の観測値とのばらつきと比べて大きくならないはずである。逆に、要因の効果があれば、水準内での水準平均値と個々の観測値との間のばらつきよ

2 社会現象の原因と結果をあきらかにする

りも、水準間での平均値のばらつきの方が大きくなるはずである。

このような考え方に基づいて、分散分析では被説明変数の変動である全体平方和を、級間平方和と級内平方和の2つに分け、帰無仮説が正しければ級間平方和は小さな値をとり、逆に、要因の効果があれば級間平方和は大きな値をとるという関係性に着目して、F 値を式(7)のように定義する。級間平方和が大きくなると F 値も大きくなり、帰無仮説が棄却されやすくなることがわかるだろう。なお、（サンプル数 − 水準数）と（水準数 − 1）はともに「自由度」と呼ばれている。

$$F = \frac{級間平方和／（水準数 − 1）}{級内平方和／（サンプル数 − 水準数）} \quad \cdots (7)$$

それでは早速、表2-3-3に示す分析結果を見てみよう。回帰分析と同様に、モデル全体の有意性検定、要因の有意性検定、決定係数の検討という3つのステップを踏めばよい。

表2-3-3によると、級間平方和11.01、級内平方和249.02、級間平方和の自由度は2、級内平方和の自由度は246である。これらを式(7)に代入すると F の値は5.44となり、表2-3-3の F 値が求められる。ここから、モデル全体が有意であることが確認できた。

分散分析はダミー変数を用いた回帰分析の特別の場合と考えられると先に述べたが、このことはモデル全体の有意性検定に用いる F 値の定義式を比較す

表2-3-3 家事分担不公平感の一元配置分散分析

分散分析表（モデル全体の有意性の検定）

	自由度	平方和	平均平方和	F 値
級間要因	2	11.01	5.50	5.44**
級内（誤差）要因	246	249.02	1.01	
全体	248	260.03		

**は1％水準で有意

分散分析結果（要因の有意性の検定）

要因	自由度	平方和	平均平方和	F 値
就労上の地位	2	11.01	5.50	5.44**

**は1％水準で有意

ることでも確認できる。この例では3つの水準があるため、説明変数として表現するためには2つのダミー変数が必要となる。実質的に分散分析の級間平方和と級内平方和は、各々、回帰分析の回帰変動と残差変動に対応しているので、式(5)の回帰変動に11.01、残差変動に249.02を代入し、説明変数の数として2を代入すると、これは式(7)を用いて得られる式と一致することが確認できるだろう。

次に、要因の有意性検定であるが、分散分析ではこの場合にもF値を用いる。表2-3-3によると、級間要因の平均平方和（平方和÷自由度）は5.50であり、この値を級内要因の平均平方和1.01で割って得られた値5.44がF値となる。このF値から、モデルは1％水準で統計的に有意な説明力を有していると結論できる。また、この例のように説明変数が一つしかない一元配置分散分析の場合、単回帰分析と同じく、モデル全体の有意性検定の結果は、要因の有意性検定の結果と一致する。

ただし、分散分析では要因の有意な効果が確認できたとしてもそれ以上の踏み込んだ解釈はできない。図2-3-4に示されているように専業主婦の家事分担不公平感の平均は2.37であり、パートタイム2.80やフルタイム2.79よりも低い。回帰分析の場合には量的変数であるため「回帰係数は0である」という帰無仮説を棄却できれば当該の説明変数は有意な効果があると判断できた。しかし、分散分析で設定する仮説は「各水準間の平均に差がない」というものであるから、仮説を棄却できたとしても、それだけではどの水準間で有意な差があるのかまではわからない。どの水準間で有意な差があるのかを確かめるためには、多重比較（multiple comparison）という方法を別途用いる必要がある。具体的には、水準ごとにペアをつくり、水準間で差があるかどうかをペアごとに一つずつ検討していく方法であり、テューキー法やシェフ法など、データ特性に応じていくつかの方法が考案されている[4]。

最後に、分散分析では、モデルの説明力をはかるものさしとして「相関比」が考えられている。相関比はη^2（イータ二乗）とも呼ばれており、次のように定義されている。決定係数と同じく0から1の値をとり、1に近いほど説明力が

---

4 古いテキストでは「分散分析でモデル全体が有意かどうかを確認し、有意であった場合には水準間で有意かどうかを確かめるために多重比較を用いる必要がある」と説明されている。しかし、最近ではそれは誤りであり、併用すると「検定の多重性」の問題が生じてしまうので、分散分析とは別の分析手法としておこなうべきであると考えられている（永田・吉田1997；繁桝・柳井・森1999）。

高いことを表す。

$$相関比 = \frac{級間平方和}{全体平方和} \quad \cdots (8)$$

この場合、相関比の値は11.01／260.03＝0.04となり、モデル全体の説明力は4％にとどまる。したがって、この他にも重要な要因が存在する可能性があると考えるべきだろう。

2-3-7　二元配置分散分析と交互作用効果

　要因が1つの分散分析を「一元配置分散分析」、要因が2つ以上の分散分析を「多元配置の分散分析」と呼ぶ。二元配置以上の分散分析では、これまで見てきた「主効果（main effect）」の他に「交互作用効果（interaction effect）」も検討できる利点がある。

　交互作用とは、一方の因子の水準ごとに他の因子の水準間で平均値のパターンが異なることを指す。たとえば、夫の家事参加度が与える影響を参加度が高いグループと低いグループに分けた場合、妻が専業主婦、パートタイム、フルタイムのどれかによってその効果の与え方が違うことを表せる。交互作用はグラフにするとわかりやすいので、それぞれ2水準からなる2要因の場合を例として、主効果と交互作用効果について説明しよう。図2-3-5には6パターンが示されている。

　図Aは因子Bの水準に関わりなく因子Aの水準間には一定の差があることから因Aの主効果のみがあり、逆に、図Bは因子Bの効果のみが見られる。そして、これらの効果が共に現れているのが図Cである。図Dは因子Aの水準によって因子Bの水準には違いが見られる。これがまさに交互作用効果である。図Eと図Fについては一方の主効果と交互作用の両方が見られるパターンであり、解釈には2通りの方法がある。一つは交互作用のみに着目する方法、もう一つは一方の因子の水準ごとに解釈する方法である。後者の場合、図Eについては、因子Bの水準ごとに、B_2では差があるが、B_1に関しては差がないと解釈する。なお、図A、B、Cから明らかなように主効果のみの場合には2つの直線は平行であるのに対し、交互作用効果がある場合には図D、E、Fのように2つの直線の傾きが異なる。交互作用効果を用いることでより詳しい

2-3 家事分担と不公平感

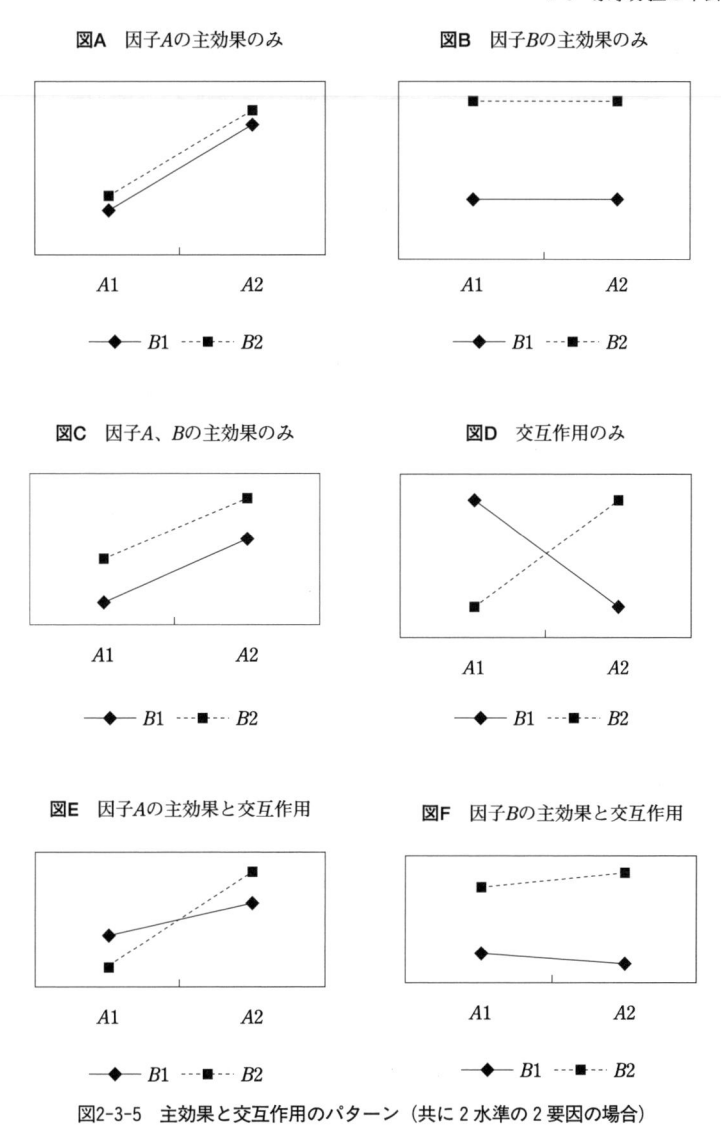

図A 因子Aの主効果のみ

図B 因子Bの主効果のみ

図C 因子A、Bの主効果のみ

図D 交互作用のみ

図E 因子Aの主効果と交互作用

図F 因子Bの主効果と交互作用

図2-3-5 主効果と交互作用のパターン（共に2水準の2要因の場合）

2 社会現象の原因と結果をあきらかにする

表2-3-4 家事分担不公平感の二元配置分散分析

分散分析表（モデル全体の有意性の検定）

	自由度	平方和	平均平方和	F 値
級間要因	5	22.94	4.59	4.70**
級内（誤差）要因	243	237.09	0.98	
全体	248	260.03		

**は1％水準で有意

分散分析結果（要因の有意性の検定）

	自由度	平方和	平均平方和	F 値
就労上の地位	2	14..01	7.01	7.18**
夫の家事参加	1	9.03	9.03	9.25**
就業上の地位×夫の家事参加	2	2.90	1.45	1.49

**は1％水準で有意

検討が可能となるが、要因数が多くなると解釈が複雑となるため、3要因の関係までについて解釈することが多い。

さきほどの一元配置の分散分析に夫の家事参加度という要因を追加し、これら2つの主効果に加えて、夫の家事参加度と就労上の地位の交互作用効果について検討してみよう（表2-3-4）。表2-3-4の分散分析表のF値をみると4.70であり、モデル全体は1％水準で有意である。次に、分散分析結果で各要因の効果についてみると、就労上の地位も夫の家事参加度もともに主効果は1％水準で有意である。また、表に示していないが、この分散分析の結果、夫の家事参加については、家事参加の程度が低いグループの不公平感の平均は2.77、高いグループでは2.46と推定され、当然のことながら回帰分析と同様の傾向が確認された。また、この例では、交互作用は有意とはなっていない。

ところで、多元配置分散分析の場合に問題となるのは、各要因の有意性検定の際にどの種類の平方和を用いるか、ということである。分散分析では全体平方和を級間平方和と級内平方和の2つに分解するが、各要因の寄与部分を表す級間平方和の計算方法には4種類あり、求め方の違いに応じて平方和にもTYPE Ⅰ、Ⅱ、Ⅲ、Ⅳという4種類がある。データ特性に応じてどの平方和を用いるのかを考える必要があるが、水準間でサンプル数が異なることが一般的な社会調査データの場合には、TYPE Ⅱの利用が推奨されている（市川他

1993)。そのため、ここでも TYPE II を用いて検討している。

最後に、式(8)を用いて相関比を計算し、説明力を検討しよう。すると相関比の値は0.09となり、モデル全体の説明力が上昇しているとはいえ、10％未満の説明力しかない。いまだ、モデルには改善の余地が大きく残されている。

2-3-8 モデルの展開

これらの分析結果を総合的に踏まえてさらに分析を発展させていくためにはどのようにすればよいのだろうか。以下では参考までに2つの例を紹介しよう。

一般的に専業主婦、パートタイム、フルタイムといった地位の違いに応じて収入は増加するが、就労上の地位と経済的地位は概念的には独立である。したがって、表2-3-2に示した重回帰分析の説明変数として、就労上の地位の違いを表す2つのダミー変数を追加してもよい。こうすることで、他の変数の効果を同時に考慮しても就労上の地位の効果がなお存在するかを検討できる。これは、就労上の地位の効果を考慮しても、現在有意な効果をもつ変数が同じように引き続き有意な効果を持つのかを検討することでもある。

仮に、ダミー変数として追加した就労上の地位の2変数に有意な効果が見られる一方で、妻の家計への貢献度の有意な効果が消失すれば、妻の家計への貢献度としてとらえられていた効果は、実は就労上の地位の効果であったことが明らかになる。あるいは、ダミー変数が有意である一方、妻の家計への貢献度が有意であるものの偏回帰係数の値が減少するという結果が得られれば、妻の家計への貢献度としてとらえられていた効果の一部は就労上の地位の影響であることを示すことができる。

また、表2-3-4の分散分析のモデルを出発点として、妻の家計への貢献度や性別役割分業の否定度などの量的変数として測定された説明変数を追加した分析も考えられる。その場合には、共分散分析 (covariance analysis) を用いればよい。共分散分析も一般線型モデルの仲間であるため、基本的な解釈の仕方は回帰分析、分散分析と同じである。仮に、妻の家計への貢献度が有意である一方、就労上の地位の有意な効果が消滅すれば、就労上の地位の効果としてとらえられていた効果は妻の家計への貢献度の効果であったことを明らかにできる。

この他にもさまざまな展開の仕方が考えられるが、どの分析手法を選ぶのかについては、説明変数が量的か質的かに加えて、説明変数間の相関の有無、理

論仮説との対応なども考慮する必要がある。

　本章では回帰分析と分散分析が一般線型モデルとして等しく扱えるという性質に着目して説明してきた。ここではほとんど扱えなかったが共分散分析も広く用いられる手法である。また、社会学では回帰分析や分散分析、共分散分析といった以前からよく用いられてきた分析方法に加えて、最近ではロジット分析やログリニア分析もかなり利用されている。さらに、中・上級レベルの統計学では、ロジット分析やログリニア分析のように、被説明変数が質的変数である線型モデルも含めて統一的に整理した「一般化線型モデル（generalized linear model）」も提示されている[5]。

【今後の学習のための文献案内】

・Agresti, A., 1996, *An Introduction to Categorical Data Analysis*, John Wiley & Sons, Inc. （＝2003，渡邉裕之他訳『カテゴリカルデータ解析入門』サイエンティスト社.）
　　一般化線型モデルに関する入門書．一般線型モデルとの関連も述べられている．

・Bohrnstedt, G. W. and D. Knoke, 1988, *Statistics For Social Data Analysis* (2nd ed.), F. E. Peacock. （＝1992，海野道郎・中村隆監訳『社会統計学』ハーベスト社.）
　　社会学が研究対象とする例を豊富に用いてわかりやすく解説している．アメリカにおける社会統計学の代表的なテキストの一つ．

・豊田秀樹，1994，『違いを見抜く統計学：実験計画と分散分析入門』講談社．
　　分散分析の基礎についてあまり数式を用いずにわかりやすく解説．第1章では回帰分析と分散分析を統一的に扱えることへの言及がある．

---

[5] 日本語では特に名前が紛らわしいため英語名も併せて覚えておいた方がよいだろう。やっかいなことに、generalized linear model に一般線型モデルという日本語訳が与えられている場合もあるので、混同しないよう注意が必要である。

2-4 社会階層と教育機会

カテゴリーに分けられた社会事象の原因を調べ予測する：
プロビット、ロジット分析

三輪 哲

2-4-1 教育を受けるチャンスの「生まれ」による格差：教育機会の階層間格差

　学校教育を受ける機会は、誰にでも開かれているのだろうか。近年の日本の状況をみると、誰にでも等しくチャンスがあるように思えるかもしれない。だが実際は、現代日本においても誰にでも教育機会が開かれているわけではなく、生まれた家庭背景によって教育を受けるチャンスに厳然たる格差が存在する。このような格差を「教育機会の出身階層間格差」と呼ぶ。出身階層とは、子ども時代の社会的地位の高低を示す概念であり、父親の職業や両親の学歴といった指標で測定される。それが高ければ教育を受けるチャンスは大きいが、低ければチャンスは小さいといった状況こそが、「格差」の具体的な意味である。この分野の研究成果によれば、先進諸国の多くで、今も昔も、教育を受ける機会に関する出身階層間格差が存在している（尾嶋 1990；Shavit and Blossfeld 1993）。

　ここで、教育機会に階層差があることの社会的な意味を考えてみよう。もし高い教育を受ける人が、「いい家庭」に生まれた人、すなわち出身階層の高い人に偏っているならば、何が起こりうるだろうか。有利とされる職業に就くためには、事実上、高い教育を受けていることが必要条件である場合も多いので、高い地位の親の子が、教育を通じて将来高い地位につくということが社会に多くみられるようになるかもしれない。それは、生まれの不平等が維持されることにつながる。出身階層間で教育を受けるチャンスが異なるという事実には、以上のような深刻な意味が含まれている。

　さて、教育機会と出身階層の関連について、計量的な分析を試みた先駆的な研究として、イギリスにおけるJ.E.フラウドらの研究がある（Floud et al. 1956

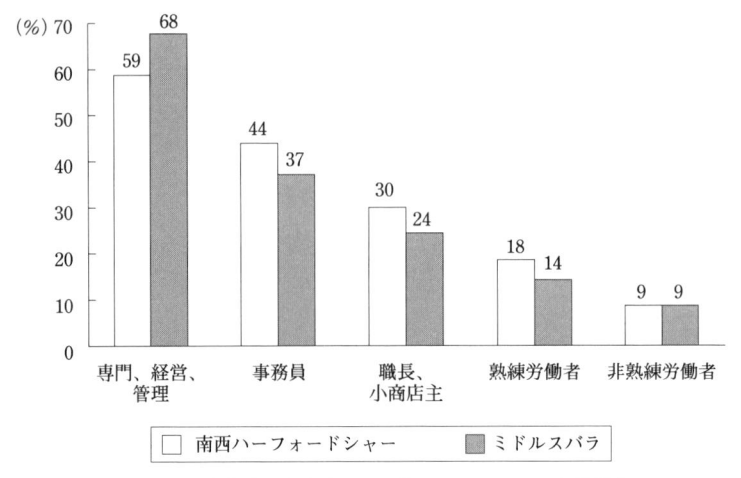

2　社会現象の原因と結果をあきらかにする

図2-4-1　出身階層と地域別にみたグラマー・スクール入学機会
出所：Floud et al. (1956=1959：75　表) より作成

=1959)。彼女らは、イギリスの2つの地域において、グラマー・スクールと呼ばれる、いわば進学校に該当する中等教育学校への進学と、生徒の出身階層との関係について分析を行っている。それによると、図2-4-1にみられるように、出身背景に恵まれた者ほど進学をしやすい傾向がみられる。結局のところ、「高い階層的背景をもつ生徒ほど、進学において有利である」という、教育機会の階層差を裏付ける結論が得られたといえよう。

2-4-2　二値変数を予測するために

　この古典的研究で用いられた分析手法は、クロス集計表である。クロス集計は優れた手法であるが限界もある。同時に扱うことのできる変数の数が、比較的少ないことである。ゆえに、カテゴリーに分けられる変数の予測や説明においては、クロス集計表による分析では他の多くの変数の影響を統制することができず、適切ではないこともありうる。
　同時に多くの変数を処理することができる予測や説明のための分析法の代表的なものとして、重回帰分析法がある。今回とりあげた進学の分析についても、重回帰分析が適用できるのではないかと思われた読者もいるかもしれない。しかし、重回帰分析において目的変数[1]となるのは、連続量としてみなすことの

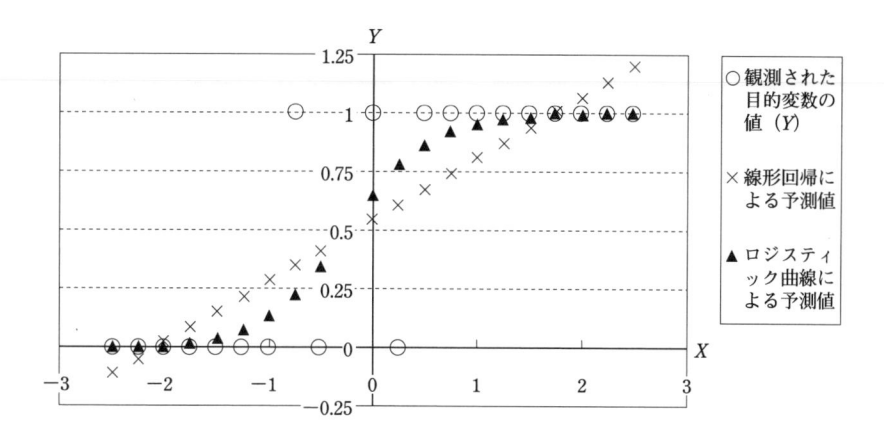

図2-4-2 直線と曲線のあてはめ（仮想データ）

できる変数である。進学するかしないか、イエスかノーか、1か0か、といった2つの値しかとりえない変数を目的変数とした場合に重回帰分析を行うと、いろいろな問題が生じる。

ここで、ある事象が起こるときに1の値をとり、起こらないときに0の値をとる、二値変数を目的変数（○の印）とした場合について、散布図を描いてみよう。話を単純にするために、説明変数はただ1つの連続変数Xだけとして、線形回帰分析を行った際の予測値（×）、およびS字型の曲線をあてはめた場合の予測値（▲）も書き加えている。すると図2-4-2から、二値変数を目的変数にした場合には、個々の目的変数Y_iの値は1か0しかとらないので、直線をあてはめた分析を行うことには問題があることがわかる。

まず気づくことは、予測値の変域に関する問題であろう。二値変数に対する線形回帰分析によって得られた予測値は、説明変数の値が与えられたという条件の下での、Yの期待値である。1か0の値しかとりえない変数の期待値は、実のところ1の値をとる予測確率と同じ意味になる。ところが図2-4-2からわかる通り、Xが無制限に大きくなっていくと、線形回帰分析による予測値は1を超えてしまう。同様に、制限なくXが小さくなっていくと0を下回る。確率はその定義から、0以上1以下の範囲におさまることは自明なので、上記

---

1 従属変数、被説明変数、基準変数などとも呼ばれる。

の予測値はまったくおかしなものと考えざるを得ない。さらにそれとは別に、残差が正規分布にしたがっていない、説明変数の値ごとに残差の分散が異なる、などのように回帰分析の仮定が満たされていないこともまた問題である。

これらの問題はみな二値型の目的変数に対して直線をあてはめることに起因しているものである。そこで、より妥当なアプローチとして、曲線をあてはめる方法が考えられる。このような場合に用いられるのは、S字曲線によるあてはめである。図2-4-2をみると、S字曲線は直線よりもはるかによい予測値を提供していることがわかるだろう。ここで予測確率をS字曲線として扱う方法のうち、よく使われているものを2つ紹介しよう。

1つは、確率をオッズに変換する方法である。オッズとは、ある事象が生起する確率pと生起しない確率$1-p$との比であり、式で表すと、

$$Odds = \frac{p}{1-p} \quad \cdots(1)$$

となる。これは、事象が起きる確率は起きない確率の何倍ほどになるか、という意味である。もちろん、オッズが大きいほど、その事象が生起しやすいということである。定義式からわかるように、オッズは生起確率pが0のときに最小値0、生起確率が1のときに最大値のプラス無限大という範囲をとる。このようにオッズに変換することによって、上限はプラス無限大にまでひろげられたのだが、下限については0のままであるため、このままでは目的変数として扱いにくい。そこでさらに、オッズに自然対数変換を施す。これを、対数オッズまたはロジットと呼ぶ。

$$Logit = \log_e \frac{p}{1-p} \quad \cdots(2)$$

以下の表2-4-1に、確率とロジットの対応関係を示した。ロジットに変換すると、下はマイナス無限大から上はプラス無限大までの変域をもつことになる。そこで、予測確率のロジットを目的変数とした分析を行うならば、確率を目的

表2-4-1　確率とロジットの関係

確率 p	0	0.01	0.1	0.2	0.3	0.4	0.5	0.6	0.7	0.8	0.9	0.99	1
$1-p$	1	0.99	0.9	0.8	0.7	0.6	0.5	0.4	0.3	0.2	0.1	0.01	0
オッズ	0	0.01	0.11	0.25	0.43	0.67	1	1.5	2.33	1	9	99	$+\infty$
ロジット	$-\infty$	-4.60	-2.20	-1.39	-0.85	-0.41	0	0.41	0.85	1.39	2.20	4.60	$+\infty$

変数としてそのまま分析することと異なり、既に述べた問題点がクリアされる。このような、ロジットを目的変数とした分析法は、ロジット分析と呼ばれる。

もう1つの変換方法は、累積標準正規分布を用いるものである。0から1の範囲をとる予測値を累積標準正規分布における下側確率とみなし、対応するZスコアへと変換する。この変換によって、予測値の下限である0はZスコアではマイナス無限大に、上限である1はプラス無限大になるので、通常の連続変数同様の変域をもつことになる。このような、Zスコアを目的変数とした分析法は、プロビット分析と呼ばれる。

プロビット分析とロジット分析は、実質的には似た結果が得られることが多い。ロジット分析により得られたパラメータ推定値は、プロビット分析で得られたもののおよそ1.6〜1.8倍になるといった関係がある（Amemiya 1981; Aldrich and Nelson 1984）。ロジット分析の方が社会学における使用頻度が高いので、これ以降ではロジット分析のみを扱う。

2-4-3　誰が進学しているのか？：ロジット分析の考え方と読み方

説明変数がk個含まれているロジット分析のモデルを式で表すと、次のようになる。なお、ここでのXは説明変数、bは係数である。

$$\log_e\left(\frac{p}{1-p}\right) = b_0 + b_1 X_1 + \cdots + b_k X_k \quad \cdots(3)$$

予測確率と説明変数の関係は曲線的であったが、ロジット（対数オッズ）に変換した後には、それと説明変数との関係は線形となる。ゆえに、結果の解釈も

表2-4-2　ロジット分析の結果

	b	標準誤差	$\exp(b)$
定数項	−1.84*	0.08	0.16
出身階層	0.99*	0.08	2.70
地域	−0.11	0.11	0.89

model χ^2 (df=2)　163.5*
−2 Log Likelihood　2210.1
*は5％水準で有意
出所：Floud et al. 1956=1959：136　表14より再計算した。

容易である。

　ここで、前述のフラウドのデータを用いて例を示そう。目的変数はグラマー・スクールに進学するか否かをあらわす二値変数である。説明変数は出身階層スコア[2]（上層中流＝2、中流＝1、労働者階層＝0）と、地域のダミー変数（ミドルスバラ＝1、南西ハーフォードシャー＝0）である。表2-4-2に、ロジット分析を行った結果の概略を示した。

　得られたロジット回帰式は表2-4-2より、以下のようになる。

$Logit$（予測進学確率）＝
　　－1.84＋0.99×出身階層スコア－0.11×地域ダミー変数　　…(4)

　まずみるべき点は、モデル全体のあてはまりである。表2-4-2にある －2 Log Likelihood は今回のモデルによって説明されなかったバラツキの大きさを表す数値であり、デビアンスとも呼ばれる。これは、通常の回帰分析でいえば、誤差平方和に対応する。説明変数を含めないときに比べて、含めたときの方がデビアンスは減少する。なぜならば、投入した変数によって説明された部分が生じたからである。その説明されたバラツキの大きさが、model χ^2 であり、回帰平方和に対応する。あてはまりがよくなったのかどうかを調べるために、model χ^2 の検定を行うことができる。今回の分析例で説明しよう。表2-4-2によれば、この例では、model χ^2 は163.5であり、その自由度（説明変数の数に等しい）は2である。自由度2の場合、χ^2（カイ自乗）分布における上側5％臨界値は約5.99であるが、それよりもデータから計算して求められた model χ^2 の値の方が大きいから、表2-4-2の model χ^2 は有意である。つまり説明変数を2個投入した結果、説明変数を含まないモデルよりも十分にあてはまりが改善されたということがいえる。

　進学するかどうかに対する出身階層や地域の効果をみるためには、各々の説明変数にかかる係数をみればよい。それらは説明変数が1単位分だけ増加したときのロジットの増加量である。階層スコアが1ポイント増加すると、予測進学確率のロジットは0.99だけ増加する。また、ミドルスバラは南西ハーフォードシャーよりもロジットが0.11だけ小さい。

---

[2]　図2-4-1で示されている専門・経営・管理職を上層中流階層、事務・職長・小売店主を中流階層、熟練・非熟練を労働者階層として変換した。

実質的な意味を考える上では、係数 b よりも、それを指数変換した数値 $\exp(b)$ の方が有用である[3]。これは、他の変数の影響を調整したオッズ比に相当する。例えば出身階層の $\exp(b)$ は2.70であるが、このことから出身階層スコアが1ポイント増加するごとにオッズが2.70倍だけ高くなる傾向があることがわかる。その分だけ進学しやすくなるということだ。つまり $\exp(b)$ の数値は、説明変数の値が1単位上がったときのオッズの倍率である。

変数の効果の検定には、ワルド検定が用いられる。これは、(係数÷標準誤差)^2 で計算されるワルド統計量が、自由度1の χ^2(カイ自乗)分布にしたがうことを利用した検定である。有意水準を片側5％に設定した場合、χ^2(カイ自乗)分布の臨界値は約3.84である。この例の場合、出身階層のワルド統計量は158.84、地域については1.05と求められる。前者は臨界値3.84より大きいため5％水準で有意となり、進学に対する効果はあると判定されるが、後者は臨界値よりも小さいので効果はないと判定される。

結局のところ、進学に対しては、地域の効果はなく出身階層だけがプラスの効果があるとみることができる。それは出身階層が高いほど進学する傾向が強くなることを意味しており、教育機会の階層間格差が存在するというフラウドらの結論を支持する結果といえる。

2-4-4　多値カテゴリー変数への適用

ロジット分析は目的変数のカテゴリー数が2つだけの場合に限らず、カテゴリー数が3つ以上の場合でも適用できる。普通高校への進学か、専門高校への進学か、就職か、といったように分かれる場合が例としてあげられよう。そのような状況で用いられるのは、多項ロジット分析と呼ばれる手法である。これは、目的変数のどれか1つのカテゴリーを基準にして、他のカテゴリーの相対的な起こりやすさを評価するものである。先の例でいえば、就職か普通高校進学のどちらになりやすいか、就職か専門高校進学のどちらか、というように複数の選択肢について同時に分析を行うことになる。

目的変数のカテゴリーが3以上であるのに加えて、カテゴリー間に順序がつけられるケースもありうる。例えば、上位校進学、中位校進学、下位校進学、

---

[3]　exp はイクスポーネンシャルと発音する。$\exp(b) = e^b$ ということである。

というように分かれている場合である。そういったケースでは、順序ロジット分析という手法が用いられる。本章では多項ロジット分析や順序ロジット分析について詳しく説明する余裕はないので、興味のある読者は別の文献を参照されたい（例えば、Long 1997）。

もちろんロジット分析にも限界はある。多重共線性問題はロジット分析においても存在する。他にも、完全に結果が判別できるときには解をもたないといった技術的問題もある。

そうではあるものの、ロジット分析が最も重要な方法の１つであることには疑いがない。この20年ほどの間で使用頻度も増加してきており、特に社会学においてその傾向が顕著である。進学のみならず、投票、結婚、離婚、出産、病気発症、ブランド選択など、様々な領域において柔軟なモデリングを可能にさせる、強力な手法であると強調できる。

【今後の学習のための文献案内】

・Agresti, A., 1996, *An Introduction to Categorical Data Analysis,* John Wiley & Sons. (＝2003, 渡邉裕之他訳『カテゴリカルデータ解析入門』サイエンティスト社.)
　ロジット分析だけでなく、カテゴリー変数を扱う手法全般について易しく書かれている。とりわけ原著は名著として名高い。

・Long, J. S., 1997, *Regression Models for Categorical and Limited Dependent Variables,* Sage.
　中級以上の読者を想定した体系的な書籍である。本章では扱うことのできなかったロジット分析の発展的モデルなど、様々な話題をカバーしている。

・大塚雄作, 2002,「２値変数を予測する」渡部洋（編）『心理統計の技法』福村出版, 199-215.
　技術的な要点と分析例がコンパクトにまとめられている。

・Pampel, F. C., 2000, *Logistic Regression: A Primer,* Sage.
　初学者向けに平易に解説されている。扱われている例は社会科学向けの内容であり、参考になる点が多くある。

2-5 社会的不平等と学校

異なる分析レベルの因果を同時に考える：
階層線型モデル（HLM）

上川一秋

2-5-1 社会的地位の継承と学校教育

　社会階層論においては、「親の社会的地位が、どれほど次世代に受け継がれるか」という課題が大きな関心事である。特に教育の果たす役割に関する議論のなかで、対比されるのは「紛争理論」と「機能主義理論」である。前者は「教育機関」は既存の社会階級を存続するための装置であるとし、後者は、教育機関は個人の才能を伸ばし、その才能を活かす職業的場所に個人を配置する役割を果たすとした。

　しかし、地位達成の研究の流れにおいては、教育は教育年数としてしか登場しないことが多く、社会階層形成プロセスにおける学校の役割が無視されがちである。どのような学校において、教育の不平等・平等が促進されるのだろうか。例えば、米国のカトリック系の高校においては教育結果の平等化が顕著であり、黒人と白人の学力到達度の違いが認められないことが報告されている（Bryk et al. 1993）。また、卒業試験を義務化している米国の州においては、生徒の社会的バックグラウンドが学業到達度に与える影響が少ないとする研究もある（Muller and Schiller 2000）。

　学校だけにとどまらず、学区、州、国家などの特徴が、いかに社会階層のプロセスに関係しているかを知るためには、個人を囲む社会的、制度的コンテクストを丁寧に分析する必要がある。もちろん、最初に言及した社会階層論における応用研究に見られるように（例として、Shavit and Blossfeld 1993）、ある一つの社会の社会不平等度を一つの数値で大雑把に表すこと自体は、ある社会を理解するうえで有意義なことではある。しかし、社会学研究の強みはマクロ的な

分析に加えて、ミクロレベルにおける人間の行動や、社会現象を理解することでもある。ここで紹介するHLMは、そのような分析を可能とする統計モデルである。HLMの応用は教育分野だけにとどまらない。人口学、組織研究、社会ネットワーク分析、社会運動論、犯罪研究など、さまざまな社会学領域においてHLMの応用が見られる。これらの分野で、個人の属する社会コンテクストに発生する様々な社会プロセスを細かく見ていく必要性があるからである。

以下では、「どのような特徴をもった学校において社会的不平等が大きいか」という教育社会学の古典的問題をめぐって、HLM分析の例を示す。

2-5-2　HLMの特徴

HLMはHierarchical Linear Modelの略であり、マルチレベルモデルと呼ばれる統計モデル系統の一種である。A. S. ブライクとS. W. ローデンブッシュが中心となり発展を遂げ、特に米国の教育研究において多く使われている(Raudenbush and Bryk 2002)。

HLMは従来の古典的統計手法である重回帰分析と同様に、一つの従属変数を、複数の独立変数で説明する統計モデルである。従来の手法は「標本間の独立」を仮定することで、係数の統計的検定を可能とした。しかし、社会学で用いられるデータにおいて、この仮定が成り立たないことが多くある。例えば、教育データの収集の際、まず学校が選ばれ、次にそれぞれの学校からある一定数の生徒が標本抽出される。同じ学校からの生徒の情報が似通っているのは明白であり、「標本間の独立」の仮定が成り立たない。この事実を無視したまま統計的検定を行うと、係数の標準誤差が過小推定されてしまい、実際には統計的に有意でないはずの結果までが有意となってしまう。

この問題の解決が、HLMの第1の特徴である。簡単に言うと、標本が属する団体ごとに切片を求めることでこの問題を解決する。教育データでいうと、学校ごとに切片を測定することになる。このことは、個人レベルと学校レベルで別々の誤差項を求めることと同意義である。こうすることで、個人ごとの誤差項から学校レベルの影響を取り去り、標本間の独立を確立する。

切片だけでなく係数も標本の属する団体ごとに求めることができるのが、HLMの第2の特徴である。例えば、学校によって親の社会的地位が教育結果

に与える効果が違う実態があるならば、その効果にあたる係数を学校ごとに求めてみる。そして、研究者はその効果の学校ごとの値、全体平均、分散の様子等を分析する。

HLMの第3の特徴は、こうして求めた係数を今度はあたかも従属変数のように扱うことで、効果自体を予測するモデルを構築できる点である。この分析を通じて、どのような特徴をもった学校組織において学力差における社会的不平等の度合いが顕著であるかを、研究者は知ることができる。

これら3つの特徴を、ごく単純なデータ分析を通じて説明する。用いるデータは第3次国際教育数学理科調査（TIMSS）である。米国のサンプルは183の学校からの6944人、韓国のサンプルは、150の学校からの2901人を含む。米国と韓国の中学校2年生の数学の試験得点が従属変数である。数学の試験得点は、韓国と米国を合わせたデータの平均が0、標準偏差が1になるZ-スコアとして調整した。使用する独立変数は、大卒の場合1、そうでなければ0とする親の教育レベルを表すダミー変数と、男子ならば1、女子なら0とする、性別を表すダミー変数である。

2-5-3 「従属変数を理解する」：HLMの第1の特徴

まずは「切片のみのモデル」を用いて従属変数の平均値と分散の様子を知ることから始める。

ここでは、教育データ内に存在する標本間の相関をいかにHLMが解決するか、つまりHLMの第1の特徴を述べる。式(1)において、iはレベル1（生徒）を示し、jはレベル2（学校）を示す。

$$\text{レベル1：数学の試験得点}_{ij} = \beta_{0j} + r_{ij}$$
$$\text{レベル2：} \beta_{0j} = \gamma_{00} + u_{0j} \quad \cdots(1)$$

もう一つの表記法として、レベル2の式をレベル1に代入することで、一つの式に書き換える方法がある。どちらの式でも表現される内容は同一である。式(1)をレベル別表記、式(2)を混合表記と呼ぶ。

$$\text{数学の試験得点}_{ij} = \gamma_{00} + r_{ij} + u_{0j} \quad \cdots(2)$$

つまり、個人の数学の試験得点は、全体平均にあたるγ_{00}に2つの誤差項を

加えることで予測される。一つは、個人レベルの誤差項 r_{ij}、そしてもう一つは学校レベルの誤差項 u_{0j} である。このように個人レベルの誤差項に加え、学校レベルの誤差項を求めることで、HLM は前者から後者の影響をとりさる。

また、HLM 式に現れる全ての誤差項の分散はランダムと仮定することで、正規分布理論に基づいた係数の統計的検査が可能となる。また、誤差分布の平均は 0 と設定する。その結果、γ_{00} は、学校ごとに集められた切片群の平均値となることを確認されたい[1]。

以下の分析には前述のとおり、米国と韓国の中学2年生のデータを用いた。分析に用いられたソフトウェアはSAS®社のPROC MIXEDであり、係数の推定方法には最尤推定法を選んだ。

結果として、数学の試験得点の平均値にあたる γ_{00} は米国では−0.31、韓国では0.74と求められた。韓国が米国を、標準偏差にして約1の差で、大きく引き離している様子が分かった。

表2-5-1は、個人レベルの誤差項 r と、学校レベルの誤差項 u の分散の様子を示している。

米国においては、学校間の分散が大きく、韓国においては個人間の分散が大きいことがわかる。この様子を理解するために、よく使われる尺度はICC (Intraclass Correlation Coefficient、級内相関係数) である。この指標は全体の分散において、レベル2の分散がしめる割合を示す。

$$\frac{レベル2誤差分散}{レベル1誤差分散 + レベル2誤差分散} \quad \cdots(3)$$

表2-5-1 韓国と米国の数学試験得点 誤差項分散
(切片のみのモデルに基づく推定より)

		韓国	米国
個人レベル	誤差項 (r_{ij}) 分散	0.91	0.48
学校レベル	誤差項 (u_{0j}) 分散	0.07	0.21
ICC		6.8%	31.0%

---

1 当然、重回帰分析においても切片のみのモデルは存在し、その切片は単純な平均値と一致する。

韓国の ICC は6.8%であり、米国は31.0%である。ICC が高ければ高いほど、HLM を使うことの意義が高い。高い ICC は、データ間の独立仮定が完全に誤りであることを示し、重回帰分析を使うことの不適切さを示す。したがって、HLM が開発される以前は、高い ICC は分析者の頭痛の種であった。正しい標準誤差を求めることを不可能としたからである。しかし、HLM の発展以降、学校組織に興味をもつ教育社会学者にとって、高い ICC をもつデータは分析のしがいのあるデータとなった。学校間の違いを調べることの意義が大きいからである。

2-5-4 「学校によって教育結果の不平等度が異なるか」: HLM の第 2 の特徴

従来の重回帰分析と同じ要領で、分析者は上のモデルに対してさらに独立変数を加えていくことができる。ここでは、親の教育レベルが数学の試験得点に与える効果を測定することで、教育の不平等度を求める。親の社会的地位が子の学業レベルに強い影響を与えるとすれば、それは教育的に不平等な状況が存在することを意味する。とくに不平等度の学校間の違いは教育社会学者の大きな関心事である。

親の教育レベルが数学の試験得点にあたえる効果によって教育の不平等度を計測するわけだが、この度合いが学校ごとに異なるかどうかを探るためには、この効果を学校ごとに計測する必要がある。ここで、HLM の第 2 の特徴である「係数を集団ごとに求める」ことの意味を解説する。

$$\left.\begin{array}{l}\text{レベル 1：数学の試験得点}_{ij} = \beta_{0j} + \beta_{1j}\text{親大卒}_{ij} + \beta_{2j}\text{男子}_{ij} + r_{ij} \\ \text{レベル 2：} \beta_{0j} = \gamma_{00} + u_{0j} \\ \text{レベル 2：} \beta_{1j} = \gamma_{10} + u_{1j} \\ \text{レベル 2：} \beta_{2j} = \gamma_{20} \\ \text{(誤差項はランダム分布、またその平均は 0 とする)}\end{array}\right\} \cdots(4)$$

ここで、固定効果（Fixed effect）とランダム効果（Random Effect）という 2 つの言葉を定義したい。式(4)のレベル 1 式で考えると、男子の効果（β_{2j}）のように、サンプル全体に対して、1 つの係数のみが求められる場合、その係数を固定効果と呼ぶ。親が大卒であることの効果（β_{1j}）のように、学校ごとに求め

られる効果をランダム効果と呼ぶ。また混合表記法による式においては、γ を固定効果、u をランダム効果と呼ぶ。どの係数をランダム効果とするか、固定効果とするかの判断は、先行研究、研究者の理論的関心、分析の結果自体を参考に決定する。ここで、切片をランダム効果としたのは、「切片のみのモデル」において切片の分散が統計的に有意であることが判明したからである。親が大卒であることの効果をランダム効果としたのは、この効果の分散自体が分析者の理論的関心だからである。男子の効果を固定としたのは、性差の問題は、本分析の焦点ではないからである。こういう判断を正当化するのは分析者の責任となる。ちなみに、HLM の観点から見ると、重回帰分析は全ての係数を固定効果として扱う融通のきかないモデルと考えることもできる。標本の属する団体によって、係数が異なるかもしれない可能性を無視するからである。

表2-5-2は、韓国データと米国データの HLM 分析の結果である。係数 γ（固定効果）を左のパネルで、係数の分散（ランダム効果 u の分散）を右のパネルに示した[2]。

切片、および2つの独立変数に求められた係数は、重回帰分析と同じ理解が可能である。例えば、韓国では、切片は0.56、親が大卒であることの効果は0.49である。ただ、これらは学校ごとに測定された係数群の平均を示している。韓国で言えば、150校それぞれに求められた切片の平均が、この0.56であるが、その学校ごとの切片の分散は、0.02であり、パネルの右側に示されている。

学校による係数の違いも係数分散として示される。学校ごとに求められた「親大卒」効果の分散は韓国では、0.01と小さく、統計的にも有意でない。一方、米国では、「親が大卒」効果の平均は、0.16と比較的小さいが、学校間の分散は、0.02と大きく、統計的にも1％水準において有意である。

言い換えれば、韓国では親の学歴が子の学力に対して及ぼす影響は、学校を問わず等しく大きい。米国では、親の学歴の効果は比較的小さいが、この効果は学校によって異なる。米国の場合のように、興味の対象である現象が、学校によって違うならば、以下で述べるような分析がさらに可能となる。

---

[2] HLM の結果には、重回帰分析では通常報告されない情報がいくつかある。特に目立つのは切片や係数以外の数値にも標準誤差が求められている点である。例えば、重回帰分析では単に誤差分散のみが報告されるが、HLM においては誤差分散の標準誤差までが報告されているし、またランダム効果として求められた切片や係数の分散の標準誤差までが示される。

表2-5-2　韓国と米国の中2数学テスト分析結果

韓国

		係数	標準誤差		係数分散	標準誤差
親	切片 (γ_{00})	0.56	(0.03)***	u_{0j} の分散	0.02	(0.01)*
	大卒 (γ_{11})	0.49	(0.05)***	u_{1j} の分散	0.01	(0.01)
	男子 (γ_{02})	0.14	(0.04)**		固定	
レベル1誤差項 (r_{ij}) 分散		0.88	(0.02)***			
ICC		3%				

米国

		係数	標準誤差		係数分散	標準誤差
親	切片 (γ_{00})	−0.38	(0.04)***	u_{0j} の分散	0.20	(0.02)***
	大卒 (γ_{11})	0.16	(0.02)***	u_{1j} の分散	0.02	(0.01)**
	男子 (γ_{02})	0.05	(0.02)**		固定	
レベル1誤差項 (r_{ij}) 分散		0.47	(0.01)***			
ICC		30%				

***は0.1%水準で有意
**は1%水準で有意
*は1%水準で有意

2-5-5 「親の教育レベルの係数自体をモデル化する」：HLMの第3の特徴

米国では学校ごとに、数学の平均得点が異なるだけでなく、親の学歴効果さえもが、学校ごとに異なるということが分かった。この結果を受けて、社会学者は、次に2つの質問をすることができる。

(1) どのような学校において、試験得点（切片）が高いか？
(2) どのような学校において、教育不平等度（「親が大卒」の係数）が大きいか？

社会学者は以上の2つの質問に対して、先行研究や理論をもとにして仮説を立てる。ここでは、後者の質問のみ取り上げることにする。カトリック系高校の研究 (Bryk et al. 1993) では、黒人であることの学力的ハンデがカトリック系

2 社会現象の原因と結果をあきらかにする

高校において少ないのは、全員が同じ数学のクラスを取ることに原因があるとしている。あるいは、高校卒業認定のための統一試験を実施する州においては、生徒の社会的背景のもたらすハンデが減少するという報告もある（Muller and Schiller 2000）。さらに創造的で進歩的な教授法を行う授業においては、親の経済レベルが子供の学業到達度に与える効果が減ることも指摘されている（Wong and Lee 1998）。

日本において苅谷剛彦は、ゆとり教育の弊害として、学力の社会階層格差を憂慮している（苅谷 2001）。ゆとり教育が、塾通いの時間を増やしたとすれば、ゆとり教育の行き届いた学校（あるいは自治体）ほど、経済的に豊かな親の子供の塾通いが増え、勉強時間の社会階層化が加速することが想像できる。

以下に、「宿題の多い学校ほど、親の教育レベルが子供の成績に与える影響が大きい」とする仮説を検証する。宿題が多いほど、家庭での勉強時間が増え、家庭の果たす役割が増える。家庭の役割が増えるほど、親の教育レベルが子供に与える影響が強くなる、という論理である。学校外の影響が増えるほど、教育の社会的不平等度が増すとする苅谷説にやや類似するが、あくまでも HLM 分析の例として用意した仮説である。宿題時間学校平均の変数は、平均が 0、標準偏差が 1 の Z スコアである。

$$\left.\begin{array}{l}\text{レベル 1：数学の試験得点}_{ij} = \beta_{0j} + \beta_{1j} \text{親大卒}_{ij} + \beta_{2j} \text{男子}_{ij} + r_{ij} \\ \text{レベル 2：} \beta_{0j} = \gamma_{00} + \gamma_{01} \text{宿題時間の学校平均}_{j} + u_{0j} \\ \text{レベル 2：} \beta_{1j} = \gamma_{10} + \gamma_{11} \text{宿題時間の学校平均}_{j} + u_{1j} \\ \text{レベル 2：} \beta_{2j} = \gamma_{20}\end{array}\right\} \cdots(5)$$

この中で、上で立てた仮説を検証する部分は、次の部分である。

$$\text{レベル 2：} \beta_{1j} = \gamma_{10} + \gamma_{11} \text{宿題時間の学校平均}_{j} + u_{1j} \quad \cdots(6)$$

つまり、学校ごとに求められる「親が大卒」の効果（β_{1j}）を、あたかも従属変数のように捉え、学校レベルの変数（宿題時間の学校平均）を独立変数として扱う。γ_{11} の符号が正であり、効果が大きく、統計的に有意であれば、仮説が支持される。レベル 1 の「係数」をレベル 2 変数の「結果」として捕らえるため、SLOPE-AS-OUTCOME モデルと呼ばれることもある。

HLM 分析の結果を示す表の様式は研究者によって異なる。ここでは、レベル別表記（式(5)）ではなく、学校レベルの式を個人レベルに代入した混合式表

2-5 社会的不平等と学校

記（式(7)）に基づいて表を作成する。

$$\begin{aligned}
\text{数学の試験得点}_{ij} = &\ \gamma_{00} \\
&+ \gamma_{01} \text{宿題時間の学校平均}_j \\
&+ \gamma_{10} \text{親大学}_{ij} \\
&+ \gamma_{11} (\text{宿題時間の学校平均}_j \times \text{親大卒}_{ij}) \\
&+ \gamma_{20} \text{男子}_{ij} \\
&+ u_{0j} + u_{1j} \text{親大卒} + r_{ij}
\end{aligned} \quad \cdots (7)$$

前述の式(6)で確認したように、ここでの仮説検証においてもっとも重要な係数は、γ_{11} である。式(7)においては、この γ_{11} が交互作用項の一部として現れる。このことから、わざわざ HLM でなくとも、重回帰分析での交互作用項を用いて、同じ分析ができるという指摘があるかもしれない。しかし、重回帰分析を使うならば、親の教育レベルの効果が、学校ごとに違うかもしれないという可能性（u_{1j} の存在）を無視することになる。誤差項の存在を無視しないモデルほど、実はより正確な統計モデルであるということがいえる。

表2-5-3に、米国データの分析結果を示した。注目の対象である γ_{11} は0.06である。この数字は5％レベルにおいて統計的に有意であるが、この数字が大きいかどうかは、得られた係数の数値を式(7)に代入し、従属変数に与える効果の規模を考慮することで判断するが、ここで得られた数値は決して大きい数字であるとは言えない。したがって、仮説を強く支えるほどのものではないと言う判断ができる[3]。

2-5-6　HLMの広範な適用可能性

以上は HLM の 3 つの特徴を示すために単純化した HLM 分析の例である。

---

[3] 表2-5-2で得られた数値を式(6)に代入してみる。

$$\text{レベル2}：\beta_{1j} = 0.19 + 0.06 \text{宿題時間の学校平均}_j + u_{1j}$$

宿題時間の学校平均も、また従属変数である数学の試験得点も、平均0、標準偏差1のZスコアであることを頭に入れておく。すると、学校平均宿題時間の価値が0の学校では、「親が大卒」の効果（β_{1j}）は0.19である。この宿題時間変数の価値が1の学校では、β_{1j} は0.25である。この違いが従属変数（同じくZスコア）にもたらす違いは、微々たるものである。

2 社会現象の原因と結果をあきらかにする

表2-5-3 米国の中2数学テスト分析結果

	係数	標準誤差		係数分散	標準誤差
切片 (γ_{00})	-0.35	(0.04)***	u_{0j} の分散	0.20	(0.03)***
男子 (γ_{02})	0.05	(0.02)**			
学校平均宿題時間 (γ_{01})	0.03	(0.04)			
親 大卒 (γ_{10})	0.19	(0.03)***	u_{1j} の分散	0.02	(0.01)***
親 大卒*学校平均宿題時間 (γ_{11})	0.06	(0.02)*			
レベル1誤差項 (r_{ij})	0.46	(0.01)***			
ICC	30%				

***は0.1%水準で有意
**は1%水準で有意
*は5%水準で有意

HLMのLは線型を表すものの、もちろん非線型用のモデルも開発されている。また、以上で取り扱ったのは学校をレベル2とするモデルであったが、現実には、これ以外のレベルが存在する。学校内には、学級、友人集団、住居地域といった集団が存在し、その内部で標本間の相関が起こりうる。その解決のためには、複数の階層的レベルを同時に考慮するモデルも可能であるし、また、クロスモデルといって、学校や住居地域などのように必ずしも階層的でないユニットを同時に考慮したモデルも可能である。

教育研究だけでなく、社会科学のあらゆる分野の分析がHLMをはじめとするマルチレベルモデルを必要としている。人口学では世帯を、また、犯罪研究では住居地域をグループの単位として捕らえる。明らかに標本間の相関が存在するデータにはHLMのようなアプローチが必要である。

また、ここで示したようにHLMが近年盛んに応用されるのは統計学的な理由からだけではない。多くの社会現象が、組織、地域、家族などの集団のなかで発生する。社会現象が、いかに集団ごとに違った様相を見せるか、また集団の特徴とその社会現象の発生はどう関係しているか、といった研究課題に答えるのがHLMである。

2-5 社会的不平等と学校

【今後の学習のための文献案内】

・Goldstein, H., 1995, *Multilevel Statistical Models,* John Wiley & Sons.
　HLM を含むマルチレベルモデルの総合的教科書．本章では扱うことのできなかった非線型モデルや、イベントヒストリー分析への応用も含む．無料のデジタル版がインターネットよりダウンロード可能．

・Raudenbush, S. W., and A. S. Bryk, 2002, *Hierarchical Linear Models: Applications and Data Analysis Methods*（2nd ed.）, Sage.
　アメリカにおける HLM のスタンダードな教科書．上に挙げたゴールドスタインが総合的なマルチレベルの紹介であるのと好対照に、ブライクとローデンブッシュのこの本は、HLM の教育データ分析の応用のみにフォーカスしている．

・Singer, J. D., and B. W, John, 2003, *Applied Longitudinal Data Analysis: Modeling Change and Event Occurrence,* Oxford University Press.
　時系列データ分析を解説した本であるが、マルチレベルモデルに多くのページを割いている．特に個人の学力到達度の伸びを分析する場合に参考になる．

2-6 戦争責任の言説の解剖

質的データからメカニズムを探る：ブール代数分析

井手靖子

2-6-1 質的データと量的データ

　社会調査において、量的データ（定型データ）と質的データ（非定型データ）という2つの種類のデータがある。もちろん、それぞれを組み合わせたものもあるが、大別するとこの2つのデータである。通常、社会現象はいずれか一方のデータのみでその現象、あるいは因果関係を解明できない場合が多い。この2つのデータをいかに組み合わせるかによって、データから得られる結果も大きく異なる。

　これまで、社会科学における質的データの分析は意味解釈を主として行ってきた。日記や手紙といったドキュメントから、ある事象における要因やその類型を探り出そうとするものである[1]。このような方法は、ドキュメントの内容から分析者が著者（あるいは手紙の差出人）の意識あるいは心理に深く洞察し、その因果関係やメカニズムを明らかにできる一方で、解釈を行う際に分析者の恣意性に委ねられやすく、時には分析者の「深読み」によって著者（あるいは差出人）の意図とは異なった解釈がなされる危険性があり、さらには、1つ1つのドキュメントを読み、解釈する、という作業は量的に制限される。このような質的データは、多数の観測値を前提とする統計モデルの利用を困難とさせ、また、無理に統計モデルを適用することによって、質的データの特徴である論理構造を捨象してしまう危険性がある。そこで、質的データにおける利点を活かし、欠点を補う方法として、ブール代数分析[2]をここではとりあげてみたい。

---

1 このようなドキュメント分析の代表的なものとして、身の上相談から人々の不幸を類型化した見田宗介の『現代日本の精神構造』（見田 1965）が挙げられる。

2 ブール代数とはもともと、イギリスの数学者ブール（G. Boole, 1815〜1864）によって基礎付けが

ブール代数分析は、社会事象が生起する原因を特定し、そのメカニズムを明らかにするのに、有効なアプローチであり、1987年にC.C.レイガンによって、社会科学に適応可能な方法として提案された（Ragin 1987）。近年、日本においても、この手法を用いることにより、農業集落カードの分析（長谷川・西田 1992）や携帯電話使用における不快感に関する分析（三隅 1998）、自由回答をデータとし、性別役割分業を規定する要因の抽出を行ったもの（井手 2000）など、様々な社会現象を明らかにしようという試みがなされている。

ここでは、実際のデータに対し、ブール代数分析を適用してみることで、ブール代数分析が量的データと質的データの橋渡し的な分析手法として有効であることを示すと共に、社会事象、ここでは手紙という表象のロジックを明らかにできることを示す。

2-6-2 「本島氏への手紙」のもつ社会学的意味

1988年12月に長崎市議会において当時市長であった本島等氏の「昭和天皇の戦争責任はあると私は思います」[3]との発言に対して、全国から数多くの手紙が寄せられた[4]。この本島氏の発言は、昭和天皇の危篤という状況から日本全体に自粛ムードが漂っている最中での出来事であり、大きな反響を呼んだ。

これまでの「昭和天皇の戦争責任」に関する研究・分析は、昭和天皇がどの

なされた論理数学（論理学を数学で表すもの）であり、デジタル回路における設計や解析において有効な手法として用いられる。

[3] 1988年12月7日、柴田議員（共産党）が、本島等長崎市長（当時）に対して、昭和天皇の病状回復祈願の記帳所と、昭和天皇の戦争責任問題についての見解を質した。それに対して本島氏は「戦後43年経って、あの戦争が何であったかという反省は十分できたというふうに思います。外国のいろいろな記述を見ましても、日本の歴史をずっと、歴史家の記述を見ましても、私が実際に軍隊生活を行い、とくに、軍隊の教育に関係をいたしておりましたが、そういう面から、天皇の戦争責任はあると思います。しかし、日本人の大多数と連合国側の意志によって、それが免れて、新しい憲法の象徴になった。そこで、私どももその線に従ってやっていかなければならないと、そういうふうに私は解釈をいたしているところであります」（径書房編 1989）と答弁した。

[4] 本島氏の元に送られてきた手紙は総数で2万通を超えるものであり、現在は長崎原爆資料館にて保管されている。分析に際して、本島氏本人から一部借用の許可を頂いた。借用できたものは1988年から1995年までの手紙約3,000通前後であった。今回、データとして用いたものは、借用できた中から本島氏に対する中傷や激励のみの手紙を排除し、昭和天皇に対する心情がより明らかなものに限定した結果である。

2 社会現象の原因と結果をあきらかにする

ような立場にあったのか、昭和天皇がどのような発言および行動をしたのか、さらにその当時の政治体制や対外政策がどうであったのか、軍がどのような行動をとったのか、などといったことに主眼がおかれがちであった。その結果として、昭和天皇に戦争責任がある、昭和天皇にも戦争責任がある、昭和天皇には戦争責任はない、といった議論が展開されてきた。さらに、戦争責任という問題の中には道義的責任（日本国民に対する責任か対外諸国の人びとに対する責任かは別にして）が問題にされることはあった。

また、メディアや官庁が行った「世論調査」等において、「天皇に戦争責任がある」「天皇に戦争責任がない」、あるいは「象徴天皇制を支持するかどうか」というような意識調査が行われたことはある。しかし、多数人が自らの言葉で自主的に述べた意見を客観的方法によって分析した研究は多くない。

本島氏の発言およびそれに対する人々の反応は、昭和天皇および昭和天皇の戦争責任に対する社会意識をめぐる手紙の差出人と天皇のあいだの「心理的距離」をあらわしている。さらにふみ込んでいえば、昭和天皇の死の前後に生じたかもしれない日本の社会変動を象徴しているともいえる。この本島氏への手紙の分析にブール代数アプローチを用いて行うことで、手紙の差出人と昭和天皇のあいだの心理的距離」を明らかにしてみよう。

2-6-3 なぜブール代数アプローチなのか

ブール代数アプローチは、「変数指向アプローチと事例指向アプローチという2つの極の中間に位置している」(Ragin 1987＝1993：229) アプローチである。つまり、このアプローチは量的データ分析と質的データ分析の「良いとこ取り」をした分析手法である、ということである。さらに「1) 複雑な交互作用まで含んだ多様な因果関係を分析できること、2) 比較や縮約、仮定の導入など分析じたいを客観的におこなえること、3) 分析結果を式として明示化できること」(鹿又 1996) といった特徴が指摘されている。

この手法は、手紙のような質的データの分析を広げる可能性を示している。前述したように、これまでの質的データ分析では大量のデータを扱うには無理があり、また分析自体も前述したように、意味解釈が主となっていた。他方において、量的分析では、多くの事例数が処理できるが、文章データのもつ様々な価値を捨象してしまう可能性がある。しかし、ブール代数アプローチを用い

ることで、数多くの手紙を分析でき、また因果関係を論理的に解釈することができる。ブール代数アプローチにも、変数設定の際にデータのもつ大量の情報を捨象しているというデメリットはあるが、誤差や有意性という点において自由であるというメリットもある。

ここでは言説の発話者である手紙の差出人の内的メカニズムに注目する。すなわち、ブール代数アプローチによって分析することで、手紙の差出人が昭和天皇の戦争責任について意見を述べる場合、どのようなロジックが成り立っているのか、さらに手紙の差出人が昭和天皇に対してどのような意識を抱いているかを明らかにすることができる。

2-6-4 ブール代数の方法

ブール代数アプローチにおいては、おおまかには以下の手順に従って分析を行う。

　　（手順1）　データを論理変数や論理定数、論理記号などによって表記する。
　　（手順2）　真理表を作成する。
　　（手順3）　標準形から縮約（簡単化）を行う。

（手順1）　データを論理変数や論理定数、論理記号などによって表記する。
　ブール代数アプローチではまず2値をからなるブール変数を用いる。結果および原因に対して0/アルファベットの小文字（なし/偽）あるいは1/アルファベットの大文字（あり/真）の値をとる。次いで、原因変数と結果変数の関係は、「論理式（ブール式）」を用いて表記する。例えば、「$1=A \cdot B+C$」という式では、「＋」は「OR」と等価であり、これを「ブール和」という。「×」あるいは「・」は「AND」と等価であり、これを「ブール積」という。ここでは、「・」は表記を省略する。上記の式を解釈すれば、「AかつBあるいはCが生起すれば、結果も生起する」となる。表2-6-1はブール代数の基本演算を記したものである。

（手順2）　真理表を作成する。
　分析を行うにあたって、まず真理表を作成しなければならない。真理表とは、分析しようとするデータを原因条件、出力結果に分けて、それぞれを論理変数

2 社会現象の原因と結果をあきらかにする

表2-6-1 ブール代数分析の基本演算

基本演算	$A+1=A$	$A1=A$
交換則	$A+B=B+A$	$AB=BA$
総合則	$A+B+C=(A+B)+C$	$ABC=(AB)C$
分配則	$A(B+C)=AB+AC$	
相補則	$A+a=1$	

の値で表したものである。真理表において独立変数[5]には原因条件が、従属変数には結果の生起が記されている。論理変数にはそれぞれの条件があてはまっていれば1を、あてはまっていなければ0を入れる。

表2-6-2に真理表の仮想例[6]を挙げる。

表2-6-2 真理表の例（架空のデータ）

行番号	原因変数 (独立変数)			結果変数 (従属変数)	事例数	
	A	B	C	T	(0)	(1)
1	0	0	0	0	5	0
2	1	0	0	1	0	3
3	0	1	0	1	0	2
4	0	0	1	1	0	5
5	1	1	0	1	0	4
6	1	0	1	1	0	2
7	0	1	1	1	0	3
8	1	1	1	1	0	3

変数 A：普通選挙が実施された
変数 B：経済が安定した
変数 C：学校教育が整備された
変数 T：平和が回復した

　上記の仮想例では、第2行目は「普通選挙が実施された」国が3カ国あり、その国においてはすべて「平和が回復した」ことを示している。このように、原因変数が生起した場合は「1」を、生起しなかった場合は「0」を記入していく。結果変数も同様に、「平和が回復した」場合は出力変数（従属変数）の行

---

[5] 「独立変数」および「従属変数」という用語については、慣例的にこのような用語法が利用されはじめている（鹿又他編 2001）。

[6] 本文中であげた仮想例は、真理表および縮約の説明のために作成したものであり、事実と整合しているわけではない。

2-6 戦争責任の言説の解剖

に「1」を、「平和が回復しなかった」場合は「0」を行ごとに整理して記入していく。

（手順3） 標準形から縮約（簡単化）を行う。

ブール代数アプローチにおいては、その縮約（簡単化）の方法に大きな特徴がある。縮約とは、真理表から得られた論理式をより簡潔な式へと変える手続きである。

まず、真理表から「標準形」といわれる論理式を導き出す。標準形とは、真理表の行ごとを論理積の形におきかえ、行どうしを和でつなげたものである。仮想例では、

$$T = Abc + aBc + abC + ABc + AbC + aBC + ABC \quad \cdots(1)$$

が標準形となる。縮約はこの標準形をより最小の形で表したものである。

ブール代数における縮約は、デジタル回路やスウィッチング理論での簡単化[7]を応用したことにその特徴がある。縮約に際して、「もし、2つのブール項（つまり条件の組合せ）の相違がただ一つの原因条件だけで、かつそれぞれのブール項で同じ結果が生じているのであれば、2つのブール項の相違にあたる原因条件は結果の生起に無関係であり、より単純な1つのブール項にまとめることができる」[8]という規則に則して行っていく。縮約の手順については表2-6-3にまとめている。

まず、標準形である式(1)の第1項目の「Abc」を見てみると、「ABc」と「AbC」はそれぞれ1つの原因条件が異なっている。そこで、相補則「$A+a=1$」を用いる。「Abc」と「ABc」は「$Abc+ABc=Ac(b+B)$」とすることができ、「$b+B=1$」であるから、この場合は「Ac」とすることができる。同様に、「Abc」と「AbC」は「$Abc+AbC=Ab(c+C)=Ab$」と簡単化することができる。このような手順で、それぞれの組合せを見ていくと、

$$T = Ac + Ab + Bc + aB + bC + aC + AB + AC + BC \quad \cdots(2)$$

となる。組合せのない項の場合は、そのまま残ることになる。

さらにこの式(2)を表中のステップ2のように、さらに縮約を進めると、

7　成島・小高（1983：98-107）参照。
8　Ragin（1987：93=1993：135）参照。

2　社会現象の原因と結果をあきらかにする

表2-6-3　仮想例の縮約手順

ステップ	ブール項	組み合わせ	縮約結果
ステップ1	Abc	ABc	Ac
		AbC	Ab
	aBc	ABc	Bc
		aBC	aB
	abC	AbC	bC
		aBC	aC
	ABc	ABC	AB
	AbC	ABC	AC
	aBC	ABC	BC
ステップ2	Ab	AB	A
	Ac	AC	A
	aB	AB	B
	Bc	BC	B
	aC	AC	C
	bC	BC	C

$$T = A + B + C \quad \cdots(3)$$

という式を得ることができる。これ以上縮約はできないので、ここで終わりとなる。なお、ド・モルガンの法則「$\overline{A+B}=ab$，$\overline{AB}=a+b$」を用いることによって、式(3)を「$t=abc$」に変換することも可能である。

また、縮約を行う際に考慮に入れておいて欲しいのが「包含」(implication)と「素数的条件」(prime implicants) という概念である。包含とは、「あるブール項のあらわす条件の組合せが、他のブール項のあらわす条件の組合せの部分集合になっている場合、後者のブール項が前者のブール項を包含している」(Ragin 1987＝1993：135) ということである。また、素数的条件とは、複数のブール項を縮約していき、これ以上縮約できない最小のブール項をこのように呼ぶ。式(3)において「A」「B」「C」はそれぞれ素数的条件だといえる。縮約によって得られた素数的条件は、最初のブール項をすべて包含しているが、その結果として冗長となる場合がある。その場合、どの素数的条件が冗長となっているかを見極めるために「素数的条件表 (prime implicants chart)」を参照すること

2-6 戦争責任の言説の解剖

表2-6-4　34個のターム表

肉親的身近さ[1]	心情的身近さ	不自由している	かわいそう[2]
尊敬している[3]	平和主義者	立憲主義者（君主）	独裁者
軍国主義者	国民おもい	被害者[4]	祭祀者
非民主主義的存在	（最高）権力者[5]	最高責任者[6]	文化的存在
伝統的存在	遠い存在	国体中心[7]	国民を犠牲にした
象徴的存在[8]	中心的存在[9]	怖い存在	同じ国民・人間
神・現人神	無力	非政治的存在	優しい（優しそう）
拠り所	責任を感じている[10]	国民を救った	申し訳ない[11]
根源[12]	責任を感じていない[13]		

1 「お父さん」「おじいさん」など　　2 「苦しんだ」等を含む　　3 「尊敬すべきである」も含む
4 「利用された」「利用されている」「ロボット」等を含む　　5 「統治権の総覧者」「統帥権者」等を含む
6 「元首」等を含む　　7 「国体護持に執着」等を含む　　8 「国民統合の象徴」等を含む
9 「国家の中心」「国民の中心」等を含む　　10 「責任を果たした」を含む　　11 「国民の側の責任」を含む
12 「差別の根源」「諸悪の根源」「全ての悪」等を含む
13 「責任を果たしていない」「謝るべき」「謝罪が欲しかった」等を含む

をレイガンは提唱している。この素数的条件表を用いることにより、ブール項をさらに最小化することができる、というものである（Ragin 1987＝1993：141）。

このように、1つの原因条件の違いに着目して、それぞれのブール項を組み合わせ、簡単化を行うことによって、より明解な論理式を得ることができる。

2-6-5 「手紙」の分析の手順

筆者は、手紙の中から200通を対象とし、分析を行った。ブール代数アプローチに用いる手順としては、以下のとおりである。

（手順1）　すべての手紙の中から34個のキータームを抽出する[9]。
（手順2）　200通の手紙を用いて34個のタームをクラスター分析にかけ、5つのターム群を取り出す[10]。

9 タームの選出については、(1)これまで昭和天皇の戦争責任および天皇制に関する議論の中で、キーワードとなるもの、(2)手紙の中で昭和天皇や天皇制に対する差出人の心情を表していると思われるもの、を対象として行った。
10 今回の分析では、タームへの言及/非言及という関係に着目し、抽出した34個のタームの関係構造

2 社会現象の原因と結果をあきらかにする

（手順3）　5つのターム群と「昭和天皇の戦争責任の有無」という結果変数の関係をブール代数アプローチによって分析する[11]。

選出したタームを表としてまとめると表2-6-4のようになる（手順1）。

ブール代数分析では、34個の変数すべてを条件として分析を行うことも可能である。しかし、このように多くの変数を条件として分析を行うことは実際的ではない。なぜなら、条件変数が多くなればなるほど、縮約が困難となり、また解釈においても煩雑になる危険性が大きくなるからである。そのため、ここでは34個の変数を内容に即して縮約するために、これらのタームの同時に言及される度合いに着目してクラスター分析[12]を行い、5つのターム群[13]にまとめる（手順2）。それぞれのターム群には便宜的にサブジェクトをつけた。5つの

をまとめるという目的からクラスター分析を用いたが、他にも因子分析や多次元尺度法などの方法を用いることもできる。なお、ターム数の上限については一概にいくつまで、ということはいえないが、筆者はターム数が15以上であればクラスター分析等の手法を用いて縮約を行ったほうが良いのではないかと考える。

11　真理表から縮約までの作業は、ブール代数分析を行うためのプログラムであるQCA 3.0 (Drass, Kriss A. and Charles C. Ragin, 1992, *Qualitative Comparative Analysis 3.0.*) を用いて行っている。

12　まず、選定した34個のタームに、それぞれの手紙が言及しているか言及していないかを測定する（1、0の値を与える）。次いで、それをもとにタームの1対ごとに手紙の中で同時に言及されている（使用されている）頻度を観察する。それは次のような行列をとる。

2変数間におけるクロス表

		ターム A	
		言及あり(1)	言及なし(0)
ターム B	言及あり(1)	a	b
	言及なし(0)	c	d

この行列から同時言及つまりターム間の連関（近接）の程度を測定する。ここではその指標としてユールの結束係数 Y を用いる。この指標の一般的な定義は $Y=\dfrac{\sqrt{ad}-\sqrt{bc}}{\sqrt{ad}+\sqrt{bc}}$ である。こうして作成された34×34のタームの連関行列をデータとしてクラスター分析を行う。なおクラスターの生成にはグループ間平均連結法を用いた。

13　今回、クラスターを5つとした理由は、ターム同士の同時言及を見るために大きなまとまりとしてタームの分類を行い、クラスターの解釈の整合性を求めた結果、およびブール代数アプローチから得られる結果の解釈の整合性という点から見て、5つに分類することが妥当であると判断したからである。

2-6 戦争責任の言説の解剖

表2-6-5　5つのターム群

ターム群	サブジェクト	ブール変数	ターム
第1ターム群	制度・文化の中心的存在	A	立憲主義者、拠り所、尊敬している、平和主義、国民おもい、責任を感じている、国民を救った、申し訳ない、心情的身近さ、優しい、文化的存在、伝統的存在、象徴的存在、中心的存在、祭祀者、神・現人神
第2ターム群	非統治的存在	B	不自由している、かわいそう、無力、非統治的存在、被害者
第3ターム群	肉親的存在	C	肉親的身近さ
第4ターム群	権威的・権力的存在	D	遠い存在、根源、怖い存在、国民を犠牲にした、責任を感じていない、非民主主義的存在、国体中心、(最高)権力者、最高責任者、軍国主義者、独裁者
第5ターム群	身近な存在	E	同じ国民・人間

ターム群については表2-6-5に示すとおりである。

次に、手紙の中にタームとは別に見いだされる結果の生起、つまり「昭和天皇に戦争責任がある（T）」という態度を結果とした場合、その生起にどの様なロジックとメカニズムがはたらいているかを考察する（手順3）。つまり、「昭和天皇に戦争責任がある」という結論を導くには、手紙の差出人がどのターム群の中のタームを用いて、どのように昭和天皇を表象し、手紙を書いているかをブール代数アプローチによって見ていく。

ブール代数アプローチによる比較分析を行うには、まず真理表を作成する。出力変数には、結果が生起していれば同じく1を、生起していなければ0で表している。真理表を見てみると、表2-6-6のようになる。

処理前の結果における「—」は、矛盾値[14]を指す。矛盾値とは、出力値が全ての事例において同一でない場合を指す。例えば、上記の真理表の第1行目は、原因条件が同一で出力値が「昭和天皇に戦争責任はない」とする場合が9通、「戦争責任はある」とする場合が9通となっており、この行において矛盾値が

---

[14] 同じ原因条件で、出力結果の生起が異なる場合がある。そのような場合を「矛盾をふくむ行」と呼ぶ。このような場合の対処法としては、再度データを見直すか、「ドント・ケア項」を設定する、あるいは「区切り値」を設定する等いくつかの方法がある。詳細はレイガン（Ragin 1987=1993：61-168）を参照。

2 社会現象の原因と結果をあきらかにする

表2-6-6 昭和天皇の戦争責任に対する真理表

原因条件					処理前の結果	手紙の数		処理後の結果
A	B	C	D	E		(無)	(有)	
1	0	0	0	0	—	9	9	—
1	1	1	0	1	1	0	1	1
0	1	0	0	0	—	2	3	—
1	1	0	0	0	—	18	7	0
1	1	1	1	0	—	2	1	—
0	1	0	1	0	—	1	17	1
1	0	1	0	0	0	1	0	0
1	1	0	1	0	—	6	20	1
1	0	0	1	1	—	2	9	1
0	0	0	1	1	1	0	7	1
1	0	0	1	0	—	2	28	1
1	1	0	0	1	—	3	1	0
0	0	0	1	0	—	2	38	1
0	1	1	0	0	1	0	1	1
1	0	1	1	0	1	0	1	1
0	1	0	1	1	1	0	1	1
1	0	0	0	1	1	0	2	1
0	0	1	1	0	1	0	1	1
1	1	0	1	1	1	0	4	1
0	1	1	1	0	1	0	1	1

発生していることを示している。

表2-6-6の真理表を見ると、17行中11行のブール項が矛盾値であることがわかる。そこで、「区切り値（cutoff value）」を設定して再コード化し、矛盾値を解消する。「区切り値」とは、出力値の事例数の占める割合に対して、ある値を設定し、それ以上であれば出力値を「1」に、それ以下であれば「0」として、導き出された値のことである。ここでは、区切り値は70％で設定した。例えば、表中の第4行目は出力値が「1」である手紙が「7通」(28%)あり、「0」であるものは「18通」(72%)で、区切り値を「70％」に設定することにより、出力値は「0」として再コード化されている。表中では再コード化されたものが「処理後の結果」として表されている。ただし、1、3、5行めは70％に満たないので、分析の対象外とした[15]。

真理表から、標準形を求めると、

$$T = ABCdE + aBcDe + ABcDe + AbcDE + abcDE + AbcDe + abcDe$$
$$+ aBCde + AbCDe + aBcDE + AbcdE + abCDe + ABcDE + aBCDe \quad \cdots(4)$$

となる。式(4)からでは差出人の内面のロジックを読みとることができないので、縮約を行う必要がある。縮約は前述したように、「もし、2つのブール項（つまり条件の組合せ）の相違がただ一つの原因条件だけで、かつそれぞれのブール項で同じ結果が生じているのであれば、2つのブール項の相違にあたる原因条件は結果の生起に無関係であり、より単純な1つのブール項にまとめることができる」という基本規則に則して行う。

式(4)を縮約した結果、下記の式(5)が得られた。

$$T = ABCdE + aBCe + AbcE + bDe + cD \quad \cdots(5)$$

これをさらに因数分解すると、

$$T = AE(BCd + bc) + ae(BC) + D(be + c) \quad \cdots(6)$$

となる。また、因数分解の仕方によっては、

$$T = BC(AdE + ae) + bc(AE) + D(be + c) \quad \cdots(6)'$$

という式にすることもできる。なぜ因数分解を行うかというと、ブール式が長い場合、解釈が煩雑になりやすいが、因数分解を行うことにより、必要条件、あるいは十分条件が求められ、解釈が用意となるからである。ブール代数アプローチでは難解な式であっても、因数分解を行い、この必要条件あるいは十分条件を導きだすことによって、解釈を容易にすることができる。解釈を行うにあたって、ここでは式(6)を用いることとする。

2-6-6　ブール式の読み方

解釈を行うにあたって、式(6)はまだ複雑でわかりにくいので、式(6)を3つに分けて解釈を行う。

---

15 本分析では対象外としたが、補集合である「$t=$」の論理積和にはこの3つのブール項は反映されることに注意する必要がある。

2 社会現象の原因と結果をあきらかにする

$$\underline{AE(BCd+bc)}_{(1)} + \underline{ae(BC)}_{(2)} + \underline{D(be+c)}_{(3)}$$

　まず、(1)においては「AE」つまり「制度・文化の中心的存在」および「身近な存在」への何らかの言及が必要条件となっている。この2つのターム群は「BCd」(「非統治的存在」および「肉親的存在」への言及と「権威的・権力的存在」への非言及)あるいは「bc」(「非統治的存在」および「肉親的存在」への非言及)のいずれかのターム群と結びつくことにより、「昭和天皇に戦争責任がある」という出力結果となる。(2)においては、(1)とは逆に「ae」(「制度・文化の中心的存在」および「身近な存在」への非言及)が「BC」(「非統治的存在」および「肉親的存在」に言及)と結びつくことで出力結果(昭和天皇の戦争責任あり)が生起することになる。(3)においては、「D」(「権威的・権力的存在」への言及)は「be」(「非統治的存在」および「身近な存在」への非言及)あるいは「e」(「肉親的な存在」への言及)と結びつくことで出力結果が生起する。

　「昭和天皇に戦争責任がある」という結論は3つのいずれかのパターンを採ることで成立することになる。

2-6-7 「昭和天皇の戦争責任」と手紙の解読

　ブール代数分析から得られた式(6)の解釈から、「昭和天皇の戦争責任」という結論が生み出す言及パターンには、以下の3つの特徴を見出すことができる。

(1) 「制度・文化の中心的存在」と「身近な存在」との結びつき

　第1に、(1)のブール項と(2)のブール項を見ると分かるように、「A」の「制度・文化の中心的存在」と「E」の「身近な存在」は同時に言及されるか、もしくは同時に言及されないことが必要条件となっている。これは、「制度・文化の中心的存在」のターム群と「身近な存在」のターム群に密接な結びつきがあることを示している。このことは、昭和天皇に対して「中心的存在」としての〝カリスマ性〟や〝威厳〟あるいは〝近寄り難さ〟といった心情的な距離があると同時に、天皇に対して「身近な存在」として心情的に近いもの、〝同じ〟であると感じている。この一見相反するターム群に同時に言及ないし非言及しているのは、天皇に対して好意的である人々の中にあるアンビバレントな心情を表しているといえるのではないだろうか。

(2) 「非統治的存在」と「肉親的存在」との結びつき

　第2に、「B」の「非統治的存在」と「C」の「肉親的存在」のターム群も、同時に言及もしくは非言及となっている。「B」の「非統治的存在」は昭和天皇が戦争責任を課せられることに対して「かわいそう」「天皇も被害者」といった同情を含むターム群である。天皇に対して、同情を寄せる人々は天皇を肉親のような存在として重ね合わせている、といえる。逆にこれらのターム群に非言及の場合は、特に天皇に対して同情を寄せないのと同時に肉親と重ね合わせてみることもない、といえるであろう。

(3) 「権威的・権力的存在」への言及からみられる人々のアンビバレントな思い

　第3に、「D」の「権威的・権力的存在」は他のターム群との同時言及がなされない。これは、「権威的・権力的存在」は主に昭和天皇に対してマイナス・イメージのターム群であり、その他のターム群はプラスイメージあるいはプラスでもマイナスでもないターム群であるが故に、このターム群に言及している人々の多くは、他のターム群への同時言及がなされない場合が多い。ただし、「権威的・権力的存在」に言及した人々の全てが他の全てのターム群に全く同時言及していないわけではない、ということに注意する必要がある。つまり、式(5)における「bDe」は「a」「A」あるいは「c」「C」がブール代数の演算規則により「1」として縮約されており、「A」あるいは「C」に対する言及あるいは非言及が全くなされていないわけではない。逆に、これら2つのターム群が縮約されたということは、これらのターム群に対する言及がなされており、差出人は「権威的・権力的存在」に言及する一方で、「制度・文化の中心的存在」や「肉親的存在」への言及をも行っているのである。この一見相反するターム群への言及を同時に行われているということが、差出人たちの昭和天皇に対する心理的距離の取り方であるともいえる。

2-6-8　多様なデータへの応用可能性

　ここでは、レイガンのブール代数アプローチの紹介とその応用例として手紙の分析を取り上げた。ブール代数アプローチは従来の応用統計学的な計量分析とは異なる。今回、手紙の分析例をあげたように、様々なデータに応用可能な分析手法であり、多くの可能性を秘めた手法であるとも考えられる。実際、冒頭で紹介したように、近年徐々にではあるが、ブール代数分析を用いた実質的

2 社会現象の原因と結果をあきらかにする

な研究がなされてきつつある。

ブール代数アプローチは、現象をブール変数を用いた真理表であらわし、さらに縮約という方法を用いて簡潔な論理式を求め、現象をめぐる因果関係の解釈をより明解かつ論理的に行うことができる。さらには十分条件と必要条件を識別することにより、出力結果につながる条件のメカニズムを明らかにすることができる。ただし、矛盾値に関する区切り値の設定や因数分解、変数設定の際の情報の捨象、そして解釈における分析者の恣意性という問題があることも確かである。しかし、このような問題を踏まえたうえで、ブール代数アプローチは質的かつ量的なデータの分析手法として、さらには社会現象が生起するメカニズムを論理的に理解する手法としての可能性をもっている。この可能性をどのように広げていくかことができるかどうかは分析者の工夫に委ねられている。

【今後の学習のための文献案内】

・Ragin, C. C., 1987, *The Comparative Method*, University of California Press.
（＝1993，鹿又伸夫監訳『社会科学における比較研究：質的分析と計量的分析の統合にむけて』ミネルヴァ書房．）
　　ブール代数アプローチの入門書といえる．ブール代数アプローチの手順が歴史的事例を交えて詳しく説明されている．

・鹿又伸夫・野宮大志郎・長谷川計二編著，2001，『質的比較分析』ミネルヴァ書房．
　　同じく，ブール代数アプローチの解説書．本書では，ブール代数アプローチを用いた応用例が多数掲載されている．

複数の社会現象の
因果構造をあきらかにする

2-7 宗教と自殺

3つの変数間の因果構造を調べる：
ブレイラックの因果推論

中野康人

2-7-1 自殺と宗教の真の関係とは：『自殺論』の再考察

　E. デュルケームは『自殺論』の中で、自殺という社会現象を解明するために、自殺する人の数に影響する要因をさまざまな角度から分析している（Durkheim 1897=1985）。本書の相関の項（2-1）では、「平均の家族成員の数」を取り上げたが、デュルケームは「宗教」の影響もくわしく分析している。たとえば表2-7-1は、スイスにおける各州の自殺率（人口100万人あたりの自殺者数）を宗教の違いと州民の系統の違い毎にあらわしている。これを見ると、州民の系統にかかわらずプロテスタントの州の方が自殺率が高いことがわかる。この傾向は、デュルケームが考察した、ヨーロッパ各地のデータであてはまる結果である。

　デュルケームは、この違いが生じる原因を「社会的統合の程度の違い」にもとめている。つまり、プロテスタントはカトリックと比して自由な宗教であり、それゆえに社会的統合の程度が弱く自殺しやすいというのである。相関の項で説明した「平均の家族成員の数」と同じく、「宗教」の違いも「社会的統合の程度」につながる指標として扱われている。

　これに対して、宗教の教義そのものにも自殺率に対する効果が存在している

表2-7-1　宗教と自殺率：スイス（人口100万人あたり）

宗派	仏人州	独人州
カトリック	83	87
プロテスタント	453	293

出所：Durkheim（1897=1985：174）を改編

2 社会現象の原因と結果をあきらかにする

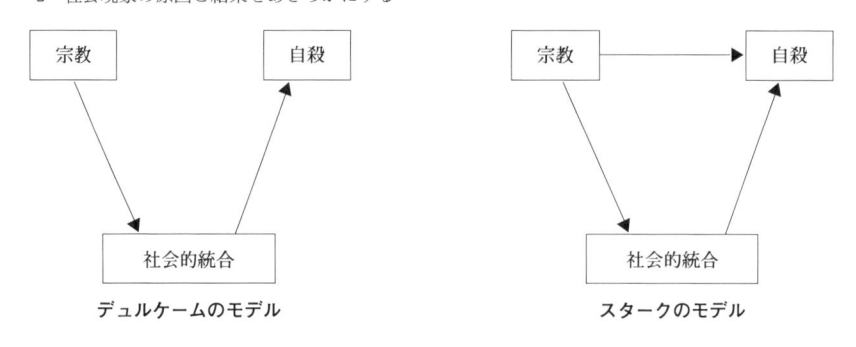

図2-7-1　自殺率、宗教、社会的統合の関係

ことを、デュルケームはないがしろにしていると R. スタークほか（Stark et al. 1983）は主張する。宗教が社会的統合の程度に影響することは否定しないが、それだけではなく宗教の教義そのものも自殺率に影響するはずである、というのが彼らの主張である。

　デュルケームとスタークのモデルの違いは、図2-7-1のような因果図式で表される。因果図式は、変数間の因果関係を図化したものである。これを用いることは、自らの思考（因果関係の推論）の補助になるし、他者に自分が考えた（分析の結果として出て来た）因果関係を伝える為の道具にもなる。書き方は、因果関係がある場合に、矢印で変数名または変数を表す略号の間を結ぶだけである。矢印の始点が原因となり終点が結果をあらわす。

　この2つのモデルのどちらが妥当だろうか。この問題を実証するためには、変数間の因果関係を明らかにしていく作業が必要になる。

2-7-2　因果関係とは

　社会学者が統計的なデータ分析をする目的の一つは、調査データから社会現象のメカニズムを特定・予測することである。デュルケームは『社会学的方法の規準』の中で、「社会学的説明は、一現象をその原因に結びつけるにせよ、あるいは反対に一原因をその有用な諸結果に結びつけていくにせよ、ともかく、もっぱら因果関係を確定することにある」（Durkheim 1895＝1978：239）としている。つまり、何か注目する社会現象がある場合に、その現象に影響する要因を特定し、その関係を明らかにすることが分析の主眼となる。それはとりもなお

さず、変数間の「原因と結果の関係」すなわち因果関係を特定する作業である。

これまで、変数と変数の間の関連を分析する基礎的な手法として、相関係数をはじめとする関連の測度を計算する方法を紹介してきた。しかしながら、ある2変数間の相関係数が非ゼロな値を示しても、それが必ずしも因果関係を表しているとは限らない。また逆に、相関係数がゼロであっても、因果関係が存在しないことを保証するものではない。

そもそも、因果関係とは何なのか。その定義は複数存在するが、H.アッシャーは、(1) 2つの変数間に共変動が存在する、(2) 2つの変数間に時間順序が存在する、(3)他の原因となり得る変数の影響を取り除いても2変数間に共変動が存在する、という3項目が因果関係の条件だとしている（Asher 1976＝1980：7）。2つの変数の単純な相関係数は条件(1)の共変動を数値化しただけであり、条件(2)や条件(3)の情報は持ち合わせていない。

たとえば、宗教（R）と自殺（S）の2変数間には、可能性としては表2-7-2のような因果関係が考えられる。

条件(2)について考えてみると、どちらが原因でどちらが結果か、その時間的・因果的先行性は単相関 r_{RS} からはわからない。もしこれが性別と自殺の関係であれば、性別が結果になることはありえないので、経験的に因果の先行性が明らかになる。しかし宗教と自殺の場合、どちらの変数が先行してもおかしくない。宗教の違いが自殺という行動に影響することも考えられるし、自殺の

表2-7-2 2変数間の可能な因果関係

因果図式	因果関係
$R \rightarrow S$	：宗教が自殺に影響する
$R \leftarrow S$	：自殺が宗教に影響する
$R \leftrightarrow S$	：宗教が自殺に影響するし、自殺が宗教に影響もする
$R \quad S$	：自殺と宗教の間には因果関係がない

表2-7-3 第3変数の可能性

因果図式	因果関係
$R \rightarrow t \rightarrow S$	：宗教が経済活動 t に影響し、経済活動 t が自殺に影響する（媒介）
$R \leftarrow t \rightarrow S$	：健康状態 t が宗教にも影響するし、自殺にも影響する（疑似相関）

多寡が宗教活動に影響を及ぼすことも考えられる。ただデュルケームは、自殺を説明しようとしているのであるから、自殺を結果の変数であると仮定している。変数間の関係を考察する分析手法では、因果の方向については多くの場合理論的な仮定をおいて分析をすすめる。

次に条件(3)について考えてみると、r_{RS} は他の変数の影響を全く考慮していないので、r_{RS} と真の因果関係とは異なる可能性がある。条件(3)を考慮するには、２変数に限らず、考え得る複数の原因変数を分析に投入する必要がある。ここでは、そのうち最も単純な第３変数の投入を考えよう。たとえば第３変数を t とすると、表2-7-3のような関係も考えられる。

可能性の１つとしては、当初想定していた２つの変数の間を媒介する変数の存在が考えられる。宗教が直接的に自殺に影響するのではなく、宗教が経済活動に影響し、経済活動の影響によって自殺率が変動する、と考えてみよう。この場合、宗教と自殺の間には間接的な因果関係があるのみである。デュルケームが考えた、宗教と社会的統合と自殺の関係（図2-7-1）もこのタイプの関係である。

また、宗教と自殺に共通した原因が背後に隠れている可能性もある。宗教と自殺の間に非ゼロの相関係数が観察されても、健康状態の変化が宗教に影響をもたらし、同様に健康状態の変化が自殺をもたらすとすれば、宗教と自殺の関係は見かけ上の相関であり両者の間に因果関係は成立しない。このような関係を一般に疑似相関という。デュルケームは『自殺論』の中で気温と自殺の関係を述べているが、これも疑似相関の典型例である。気温と自殺の間に見かけ上の相関が観察されるが、「暖かいから自殺者が増える」というような因果関係があるのではなく、太陽の位置や日照時間といった「宇宙的な」要因によって温度は変化するし、同じくその宇宙的な要因によって（社会活動の活発さが変化し）自殺率に影響を及ぼすという関係があるとデュルケームは論じている。

このように、変数間の因果関係を考察するには、説明変数と被説明変数の２変数間の相関係数を分析するだけではなく、因果の方向性や、第３変数の影響の有無などを検討することが必要になってくる。

そこで以下では、説明変数と被説明変数に第３変数を加えて変数間の因果関係を検討する「ブレイラックの因果推論」を紹介しよう。この手法は、サイモン＝ブレイラックの方法とも呼ばれ、H. サイモンに端を発し、H. ブレイラックによって展開された分析手法である。

2-7-3 推論の基礎的関係

3つの変数、x、y、zを考えよう。ここでは、3変数間には相互的な因果関係や循環する因果関係がなく、逐次的な因果関係のみを想定する。このとき、変数の順番を任意とすれば、変数間の関係は4つの型に集約できる。ブレイラックの因果推論では、各変数間の相関係数が表2-7-4のような関係をもつことを利用して、変数間の因果関係を特定する。表2-7-4の型名は、筆者が便宜的につけたものである。また、変数間の関係を可視化するために関係の概念図とベン図もあわせて提示している。概念図では、円であらわされた各変数の重なり（影）が変数間の関係の強さを意味する。図の上部に原因の変数が、下部に結果の変数を配置している。ベン図は、概念図での重なりを一平面上に写したもので、同じく円の重なりが相関の程度を意味する。

変数yがxとzの媒介変数になっているとき、xとzの相関はxとyおよびyとzの相関の積となる。xはyを媒介してzに影響を与えるので、yが変化しなければzに影響を与えられないことになる。したがって、yを統制したxとzの偏相関係数$r_{xz \cdot y}$は0になる。これは、偏相関係数の定義式、

$$r_{xz \cdot y} = \frac{r_{xz} - r_{xy}r_{yz}}{\sqrt{1-r_{xy}^2}\sqrt{1-r_{yz}^2}}$$

に$r_{xz}=r_{xy}r_{yz}$を代入しても求められる。ベン図では、yを取り除くとxとzの重なりがまったくなくなることがよくわかる。この関係は、変数yがxとzの背後に存在する交絡変数である場合も同様である。一方、変数yがxとzそれぞれの結果として合流しているとき、xとzの相関は0である。そして、いずれの特徴も当てはまらない場合、混合型となる。

2-7-4 分析の前提と背景

表2-7-4のような関係は、次のような考えから導き出される。

複数の変数で構成される因果関係全体を因果システムと呼ぶ。因果システム内にある変数は、因果システムの外部の変数によって規定される外生変数と、因果システムの内部の変数によって規定される内生変数とに区別される。

2 社会現象の原因と結果をあきらかにする

表2-7-4 因果の構造と相関係数

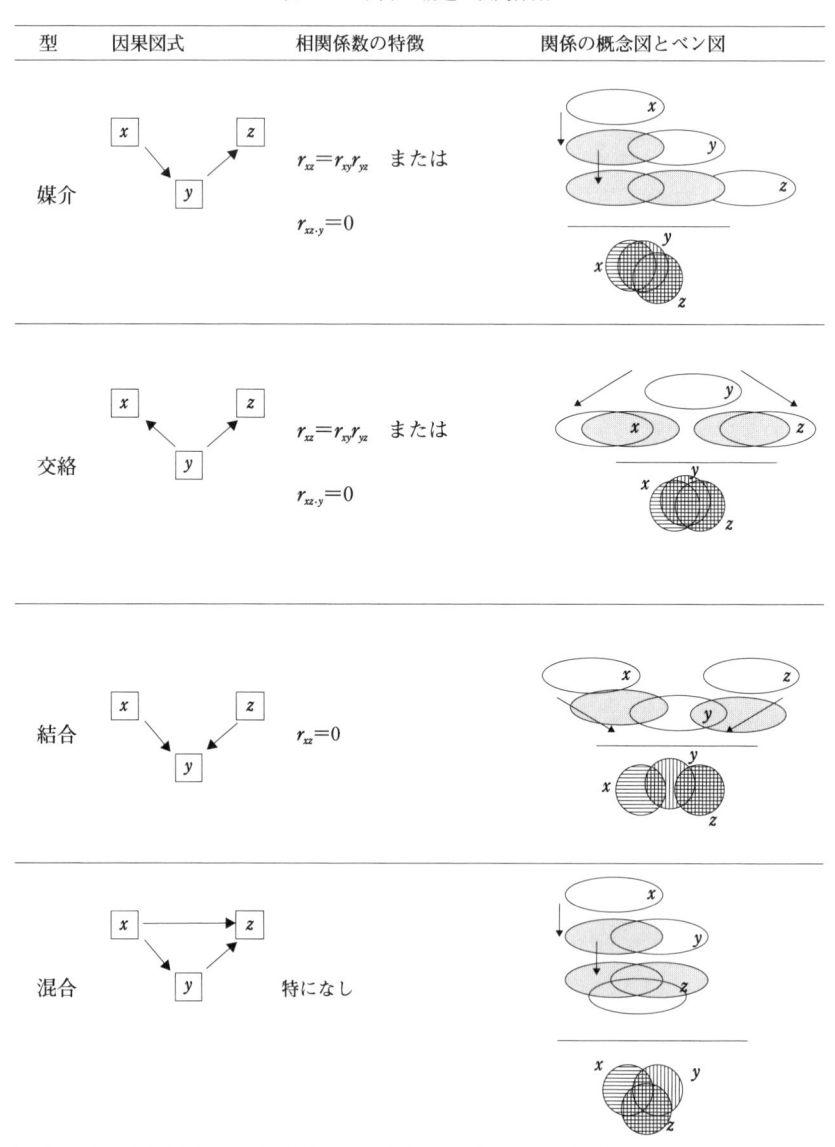

型	因果図式	相関係数の特徴	関係の概念図とベン図
媒介	$x \to y \to z$	$r_{xz}=r_{xy}r_{yz}$ または $r_{xz \cdot y}=0$	
交絡	$x \leftarrow y \to z$	$r_{xz}=r_{xy}r_{yz}$ または $r_{xz \cdot y}=0$	
結合	$x \to y \leftarrow z$	$r_{xz}=0$	
混合	$x \to z$, $x \to y \to z$	特になし	

ここで、変数間の関係を特定していくために、各変数に関する次のような仮定をおく。

(1) 現在考慮している因果システム外の要因が変数 x におよぼす影響（誤差項）e_x は、x 以外の他の諸変数のそれぞれと無相関である。
(2) x に対する誤差項 e_x と、y に対する誤差項 e_y との間は、無相関である。
(3) 外生変数（独立変数）は誤差項のみから影響をうける。したがって、外生変数同士は相互に無相関である。

そのうえで因果システム内の変数間の関係を構造方程式によって表現し、さらに変数間の相関を分析すると、表2-7-4のような相関係数の特徴が導き出せる。

たとえば、媒介型の因果関係を因果図式と構造方程式であらわすと次のようになる。

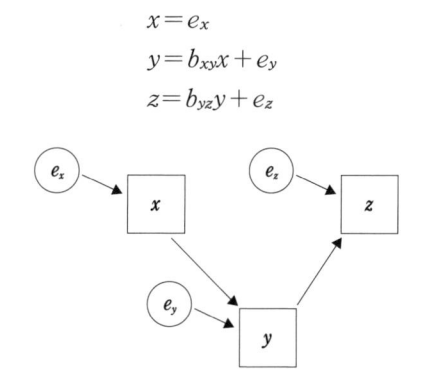

$$x = e_x$$
$$y = b_{xy}x + e_y$$
$$z = b_{yz}y + e_z$$

ただし、簡単のために各変数は標準化しているものとする。このとき、各変数間の積の期待値は、

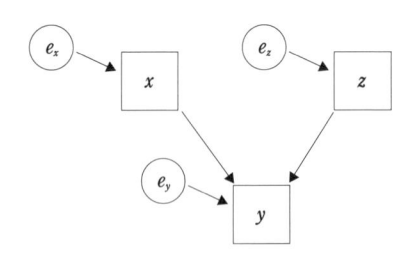

2 社会現象の原因と結果をあきらかにする

$$E(xy) = E[\,x(b_{xy}x + e_y)\,]$$
$$= b_{xy}E(x^2)$$
$$E(yz) = E[\,(b_{xy}x + e_y)(b_{yz}y + e_z)\,]$$
$$= b_{yz}E(y^2)$$
$$E(xz) = E[\,x(b_{yz}y + e_z)\,]$$
$$= b_{yz}E(xy)$$

となる。ここで、x と y との相関係数を、

$$r_{xy} = \frac{E(xy)}{\sqrt{E(x^2)E(y^2)}}$$

とおくと、

$$r_{xy}r_{yz} = \frac{E(xy)}{\sqrt{E(x^2)E(y^2)}} \frac{E(yz)}{\sqrt{E(y^2)E(z^2)}}$$
$$= \frac{E(xy)\,b_{yz}E(y^2)}{E(y^2)\sqrt{E(x^2)E(z^2)}}$$
$$= \frac{E(xy)}{\sqrt{E(x^2)E(z^2)}}$$
$$= r_{xz}$$

である。このようにして、媒介型の因果関係の特徴が導かれる。

次に、結合型の因果関係を構造方程式であらわすと次のようになる。

$$x = e_x$$
$$y = b_{xy}x + e_y$$
$$z = e_z$$

ただし、簡単のために各変数は標準化しているものとする。このとき、x と z の相関係数を考えると、それはすなわち誤差項 e_x と e_z の相関となり、仮定から無相関となる。このようにして、結合型の因果関係の特徴が導かれる。

交絡型も同様にして関係が導かれるが、詳細は安田・海野（1977）など【今後の学習のための参考文献】を参照されたい。

2-7-5　自殺モデルの因果推論

では、この方法を冒頭のモデルの検証に適用してみよう。

スタークは、自分達のモデルを実証するために、合衆国における自殺率データを利用している（Stark, Doyle and Rushing 1983）。測定の単位は、1971年の国勢調査にもとづいた標準大都市統計地域（SMSA, Standard Metropolitan Statistical Areas）である。各地域において、自殺率と宗教と社会的統合の程度が測られた。宗教は、人口1000人あたりの教会参加率で計測され、社会的統合の度合は、過去10年間の人口増加率で計測されている。

各変数間の相関係数は、表2-7-5のとおりである。彼らは、相関係数と偏相関係数および重回帰分析の結果から考察を進めており、論文中に因果推論の方法が明示的に使用されているわけではない。しかし偏相関係数を考察するのは、この項で紹介している因果推論の判断とほぼ同等な作業である。

図2-7-1と因果推論の基礎的な性質（表2-7-4）とを照らし合わせてみよう。もしデュルケームのモデルが正しければ、$r_{RS}=r_{RI}r_{IS}$ または $r_{RS \cdot I}=0$ となるはずである。しかしながら、表2-7-5のとおり、$r_{RS}=-0.36$ であるが $r_{RI}r_{IS}=-0.39 \times 0.32=-0.12$ で、それはなりたたない。一方、0に近い値をとる相

表2-7-5　宗教・社会的統合・自殺の相関

関係	相関係数
宗教×自殺	$r_{RS}=-0.36$
統合×自殺	$r_{IS}=0.32$
宗教×統合	$r_{RI}=-0.39$
宗教×自殺｜統合	$r_{RS \cdot I}=-0.27$
統合×自殺｜宗教	$r_{IS \cdot R}=0.21$

関係数もないので、交絡型の因果関係でもなさそうである。結局、表2-7-5から推論できる因果関係は混合型で、スタークのモデルの方が正しいという結果になる。

ただし、ここまでの因果推論で明らかになったのは、あくまで「3つの変数の関係がその他のタイプである」ということだけである。可能性としては、3変数間の因果の方向性の組合せから、6通りのモデルが成立し得る。そのいずれが妥当であるかは、ここまでの分析からでは判断できない。理論的・経験的に因果の方向性を仮定することも可能だが、因果推論をさらに展開して関係を特定化する方法を考えることもできる。その方法とは、変数を追加して因果推論を繰り返すというものである。たとえば、宗教と社会的統合の程度の方向性を確定することを考えよう。このときどちらか一方に因果的に先行して、同時にもう一方とは無関係であるような変数 t を導入すると推論が容易になる（図2-7-2）。そのような変数を「操作変数」という。一般的には、操作変数を導入することによって、変数間の構造方程式と相関係数の関係を吟味し、m 個の構造方程式から n 個のパラメータ（$m \geq n$）を識別する方法を操作変数法という。ブレイラックの因果推論法も操作変数法の一種である。

そこで第4変数 t として、健康という変数を考えよう。健康状態は宗教に影響を及ぼすが、社会的統合とは関係ないものとする。このとき、宗教と社会的統合と健康との間で、これまでと同様の因果推論を行うことによって、因果の方向性が特定できる。$r_{tl} = r_{tR} r_{Rl}$ ならば宗教は社会的統合の原因となるし（モデルA）、$r_{tl} = 0$ ならば宗教は社会的統合の結果であるといえる（モデルB）。

以上のように、因果推論・操作変数法を用いることにより、2変数間の相関係数のだけでは判別不可能だった因果の構造を詳細に分析することが可能にな

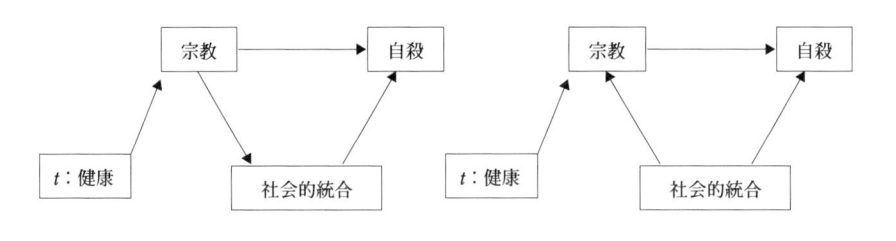

モデルA（$r_{tl} = r_{tR} r_{Rl}$）　　　　　　モデルB（$r_{tl} = 0$）

図2-7-2　健康による宗教と社会的統合の因果関係特定

るのである。

2-7-6　因果推論の展開と限界

　因果関係の特定は、社会学者にとって非常に重要な作業である。しかし、因果推論という統計的な方法のみから因果関係を完璧に判断するのは難しい。われわれが主に扱う社会調査データは因果関係が複雑に絡み合うので、「お互いに無相関な外生変数」や「ある変数には因果的に先行するが、別の変数には無関係」な変数を選定するには、慎重な作業が必要になる。この手法によって因果関係が特定できる部分もあるが、ある程度は、分析者の理論的または経験的な前提を想定するのが現実的である。また、ここで分析結果が出ても、それは分析者の理論枠組の中での結果である。因果推論は、分析者が想定したモデル内での因果関係を特定していく手法であり、もしかすると予想していない他の変数が原因として隠れているかもしれないことも留意しておくべきだろう。因果関係に関する理論的な仮定をまったくもたずにすべての因果関係の可能性を検証するというよりは、自らの（対立する諸）モデルを検証するために、この分析手法を援用するというのが生産的なやり方だろう。

　また、詳細に因果関係を分析しようとすればより多くの変数を分析に投入する必要があるが、その場合はパス解析や構造方程式モデル、共分散構造分析などが有用である。これらの分析手法は、変数間の関連の強さを特定するだけでなく、モデルの適合度という観点から因果の方向性の峻別まで可能である。ここで紹介した操作変数の導入方法は、構造方程式モデルなどでいわゆる同値モデルを回避して適合度を分析するための重要な手段となる。

　因果推論は変数間の原相関の簡単な比較から分析できるので、特別なツールを必要とせず、初学者にも分かりやすいという利点もある。そして、社会学者がその発達に貢献し、構造方程式モデルやグラフィカルモデルなど近年発達しつつある技法の基礎として、多様な応用可能性を秘めた手法といえるだろう。

2　社会現象の原因と結果をあきらかにする

【今後の学習のための文献案内】

・甘利俊一他，2002，『多変量解析の展開』岩波書店．
　　因果関係の分析に関する最近の手法を知る手がかりになる．

・Asher, H. B., 1976, *Causal Modeling,* Sage.（＝1980，広瀬弘忠訳『因果分析法』朝倉書店．）
　　因果推論についてコンパクトにまとめた教科書．

・Blalock, H. M. (ed.), 1971, *Causal Models in the Social Sciences,* Sage.
　　ブレイラックの編集した因果推論およびパス解析の解説書．冒頭の2章にサイモンとブレイラックによる因果推論の解説がある．

・安田三郎・海野道郎，1977，『社会統計学（改訂2版）』丸善．
　　日本の社会学者による因果推論の解説．

2-8 社会的地位はどのように形成されるか

3つ以上の変数の因果関係をモデル化し関係の強さを調べる：パス解析、構造方程式モデル

神林博史

2-8-1 社会的地位を決めるものは何か：地位達成モデルの登場

「二世現象」という言葉がある。政治家・芸能人・プロスポーツ選手といった、世間の注目を集めやすい職業を持つ人々の子が、親と同じ職業に就くことを指した言葉である。そういえば、親が医者だった同級生は医大に行ったし、実家が八百屋だった友人は後を継いだし……という具合に、読者の身の回りにも思い当たる例があるかもしれない。

職業に代表される社会的地位は、社会における様々な格差や不平等を考える上で非常に重要な意味をもつ。社会的地位と不平等に関しては様々な切り口がありうるが、その中でも特に重要視されてきた問題の1つが「人々の社会的地位を決めるものは何か」である。

社会的地位を決定する要因は、大きく言って2つある。1つは、本人の意思や能力といった本人に帰属する要因である。もう1つは、親の職業や家柄のように、出生の時点ですでに決まっている要因である。江戸時代のような身分制社会では「武士の子は武士、農民の子は農民」というように、人々の社会的地位は基本的に親の社会的地位によって決定された。このような社会は、本人の意思や適性と関わりなく社会的地位が決定されるという点で理不尽かつ非効率的であるばかりでなく、社会的地位による不平等が世代間で継承され続けるという意味で、きわめて不公平でもある。

近代社会は個人の能力と意思による社会的地位の決定を理想とする社会であるが、かといって完全な理想状態にあるわけではない。二世現象のような親子間での社会的地位の継承は確かに存在する。では、我々の社会は総合的に見て

どういう状況にあるのだろうか。本人の能力と親の社会的地位のどちらが、人々の社会的地位を決定するのだろうか。

この問題を検討するための基本的な戦略は、親子間での社会的地位の対応関係を分析することである。身分制的な社会であれば、親子の社会的地位は完全に一致するし、理想的な能力主義社会であれば、親子の社会的地位の対応関係はランダムな状態になると予想できる。この発想に基づくのが「移動表」と呼ばれるクロス表の分析である。

しかし、移動表分析には次のような問題が指摘されてきた。人々が現在の社会的地位に到達するまでには、ある社会的地位を持つ親のもとに生まれ、教育を受け、就職し、職業的なキャリアを積み上げて現在に至るという一連のプロセスが存在する。これを「地位達成過程」と呼ぶ。親の社会的地位、本人の教育、最初に就いた職業が現在の社会的地位に影響を与えることは明らかであるが、それぞれの要因がどの程度の影響力を持つのかを明らかにすることは、移動表分析では難しい。

このような移動表分析の問題点を克服するために導入されたのが、P. ブラウと O. ダンカンによるパス解析を応用した地位達成過程の研究である（Blau and Duncan 1967）。彼らが用いたモデルは「地位達成モデル」と呼ばれている。

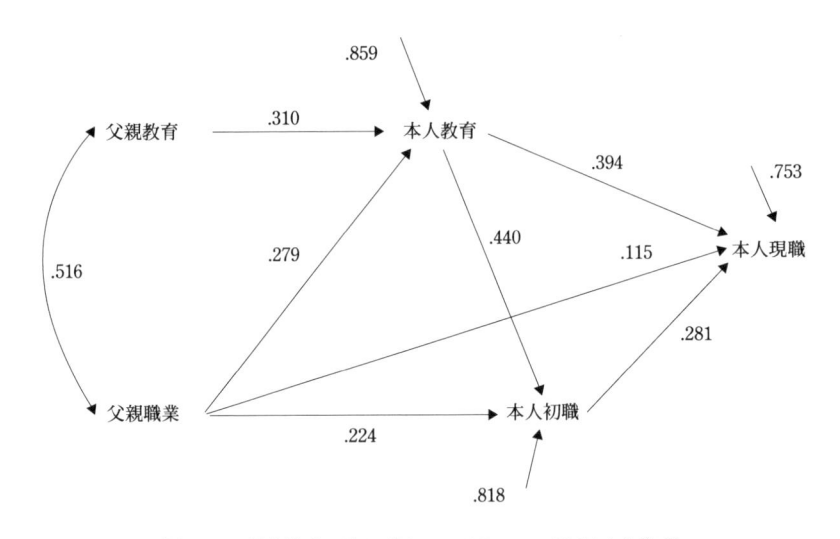

図2-8-1　地位達成モデル（Blau and Duncan 1967 より作成）

図2-8-1がそれで、父親職業、本人教育、本人現職などの変数が時間的な因果関係に基づいて矢印で結ばれている。パス解析（path analysis）における「パス」とは、この矢印のことである。また、図2-8-1のように変数をパスで結んだ図を「パス図」と呼ぶ。それぞれのパスには数値が書き込まれているが、これらは各変数の影響力の大きさを示す。

3つ以上の変数の関係をパスで表現し、それぞれの変数の影響力を数値で表現することで、変数間の関係を分析する。これがパス解析の目的である。とは言え、これだけでは図2-8-1が何を意味しているのかを理解できない。まずは図2-8-1の読み方からパス解析の説明を始めよう。

なお、パス解析を理解するためには重回帰分析の知識が必要である。重回帰分析に不案内な読者は、まず2-3を先に参照してほしい。

2-8-2　地位達成モデルが意味するもの

始めに、地位達成モデルの目的について確認しておこう。すでに述べたように、地位達成モデルの基本的な問は「人々の社会的地位を決めるのは、親の社会的地位か、本人の能力か」である。図2-8-1には、父親職業、父親教育、本人教育、本人初職、本人現職という5つの変数が存在するが、これらは「親の社会的地位」、「本人の能力」、「本人の社会的地位」という抽象的な概念を具体的に表す指標（観測変数）である。父親職業と父親教育が「親の社会的地位」、本人教育が「本人の能力」、本人初職と本人現職が「本人の社会的地位」に対応する。

ここで、本人現職を従属変数とし、父親職業、本人教育などを独立変数とする重回帰分析を行えば「人々の社会的地位を決めるのは、親の社会的地位か、本人の能力か」という問題を検討できるのではないか、と考える読者もいるかもしれない。しかし、重回帰分析では地位達成過程を完全に分析することはできない。図2-8-2は重回帰分析の考え方を図式的に示したものだが、図から明らかなように、重回帰分析で検討することができるのは独立変数から従属変数への直接的な効果のみに過ぎない。ここで本人教育に注目してみよう。一般に社会的地位の高い人ほど収入が高い。このため社会的地位が高い父親を持つ子供は、家庭の経済力ゆえに高い学歴を獲得しやすい傾向がある。つまり、父親教育や父親職業は本人現職に直接的な影響を及ぼすだけではなく、本人学歴を

2 社会現象の原因と結果をあきらかにする

```
父親教育 ─────────────┐
                      ↓
父親職業 ─────────────→
                      本人現職 ← ε
本人教育 ─────────────→
                      ↑
本人初職 ─────────────┘
```

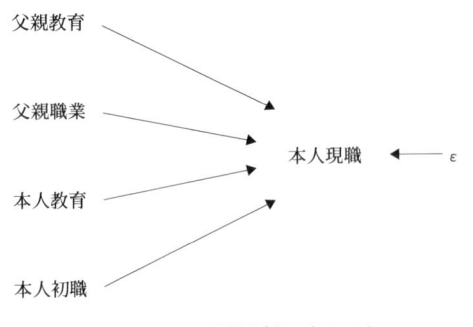

図2-8-2　重回帰分析のイメージ

媒介して間接的な影響を与えている。このような間接的な効果を正確に把握するためには、変数を因果関係によって整理し、因果的な経路に沿った分析を行う必要がある。ここにパス解析を用いる必然性がある。

　それでは本格的な説明に入ろう。まず変数の扱いについて。パス解析における変数は、基本的に全て連続変数である。地位達成モデルの場合、父親職業、本人初職、本人現職には「社会経済指標（Socio Economic Index）」という指標が適用される。これは職業的地位の高さを表す数値で、歯科医なら96、販売店員なら47というように、それぞれの職業について固有の数値が与えられており、数値が大きいほど職業的地位が高いことを示す[1]。一方、教育は達成段階に応じて0から8までの数値が割り当てられており、数値が大きいほど学歴が高いことを示すよう処理される。

　次に、パス図に登場する2種類の矢印について。片側矢印は因果関係を示している。矢印の出発点となっている変数が独立変数（原因）、矢印を受け取る変数が従属変数（結果）である。片側矢印についている数値はパス係数と呼ばれる。これは重回帰分析における標準化偏回帰係数である。例えば、本人教育から本人現職への矢印の数値は.394であるが、これは本人教育から本人現職への影響力、具体的には本人教育が1標準偏差分増加した時の本人現職の増加量を表している。

1　社会経済指標は、それぞれの職業に対する人々の評価、それぞれの職業に従事している人の平均学歴および平均収入に基づいて算出される。なお、日本では社会経済指標ではなく、職業に対する人々の評価のみに基づく「職業威信スコア」という指標を用いるのが一般的である。

両側矢印は共変関係を示している。数値は相関係数である。図2-8-1では、父親教育と父親職業の間に両側矢印があり、父学歴と父職業の相関係数が0.516であることを示している。

ところで、本人教育、本人初職、本人現職は出発点に何もない矢印と係数も受けとっている。このパスは回帰分析における残差、すなわちモデルに登場する独立変数以外の要因の影響を示す。残差のパスに添えられている数値は残差係数と呼ばれ、次の式で定義される。

$$残差係数 = \sqrt{1 - 決定係数}$$

本人教育に対する残差係数は0.859となっており、これが父親職業と父親教育の影響力以外の要因の影響力の大きさを示している。また、定義式からわかるように、残差係数から決定係数(R^2)を求めることができる。例えば、本人教育に対する父親職業と父親教育の決定係数は $R^2 = 1 - 0.859^2 = 0.262$ となる。つまり、本人教育の分散の26.2%が父親教育と父親職業によって決定されていることがわかる[2]。

パス解析の大きな利点の1つに「効果の分割」、すなわち直接効果と間接効果の分離がある。「直接効果」とはある変数から別の変数への直接的な影響力のことで、例えば本人教育から本人現職へのパスがそれにあたる。「間接効果」とは他の変数を経由した間接的な影響力のことである。本人教育は本人初職を経由して本人現職に対し間接的な影響も与えている。本人教育の本人現職に対する直接効果は、本人教育への残差係数と「本人教育→本人現職」のパス係数の積で求められる。すなわち $0.859 \times 0.394 = 0.338$ である。一方、本人教育の間接効果は、本人教育への残差係数、「本人教育→本人初職」のパス係数と「本人初職→本人現職」のパス係数の積となる。すなわち $0.859 \times 0.440 \times 0.281 = 0.106$ である[3]。ここから本人教育の本人現職に対する直接効果は間接効果の3倍ほど強いことがわかる。また、直接効果と間接効果の和は「総効果」と呼ばれ、ある変数の総合的な影響力を示す。本人現職に対する本人教育の総効果は $0.338 + 0.106 = 0.444$ となる[4]。

---

[2] 最近は残差ではなく、決定係数を直接表示する書き方も一般的になりつつある。
[3] この計算の原理については、盛山(1983)などを参照のこと。
[4] 完全逐次モデル(後述)の場合、「変数 A と変数 B の相関係数＝A から B への直接効果＋A から B への間接効果」という関係が成立する。これを「相関係数の分割」と呼ぶ。

以上のように、パス解析を用いることによって、地位達成の過程を一挙に、そして各要因の直接・間接の影響力を総合的に分析することが可能になる。地位達成モデルはまたたく間に市民権を獲得し、その後様々な応用・発展が試みられた。

2-8-3 パス図と構造方程式

さて、パス図の読み方は理解できたとして、実際に自分でモデルを作って分析するためにはどうすればよいのだろうか。

パス解析を行うためには、「構造方程式」という概念を理解する必要がある。構造方程式とはパス図を表現する数学的なモデルのことで、構造方程式とパス図の対応関係を理解することがパス解析を行う上で最も重要な部分である。パス解析はしばしば「構造方程式モデル」と呼ばれるが、それはこの点に由来する。

地位達成モデルの構造方程式は、次のような3本の重回帰式である。(パス解析の構造方程式は基本的に複数の重回帰式の形をとる。)

$$\text{本人教育} = \beta_1 \text{父親教育} + \beta_2 \text{父親職業} + \varepsilon_1 \quad \cdots(1)$$
$$\text{本人初職} = \beta_3 \text{父親職業} + \beta_4 \text{本人教育} + \varepsilon_2 \quad \cdots(2)$$
$$\text{本人現職} = \beta_5 \text{父親職業} + \beta_6 \text{本人教育} + \beta_7 \text{本人初職} + \varepsilon_3 \quad \cdots(3)$$

ここでは、パス係数は具体的な数値ではなく β_1 から β_7 までの記号に置き換えてある[5]。なお、パス解析における全ての変数は標準化される。3つの重回帰式には切片の項がないが、これは標準化によって「切片＝0」になるためである。また、ε_1 から ε_3 はそれぞれの重回帰式における残差を示す。

構造方程式とパス図の対応関係を、図2-8-3をもとに説明しよう。まず、図2-8-3のパス図の左側、実線のパスが描かれている部分に注目してほしい。ここでは本人教育が父親職業、父親教育および残差 ε_1 からのパスを受け取っている。これは本人教育を従属変数とし、父親職業と父親教育を独立変数とする重回帰分析を示すもので、式(1)が対応している。

次に図2-8-3の中央、点線のパスが描かれている部分に注目しよう。ここで

---

[5] ただし、わかりやすくするために係数の記号は一般的な表記法とは異なるものにしてある。

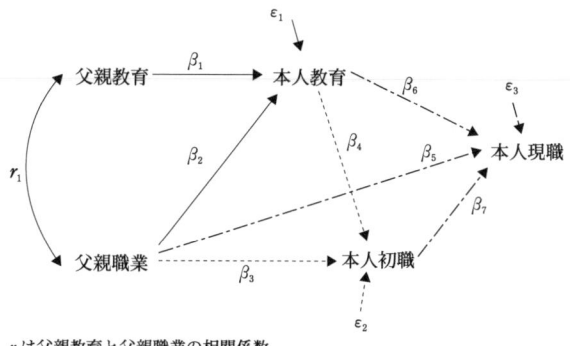

図2-8-3　パス図と構造方程式の対応関係

r_1は父親教育と父親職業の相関係数

──▶　本人教育＝β_1父親教育＋β_2父親職業＋ε_1　式(1)

┄┄▶　本人初職＝β_3父親職業＋β_4本人教育＋ε_2　式(2)

━・━▶　本人現職＝β_5父親職業＋β_6本人教育＋β_7本人初職＋ε_3　式(3)

は、本人初職が父親職業および本人教育と残差 ε_2 からパスを受け取っている。これは、本人初職を従属変数とし、父親職業と本人教育を独立変数とする重回帰分析、式(2)である。

最後に、図2-8-3の右側、破線のパスが描かれた部分。ここで行っているのは、本人現職を従属変数とし、父親職業、本人教育、本人初職を独立変数とする重回帰分析で、式(3)が対応する。

ところで、式(1)に対応する部分には独立変数の間に両側矢印があるが、式(2)および式(3)に対応する部分にはそれがない。これはモデルにおける変数の性質が異なるためである。本人教育、本人初職、本人現職のように他の変数から片側矢印を受け取る変数のことを「内生変数」と呼ぶ。「内生」とは、モデル内の変数によって決定される（モデル内で従属変数となる）、という意味である。一方、父親職業と父親教育は他の変数から片側矢印を受け取っていない。このような変数を「外生変数」と呼ぶ。「外生」とは、モデルの外部で決定される（モデル内の変数によって決定されない・モデル内で従属変数とならない）という意味である。パス解析において相関を示す両側矢印が適用されるのは、外生変数が複数ある場合のみである。

ここで、父親の社会的地位には「父親教育→父親職業」という因果関係を想

定できるのに、なぜ共変関係なのかという疑問を持った読者もいるだろう。これについて、ブラウとダンカンは「地位達成モデルの目的は、父親の社会的地位が本人の地位達成に与える影響力を分析することであって、父親の地位達成過程を分析することではない」と説明している。ここからわかるように、モデルの中で何が内生変数となり、何が外生変数となるかについて絶対的な基準が存在するわけではない。内生・外生の設定は、分析の目的やモデルの理論的な枠組に応じて変化しうる。

こうして、地位達成モデルのパス図が式(1)から式(3)までの構造方程式によって過不足なく表現されることが示された。また、ここまでの説明で明らかなように、パス解析を行うためにはパス図に対応した重回帰分析を行い、そこで得られた結果をパス図に書き込めばよい。ただし、これは良く言えば古典的な、悪く言えば時代遅れな方法である。実際には、パス解析は共分散構造分析用のソフトウェアを用いて行う方が望ましい（理由は後述）。

2-8-4　パス解析の問題点

地位達成モデルの成功によって、パス解析は盛んに用いられるようになった。代表的な研究としては、「ウィスコンシン・モデル」と呼ばれる地位達成モデルの応用モデル（Sewell, Haller and Portes 1969）、階層帰属意識の分析（吉川 1999）などがある。

しかし、パス解析の普及と共に様々な問題点も指摘されるようになった。ここでは、パス解析一般の技術的な問題と、地位達成モデルに関わる問題のうち、特に重要と思われる3点について説明しよう。

(1) どのようにモデルを設計するか

パス解析では、分析者がかなり自由にモデルを作ることができる。地位達成モデルの場合、父親の社会的地位変数の因果関係は設定されていないし、「父親教育→本人初職」と「父親教育→本人現職」のパスもない[6]。しかし、このようなモデル設定の自由さは諸刃の剣である。なぜなら、分析者が恣意的なモデルを作ってしまう危険性をも高めてしまうからである。

---

[6] これは、これらのパスが統計的に有意でなかったために最終的にモデルから削除されたためである。最初からパスが設定されていなかったわけではない。

地位達成モデルでは変数間の因果関係は非常に明確だが、一般に複数の変数間の因果関係の推定は難しい問題である。最もシンプルな3変数の場合であっても、考えうる変数間の因果関係は多様である。変数の数が増えるほど考えうる因果関係も複雑になり、場合によってはせっかく作ったモデルが分析不可能ということもありうる。「パス解析では分析者がかなり自由にモデルを作ることができる」と述べたが、だからといっていかなる因果関係でも分析可能なわけではない。

パス解析で分析できる因果関係について、簡単な指針を与えておこう。図2-8-4は3変数のモデルにおいて考えうる因果関係の一部である。図(1)では3つの変数の間に「$A \to B \to C$」という因果的順序が成立しており、考えうる全てのパスが引かれている。このようなモデルを「完全逐次モデル」と呼ぶ。「逐次」とは、変数の因果的順序に関する重要な概念で、図(1)のようにモデルに含まれる全ての変数に「$A \to B \to C$」のような単方向の因果的順序が成立していることを意味する。図(2)は完全逐次モデルから一部のパスを省略したものである。これを「非完全逐次モデル」、もしくは単に「逐次モデル」と呼ぶ[7]。

一方、図(3)では変数が「$A \to B \to C \to A \to \cdots$」の循環関係になっており、逐次性が成立しない。このようなモデルを「非逐次モデル」と呼ぶ。図(4)も非逐次モデルの例である。この場合は、BとCが互いに独立変数であり従属変数でもあるという双方向の因果関係になっている。

パス解析は完全逐次モデルを基礎とする手法であり、積極的な理由がない限り完全逐次モデルもしくは逐次モデルを用いた方がよい。非逐次モデルはしばしば計算不能に陥る場合があり、その設計と解釈には高度な知識が要求される。いずれにせよ、変数の因果関係の設定については理論的な考察に基づいた慎重な検討が必要である。

(2) パス係数は何を意味しているのか

図2-8-1を見直してみよう。パス係数の比較から、父親職業の影響は本人教育の影響より小さいことがわかる。「社会的地位を決めるのは、本人の能力か、親の社会的地位か」を明らかにするためには、これでさしあたりの結論が得られたように思える。しかし、ここに落とし穴がある。例えば「父親職業→本人初職」のパス係数は、具体的にどのようなメカニズムによって生じているのだ

---

[7] この他に「準完全逐次モデル」と呼ばれるモデルもあるが、説明は省略する。

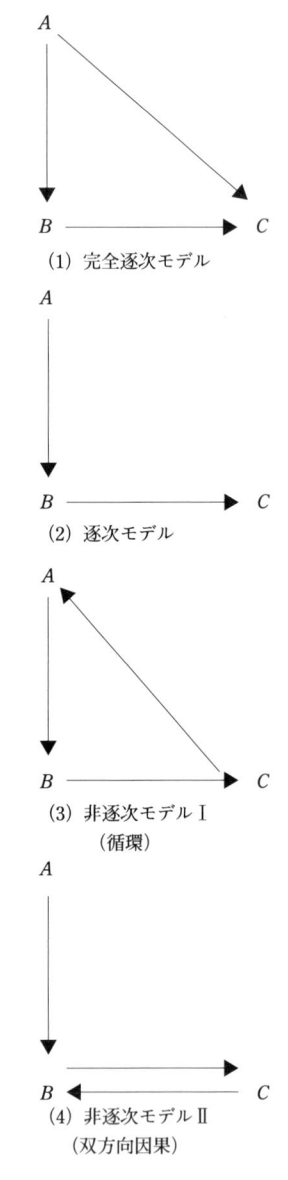

2 社会現象の原因と結果をあきらかにする

(1) 完全逐次モデル

(2) 逐次モデル

(3) 非逐次モデルⅠ
（循環）

(4) 非逐次モデルⅡ
（双方向因果）

図2-8-4　完全逐次モデル・逐次モデル・非逐次モデル

ろうか。親の七光りやコネの効果だろうか、農業や自営業のように親子間で継承されることが比較的多い職業の影響だろうか。この点について、パス係数は何も語ってはくれない。パス係数が示すのは、あくまでも変数の相対的な影響力であって、影響の具体的なメカニズムではない。

パス解析は、我々が日常的に使用する説明図式をほとんどそのまま統計モデルとして再現することができる。これは強力な利点であるが、一方で、具体的な係数がわかればそれで説明が済んだかのような錯覚に陥りやすい。この点に十分注意する必要がある。

(3) 地位達成モデルと移動表分析

地位達成モデルとその応用は、1960年代末から1970年代中頃まで盛んに行われた。しかし、近年では地位達成モデルよりも移動表分析が再び多く使用されるようになっている。移動表分析が復権したのは、ログリニア分析の登場によるところが大きいが、単にそれだけではない。より本質的な理由は、地位達成モデルと移動表分析が有する統計モデルとしての性質に関わる問題である。

地位達成モデルにおいては、職業は社会経済指標によって連続変数として扱われる。一方、移動表分析では職業はカテゴリカルな変数として扱われる。社会には数多くの職業が存在するが、それらを一つのスケールの上に存在する点として捉えるのが前者であり、「大企業ホワイトカラー層」とか「自営業層」のようなグループとして捉えるのが後者である。読者はどちらの方が職業の操作化としてより適切だと考えるだろうか。また、パス解析では変数間の関係は基本的にすべて線型（$y=ax+b$のような直線的な関係）であると仮定される。しかし、地位達成モデルに含まれる変数の関係をすべて線型とみなしてよいのだろうか。

さらに、2つの分析法が明らかにできることの違いも考慮する必要がある。地位達成モデルは「親の社会的地位と本人教育のどちらが本人現職に影響するか」といった地位の達成過程における不平等を把握するのに適している。しかし、パス解析によって「親子で職業が一致する比率」のような地位達成の結果における不平等を明らかにすることは難しい。このためには移動表分析を行う必要がある。

このように、分析手法によって変数の扱い方や注目すべき論点は異なってくる。最近の研究において移動表分析が多く用いられるのは、カテゴリカルな職業の捉え方や、移動表分析によって明らかにできる親子間での社会的地位の対

応関係が、現在の社会的地位をめぐる問題を考える上でふさわしいという判断が働いているためであろう[8]。

同じ現象・同じデータを分析する場合であっても、その現象をどのように捉え、現象の何に注目するかによって、ふさわしい分析法は異なってくる。分析手法の選択には、統計学的な知識だけでなく、社会学者としてのセンスと力量が問われる。

2-8-5　パス解析と構造方程式モデル

最後に、パス解析と構造方程式モデルの関係について説明しておこう。ここまでの説明で「パス解析＝構造方程式モデル」というイメージを持った読者がいるかもしれないが、それは正しくない。構造方程式モデルは、実質的に共分散構造分析と等しいモデルの体系である。パス解析で用いることのできる変数は、本人学歴や本人現職といった単一の観測変数だが、共分散構造分析では複数の観測変数から構成される潜在変数を用いることによって、さらに複雑なモデルを分析できる。したがって、パス解析は「潜在変数のない構造方程式モデル」と言うことができる。

ただし、パス解析だけが潜在変数のない構造方程式モデルではない。パス解析の考案者は生物学者のS.ライトで、社会学におけるパス解析は彼の流儀の延長線上にある。一方、経済学においては「同時方程式モデル」と呼ばれる潜在変数のない構造方程式モデルの体系が独自の発展を遂げた。

パス解析と同時方程式モデルの最大の違いは、基礎となるモデルにある。既に述べたように、パス解析は完全逐次モデルを基礎とし、複数の重回帰式で構造方程式を記述する。これに対し、同時方程式モデルは基礎となるモデルに特別な制約がなく、逐次モデル、非逐次モデルを等しく扱う[9]。また、同時方程式モデルには「構造型」と「誘導型」という2つの異なる構造方程式の記述法がある（パス解析の記述法は誘導型に相当する）。見方によっては、パス解析は同時方程式モデルの特殊な形とみなすこともできる。

---

[8] 地位達成モデルと移動表分析は互いに相容れない手法ではない。両者にはそれぞれに固有の利点と欠点があり、相補的に用いるべきものである。

[9] だからといって、同時方程式モデルならいかなる非逐次モデルでも分析可能なわけではない。非逐次モデルが計算不能（識別不能）になる場合があるのは、パス解析と同様である。

2-8 社会的地位はどのように形成されるか

　以上のように、構造方程式モデルの世界はパス解析をその一部に含みつつ、非常に大きな広がりをもっている。パス解析を行うために共分散構造分析用のソフトウェアが利用できるのは、このようなモデルの関係ゆえである。また、共分散構造分析用のソフトウェアでパス解析を行うことには、重回帰分析を重ねる方法に比べて様々な利点がある。具体的には、(1)より厳密な推定が行える、(2)モデルの適合度の計算が容易に行える、(3)より高度なモデルへの拡張が容易に行える、などである。

【今後の学習のための文献案内】

・豊田秀樹・前田忠彦・柳井晴夫，1992，『原因を探る統計学：共分散構造分析入門』講談社．
　重回帰分析，パス解析，そして共分散構造分析について初心者向けにわかりやすく解説した良書．パス解析に興味を持った読者はまずこれを読んでほしい．

・盛山和夫，1983，「量的データの解析法」直井優編『社会調査の基礎』サイエンス社，119-204．
　やや難しいが，パス解析の原理と問題点をきちんと理解するために重要なテキストである．

社会学的概念を測定し、
その因果構造をあきらかにする

2-9 地位達成アスピレーションと社会階層

社会学的概念を測定し、その因果関係をあきらかにする：
共分散構造分析

村澤昌崇

2-9-1 「望み」や「期待」を抱かせる要因は何か

「あの大学に入りたい」「できればあの企業に入ってバリバリ働きたい」「お金持ちになりたい」……我々はこれまでの人生の中で、いろんな望みを抱いてきた。実際にかなえられた望みもあったろうし、かなわぬ望みもあったことだろう。こうした望み・希望にまつわる逸話として、有名な「パンドラの壺」がある。ゼウスが絶対に開けてはいけないと命じて持たせた壺を、パンドラは好奇心で開けてしまった。すると、あらゆる厄災が壺から世界に解き放たれた。すべてが解き放たれ後でも、壺の中に「希望」だけは残り続け、希望はわれわれを見捨てることがなかった。我々がさまざまな希望を抱きつづける理由をこうした神話に求め、感慨にふけるのも一興だが、ここではもう少し現実的に考えてみることにしよう。我々の社会生活において、そもそも望みは何によって左右されるのだろうか。

この疑問について、「『望み』のような気持ちなんて、結局は個人の問題だ」と結論づけてしまいがちだ。だが、社会学的にアプローチする場合、個人の気持ちも、個人には還元できない社会的な文脈の中に位置づけて検討される。特に社会的地位達成研究の領域では、「このぐらいの学歴を身につけておきたい」「大学までは進学したいなどの教育達成に対する望み」＝「教育アスピレーション」や「このような職業に就きたいといった職業達成に対する望み」＝「職業アスピレーション」を、社会移動における重要な媒介変数として位置づけ研究してきた。つまり、教育水準や職業に対する人々の望みは個人の社会経済的な背景によって規定され、さらにそうした望み自体が個人の実際の教育達成や職業

達成を規定するという仮説を構築し、分析を進めてきたのである。

　また、「望み」(ambition, aspiration) と近い概念として、「期待」(expectation) も社会的地位達成研究のなかで計量研究の対象となってきた。この2つは似た概念だけれども、A.C.カークホフが的確に整理するように、厳密にはいくつかの点で異なっている (Kerchoff 1974)。「望み」は夢のようなものであり、実際に実現可能かどうかは不明だが、抱くだけなら誰にでも可能なものである。一方「期待」は、現在の状況から判断して獲得や達成が可能なものに対して抱く意識である。「望み」と「期待」は、既存研究の中でそれぞれ重要な位置を占めてきた概念であり、また、多くの実証研究の対象となってきた。以下では、このうちの「期待」に特に焦点をあて、その規定因を例に考えて行きたい。

　まず最初に、カークホフの研究を紹介しよう (Kerchoff 1974)。カークホフは、アメリカ合衆国インディアナ州の中規模都市フォートウェーンに在住する第12学年の青少年767名を対象に、「将来どの程度の教育水準を期待しているか」、「将来どんな職業に就けると期待しているか」といった意識を調査した。そして、この「教育期待」と「職業期待」が、家庭的背景や学校の成績とどのように関連するかを計量的に検討した。技法的には、1960年代にR.ブードンやO.D.ダンカンにより社会学に導入されたパス解析を応用したものである (Duncan 1966)。カークホフが分析で用いた変数は表2-9-1のとおりである。

　これら変数を用いて因果モデルを構築し、パス解析した結果を表2-9-2に提示した (Kerchoff 1974:47)。この表からわかるように、カークホフのモデルでは、知性、きょうだい数、父親の学歴、父親の職業の4つの変数が、「外生変数」（＝他の変数に規定されない変数）である。一方、成績、教育期待、職業期待

表2-9-1　カークホフの分析で用いられた変数

変数名	変数の内容
知性	生まれながらの能力として位置づけられる変数。6段階尺度。
きょうだい数	本人の兄弟姉妹数
父親の学歴	父親の教育年数
父親の職業	父親の職業威信スコア
成績	第12学年生徒の、第10、第11学年時点での学校の成績
教育期待	本人が期待する教育水準
職業期待	本人が期待する初職の威信スコア

表2-9-2 「期待」の形成過程に関するパス係数

	被説明変数		
	成績	教育期待	職業期待
説明変数			
知性	0.526**	0.160**	−0.046
きょうだい数	−0.030	−0.112**	−0.014
父親の学歴	0.119**	0.173**	−0.048
父親の職業	0.041	0.152**	0.094**
成績	—	0.405**	0.142**
教育期待	—	—	0.588
決定係数	0.349**	0.483**	0.466**

**は1％水準で有意
値は標準化偏回帰係数

の3つの変数は、表の1列目、2列目、3列目のそれぞれ被説明変数であり、「内生変数」(＝他の変数で規定される変数)となっている。また、成績、教育期待は内生変数であるが、同時に職業期待の説明変数となっているから、4つの外生変数と職業期待との間を媒介する変数となっている。つまり、教育や職業に関する期待は、本人の家庭的背景や本人の知性、そして本人の学校での成績によって影響されるというモデルであり、最終的に職業期待がどのような過程を経て形成されているかが検討されている。

2-9-2 概念間の因果関係を推定する

ところで、前節の分析で用いられた教育期待や職業期待は、人々が抱く意識である。意識は、学歴や職業という観測可能な変数に比べると直接に観測することが難しい。それでも、できることなら、人々の意識に代表されるような、直接観測することが難しい概念についても可能な限り的確に操作化、測定し、それらの概念間の関連性や因果関係を考察したい。このような願望を実現する分析方法が、共分散構造分析である。直接観測できない概念を測定可能な手法としては因子分析が、因果関係を分析可能な手法の代表としては重回帰分析、パス解析、構造方程式モデルなどがあるが、共分散構造分析は、因子分析と構

造方程式モデルを統合・拡張したものとして位置づけることができる。

では、共分散構造分析を用いて、カークホフの因果モデルを再分析してみよう。まず、表2-9-2の分析と同様に、観測変数のみからなるモデルについて分析する。分析結果は図2-9-1に提示したとおりである。これは、表2-9-2のパス解析において、有意でない変数のパス係数を0に固定して得られたものである。表2-9-2の結果とほぼ変わらないが、カークホフのモデル全体がデータにどの程度あてはまっているかが判定できる。カークホフが実施した古典的なパス解析の手続きは、いわば重回帰分析の繰り返しに相当しており、因果モデル全体がデータにどの程度あてはまっているかを評価できなかった。その点共分散構造分析を用いたパス解析は、因果モデル全体のデータへのあてはまりの程度を評価できるというメリットがある。図2-9-1には、モデルの適合度を検定するための統計量（χ^2値）やモデルのデータへの適合の程度を表すいくつかの指標（GFI、RMSEAなど）を記載した。これらの利用については、後の項であらためて説明するが、いずれもモデルがデータによくあてはまっていることを示している。

この分析結果をみると、将来どの程度の教育を期待しているか、そして将来

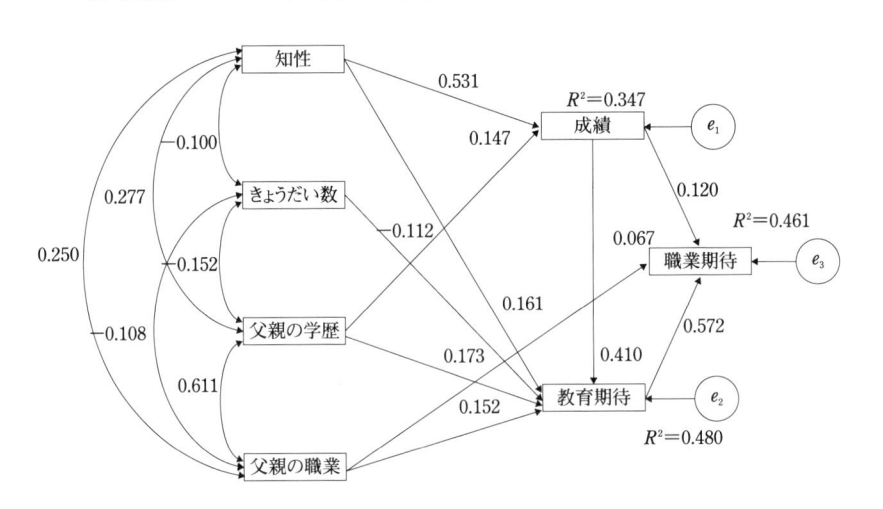

χ^2値$=6.383$, df$=5$, $P=0.271$, χ^2/df$=1.277$, GFI$=0.998$, AGFI$=0.974$
CFI$=0.999$, RMSEA$=0.019$
AIC$=52.383$, CAIC$=182.161$, BIC$=203.917$

図2-9-1　教育期待・職業期待の因果構造：観測変数のみの逐次パスモデル

どのような職業を期待しているかは、本人の知性や学校での成績に負うところが大きく、この点から「生徒は自身の力量をふまえた現実的な期待を抱いている」といった解釈などが可能だろう。また、職業期待は、父親の職業といった家庭的背景にも影響されており、個人の意識は、当該個人の内的要因のみで規定されるものではないこともわかる。

2-9-3 意識を測定する：潜在変数を用いた構成概念の測定

　観測変数のみを用いたパスモデルを共分散構造分析により分析するだけでも十分にメリットがあるのだが、共分散構造分析の持ち味は、これにとどまらない。直接測定することのできない概念に対応する変数（＝潜在変数）を構成し、この潜在変数間の因果関係をも分析できるところにも特徴がある。そうした持ち味を最大限発揮した場合、前節のパスモデルからモデルをどのように展開できるかをこれから検討していこう。

　さて、ここからの作業は以下の2つからなる。(1)教育期待と職業期待から「地位達成への期待」というあらたな概念を、また、生徒の成績と知性から「知的水準」というあらたな概念をそれぞれモデル化し、潜在変数を構成する。(2)さらに、家庭的背景から「知的水準」を経て「地位達成への期待」へといたる変数間の関連・因果関係をモデル化し、分析をおこなう、という2つの手続きをふむ。

　まず「地位達成への期待」を、「高校卒業後に本人が期待する教育の程度」で測った「教育期待」と、「就くことが期待できる職業の威信スコア」で測った「職業期待」で表現してみよう。「地位達成への期待」は、ここでは、潜在変数として構成した。こうした潜在変数は構成概念と呼ばれる。因子分析や共分散構造分析では、この構成概念を潜在変数あるいは因子と呼ぶ。ここでは潜在変数である「地位達成への期待」を F_1 と表現しておこう。教育期待や職業期待は表2-9-1にあるように実際に測定されており、「観測変数」と呼ばれる。ここでは教育期待を X_1、職業期待を X_2 としておこう。潜在変数の「地位達成への期待」F_1 と観測変数である教育期待 X_1 と職業期待 X_2 との関係は、つぎのように表現される（式(1)）。

$$\begin{cases} X_1 = \lambda_{11} F_1 + e_1 \\ X_2 = \lambda_{21} F_1 + e_2 \end{cases} \cdots (1)$$

λ は潜在変数から観測変数へのパス係数である。e は誤差変数であり、X に影響を与える F 以外の諸要因や測定誤差をすべてまとめたものである。このモデルでは具体的につぎのことを表現している。すなわち、「地位達成への期待」という潜在的変数が教育期待や職業期待に共通に影響を及ぼすということである。これを図示すれば図2-9-2右のようになる。

教育期待と職業期待の正の相関（図2-9-2左）を生み出す原因として、背後に「地位達成への期待」を想定する（図2-9-2右）のである。つまり、「地位達成への期待」が高い人は高度な教育や威信の高い職業を見込んでおり、逆に低い人は教育や職業に対してさほど意識を払わなくなる、と考えるのだ。ただし、教育期待と職業期待は「地位達成への期待」によって完全に説明できるわけではない。将来高い教育を見込む人は、実はその親が子どもに大きな期待をかけているからかもしれない。将来威信の高い職業に就きたいと見込む人は、実はその時の景気に影響を受けているかもしれない。このように「地位達成への期待」という潜在変数では説明しきれない部分をすべて誤差として扱う。もちろんこの誤差には先に触れた測定誤差も含まれる。この部分が数式における e に相当する。

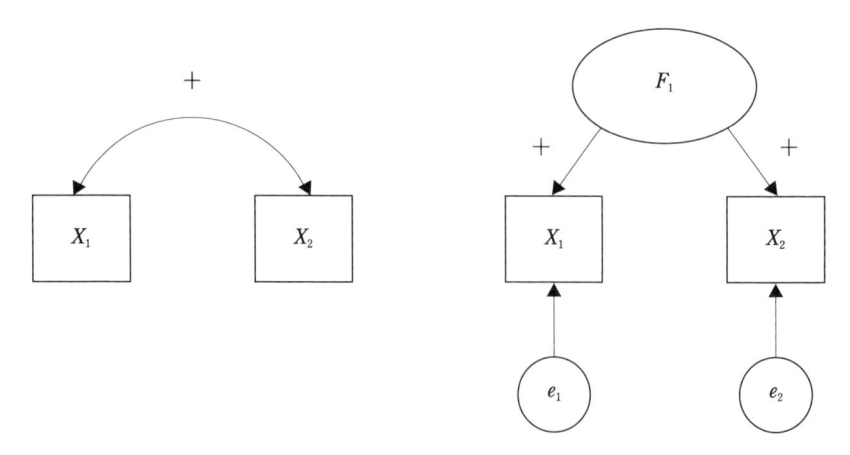

図2-9-2　2変数間の相関と潜在変数を介した2変数の因果構造

2-9 地位達成アスピレーションと社会階層

　一般的には、1つの潜在変数を構成する観測変数は3つ以上が望ましいとされている[1]。ただし、モデルが適切であれば、本例のように2変数でも、場合によっては1変数でも構成概念を構成することが可能である。いずれにせよ、意識をはじめとする潜在的な構成概念をモデル化することは、妥当性が高く、かつ信頼性の高いと思われる観測変数群を用い、それらから適切に誤差を分離することにより、当該概念の「真の」値に近づくことを試みることなのである。社会学において共分散構造分析を用いることのメリットの1つは、以上のような方法により、さまざまな概念を、観測された変数と誤差とに分離し統計モデル化できることにある。

　つぎに、「知的水準」についても「地位達成への期待」と同様に潜在変数を構成してみよう。カークホフは知性を理念上（あるいは仮説上）「生まれながらの能力」であるとし、外生変数として位置づけている。しかし、測定方法や測定時期の問題から、真の意味で「生まれながらの能力」を測定できているわけではなく、測定された変数は、事実上学校の成績に近い性質を持っている。カークホフ自身「実際に得られた変数は他の変数の影響を受け得る」と指摘している[2]。そこでここでは、知性を「生まれながらの能力」として外生変数として位置づけるのではなく、後天的で経験を積むことで可変するものとみなし、生徒の学校での成績とともに「知的水準」という概念を構成する変数として位置づけてみよう。

$$\begin{cases} X_3 = \lambda_{32} F_2 + e_3 \\ X_4 = \lambda_{42} F_2 + e_4 \end{cases} \cdots(2)$$

　ここで「知的水準」を F_2、知性を X_3、成績を X_4 とする。式(2)は、知性や成績の背後に「知的水準」という共通原因が存在し、「知的水準」が影響して知性や成績が上下動するというモデルになっている。この「知的水準」や「地位達成への期待」のように、潜在変数と観測変数、誤差の関係をモデル化した方程式を「測定方程式」という。

1　豊田（2003；2003b）を参照。
2　カークホフは、「知性」＝IQ のデータを、フォートウェーンの学校記録から採っている。ただし、その記録がいつの段階のものかは明示されてはいない。IQ のスコア自体は、もともとアルファベットのカテゴリーデータであったので（A〜F の 6 段階）、これを数字に変換して 6 段階の順位尺度にし、これをもって IQ「知性」としている。

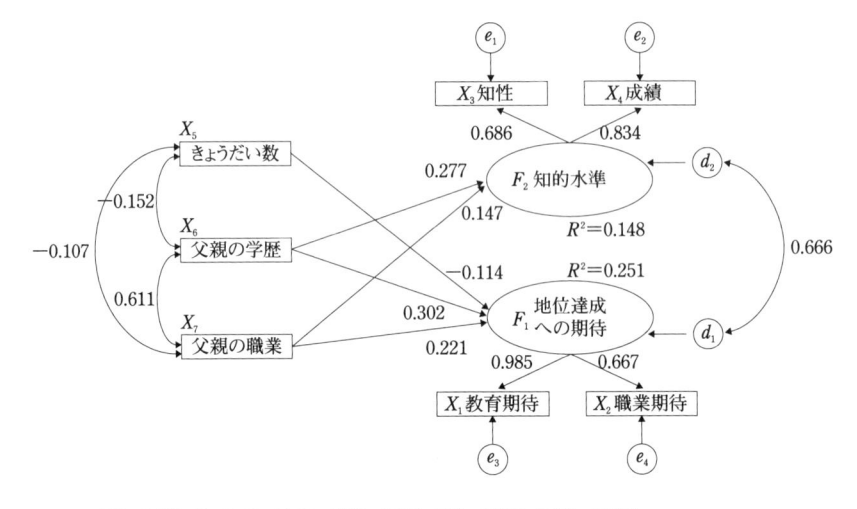

2 社会現象の原因と結果をあきらかにする

χ²値＝6.909, df＝6, P＝0.329, χ²/df＝1.152, GFI＝0.997, AGFI＝0.988
CFI＝0.999, RMSEA＝0.014
AIC＝50.909, CAIC＝175.044, BIC＝195.854

図2-9-3 「地位達成への期待」の因果構造：潜在変数間に共分散（相関）を設定

この測定方程式に加えて、きょうだい数（X_5）、父親の学歴（X_6）、父親の職業（X_7）を外生変数とし、「地位達成への期待」と「知的水準」の2つの潜在変数を内生変数とし、潜在変数間に共分散（相関）を仮定した分析した結果を図2-9-3に示した[3]。

$$F_1 = \gamma_{15}X_5 + \gamma_{16}X_6 + \gamma_{17}X_7 + d_1 \quad \cdots(3)$$

$$F_2 = \gamma_{26}X_6 + \gamma_{27}X_7 + d_2 \quad \cdots(4)$$

γ は観測変数から潜在変数へのパス係数である。d は観測変数 X_5, X_6, X_7 では説明できない要因すべてをまとめて表現する誤差変数である。図中の数値は、標準化されたパス係数と相関係数を求めているので、それらの値は－1から＋1の間をとり、絶対値が大きいほど相関・因果関係が強いことを意味して

---

[3] 共分散構造分析では、誤差変数間の相関をモデルに含めることができる。ここでは成績と職業期待、父親の職業と職業期待との間に誤差相関を認めたモデルを構成しているが、説明の便宜のために図2-9-3では割愛した。

いる。これらのことを念頭においで分析結果を概観してみよう。まず「知的水準」や「地位達成への期待」といった潜在変数は、観測変数により適切に表現されているだろうか。潜在変数から観測変数への影響力をみると、0.667から0.985であり、統計的にも1％水準で有意であったので、潜在変数は観測変数により適切に表現されているとみて良いだろう。「知的水準」と「地位達成への期待」との間の相関は、0.666と高く、統計的にも有意であった。つまり「知的水準」と「地位達成への期待」とは相互に関連しており、「知的水準」が高い人は「地位達成への期待」も高いことがわかる。

2-9-4 親の社会的地位、教育、子の社会的地位の関係を検討する：潜在変数間の因果関係の推定

前項までのモデルの構成では、外生変数から潜在変数への因果は認めたが、潜在変数の間には相関関係のみを想定した。ここからいよいよ共分散構造分析の強みを生かしたモデル構成、すなわち潜在変数間に因果関係を設定した構造方程式を作り分析するという手続きへ入る。共分散構造分析が普及する以前は、因子分析を行って因子得点を算出し、得られた因子得点を新たに変数として回帰分析に利用するという方法もとられていた。この方法は、因子得点の推定の問題に加え、因子分析と回帰分析がそれぞれ別個のモデルとして解かれているために、研究者が目的とするモデルに即した解析となっておらず、またモデル全体の適合度を評価することが不可能といった問題がある。共分散構造分析は因子分析と構造方程式を同時に含みこんだモデルを推定するために、因子分析と回帰分析を別個に用いるときに生じる問題が回避できるだけでなく、研究者の理論的興味にしたがったモデルを自由度高く構成できるという強みがある。そこでここでは共分散構造分析の強みを最大限生かすべく、「知的水準」と「地位達成への期待」の潜在変数間に因果関係を設定したモデルを組み、分析を進めてみよう。

$$F_1 = \gamma_{15}X_5 + \gamma_{16}X_6 + \gamma_{17}X_7 + \beta_{12}F_2 + d_1 \quad \cdots(5)$$

式(5)は式(3)にくらべ、潜在変数である「地位達成への期待」F_1 が潜在変数の「知的水準」F_2 から影響を受けるという因果が追加されている。ここで β は潜在変数間の因果関係の大きさを示すパス係数である。このように式(1)(2)(4)

(5)の測定方程式、構造方程式群により、潜在変数と観測変数間の関係のモデル化、潜在変数間の因果関係の設定、潜在変数への外生変数の影響が同時に表現できた。この自由度の高さこそが、共分散構造分析の妙味である[4]。

2-9-5 モデルはデータにどの程度あてはまっているのか：適合度指標

これまでの分析の流れをまとめると、(1)概念を観測変数、潜在変数、誤差変数の3つで構成し測定する（測定方程式）、(2)概念間の因果関係を誤差変数付きで構成し測定する（構造方程式）という手続きを踏み、モデル全体を構成し分析をしてきた。次のステップは、構成されたモデルがデータにどの程度あてはまっているかを検討することである。

共分散構造分析のメリットの1つは、構成されたモデル全体を評価する指標がいくつも開発されており、多面的な評価ができることである。

では、式(1)〜(4)の一連の測定方程式、構造方程式に加え、式(5)の「知的水準」から「地位達成への期待」への潜在変数間の因果をさらに想定したモデルはどのように評価されるだろうか。このモデルを分析すると、χ^2値＝15.735、自由度＝7、有意確率p＝0.028となっていた。ログリニアモデルなどと同様に、ここではχ^2検定が適合度検定として利用されるから、χ^2値が小さく、有意確率があらかじめ決めた有意水準より大きな値をとるときにモデルが適合的と判断される。このモデルでは、適合度検定の結果、5％水準で判定してモデルは適合的とはいえない。

その他に、GFI、AGFI、RMSEAなどの基準が広くもちいられており、表2-9-3のように整理した基準が慣例的に適用されている[5]。このモデルでは、GFI＝0.994、AGFI＝0.979、RMSEA＝0.040、CFI＝0.965となっている。表2-9-3の基準にそれぞれ照らし合わせると、それぞれの基準を十分満たしていることがわかる。χ^2検定は、ケース数が多い場合棄却されやすくなるから、検定結果だけをもってモデルを捨て去るべきではないことがわかるだろう。

とはいえ、χ^2検定からも適合的と判断できるような、よりよいモデルが存

---

[4] 共分散構造分析のモデルは、多重指標モデル、MIMIC（Multiple Indicator Multiple Cause）モデル、PLS（Partial Least Squares）モデルなどに整理できる。これらの典型的モデルの構造については、豊田（1998c）、狩野・三浦（2002）などを参照されたい。

[5] GFI、AGFI、RMSEAについては4-2節も参照。

表2-9-3 モデルの適合度を評価する主要指標の特徴と判定基準

指標	特徴	慣例的判定基準
GFI, AGFI	χ^2検定に比べると比較的標本数の影響を受けにくい。GFIは回帰分析における決定係数、AGFIは自由度調整済み決定係数に相当し、分析者が構成したモデルが、データの何%を説明したかを示す。AGFIの方がより厳しい指標。	$0 \leq$ GFI(AGFI)≤ 1の範囲を取り、1に近いほどモデルのデータへの適合度が良い。0.9以上だとモデルのデータへの適合度が良いと判断されてきたが、近年は0.95以上の値をとることが望ましいとされている。
RMSEA	モデルで説明できない程度を表している。	値が小さければ小さいほどモデルのデータへの適合度が良い。0.05以下であれば当てはまりが良いと判断され、0.10を超えると当てはまりが悪いと判断されている。
CFI	観測変数間に相関が無いというモデルを独立モデルとし、分析者が構成したモデルの適合度が独立モデルと比較してどれくらい改善したかを評価する。	$0 \leq$ CFI≤ 1という性質を持ち、1に近いほどモデルのデータへの適合度が良い。GFI、AGFIと同様、0.90、0.95以上だとモデルのデータへの適合度が良いと判断されている。
RMR, SRMR	モデルで説明できない程度を表わす。	0に近いほどモデルのデータへの適合度が良い。SRMRについては具体的な目安が示されており、0.05以下であることが望ましく、0.10を超えるとモデルのデータへの適合度は良くないとされている。

在する可能性はまだ残されている。以下、適合度がより優れたモデルの構成を試みよう。

2-9-6 よりよいモデルを構成する

　モデル全体の適合度が十分なものではない場合、部分的評価をすることにより、モデルのどこに問題があるのかを診断する必要がある。具体的には、回帰分析における係数の有意性の検定、決定係数の有意性検定と説明力の評価を行うことと同じである。この手続きは、モデル修正のために重要であるばかりでなく、得られた係数や決定係数から実質的な解釈をし、知見を得るためにも重要な作業である。

モデルの改善のための指標には、LM 検定、ワルド検定、修正指標などがある。これらの指標はモデルを不安定にするパス、モデルをより適合的にする可能性のあるパスに関する情報を提供してくれる。これら指標をもとに、有意でないパスを 0 に固定したり、新たにパスを追加したり、誤差間の相関を認めたりして、最適なモデルを探索する。

さて、式(1)〜(5)で構成されるモデルのどこに手を付けるべきか。実はすでに図2-9-3において、きょうだい数から知的水準へのパス係数を省略したように、モデル全体の改善を目指す場合、統計的に有意でないパスを省略し、係数を 0 に固定することによりモデル全体の適合度が上昇する場合がある。そこで、きょうだい数から知的水準への係数 γ_{25} あらかじめ 0 に固定した。

さらに、修正指標など、モデル改善のための指標を検討した結果、成績の誤差変数 e_2 と職業期待の誤差変数 e_4 との間、および、父親の職業と職業期待の誤差変数 e_4 との間に相関を認めることにより、モデルの全体的適合性が改善されることがわかった。このように、当初は分析者が想定していなかった変数間に、新たなパスや相関関係を追加することによってもモデルが改善される場合がある。そこで、ここでは、成績の誤差変数 e_2 と職業期待の誤差変数 e_4 との間、および、父親の職業と職業期待の誤差変数 e_4 との間に相関関係を設定した（図2-9-4）。

以上のように今回は、きょうだい数から知的水準へのパス係数をあらかじめ 0 に固定し、誤差変数間、観測変数と誤差変数間に共変動をあらたに追加するという修正を行った。その結果、χ^2 値 $=6.909$、df $=6$、$P=0.329$ と改善され、GFI などの適合度指標も修正前に比してすべて改善された。

同じサンプル、同じ変数群について、2 つのモデルの適合度を比較するためには、AIC、CAIC、BIC などの指標を用いることが有効だが、これらの値を比較しても、図2-9-4がより適切であることが示された[6]。

ただし、このような探索的アプローチに対して、慎重論もある。例えば、修正を加えることそれ自体が、そもそも当初構築した仮説モデルが実証されなかったことを意味し、仮説モデルの甘さを事実上証明することになる、という指摘がなされている。あるいは、修正をくり返すことでモデルの適合度は上昇したが、複雑なモデルになってしまい、実質的に解釈が困難なモデルとなってし

---

[6] AIC 等については、4-3節を参照。

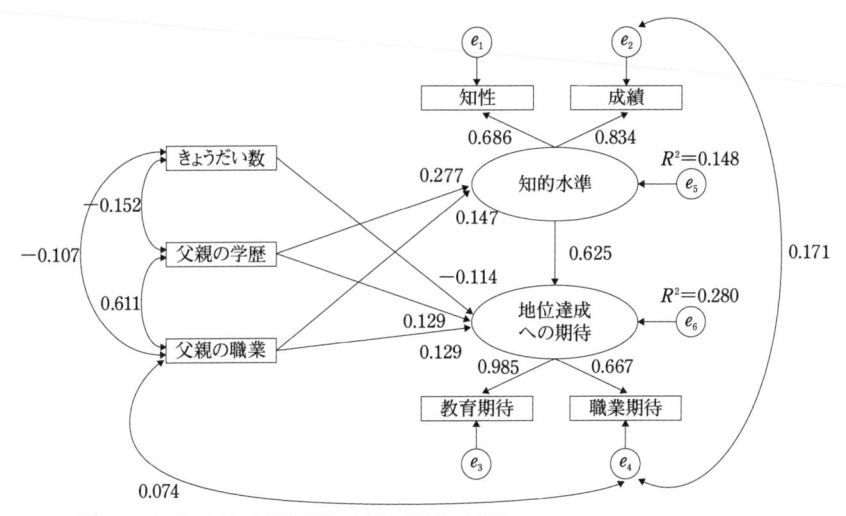

2-9 地位達成アスピレーションと社会階層

図2-9-4 「地位達成への期待」の因果構造：潜在変数間に因果関係を設定

χ^2値=6.909, df=6, P=0.329, GFI=0.997, AGFI=0.988
CFI=0.999, RMSEA=0.014
AIC=50.909, CAIC=175.044, BIC=195.854

まうことを危惧する指摘もある。特に誤差変数間の相関は、実質的に意味があるかどうかを十分に考慮した上で認めるという慎重さが必要となってくる。しかし、厳密な仮説検証型の分析を目指し、モデルの修正に禁欲的になるのが良いのか、それとも得られた貴重なデータから少しでも知見を引き出すために、当初のモデルを修正し、探索的データ解析を行うのが良いのか、いずれの立場が良いかは議論が分かれるところだ。言えることは、共分散構造分析に限らず、安易に、そして、むやみやたらと仮説モデルの修正をくり返すことは慎まねばならない、ということだろう[7]。

いずれにせよ、ここでは主要な適合度指標が良い値を示しているので、図2-9-4を「地位達成への期待」の因果構造を適切に表現してくれる最終的なモデルとしよう。観測変数のみで構成されたパスモデルと比較してみても、適合

---

[7] モデルの修正に関する注意点に関しては豊田（1998b；1998c）、狩野・三浦（2002）を参照のこと。なお、モデルの適合度を上げることと、本来の研究の目標・目的との適合性については、狩野（2002a；2002b），南風原（2002a）の対立的な議論がある。

度指標群はすべてにおいて勝っており、共分散構造分析の持ち味を十分発揮できたと言える。結局「地位達成への期待」は本人の知的水準によってもっとも大きく左右されることがわかる。知的水準に比して、父親の学歴、父親の職業といった家庭的背景の直接的な影響力は弱い。しかし、これら家庭的背景の影響力は知的水準を経由した間接効果があり (0.173, 0.092)、総合的な影響力の合計（総合効果）は知的水準に迫っている (0.302, 0.221)[8]。このように、生徒の知的水準が高いほど将来獲得する教育や職業の水準に高い期待をする傾向があると同時に、こうした期待自体が社会階層という個人的な問題の外的な社会環境側からの影響を受けていることも示唆している。

2-9-7 自律的か他律的か：双方向の因果関係モデル

共分散構造分析のさらなるメリットは、双方向の因果関係を、(同時方程式の形で表現し) 同時に推定できるところにもある。従来の回帰分析にも二段階最小二乗法による双方向の因果関係の推定は可能ではあった。この二段階最小二乗法に比べると、共分散構造分析では、因果の構造を表現する構造方程式モデルの中に双方向の因果関係を組み込んで分析することが可能となったこと、適合度指標の検討を通じて因果の方向を特定可能となったこと、そしてまた、既存の構造方程式モデルと異なり、潜在変数間の双方向の因果関係の分析が可能となったことの3点が、大きなメリットであると言えよう[9]。

図2-9-5は、共分散構造分析を用いた双方向の因果関係を分析した一例である。データは、1957年にミシガン州レナウィー・カウンティ在住の17歳の少年329名に実施された調査データをもとにした分析である。この分析の目的は地位達成アスピレーションにおよぼす友人の影響を推定することにあった (Duncan, Haller and Portes 1968)[10]。図2-9-5をみてもわかるように、ここでは本人の

---

[8] 間接効果とは、ある変数が別の変数を経由して従属変数にもたらす効果を意味し、経由するパスの係数の積によって表される。総合効果とは、直接効果と間接効果との和である。

[9] 双方向の因果関係を推定するためには、二段階最小二乗法であれ共分散構造分析であれ、双方向の因果の大きさを検討したい2つの変数に対して個別の外生変数（操作変数・道具的変数）が必要となる。

[10] 観測変数の詳細については、ダンカンら (Duncan, Haller and Portes 1968) を参照のこと。なお、原典では、これ以前に再分析してきたカークホクの「期待」の因子分析とは微妙に異なっている。この分析では、教育や職業に対するアスピレーション（望み）を観測変数とし、これら2つの

2-9 地位達成アスピレーションと社会階層

地位達成アスピレーションが親友の地位達成アスピレーションの原因となり、さらに親友の地位達成アスピレーションが本人の地位達成アスピレーションの原因となるような双方向の因果関係が設定されている。適合度検定の結果も5％水準で適合的と判定され、また、表2-9-3に示したモデルの全体的評価もすべてにおいて良い値を示している。モデルは総合的にみてデータへの適合性が良いようだ。個々の係数を解釈していくと、本人及び友人ともに地位達成アスピレーションはそれぞれの家庭的背景、親の子に対する期待、知性から影響を受けている。これら属性的要因に比べれば影響力は弱いが、本人の地位達成アスピレーションが親友の地位達成アスピレーションに刺激され、そして親友の地位達成アスピレーションが本人の地位達成アスピレーションに刺激されていること、しかもその程度がほぼ等しいことも確認された。要するに友人関係が良きに付け悪しきに付け、本人の地位達成の意識に作用するということだろう。

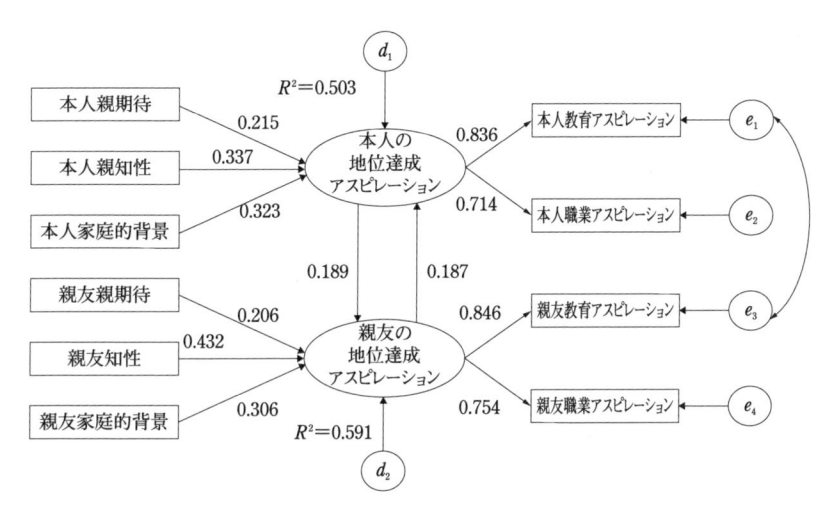

χ^2値＝21.408, df＝17, P＝0.209, GFI＝0.987, AGFI＝0.958
CFI＝0.995, RMSEA＝0.028
AIC＝97.408, CAIC＝241.658, BIC＝279.657

図2-9-5　「地位達成への望み」に与える友人の影響：双方向の因果関係モデル

観測変数の背後に共通に影響を与える潜在変数としてambition＝「望み」があるとする仮説モデルを構築している。

2-9-8 共分散構造分析は社会のリアリティにどこまで近づけるか

　ここでは、「地位達成への期待」の構造を、「観測変数のみの構造方程式モデル」→「潜在変数間の相関と、観測変数からの因果を含んだ測定・構造方程式モデル」→「潜在変数間に因果関係を想定する測定・構造方程式モデル」という3段階のモデルの展開を通じ、より鮮明に描こうとしてきた。最終的に採択されたモデルはデータへの適合性がよく、実質的に解釈可能な結果を提示してくれた。冒頭で紹介したような観測変数のみの因果モデルは、共分散構造分析によって再分析することで、構成概念の適切な表現、観測変数からの誤差の分離、モデル自体のデータへの適合度の評価などが可能になる。そして、あらためて因果構造を検討することで、既存のモデルでは得られなかったよりよい知見が得られる可能性があることが分かるだろう。

　もちろん共分散構造分析にも限界はある。多重共線性の問題は共分散構造分析においても避けられない。また、構成したモデルによっては解析自体が不能となり、パス係数が推定できないという技術的な問題もある。

　これらの問題があるとはいえ、社会学において共分散構造分析を適用することの意味は大きい。社会学が問題とする対象は、「アノミー」「文化資本」「権威主義」など直接測定することが困難な概念として記述されることが多い。こうした社会学における重要な概念は、共分散構造分析によってできるだけ適切に表現する努力が必要とされているのである[11]。

　小室直樹は、社会学は社会科学の中において、心理学や経済学に比べ後発の学問であるがゆえに、心理学や経済学が発展させてきた因子分析、回帰分析の

---

[11] ただし、共分散構造分析を社会学で使うことに対して「心理学のように、〈実験〉というあえて不自然な状況をつくってまで正確な測定を図るのならともかく、社会学では観測変数自体が最初から不確かである。そこからさらに潜在変数というより不確かなものをさぐるのは、それこそ累卵の危険をはらむ。潜在変数使うモデルは、データの形態上、社会学では使いづらい」と指摘し、否定的な見解もある（佐藤 2000：205）。こうした見解に対して、共分散構造分析を有用とする立場からは、つぎのような指摘をしておきたい。すなわち、観測変数自体が不確かだからこそ、観測変数を真の値と誤差とに適切に分離する必要がある。潜在変数はそれ自体が不確かなのではなく、潜在変数によって表現したい概念の方が不確かなのである。その不確かな概念をできるだけ確かに表現するべく、潜在変数、観測変数、誤差変数で表現するのである。それゆえ、共分散構造分析は社会学においてこそ有用なツールなのだ。

手法を積極的に取り入れる必要があるとした（小室 1974）。つまり、社会学が扱う社会的事象は、考慮すべき要因が多すぎて、何が意味ある要因かが確定できにくい。ゆえに意味ある要因であるかどうかを判定し、それが多ければ情報を縮約し、その要因間の相互連関を明らかにする必要がある。さらに、社会的事象は、抽象的な概念で記述されることが多いので、概念を適切に測定し概念に関する尺度の開発を積極的に進め、さらにその概念間の相互連関を回帰分析的手法で明らかにする必要がある。共分散構造分析は小室が往時において指摘した社会学における統計モデルの課題に対応するものであり、それゆえに、社会学においてこそ強力なツールとなると言えよう。

【今後の学習のための文献案内】

共分散構造分析の論理やしくみを理解するための入門書をいくつかあげる．いずれも図表が豊富で直感的にわかりやすい．

・狩野裕・三浦麻子，2002，『グラフィカル多変量解析：AMOS、EQS、CALISによる目で見る共分散構造分析』現代数学社．

・涌井良幸・涌井貞美，2003，『図解でわかる共分散構造分析：データから「真の原因」を探り出す新しい統計分析ツール』東京図書．

・豊田秀樹・前田忠彦・柳井晴夫，1992，『原因をさぐる統計学：共分散構造分析入門』講談社．

・豊田秀樹，1998，『共分散構造分析［事例編］：構造方程式モデリング』朝倉書店．

・山本嘉一郎・小野寺孝義編，2002，『Amosによる共分散構造分析と解析事例』ナカニシヤ出版．社会学での共分散構造分析の応用例も掲載された事例集．共分散構造分析を適用した分析結果から、いかに社会学的知見を導くかについてのヒントが得られる．

社会現象の時間的変化
の原因を探る

2-10 勤続と離職

ある社会事象が生じるまでの時間の長さを予測する：イベントヒストリー分析

稲田雅也

2-10-1 アメリカ社会と人種暴動

1960年代のアメリカでは、公民権運動の高まりとともに暴動が頻発した。1962年ミシシッピ大学が初めて黒人学生を迎えることに端を発した暴動、1965年ロサンゼルスの黒人居住地区で起きたワッツの大暴動は、公民権の歴史の中でも象徴的な出来事だった。政府は多発化、深刻化する状況をふまえ、原因究明のための調査委員会を組織する一方、社会学者による暴動の研究も重ねられた。

ただし、当時の研究の多くは、暴動の発生要因に関する定性的な考察が中心であった。定量的な分析への努力も重ねられたものの、「いつ」、「どこで」、「どんな」暴動が発生したのかという記述的な蓄積に主眼がおかれ、データに関する探索的な分析はほとんど行われていなかった。

この流れを転換したのが、S. スピラーマン（Spilerman 1970）である。彼は暴動の発生に、都市の非白人人口比率と合衆国内における立地（北部か南部）が、密接な関連をもっていることを定量的に示した。

さらに彼は当時としては意外な事実を「発見」した。

全米の673都市を1961年から68年における暴動の発生回数により分類し、発生回数と都市の数との関連を調べたところ、発生回数の分布が、確率分布の一種である負の二項分布にしたがうことを見いだしたのである（図2-10-1）。

当時、暴動の定量的研究といえば、記述統計量を算出することくらいだった。集合行動のような大規模社会現象について、天体観測のような規則性が見いだされるなど、考えがたかったのである。

2 社会現象の原因と結果をあきらかにする

都市数
出所：Spilerman（1970）より作成。

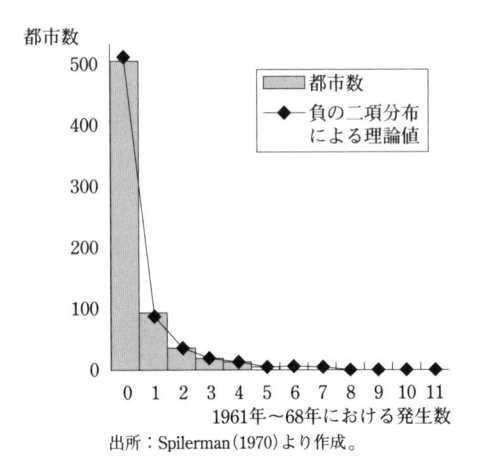

図2-10-1　人種暴動の発生数と負の二項分布

　スピラーマンがこのとき発見した確率分布への当てはめは、今日イベントヒストリー分析（Event History Analysis；略称EHA）として、社会学や他の社会科学で応用されている計量分析法に連なっていくものである[1]。

2-10-2　出来事をイベントとして記録する：時間的側面への注目

　イベントヒストリー分析が対象とする「イベント」とは、「ある社会状態から別の社会状態への遷移が、時間とともに意識される現象」のことをいう。暴動への関心の持ち方にはいろいろな形がある。このとき、平穏から騒乱へという社会状態の変化の、「どれくらいの頻度で」、「いつ」起きるかという側面に焦点が置かれると「イベント」と呼ばれる。
　イベントには、社会学におけるマクロやミクロといった分析レベルに応じ、社会レベル、集団レベル、個人レベルという3つの異なるレベルがある。暴動はもっとも巨視的な社会レベルに属する。このほかにも政権交代、流行の入れ

---

[1] イベントヒストリー分析は、時間に関連するデータを用いた計量分析に対する総称である。したがって「線形重回帰モデル」のような単一のモデルに対する呼称ではない。さらにこの呼称は社会学や他の社会科学特有のものである。自然科学とその応用分野では、生存時間分析（life time analysis）あるいは信頼性工学（reliability engineering）と呼ばれている。

替わり、うわさの広まり方といったことが社会レベルのイベントに含まれる。

集団レベルのイベントには、大企業の倒産や友人集団の発生と消滅といったものがある。個人レベルのイベントには、誕生、進学、就職、初めての結婚、離職、第1子出産、企業内昇進、離婚、職業からの引退といった例があげられる。

どのレベルであってもイベントを経験することを「イベントの発生」と呼ぶのが、イベントヒストリー分析における慣例となっている。

イベントをデータとして記述するには、大きく分けて2通りの方法がある。ひとつはスピラーマンのように一定期間内に観察されるイベントの「発生回数」を記録するもの、もうひとつはイベントが発生するまでの「時間の長さ」を記録する方法である。両者の間にはデータとしての本質的な違いはない[2]。というのは、暴動のようなデータが、長さ T の期間内におけるイベントの発生回数 k（>0, ただし整数）を記録しているならば、

$$\frac{T}{k}$$

は、「次のイベント発生までの（平均的な）時間」（期待値）を表し、「時間の長さ」と同じデータ形式とみなすことができるからである。

ただし、発生回数を記録する方法は、暴動など期間中に何度も発生する可能性があるイベントに関してのみ有効であることに留意しなくてはならない。もし、期間内に一度しか発生しないイベントであれば、この方法ではイベント発生の特徴をうまく把握できない。たとえば、社会移動研究では個人の職歴が重要なテーマとなっており、職歴を調べるために「離職」をイベントとして扱う（表2-10-1）。

ある人にとって同一の職場での「離職」は1度しか起きないイベントだから、一定期間内に何回発生するのかという前提そのものに意味がなくなってしまう。こうした場合には、代わりに「離職するまでの在職年数」を、時間に関するデータとして記録する。このような「時間の長さ」によって表現されるデータを、期間（duration）データと呼ぶ。なお、期間のことをしばしば「寿命（life time）」、さらにすべてのデータの値が、ある期間よりも長くなる確率のことを生存率

---

[2] ただし、発生回数は1回、2回、…と離散的な値しか取れないのに対し、期間データは連続量であるため、数学的な取り扱いには大きな違いがある。

表2-10-1 期間データの例（在籍年数別の離職者数 Yamaguchi (1991)）

入職後年数(n)	離職者数	n年目の勤続者数	入職後年数(n)	離職者数	n年目の勤続者数
0	9	390	16	2	59
1	30	380	17	1	51
2	47	348	18	1	46
3	34	298	19	3	39
4	28	256	20	2	29
5	16	222	21	1	23
6	16	195	22	0	21
7	17	172	23	0	19
8	7	142	24	0	19
9	6	127	25	0	16
10	12	114	26	1	15
11	2	97	27	0	12
12	5	91	28	0	11
13	3	81	29	1	10
14	3	73	30	1	9
15	3	66			

(survival rate）と呼ぶこともある。

どちらのデータ形式を選択するかは、対象となっているイベントによって決まる。

さまざまなレベルにおけるイベントの例を表2-10-2にまとめておこう。イベントヒストリー分析の対象は多岐にわたっていることがわかる。

以下の説明に際しては、暴動よりもデータが豊富であること、さらに以降に述べるセンサリング・データの説明を行う際には、期間データの方が理解しやすいといった理由から、日本の職歴研究における期間データを用いて説明していくことにしよう。

2-10-3 イベントの発生のしやすさを表現する：ハザード関数、生存関数

イベント・データによってイベントの「発生のしやすさ」を明らかにすることが、イベントヒストリー分析の目的である。その第一歩となるのが、イベント・データがしたがう確率分布を求めることである。

この分析では時間データを確率変数（random variable）とみなす点に最大の特徴がある。確率変数とは、どんな値を取るかがはっきりとせず、確率を併記

2-10 勤続と離職

表2-10-2 イベントヒストリーが対象とするイベントの例とデータとして記述される時間量の例

イベントの例	計測される時間概念
人種暴動	発生時点、発生頻度
流行現象の交代	初出から他の流行の出現まで
友人集団の崩壊	集団の結成から崩壊まで
企業の倒産	設立から倒産まで
初めての結婚	年齢
初めての出産	年齢、結婚後の経過年数
離婚	結婚期間
企業内昇進	入社年数、昇進前ポストの期間
転職	職場の在籍期間
死	死亡時の年齢

した形で表現されるデータのことである。ある確率変数に対して、それが出現する確率を関数の形で表現したものを確率関数（probability function）、もしくは確率密度関数（probability density function）という[3]。確率関数（確率密度関数）が決定されれば、データの分布が数学モデルとして把握されることになる。

ただし、これらの関数はそのままでは現実のイベント概念との結びつきがイメージしにくいため、「いつ発生するのか」を直観的に表現する、ハザード関数と生存関数という2つの関数が定義されている[4]。どちらも確率密度関数から理論的に導かれる。

ハザード率（hazard rate）とは、期間 T ならば T という「ある瞬間」におけるイベントの起きやすさを示し、その関数をハザード関数（hazard function）という。イベント・データの確率密度関数（慣習にしたがい $f(t)$ と書く）がわかっているなら、ハザード関数 $h(T)$ は、

---

[3] データが取りうる値は無数に存在するため、すべてを書き出すことはできない。したがって、関数という一般形で表現するわけである。確率関数とは離散的なデータの確率を計算するための関数である。期間データのように連続量の場合には、確率関数の代わりに確率密度関数（probability density function）が定義される。

[4] 工学系ではハザード関数のことを「故障率関数」と翻訳して使用するケースも多い。

2 社会現象の原因と結果をあきらかにする

$$h(T) = \frac{f(T)}{\int_T^\infty f(t)\,dt} \quad \cdots(1)$$

によって計算される。ハザード関数 $h(T)$ は理論上 0 から ∞ の値をとる。

一方の生存率は、「少なくとも期間 T まではイベントが発生しない確率」を表し、その生存関数 (survival function) $S(T)$ は $f(t)$ を用いて次のように計算される。

$$S(T) = \int_T^\infty f(t)\,dt \quad \cdots(2)$$

生存率は確率なので、0 から 1 までの値を取る。

二つの計算に用いた確率密度関数 $f(t)$ を、寿命分布の確率密度関数と呼ぶ。寿命分布の確率密度関数、ハザード関数、生存関数との間には、

$$h(t) = \frac{f(t)}{S(t)} \quad \cdots(3)$$

という関係がある（関数表現の慣例にならい $h(T)$ と $S(T)$ の T を小文字の t に書き直してある）。

(3)式は寿命分布の確率密度関数、ハザード関数、生存率（生存関数）のうち、どれかひとつさえわかっていれば、他の 2 つを導くことができることを示している。この関係はイベントヒストリー分析の数理を理解するうえで、もっとも重要なポイントである。

たとえば、$f(t)$ の形がわからないとき（実際の分析ではこうしたケースがほとんどである）、$S(t)$ を $h(t)$ だけを使って表すと、

$$S(t) = \exp\left\{-\int_0^t h(x)\,dx\right\} \quad \cdots(4)$$

を導くことができる。また、$f(t)$ を $h(t)$ だけで表記すると、

$$f(t) = h(t)\exp\left\{-\int_0^t h(x)\,dx\right\} \quad \cdots(5)$$

という形になる。

結局、イベントヒストリー分析のひとつの大きな目標は、データから期間 t の分布の理論的な表現を求めること、すなわち寿命分布の確率密度関数を求めることだと考えることができる。

寿命分布の数学モデルとして用いられる確率分布には、スピラーマンが暴動データの当てはめに用いた負の二項分布のほかにも、ポアソン分布、指数分布、ワイブル分布、ガンマ分布といったものがよく使われる。

2-10-4　センサリング・データ

イベント・データには、センサリング・データ（打切標本）の存在という、時間データ特有の留意点がある。センサリングとは期間データを記録する際に、観察対象となる事象がいつから始まったかが不明だったり、あるいは観察が途中で打ち切られてしまうことにより、イベント発生までの期間が完全に記録されていない状態をいう。どんな観測にも始まりと終わりが必ずある。ところが、期間データは性質上、データを得るまでに長い時間がかかってしまうため、そうしたサンプルがどうしても出てきてしまう。こうしたデータ収集時の技術的な理由により、期間に関する記録が不完全な状態がセンサリングである。

図2-10-2はセンサリングの概念を説明するものである。横軸が時間を表し、観察開始時点と調査時点を垂線で示している。図には①から⑤まで5つのサンプルがあり、④を除くとそれぞれ異なった時点（左端の◆で示される）から事象が始まっている。調査時点では①から④の各サンプルで、事象が終了し（右端の●で示されている）、イベント発生と期間の長さが記録される。ただし、④については、観察開始時点ですでに事象が始まっているため、観察開始時からイベント発生までの期間と、「センサリングあり」という情報が記録される。それに対して⑤では、まだイベントが発生しておらず、観測開始時点から調査時点までの期間と、「センサリングあり」という2つの情報がデータとして記録される[5]。

イベントヒストリー分析では、センサリング・データも積極的に分析へ用いる。もし、除外してしまうと、推定結果の信頼性に重大な問題が生じてしまう

---

[5]　④のようなデータを「左側センサリング」(left censored)、⑤のようなデータを「右側センサリング」(right censored) という。センサリングは不可避なことなので、改めて触れていない分析も多い。

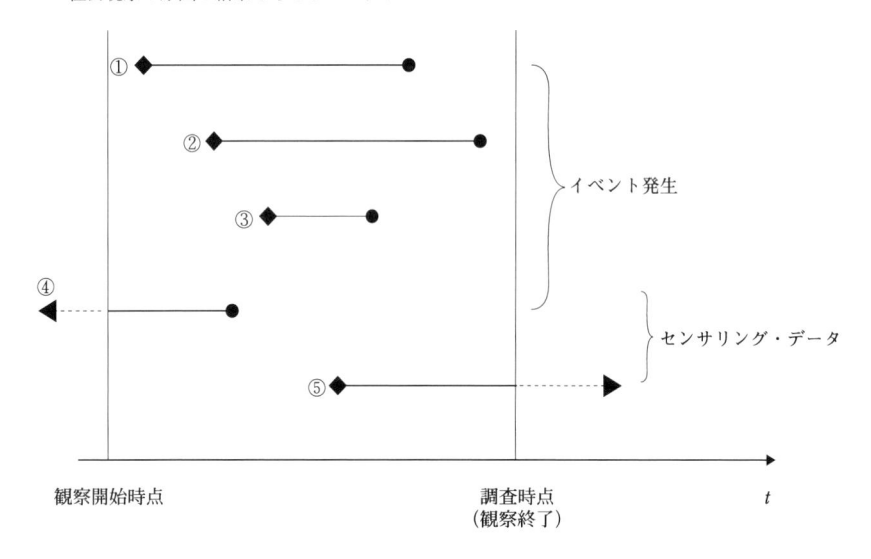

2　社会現象の原因と結果をあきらかにする

図2-10-2　イベントの発生とセンサリング・データの概念図

ためである。たとえば、期間の平均値を推定する際にセンサリング・データを無視してしまうと、平均を実際より短く推定してしまう可能性が高い。なぜなら、寿命分布は右裾に長い分布形状をする場合が多く、値の大きいサンプルほど打ち切りを受ける可能性が高いからである。

とはいうものの、センサリング・データでは事象がいつまで継続するのかが不明なのだから、分析から除外した方が推定結果の信頼性は高まるのではないか、という疑問もあるだろう。こうした疑問の多くは、データを推定するという作業に関する先入観を下敷きにしている。センサリング・データが推定のために提供する情報は、中途で打ち切られた期間の「値」ではない。あくまで「ある時点までは少なくとも打ち切られなかった」という情報である。値ではなく、そのような値でうち切られた標本が1つあるというデータの「数」なのである。

このことを確認するために、カプラン・マイヤー法と呼ばれる生存率の推定方法を紹介しよう。表2-10-3は架空の企業における10人の社員の、離職までの在籍年数を調べたものである。各表の1行目がデータを小さい順に並べた社員番号を、2行目が在籍年数を示している。値がカッコで囲まれているのは、調

表2-10-3 打ち切りデータを含んだ場合と含まない場合で生存率の値は変わる：カプラン・マイヤー推定量の例

A：打ち切りデータを含む場合の生存率の計算例（カッコで囲まれた値は打ち切りデータ）

社員番号	社員1	社員2	社員3	社員4	社員5	社員6	社員7	社員8	社員9	社員10	データの数
在籍年数	2	(4)	(6)	(8)	10	(12)	14	(16)	18	(20)	10
期間	0〜2	3〜10			11〜14		15〜18		19〜		
区間生存率	1.00	0.90			0.83		0.75		0.50		
生存率	1.00	0.90			0.75		0.56		0.28		

B：打ち切りデータを除外した場合の生存率の計算例

社員番号	社員1			社員5		社員7		社員9		データの数
在籍年数	2			10		14		18		4
期間	0〜2	3〜10		11〜14		15〜18		19〜		
区間生存率	1.00	0.75		0.67		0.50		0.00		
生存率	1.00	0.75		0.50		0.25		0.00		

査時にまだイベントが発生していないセンサリング・データを表す（6人いる）。彼らは入社以来勤続している社員である。

このとき、センサリング・データを除外しデータセットを作るとB表のようになる。データ数は4人である。まずB表を使って生存率――ある時点で勤続している人の割合――を求めてみよう。

入社後2年が経過するまでは4人全員が勤続しているから、生存率は1.0である。2年を越えて3年から10年の間は、2年目に「社員1」が離職し3人が在籍しているので、生存率は $\frac{3}{4}=0.75$ である。11年目から14年の間では、10年目に「社員5」が離職しているので生存率は $\frac{2}{3}=0.67$、入社から通算すると、入社後10年までに生存率は0.75となっているので、入社から14年後の生存率はこの区間生存率を掛け合わせて $\frac{3}{4}\times\frac{2}{3}=0.50$ となる。

以下同様にして計算していくと、入社から18年後までの生存率は $\frac{3}{4}\times\frac{2}{3}\times\frac{1}{2}=0.25$、入社から19年を過ぎると生存率はゼロということになる。

これに対しA表のようにセンサリング・データを生存率の計算に含めた場合はどうなるだろうか。入社から2年までは1.0とB表と変わらないが、3年か

ら10年までの区間生存率は、打ち切りを受けた「社員2」から「社員4」を含め、10人中9人が勤続しているので $\frac{9}{10}=0.9$ となる。さらに10年目までにこの3人が打ち切りによりいなくなり、勤続しているのは $10-1-3=6$ 人となる。このときセンサリング・データの値（注：個数ではない）は、区間生存率の計算には影響を与えない。10年目には残された6人のうち「社員5」の離職が確認されるので、11年から14年目までの区間生存率は $\frac{5}{6}=0.83$、入社後14年までの生存率は10年目までの生存率と11年目から14年目までの生存率を掛け合わせ $\frac{9}{10}\times\frac{5}{6}=0.75$ となる。同様の計算を行い入社後18年目までは0.56、入社から19年以降の生存率は0.28となる。

単純な比較でも計算結果に大きな違いがあることがわかる[6]。

次に実際の社会調査データを使い、センサリング・データを含めた場合と除外した場合とで、推定に違いが出ることを確認しておこう。

表2-10-4のA、B、C各列のデータは、表2-10-1のもとになった、1975年の「社会階層と社会移動に関する全国調査」（1975年SSM）から作成された、従業員数30〜299人の日本企業における離職者のデータである（Yamaguchi 1991 から表の一部を改変し引用）。さきほどと同様に、センサリング・データを生存率の計算に含んだときの値（D列）と、計算から除外したときの値（F列）が表示されている。図示すると、両者の違いがいっそう明らかになる（図2-10-3）。

打ち切りデータが取り扱えることは、イベントヒストリー分析が他の手法に対してもっている最大の特徴の1つである。

2-10-5　1975年SSM職歴データのイベントヒストリー分析

それでは、何種類もある確率分布の中から、どのようにひとつの分布を決めればよいのだろうか。これはスピラーマンが行ったように、分析者自身がデータとにらめっこしながら決めなくてはならない。分布のおおよその形を知るためにグラフを描くことはひじょうに有益である。確率分布の種類を決めたら、

---

[6] カプラン・マイヤー推定値は、数学的にも母集団の生存率の推定値として、信頼性の高いことが知られている。

2-10 勤続と離職

表2-10-4 離職者の在籍年数の分布(従業員規模30〜299人 1975年SSM調査；Yamaguchi (1991))

入職後年数(n)	離職者数 A	打ち切り数 B	打ち切り標本を含んだときのn年目の勤続者数 C	打ち切り標本を含んだときのn年後の生存率 D	打ち切り標本を除外したときのn年目の勤続者数 E	打ち切り標本を除外したときのn年後の生存率 F
0	9	1	390	0.974	264	0.966
1	30	2	380	0.892	255	0.852
2	47	3	348	0.764	225	0.674
3	34	8	298	0.656	178	0.545
4	28	6	256	0.569	144	0.439
5	22	5	222	0.500	116	0.356
6	16	7	195	0.441	94	0.295
7	17	13	172	0.364	78	0.231
8	7	8	142	0.326	61	0.205
9	6	7	127	0.292	54	0.182
10	12	5	114	0.249	48	0.136
11	2	4	97	0.233	36	0.129
12	5	5	91	0.208	34	0.110
13	3	5	81	0.187	29	0.098
14	3	4	73	0.169	26	0.087
15	3	4	66	0.151	23	0.076
16	2	6	59	0.131	20	0.068
17	1	4	51	0.118	18	0.064
18	1	6	46	0.100	17	0.061
19	3	7	39	0.074	16	0.049
20	2	4	29	0.059	13	0.042
21	1	1	23	0.054	11	0.038
22	0	2	21	0.049	10	0.038
23	0	0	19	0.049	10	0.038
24	0	3	19	0.041	10	0.038
25	0	1	16	0.038	10	0.038
26	1	2	15	0.031	10	0.034
27	0	1	12	0.028	9	0.034
28	0	1	11	0.026	9	0.034
29	1	0	10	0.023	9	0.030
30	1	1	9	0.018	8	0.027

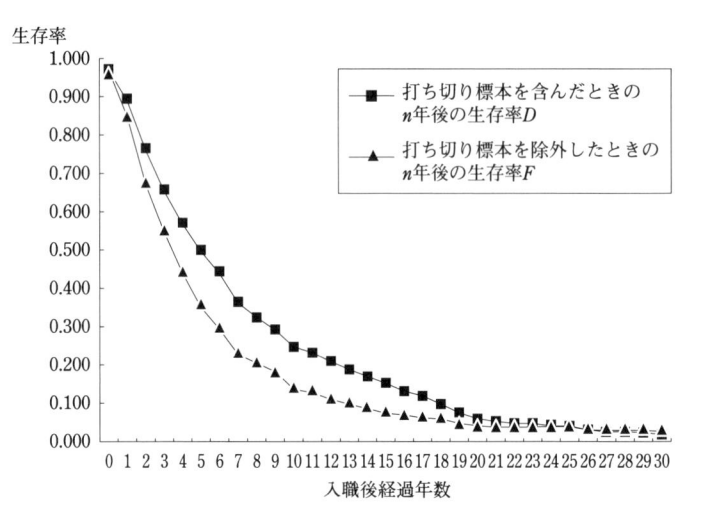

図2-10-3　表2-10-4のデータの生存率推定をセンサリングの有無によって行った結果：カプラン・マイヤー法による推定

分布の確率関数や確率密度関数の数式に含まれる未知の定数を、データを用いて推定する[7]。

データが特定の確率分布にしたがうと仮定した場合、平均や分散をどのようにして求めるのかを、表2-10-4のデータを用いて行ってみよう。

まず、データから度数分布図を作成し、標本平均と標本分散を計算する。表2-10-4のような度数分布表の場合には、階級値 T_i の標本数を f_i、階級の数を k、データの総数を n とすると、

$$標本平均\ \bar{T} = \frac{1}{n}\sum_{i=1}^{k} T_i f_i \quad \cdots(6)$$

$$標本分散\ s^2 = \frac{1}{n-1}\sum_{i=1}^{k}(T_i - \bar{T})^2 f_i \quad \cdots(7)$$

---

[7] たとえば、正規分布は確率密度関数

$$f(x) = \frac{1}{\sqrt{2\pi}\sigma} e^{-\frac{(x-\mu)^2}{2\sigma^2}}$$

で表現される。ここで未知のパラメータとは、μ と σ の2つである。

で計算される。それぞれ $\bar{T}=7.182$、$s^2=39.906$ となる。この値を寿命分布の平均や分散の推定値として用いる[8]。

次に図2-10-4をみると、最長勤続年数にはピークが1つだけあり、右裾に長い分布をしている。これに当てはまりそうな確率分布としてワイブル分布がある。ワイブル分布の確率密度関数は、

$$f(t) = \frac{m}{\alpha} t^{m-1} e^{-\frac{t^m}{\alpha}} \quad (t \geq 0) \quad \cdots (8)$$

によって表現され、m と α の2つのパラメータがある。このうち m は標本標準偏差と標本平均の比 $\frac{s}{T}$（変動係数という）がわかれば、数表によって与えられる。表2-10-4の $\frac{s}{T}$ を求めると0.8796、この値に対応する m はおよそ1.15となる。m が決まると(8)式における α の値が10.219と推定される。

そこでワイブル分布の密度関数(8)式に m と α の推定値を代入し、各階級値 T_i に対応する度数を計算してみると、図2-10-4の線グラフが得られる。

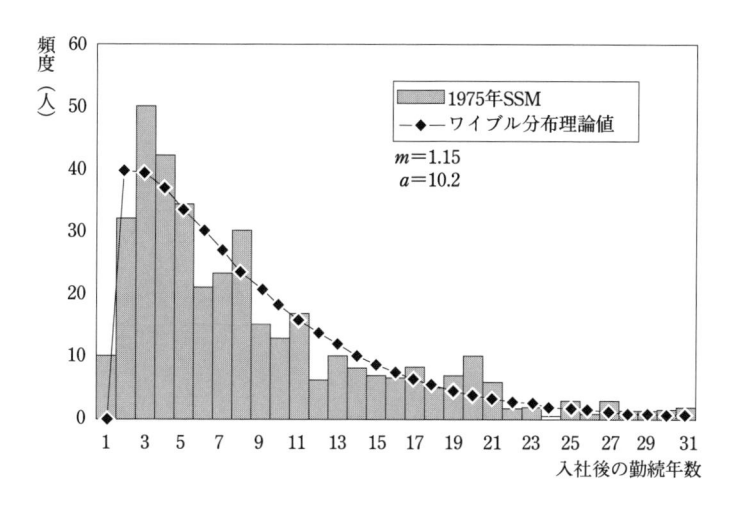

図2-10-4　勤続年数分布とワイブル分布との比較（表2-10-4のデータより作成）

---

[8] 推定において標本平均や標本分散が、分布の平均と分散の推定値として妥当なのかを確認する必要がある。一般に確率分布が仮定できる場合、標本値を母集団の推定値として使用して差し支えない（不偏推定量）。

2 社会現象の原因と結果をあきらかにする

　2つのグラフを比べてみると、なかなかあてはまりがよさそうである。
　ここでは期間データに対する確率分布の当てはめまでを示した。社会学におけるイベントヒストリー分析の多くは、いわゆる社会学的な変数が、期間データの分布にどんな影響を及ぼすかを知るために行われる。たとえば、大企業と中小企業の従業員とでは、どちらが離職する傾向が大きいのか、といったことである。このような要因を、イベントヒストリー分析では共変量（covariate）と呼んでいる。共変量の数学モデルへの組み込みに関しては、真壁肇ほか（真壁肇・宮村鐵夫・鈴木和幸 1989）、K. ヤマグチ（Yamaguchi 1991）などの文献を参考にしてほしい。

【今後の学習のための文献案内】

・真壁肇，1987，『信頼性データの分析』岩波書店．
　　数理をきちんと理解したい人に向いている．工学系の書籍だが比較的読みやすい．

・真壁肇・宮村鐵夫・鈴木和幸，1989，『信頼性モデルの統計解析』共立出版．
　　工学分野の解説書だが，数式展開をより厳密に辿りたい人に向いている．共変量を取り込んだ代表的なモデルである Cox 回帰モデルについても触れられている．

・大橋靖雄・浜田和久馬，1995，『生存時間解析』東京大学出版会．
　　医学分野におけるデータ分析の参考書である．

・Yamaguchi, K., 1991, *Event History Analysis*, Sage.
　　社会科学を学ぶ人のために書かれた参考書の中では，もっとも網羅的な一冊である．

2-11 アノミーと犯罪

時系列データから社会現象を予測し原因を調べる：ARIMA モデル

高田 洋

2-11-1 殺人の原因は犯罪機会かアノミーか

　第二次世界大戦後から1970年代にかけて、米国では、若年男性人口の増加と共に、殺人率が上昇するという現象が観測された。この現象に関して、L. E. コーエンとK. C. ランドをはじめとした何人かの社会学者は、犯罪機会説による説明を試みている（Cohen and Land 1987）。犯罪機会説は、犯罪の発生を若年男性の下位文化に結びつけたものであり、若年男性層は、犯罪の機会に遭遇しやすいライフスタイルを送っているので、犯罪の被害者にも加害者にもなりやすいと論ずる。この説に従えば、若年男性人口の増加が、直接的に、犯罪の増加と結びつくことになる。

　若年層と犯罪の関係はよくいわれがちなことである。しかし、このような関係は、他の国や時代においては必ずしも普遍的にみられることではない。R. ガートナーとR. N. パーカーは、日本を含む4カ国について、国内の若年男性人口比の殺人率への影響を分析した（Gartner and Parker 1990）。「議論の余地のないもの」として暗黙に前提とされていた「若年男性人口が多いことが殺人の機会を増やす」という犯罪機会説の議論を、継時的なデータを用いた分析によって検証し、反論を行ったのである。日本については、1901年から1970年までのデータから、若年男性人口比と殺人率との間に正の関係がないことを示している[1]。

1　他の3カ国の分析は、英国（イングランド＋ウェールズ、スコットランド）、イタリア、米国について行われており、若年男性人口比と殺人率の正の関係が見られたのは、米国に強い関係、イングランド＋ウェールズに弱い関係のみであった。

2 社会現象の原因と結果をあきらかにする

　それでは何が原因なのだろうか。E. デュルケームのアノミー論を拡張した R. マートンによれば、過度な目標の強調と、手段の利用可能性の低さこそが、逸脱行動の原因である（Merton [1949]1957）。平均的には豊かな社会になっているのに、成功への機会が開かれていなければ、逸脱行動への誘引となる。この説に従えば、殺人という逸脱行動の原因は、手段の利用可能性の低さ、例えば、機会の不平等にある。この説が正しいかどうかを、後の分析で検討してみよう。

　ここでは、戦争の影響を除いて現在までを検証するために、1960年から2000年までの継時的データで、殺人率の原因を分析してみる。検証すべき課題の第1は、若年男性人口と殺人率の正の関係が成り立つかどうかである。第2は、犯罪機会説とアノミー論のどちらが殺人率をうまく説明できるのかである。

　以下では、まず継時的データのグラフをみることからはじめ、その特徴についての解説を行う。その後に、殺人率と若年男性人口の年次推移をそれぞれ1変量ずつ予測し、次に、殺人率と若年男性人口の2変量の関係を分析していく。最後に、分析を多変量に拡張し、犯罪機会説とアノミー論のどちらの説が正しいのかを検討する。

2-11-2　殺人率と若年男性人口比の年次推移をグラフで確認する

　継時的データを分析するためには、グラフによって推移を確認することが第1である。殺人率と若年男性人口比の日本における年次推移を、それぞれ図2-11-1に示したグラフでみてみよう[2]。図のように時間によって順序付けられたデータを時系列データと呼ぶ。

　図2-11-1の上は、1960年から2000年までの日本の殺人率である。殺人率は100万人当たりの殺人罪での検挙人数を用いている[3]。大きな流れでは減少傾向

---

[2]　データの出所：殺人率；『昭和49年の犯罪』『昭和56年の犯罪』『平成2年の犯罪』『平成11年の犯罪』（以上、警察庁『犯罪統計書』）、および Archer and Gartner（1984）、人口・若年男性人口；総務省統計局『日本統計年鑑』。

[3]　検挙人数を用いるのは、ガートナーらの研究と同じ指標を用いて比較可能にするためである。『犯罪統計書』には、他に殺人の認知件数と検挙件数の統計が取られている。逸脱の分析のためには、行動に至ったことに焦点が当てられているために、件数よりも人数の方がふさわしい。本来は、認知殺人者人数が最もふさわしいが、検挙されていない殺人事件の犯人の人数は特定できない。また、1960年から2000年までの検挙率は、96%から98%の間を推移していて、あまり変化がなく、検挙人数と認知件数のどちらを用いても結果は大きく変わらないと思われる。

2-11 アノミーと犯罪

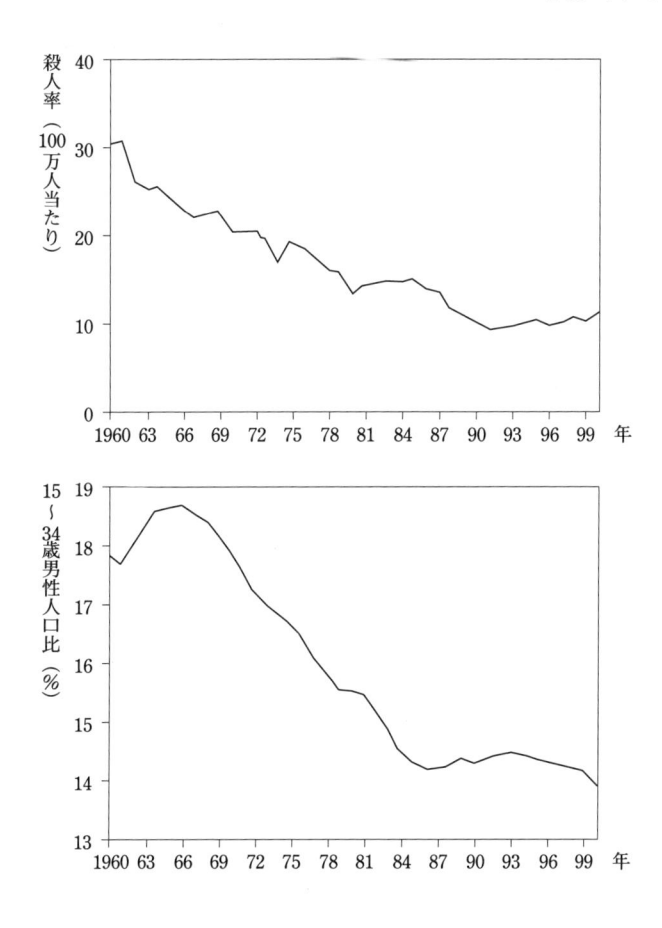

図2-11-1　日本の殺人率・若年男性比率の年次推移（1960～2000年）

にあることがわかる。60年代には100万人当たり30人以上にもなる年があったが、90年代には総じて10人以下にまでなっており、60年代に比べれば、殺人に遭遇する確率は3分の1程度まで減少している。

　他方、図2-11-1の下は、若年男性人口の全人口に占める比率である。若年男性の年齢は、15歳から34歳としている。ガートナーらは、コーエンらによって若年層の下位文化の担い手とされた15歳から34歳までを、若年男性人口として用いているので、ここでもそれに倣っている。図をみると、少子化の影響もあ

213

り、若年男性人口はベビーブーム生まれをピークとして急激に減少していることがわかる。

このように、殺人率と若年人口は、どちらも減少傾向にあることがグラフからよみとれる。両者がともに減少しているということは、若年層が少ないときは、殺人も少ないことを示しているから、若年人口が増加すれば殺人率も上昇すると解釈してもよいようにも思える。つまり、若年人口と殺人率は、一方が増えると、他方も増えるという正の関係にあるようにみえる。しかし、このように結論するにはもう少し詳細にデータを検討する必要がある。なぜなら、グラフをみただけでははっきりしないことがいくつかあるからである。

まず、グラフをよくみると、殺人率と若年男性人口の減り方が異なっている。時点によっては、一方が減少しているのに、他方が増加しているところもある。正の関係といえるためには、ある時点で一方の変数が減少すれば、他方も減少するといえなければならないが、そもそも、それぞれの変数が、次にどのように動くと予測されるのかがグラフだけではわからない。

さらに、変数間の関連性もグラフだけでは特定できない。上で述べたように、時点によっては正負の関係が逆転していたりするし、関連性の強さはどのくらいなのかも判断することができない。また、どちらが先行しているのかも問題である。殺人率と若年人口の場合は、殺人が若年人口を左右するほどの影響を及ぼす戦争などの状況を除いて、殺人率が原因で若年人口が増減することは平時にはあまり起こらないことであると推察される。しかし、他の現象を考えるときには、どちらが原因でどちらが結果かは重要な課題となる。さらに、どれくらいの時間をおいて影響が現れてくるのかも問題である。グラフは大きな流れをつかむために有効である。しかし、グラフだけでは、このような問いに厳密に答えることができないのである。

以下では、このグラフでの検討の限界を超えて「時間的推移」を計量的に扱う方法を解説する。社会学においては、社会的な現象の継時的な推移を予測したり、また、変数の因果関係に時間推移を仮定せざるを得ない場合が多くある。こうした「時間的推移」を扱う分析道具がARIMAモデル（Auto Regressive Integrated Moving Average model：自己回帰和分移動平均モデル）である。

2-11-3　時系列データの特徴

　さて、分析モデルの説明をする前に時系列データの特徴を押さえておく必要がある。その特徴のために、時系列データは、そのままでは通常の統計的分析を適用できないからである。なぜ、通常の統計的分析が通用しないか、その理由を説明しよう。

　まず、時系列データの平均をとることを考えよう。時系列データの問題は、どの時点までの平均をとるかによって、平均が異なってしまうことにある。例えば、殺人率のように徐々に減少していくような時系列データの場合、データの開始時点から、ある中間時点までの平均は、図2-11-2のように、それより後までの平均よりも大きくなる。殺人率の場合、1960年から1980年までの平均と、1960年から2000年までの平均では、前者の方が大きくなる。時系列データでないデータの場合、ランダム・サンプリングで集められたならば、サンプル全体の平均と、そこから半分を抽出した平均は、それほど変わらない。もしも、変わっていたらランダムでないということになるだろう。時系列データの平均値は、どこまでの平均をとるかに依存することになるので、ランダムなデータとは取り扱いが異なるのである。

　時点によって平均が変わってしまうのは、時系列データは、徐々に減少していたり、徐々に増加していたり、ある時間までは増加しその後は下がったりな

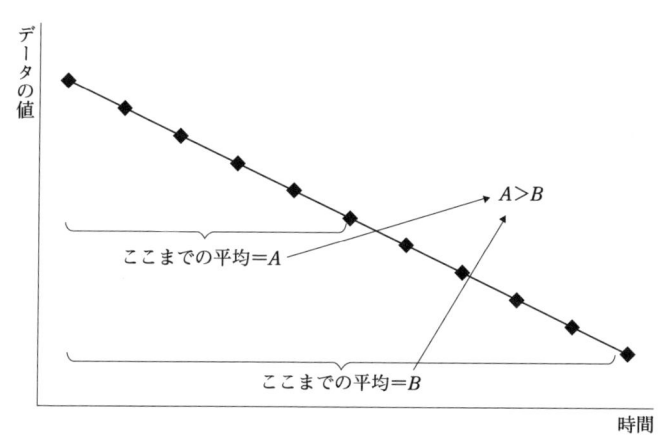

図2-11-2　トレンドを持つデータの平均値は、どこまでの平均を取るかに依存する

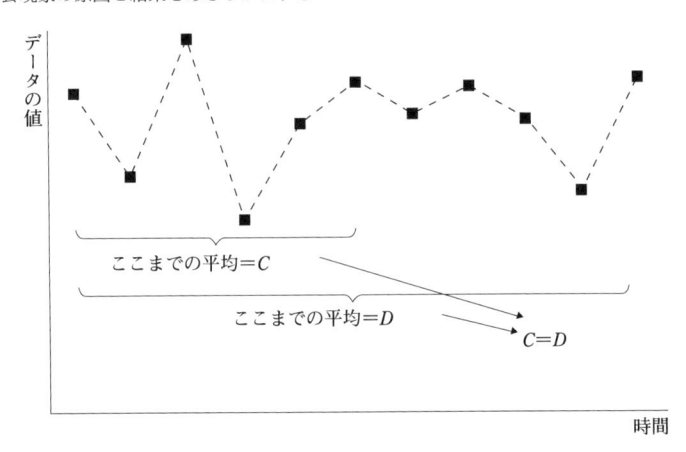

2 社会現象の原因と結果をあきらかにする

図2-11-3 トレンドを持たないデータの平均値は、どこまでの平均を取るかに依存しない

ど、時間的な流れをもっているからである。つまり、時系列データは過去と関連して動く。このような動きの流れのことをトレンドという[4]。

もしも、データにトレンドがないならば、ある時点のデータは、過去のデータと関係のないランダムな形になる。この場合は、図2-11-3のように、どの時点で平均をとっても同じである[5]。

2-11-4 殺人率と若年人口比を予測するモデルを作る：ARIMAモデルの概要とボックス＝ジェンキンズ法

ARIMAモデルの特徴は、自己回帰（AR）・和分（I）・移動平均（MA）の3つの方法を用いて、時系列データをランダムなデータに変換することにある。W. ヴァンデールはそれを図2-11-4のようなフィルターにたとえている（Van-

---

[4] 「トレンド」は、日本語では「趨勢」または「傾向」と訳される場合がある。
[5] 時系列データのように、トレンドを持っているデータのことを非定常データ（または非定常系列）という。トレンドのないランダムデータのことを定常データ（または定常系列）という。データが定常であるとは、次の3つの条件を満たしていることをいう。第1は、ここで説明したように、平均が時点に依存しないこと、第2は、分散が時点に依存しないこと、第3は、自己相関が時点には依存せず、時点の間隔にのみ依存することである。自己相関とは、同じ系列の同間隔のデータの組の相関である。

daele, 1983)。誤差がランダムになるように3つのフィルターをかけるのである。ランダムな誤差はホワイトノイズ[6]ともいう。

　ARIMAの「Ｉ」の「和分」の部分は、連続した隣りあったデータの差をとって新しいデータ系列を作ることを意味する。これを連続差分をとるという。例えば、図2-11-5の実線のような増加傾向のトレンドをもっているデータでも、同じような間隔で増加するならば、隣り合った時点の差をとった図2-11-5の破線のような新しくできたデータは、トレンドのないデータになる。

　1階の連続差分とは、連続した隣り合ったデータの階差をとり、新しい系列を得ることである。2階の差分は、1階差分の新しい系列のさらに階差をとることである[7]。通常の時系列データの大部分は、1階の階差で十分であり、2階の階差でほとんどのトレンドを除去できる。この過程が、和分過程と呼ばれるのは、差を足していけば元のデータに戻るということに由来する。

　自己回帰（AR）と移動平均（MA）は過去の影響をモデル化する。自己回帰は、現在のデータが過去のデータから影響されるというモデルであり、移動平均は、現在のデータが過去の誤差から影響されるというモデルである。つまり、現在を説明するものは、過去のデータか、過去のデータから説明できない部分（誤差）か、または、その両方か、そのどちらでもないと考えるのである。ARIMAモデルは、自己の過去から得られる情報を元に未来を予測するという構造をもっている。

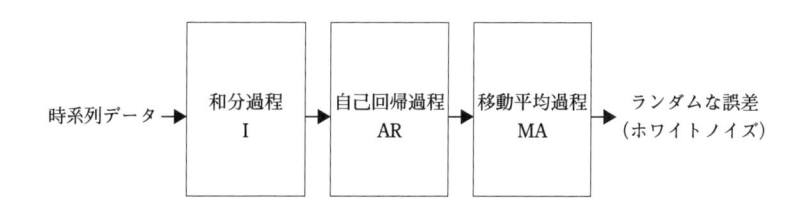

図2-11-4　ARIMAフィルター（Vandaele 1983＝1988：11をもとに加筆）

---

[6] ホワイトノイズというのは、ランダムな誤差を時系列にプロットしたときのスペクトルが光の白色と同じであることからきている。
[7] 階差を取るたびに、時点データの数が1つ減るので、分析の際には、多くの時点サンプルを確保するなど、注意が必要である。

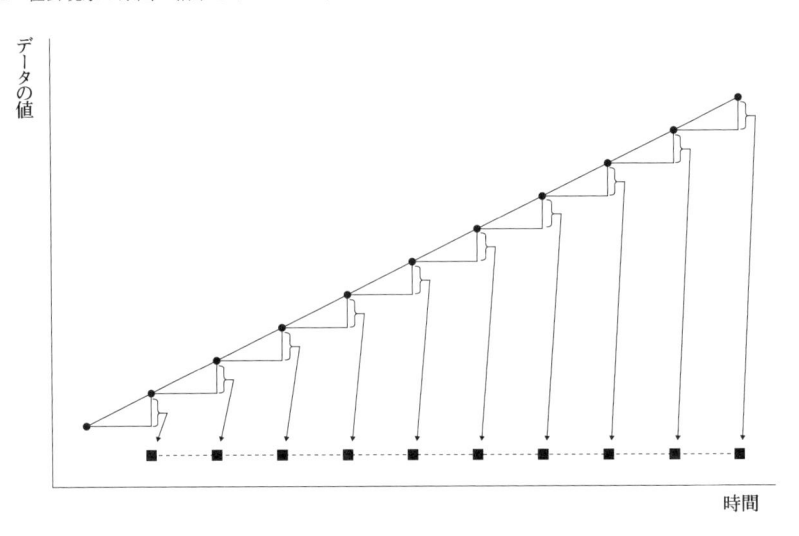

2 社会現象の原因と結果をあきらかにする

図2-11-5 階差をとって新しい系列をつくる

　1期前の過去のデータから影響される部分を1階の自己回帰といい、1期前の誤差から影響される部分を1階の移動平均という。2期前までを考えるならば2階である。もちろん1階の自己回帰と2階の移動平均をもつモデルという場合もありうる。

　ARIMA (p, d, q) は、p 階の自己回帰、d 階の和分過程、q 階の移動平均を表す。w_t が d 階の階差から得られた系列であるならば、次式は ARIMA (p, d, q) モデルをあらわす。

$$\begin{cases} w_t = \mu' + \sum_{i=1}^{p} \phi_i w_{t-i} + e_t & (p \geq 1,\ q=0) \\ w_t = \mu' + e_t - \sum_{j=1}^{q} \theta_j e_{t-j} & (p=0,\ q \geq 1) \\ w_t = \mu' + \sum_{i=1}^{p} \phi_i w_{t-i} + e_t - \sum_{j=1}^{q} \theta_j e_{t-j} & (p \geq 1,\ q \geq 1) \end{cases} \cdots (1)$$

　ここで、e は誤差、t は時点、μ' は切片を表す。ϕ は自己回帰係数、θ は移動平均係数である。θ の係数は負の符号で書くことになっているので注意が必要である。移動平均は、現在の誤差が過去の誤差から影響されるというモデルであり、それを自己回帰と統一的に扱えるように書き直したので、符号が負に

p と d と q の値は、0以上の整数ならばいくつでもよいが、明瞭さの点では少ない階数で説明できることが望ましい。実際には、p と d と q の値は2以下でほとんどの時系列データに適用できる。結局 $3^3=27$ 通りまでのモデルを考えることでほとんどの時系列データをモデル化できる。

　ボックス＝ジェンキンス法は、ARIMAモデルを適用する際の一連の手続きを示したもので、同定・推定・予測の3つの部分に分かれる。図2-11-6は、その見取り図を示している。主に考慮すべき事柄の概略のみを図に示した。

　モデルの同定はARIMAの階数（p, d, q）を決めることである。次に、ϕ や θ の係数や統計量の推定を行い[9]、その診断をする[10]。予測の詳細は省略するが、ARIMAモデルは短期的な予測をかなり正確に行う。

　表2-11-1は、殺人率と、若年男性人口比のそれぞれについて、ボックス＝ジェンキンズの方法によって、ARIMAモデルを同定し、推定した結果である。殺人率については、1階の差分のみのモデルが、若年男性人口比については、1階の差分と1階の自己回帰のモデルが同定された。これはガートナーらの分析結果と同じモデルであった。図2-11-7は、予測値と観測値をプロットしたものであるが、かなりよく予測されていることがわかる。このように、ARIMAモデルを構成することにより、それぞれの変数がどのように動くかを予測することができるようになるのである。

---

[8] 1階の移動平均のモデルは w_t について解くと、

$$w_t = \mu' + e_t - \theta_1 e_{t-1}$$

であるが、これを e_t について解くと、

$$e_t = w_t - \mu' + \theta_1 e_{t-1}$$

である。移動平均のみのモデルの場合、切片は平均と一致するので、これは現在の誤差が、データの平均からの偏差と、過去の誤差からなるということを表している。移動平均はこのような考え方から成り立っているので、符号が負になっているのである。

[9] 最小2乗法や最尤法で行う。ヴァンデールは、「実際的な観点からは、時系列データからモデルを推定するときにはまず最小2乗法を使い、次に最尤法を最終モデルに適用することを勧める」（Vandaele, 1983＝1988：126-127）と述べている。

[10] 推定法や検定統計量、ボックス＝ジェンキンズ法の手続き、表2-11-1の統計量などについての詳細は、ヴァンデール（Vandaele 1983＝1988）を参照。

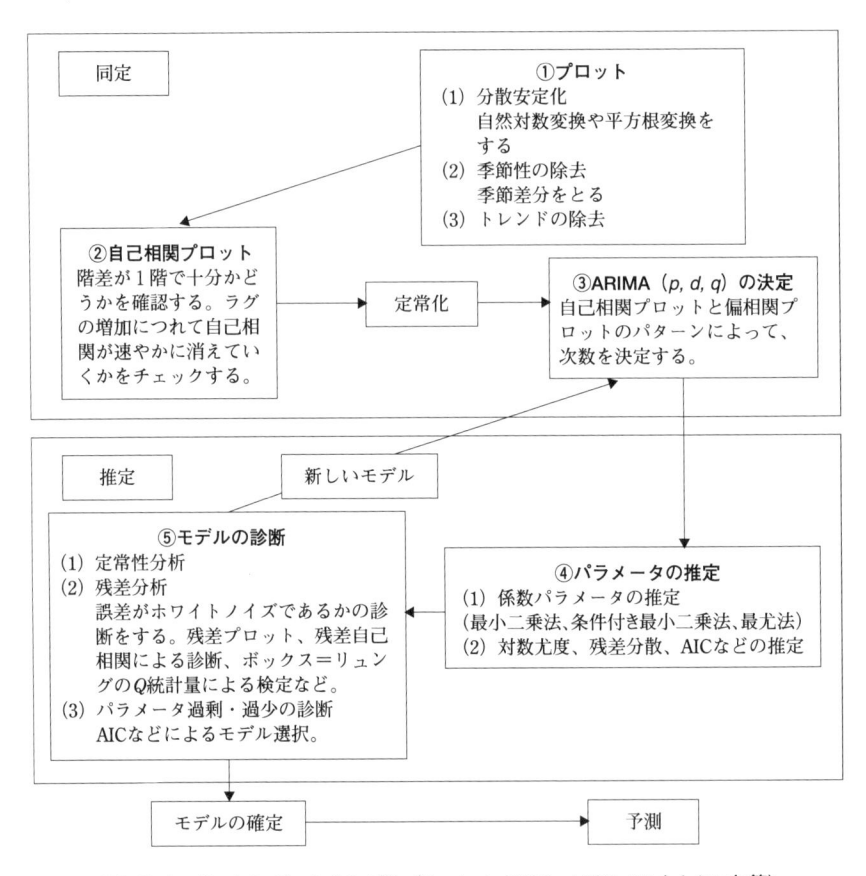

2 社会現象の原因と結果をあきらかにする

```
[同定]
  ①プロット
    (1) 分散安定化
        自然対数変換や平方根変換をする
    (2) 季節性の除去
        季節差分をとる
    (3) トレンドの除去
  ↓
  ②自己相関プロット
    階差が1階で十分かどうかを確認する。ラグの増加につれて自己相関が速やかに消えていくかをチェックする。
  → 定常化 →
  ③ARIMA（p, d, q）の決定
    自己相関プロットと偏相関プロットのパターンによって、次数を決定する。

[推定]
  新しいモデル
  ⑤モデルの診断
    (1) 定常性分析
    (2) 残差分析
        誤差がホワイトノイズであるかの診断をする。残差プロット、残差自己相関による診断、ボックス＝リュングのQ統計量による検定など。
    (3) パラメータ過剰・過少の診断
        AICなどによるモデル選択。
  ←
  ④パラメータの推定
    (1) 係数パラメータの推定
        （最小二乗法、条件付き最小二乗法、最尤法）
    (2) 対数尤度、残差分散、AICなどの推定

  → モデルの確定 → 予測
```

図2-11-6　ボックス＝ジェンキンズ法（Vandaele 1983＝1988：68 をもとに加筆）

2-11-5　殺人率と若年人口比の相関を調べる：交差相関

　ここまでは、一変量のみの時系列を考えてきたが、次に、複数の時系列データ間の関係を考えよう。ここでは、相関関係を表すものとしての交差相関と、因果関係を表すものとしての伝達関数モデルついて解説し分析例を示す。時系列分析の文脈では、予測に重点がおかれるために、先行する変数や独立変数は先行指標とも呼ばれる。

　交差相関は、2つの時系列データの相関である。遅れた効果（ラグ効果）も含

2-11 アノミーと犯罪

表2-11-1 殺人率と若年男性人口比の ARIMA 分析結果

				係数	(定数)	
殺人率	対数尤度	−64.114	B	−.482		
同定モデル	残差分散	1.481	$S.E.$	.192		
ARIMA (0, 1, 0)	$d.f.$	39	T-ratio	−2.506		
			p	.017		

				係数	(定数)	AR1(1階の自己回帰)
若年男性人口比	対数尤度	30.024	B	−.113	.751	
同定モデル	残差分散	.013	$S.E.$	.069	.106	
ARIMA (1, 1, 0)	$d.f.$	38	T-ratio	−1.655	7.106	
			p	.106	.000	

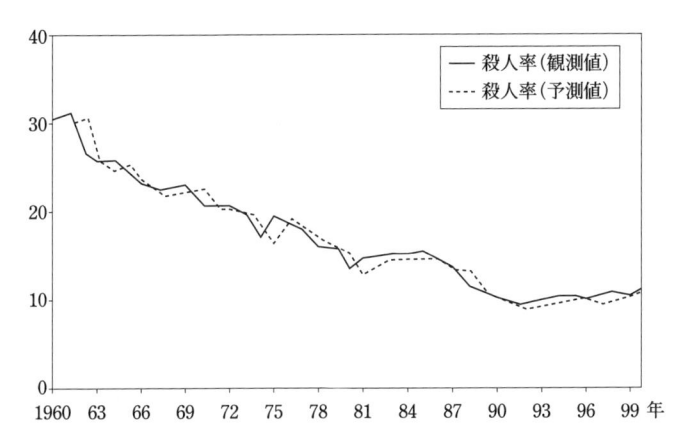

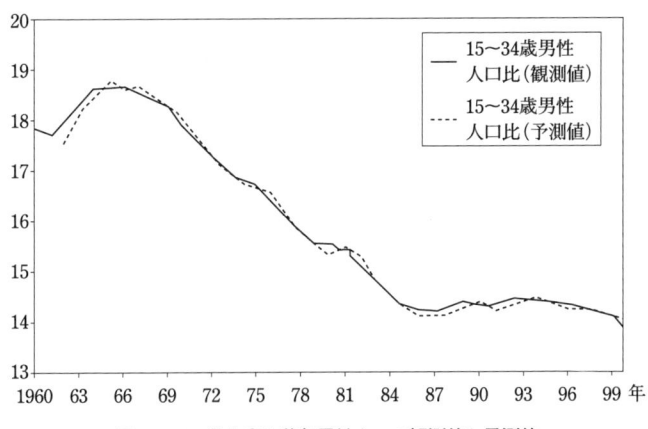

図2-11-7 殺人率と若年男性人口の観測値と予測値

めて推定することができる。いま、時系列データ x_t と y_t があるとする。交差相関は、k 期のラグでずらしたこの 2 変数間の相関になる。

交差相関は、プラスとマイナスの両方のラグをもつ相関を計算する。図 2-11-8 のように、k が 0 より大きいときは、x_t が y_t よりも k 期先行している相関を、k が 0 より小さいときは、y_t が x_t よりも k 期先行している相関を、0 のときは同時の相関を表している。そのようにずらして相関をとるので、ラグがプラスとマイナスで対称にならない。そして、相関の大きさにより、どちらが先行する指標になっているかを調べることもできる。計算される相関係数の意味は、通常の相関係数と同じである。

交差相関を分析する変数はあらかじめ ARIMA でモデル化しておく。交差相関をとる各々の変数に自己相関がある場合、両者の間に見せかけの交差相関が得られる場合がよくみられるからである。ARIMA フィルターをかけて、自己相関がないようにしておくことが望ましい。これをプリホワイトニングという[11]。また、自分自身で説明できる部分をあらかじめ除いておくことで、変数

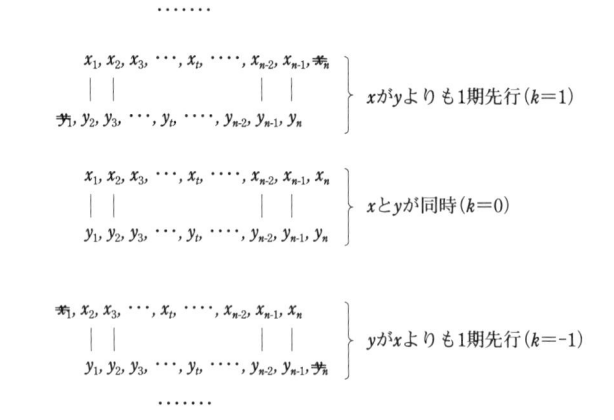

....
$x_1, x_2, x_3, \cdots, x_t, \cdots, x_{n-2}, x_{n-1}, \cancel{x_n}$
│ │　　　│ │
$\cancel{y_1}, y_2, y_3, \cdots, y_t, \cdots, y_{n-2}, y_{n-1}, y_n$ ⎫ x が y よりも 1 期先行 ($k=1$)

$x_1, x_2, x_3, \cdots, x_t, \cdots, x_{n-2}, x_{n-1}, x_n$
│ │　　　│ │
$y_1, y_2, y_3, \cdots, y_t, \cdots, y_{n-2}, y_{n-1}, y_n$ ⎫ x と y が同時 ($k=0$)

$\cancel{x_1}, x_2, x_3, \cdots, x_t, \cdots, x_{n-2}, x_{n-1}, x_n$
│ │　　　│ │
$y_1, y_2, y_3, \cdots, y_t, \cdots, y_{n-2}, y_{n-1}, \cancel{y_n}$ ⎫ y が x よりも 1 期先行 ($k=-1$)
....

図 2-11-8　交差相関

11　ヴァンデールは次のように述べている（Vandaele 1983＝1988：306）。「データをプリホワイトニングするということは、はじめに各時系列データに適当な 1 変量モデルをあてはめて、次に第 2 段階としてその残差として出てくるホワイトノイズに近い系列に関して交差相関を求めることである。この接近法は新しいように見えるけれども、多くの研究者は、データを分析する前に、すでに原データから季節変動やトレンドを取り除いたり、あるいはデータの動きを説明するモデルをあてはめたりしており、これらの操作もプリホワイトニングの一種と考えることができる」。

表2-11-2 若年男性人口比を先行指標とした殺人率との交差相関係数

年	同時	ラグ1年	ラグ2年	ラグ3年	ラグ4年
1901—1970[1)	−.230	.140	−.140	.100	−.050
1960—2000[2)	−.500*	.084	.088	−.138	.035

注1) 1行目の分析は Gartner and Parker (1990) の分析結果であり、殺人率は ARIMA (0, 1, 0)、15～34歳男性人口比は ARIMA (1, 1, 0) で推定している。
注2) 2行目の分析は、表2-11-1の分析結果に従い、1行目と同じく、殺人率は ARIMA (0, 1, 0)、15～34歳男性人口比は ARIMA (1, 1, 0) で推定した。
*は5％水準で有意

間の関係を明確にするという積極的な意義もある。

表2-11-2は、殺人率と若年男性人口比の交差相関係数を推定している。表2-11-1の ARIMA モデルの分析結果をうけてプリホワイトニングがそれぞれ施されている。若年男性人口比を先行指標としたラグの相関係数が表に示されている。ラグをもった相関で有意なものはなかった。同時の相関は、ガートナーらの分析では有意ではなかったが、1960年から2000年では負の相関がみられる。犯罪機会説のいうような若年男性層と殺人率の正の関係の根拠はなく、むしろ同時の相関は負の関係であり、交差相関の分析はこの説を支持しない。

2-11-6 殺人率の原因を探る：伝達関数モデル

伝達関数モデルは、時系列分析を多変量の時系列データに拡張したものである。このモデルでは、回帰分析と同じように、独立変数と従属変数の関係を明らかにする。伝達関数モデルは、一般的なモデルであり多くのモデルの総称であるが、ここでは、そのモデルの特殊な場合であるが、実際にはよく用いられる1階の自己相関誤差項をもつ重回帰モデルを説明する。

まず、以下は、従属変数 y に対する独立変数 x の通常の重回帰式に、時間 t を表す添え字をつけて書き直したものである。

$$y_t = \sum_{i=1}^{m} b_i x_{it} + e_t \quad \cdots (2)$$

この場合、誤差 e はランダムであり、系列的な相関をもっていないと仮定されている。通常の回帰分析おいて誤差に系列相関が存在すると、推定の結果に誤りが生じる[12]。もし、誤差が系列相関をもつとされた場合、次のように誤

2 社会現象の原因と結果をあきらかにする

差項を1階のラグをもつ誤差によって回帰させたモデルを用いると、多くの場合、系列相関を回避できる。時系列 y_t と x_t について

$$\begin{cases} y_t = \sum_{i=1}^{m} b_i x_{it} + e_t \\ e_t = \phi e_{t-1} + u_t \end{cases} \cdots (3)$$

が、1階の自己相関誤差をもつ重回帰モデルといわれる。この場合の u_t は誤差でありランダムになる。

実際に分析してみよう。殺人率に影響を与えるものは、若年人口なのだろうか、それとも機会の不平等なのだろうか。

一人当たりのGNI（国民総所得）・大学進学率・失業率を若年男性人口比と共に加えて、1965年から2000年までのデータについて分析を行う[13]。GNIは豊かさの指標として、進学率と失業率は機会の指標として用いる。

表2-11-3は殺人率の要因を分析した結果である。左側が通常の重回帰分析、右側が1階の自己相関誤差をもつ重回帰分析の結果である。

図2-11-9のコレログラム（誤差の自己相関プロット）には、ボックス＝リュング検定の信頼限界が表示されている。グラフの棒が信頼限界を越えているものは、誤差の系列相関の疑いがある。上の図のいくつかのラグで信頼限界を超えているところがあり、系列相関の疑いがある。この場合、通常の回帰分析では分析結果が誤っている可能性がある。図の下の自己相関誤差をもつ重回帰モデルになると信頼限界を超えているところがなくなり、モデルが改善されていることがわかる。

2つの分析手法の分析結果は似通っていて、平均所得が負の効果、失業率が正の効果であることは同じであるが、モデルの改善の結果、自己相関誤差をもつ方の結果がより効果がはっきりとしていることがわかる。表2-11-3をみると、右の方が、残差平方和が小さくなっているし、非有意な変数はより非有意に、有意な変数はより有意な検定結果になっている。

---

[12] ダービン＝ワトソン比と残差分析は、誤差が無相関であるかどうかを検定する。ダービン＝ワトソン比が2より離れていると、系列相関の疑いがある。また、残差分析は、誤差の自己相関がホワイトノイズであるかどうかをボックス＝リュングのQ統計量によって検定する。系列相関についての詳細は、G.S.マダラ（Maddala 1992）を参照のこと。

[13] データの出所：一人当たりのGNI（世界銀行のアトラス法）；World Bank（2002）、大学進学率；文部科学省『文部科学統計要覧』、失業率；総務省統計局『日本統計年鑑』。

表2-11-3 殺人率の重回帰分析

独立変数	重回帰				自己相関誤差をもつ重回帰			
	B	S.E.	t	p	B	S.E.	t	p
(定数)	−.024	.019	−1.261	.217	−.019	.013	−1.504	.143
15〜34歳男性人口比	−.980	1.158	−.847	.404	−.451	.830	−.543	.591
大学進学率	.166	.309	.537	.596	.042	.222	.190	.851
完全失業率	.255**	.124	2.052	.049	.290**	.103	2.813	.009
一人当たりGNI	−.185*	.103	−1.792	.083	−.183**	.074	−2.466	.020
AR1（1階の自己相関誤差）	−	−	−	−	−.425**	.170	−2.505	.018
Durbin-Watson比	2.664				−			
残差平方和	.103				.087			
n	35				35			

*は5％水準で有意
**は1％水準で有意

　殺人率の影響要因として、若年人口比、大学進学率、完全失業率、平均所得を同時にモデル化すると、若年層と大学進学率の殺人率への影響はなく、平均所得が増えると殺人率が下がり、失業率が上がると殺人率が上がるという影響が有意になった。豊かになることは確かに殺人率を下げるけれども、その中でも職の機会を閉ざされていることは殺人率を増やす傾向がある。過度な目標の強調と、手段の利用可能性の低さというマートンのアノミー論がそのまま当てはまる。逆に、犯罪機会説のいうような若年層と殺人率の関係は確かめられなかった。職の機会の不平等の方が殺人率の増加に強い影響を与えている[14]。

　以上分析してきたように、ARIMAモデルと時系列分析は、グラフではわからなかった時系列データの分析に計量的な手法を与える。社会現象を考えるためには不可欠である「時間」という変数を分析するための一連の精緻な手続きを与える有用な方法であり、社会学における応用がこれからも増えていく分析方法である。社会現象を説明するときには、時間的な過程を暗黙に仮定して説明する傾向があるけれども、時系列分析は、その過程を明確にするという点で、今後ますます重要なものとなっていくであろう[15]。

14　もちろん、失業者だからといって必ずしも殺人を犯すわけではない。

2 社会現象の原因と結果をあきらかにする

重回帰

自己相関誤差を持つ重回帰

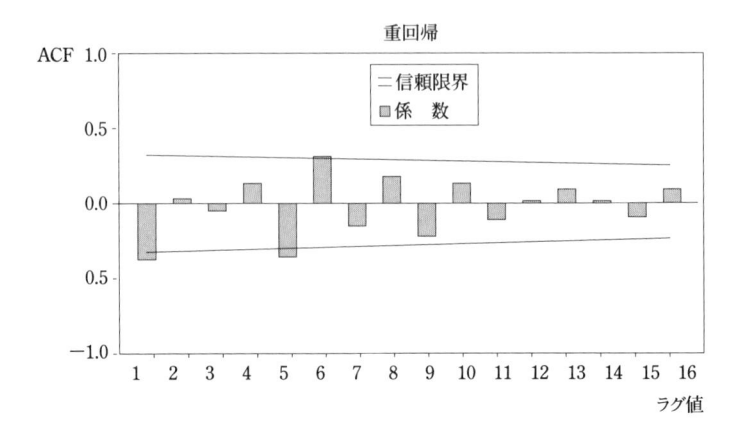

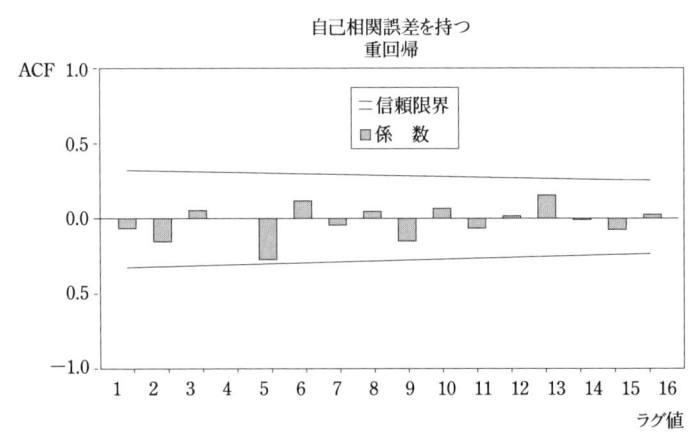

図2-11-9 分析結果の誤差コレログラム

15 ここで紹介したものは、時系列モデルの一部であり、他にも多くのモデルや応用が存在している。まず、周期性を持つようなデータの場合季節性を除去しなければならない。ここでは季節性については言及しなかったが、季節性は時系列モデルのトピックの１つである。スペクトル解析はその周期性を解析する。また、干渉モデルは、伝達関数モデルにおいて、ダミー変数の先行指標がある場合をいう。このダミー変数はイベントを示し、ある年に法律が制定されたとか、戦争が起きたなどの事柄を表す。それらのイベントの影響を調べ予測することができる。次に、分布ラグモデルも伝達関数モデルの一部であり、独立変数の遅れの効果を見ることができる。最後に、パネルデータは、追跡データであるから、１時点におおくのサンプルがある時系列データとみなすことができる。時系列と横断的なデータが組み合わされたデータであり、時系列クロスセクション分析はそのようなデータを扱う方法である。その詳細は W. H. グリーン（Green 2000）を参照のこと。

2-11 アノミーと犯罪

【今後の学習のための文献案内】

・Vandaele, W., 1983, *Applied Time Series and Box-Jenkins Models,* Academic Press.（＝1988, 蓑谷千凰彦・廣松毅訳『時系列入門：ボックス＝ジェンキンズモデルの応用』多賀出版.）
　ARIMA モデルとボックス＝ジェンキンズ法についての「入門」となっているが，入門にとどまらない．本論で説明が省略されたもののほとんどはここに説明がある．

3 社会構造の様態を記述する

結びつきをとらえる

3-1 工場作業者の人間関係

行為者間の関係を描く：
ソシオグラム、隣接行列、所属行列

星　敦士

3-1-1　関係構造を記述する：ホーソン実験

　1927年から5年間にわたってアメリカのシカゴにあるウェスタン・エレクトリック社ホーソン工場で行われた「ホーソン実験」は、職場における作業効率や生産性を左右する要因について、温度や照明といった労働環境や休憩時間などの制度的条件よりも人間の心理的側面や感情、インフォーマルな人間関係がより重要な要素であることを初めて発見した研究である。この発見は当時の労務管理に関する諸研究に大きな影響を与え、それ以降多くの研究が労働現場における人間関係や個人の感情に注目するようになった。

　社会学者G.C.ホマンズはホーソン実験のなかで行われた作業の観察結果を用いながら、職場における人間関係の機能を分析している（Homans 1950＝1959）。1931年に行われたこの実験では、電話局設備の部品を製造する14人の作業員の人間関係と、それぞれが申告した時間当たりの生産高と実際の生産量の差が調査されている。ここで観察者は、それぞれの作業員の間にみられる人間関係を「ゲームをともにしていたのは誰と誰か」「作業室の窓について話し合っていたのは誰と誰か」といったいくつかの観点から記録することによって描きだした。図3-1-1はそのうちの1つ「友人関係があったのは誰と誰の間か」という作業員間の情緒的な関係に関する記録を表したものである。線で結ばれている何人かの作業員の間には友人関係がみられた一方で、W_2、W_5、W_6、S_2、I_3といった作業員たちはこの作業室内において目立った友人関係を築いていない。また、この図からは作業室に大きく分けて2つのグループが形成されており、その2つのグループを取り結んでいるのがS_1とW_7の関係であることが

3 社会構造の様態を記述する

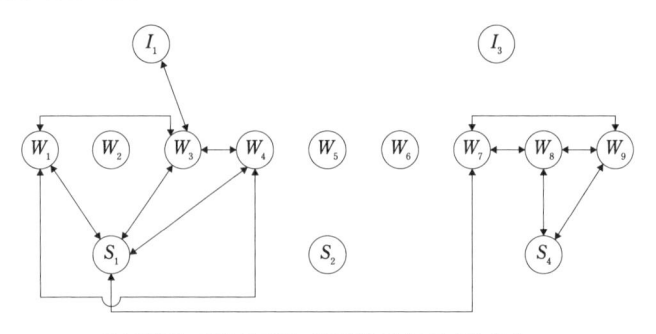

Iは検査工、Wは巻線工、Sは溶接工をそれぞれ示す。

図3-1-1 配電器線作業室：友人であった人たち（Homans 1950：78 第6図）

読みとれる。

このように行為者間の関係を記述し、さらにそれぞれの行為者の位置特性や構造全体の特徴を分析していく手法がネットワーク分析である。ここでは、ネットワーク分析の出発点ともいえる行為者間の関係を記述する方法について紹介する。

3-1-2　関係構造の記述方法

ある空間的範囲に存在する行為者たちの間に結ばれている関係の形、すなわちネットワークの構造を最も単純に表す方法は、図3-1-1に示したような図による記述である。このように関係の構造を行為者と行為者を結ぶ線で表した図のことを「グラフ」と言う。なかでも社会ネットワークに関する研究ではこのグラフを「ソシオグラム」と、また関係を示す線のことを「紐帯」と呼ぶことが多い。

ソシオグラムを用いた関係の記述は視覚的に構造を把握できる点で優れているが、記述の方法によって点の位置や線の長さが異なると、同じ関係の構造でも見た者にまったく違ったイメージを抱かせてしまうという欠点もある。また、社会ネットワークに関する研究では関係の構造を記述するだけではなく、行為者の位置や構造の特性を計量的に分析することが多く、図による関係の描写では適切でない場合もある。そこで、ネットワーク分析では行為者間の関係を行列によって表現する方法がよく用いられる。図3-1-1のソシオグラムを例にし

表3-1-1 行列によるネットワークの表現

	I_1	I_3	W_1	W_2	W_3	W_4	W_5	W_6	W_7	W_8	W_9	S_1	S_2	S_4
I_1	0	0	0	0	1	0	0	0	0	0	0	0	0	0
I_3	0	0	0	0	0	0	0	0	0	0	0	0	0	0
W_1	0	0	0	0	1	1	0	0	0	0	0	1	0	0
W_2	0	0	0	0	0	0	0	0	0	0	0	0	0	0
W_3	1	0	1	0	0	1	0	0	0	0	0	1	0	0
W_4	0	0	1	0	1	0	0	0	0	0	0	1	0	0
W_5	0	0	0	0	0	0	0	0	0	0	0	0	0	0
W_6	0	0	0	0	0	0	0	0	0	0	0	0	0	0
W_7	0	0	0	0	0	0	0	0	0	1	1	1	0	0
W_8	0	0	0	0	0	0	0	0	1	0	1	0	0	1
W_9	0	0	0	0	0	0	0	0	1	1	0	0	0	1
S_1	0	0	1	0	1	1	0	0	1	0	0	0	0	0
S_2	0	0	0	0	0	0	0	0	0	0	0	0	0	0
S_4	0	0	0	0	0	0	0	0	0	1	1	0	0	0

ながら、関係構造の把握によく使われる2種類の行列によるネットワークの表現方法をみていこう。

まず1つ目の行列は、図3-1-1のなかで友人関係があった部分(線で結ばれた部分)に1を、なかった部分に0を入れて作成した「隣接行列」(表3-1-1)である。表3-1-1の行列では、取り得る値が友人関係の有無を示す0と1しか存在せず、また関係に特定の方向付けがない(いずれの線にも双方向に矢印がある)ので左下半分と右上半分は対称な行列となっている。しかし、例えば行為者間の関係に強弱がある場合には、任意に決めた程度を行列の数値に反映させることができるし、関係に特定の方向がある場合は非対称行列によって表現すればよい。

もう1つの行列は、行為者と行為者の属性の対応関係を表した「所属行列」(図3-1-2)である。これは、図3-1-1の各作業員について、彼らの属性(職種)との対応関係を表したものである。所属行列をみると、それぞれの作業員と職種の対応関係で当てはまる部分に1、それ以外の部分に0が入っている。ここでは複数の職種を持つ作業員がいないので、全員が1個所だけ1となっている。この所属関係を表したグラフが「二部グラフ」である。図3-1-2のように二部グラフでは「行為者」と「行為者の属性」という異なる2つの集合が結びつけられている。所属行列・二部グラフの利点は、このような属性による行為者間の共通性を一目で把握できる点にある。また、そこで得られた情報をもとに共通性を指標として行為者間の関係をとらえることもできる。例えば、ここに挙げられた14人について同じ職種にある作業員の間には関係があると考え、I_1とI_3は同じ職種なので1、I_1とW_1は違う職種なので0、I_1とW_2は違う職種な

3 社会構造の様態を記述する

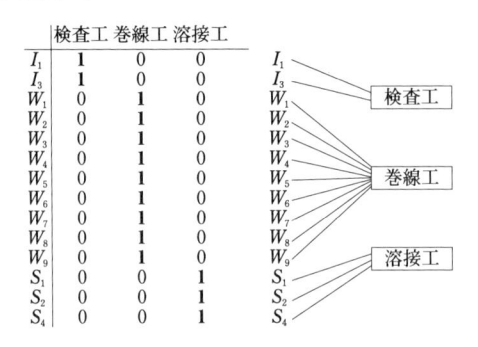

	検査工	巻線工	溶接工
I_1	1	0	0
I_3	1	0	0
W_1	0	1	0
W_2	0	1	0
W_3	0	1	0
W_4	0	1	0
W_5	0	1	0
W_6	0	1	0
W_7	0	1	0
W_8	0	1	0
W_9	0	1	0
S_1	0	0	1
S_2	0	0	1
S_4	0	0	1

図3-1-2 所属行列（左）・二部グラフ（右）

ので 0…というように図3-1-2と同じような形の隣接行列を作成していけば、そこから「職種が同じか否か」という観点からみた14人の作業員の関係構造が抽出できる。この例では、職種が同じか否かという観点からみた作業員の関係構造がはたしてどのような社会学的意味をもつのか明らかではない。しかし、行為者の所属や属性の共通性についてこのような整理をしてみることで、初めてみえてくる関係の構造もある。また、属性間の関係についても、複数の属性をもつ行為者の数を隣接行列の数値とすればその構造を抽出することも可能なことから、所属行列と二部グラフは関係構造に関して実に豊富な情報をもっているといえる。

3-1-3　意味のある関係をとらえる

　ホーソン実験では、行為者たちの行動を観察しながら関係の構造を記述していたが、この方法は規模の大きな集団には適しておらず、時間的にも長期にわたって実施することは通常では難しい。そこで、実際の調査ではインタビューや調査票によって関係の構造を把握する方法がよく用いられる。具体的には、集団に所属するすべての構成員に対して、「日頃から親しくしている友人」「仕事のことで相談する相手」などの条件にあてはまる対象を、同じ集団に所属している者のなかから3〜5人程度選んでもらい、図3-1-1のようなソシオグラムや、表3-1-1のような隣接行列を描いていく。当然、挙げてもらう人の条件や人数は研究目的や対象とする集団の大きさ、特性によって異なってくるので、調査を行う場合には、とらえたい関係の性質と、対象とする集団の特性を的確

に把握しておくことが求められる。この章で示した例でも、図3-1-1から作成した隣接行列（表3-1-1）と、図3-1-2の所属行列から作成できる隣接行列を比べてみれば、同じ行為者たちを対象としていても、どのような観点から関係を記述するかによって描かれる構造が全く違うことがわかる。本当に意味のある関係をとらえるためには、研究目的や分析枠組みを十分に検討しておく必要がある。

　ネットワーク分析の対象には、ここでみてきたような個人間の関係だけではなく、国と国、組織と組織などミクロ・マクロを問わず様々な要素間の関係構造が含まれる。しかしどのような対象であっても、そこに見られる協調や緊張、関係の構造がもつ影響力を明らかにしていくためには、まずとらえたい関係の文脈を確認し、存在する関係の構造を客観的に把握することが出発点となる。グラフや行列による記述はそのためのツールである。

【今後の学習のための文献案内】

・Scott, J., 2002, *Social Network Analysis: A Handbook,* 2nd ed., Sage.
　ネットワーク分析の計量的方法とともに，研究の理論的な流れ，ネットワーク研究に関係する諸概念についても解説されている．

・安田雪，1997，『ネットワーク分析：何が行為を決定するか』新曜社.
　初心者にもネットワーク分析のエッセンスが理解できる入門書．企業間のネットワークや世界システム論などを扱った具体的な分析例も掲載されている．

3-2 職場の人間関係と生産性

行為者の位置関係を調べる：結合関係と構造同値

星　敦士

3-2-1　位置関係が行為者に与える影響

　労働現場における作業員の生産高や作業効率の差はなぜ生まれるのだろうか。個人の能力や性格によるのだろうか、それとも、なにか他の要因が働いているのだろうか。ホーソン実験のなかで行われた1つの研究、配電器巻線作業室の観察は、この問いに対して作業員たちが取り結んでいる人間関係の重要性を指摘している。この観察結果を分析したG. C.ホマンズは、「ゲームをともにするかどうか」という視点で作業室内の関係を観察すると作業員たちが2つのグループに分かれており、一方のグループ構成員は実際の作業量と申告した作業量に大きな差がないのに対して、もう一方のグループ構成員は実際の作業量に比べて申告した量が過分に大きく、室内の規範が守られていないことを示した（Homans 1950＝1959）。彼は、巻線工たちの生産高や生産効率が、個人の知能や器用さではなく所属するインフォーマルなグループの性質と関連していることを明らかにしたのである。

　ホマンズはこの知見を導くために、まず作業室内の関係構造を記述したソシオグラムから2つのインフォーマル・グループが存在することを述べて、次に表3-2-1のような作業員ごとの生産高と比較している。この表はブロックの大きさで生産高や報告量と実際量の差、差額請求の合計を表したもので、W_1〜W_6の作業員たちは生産高が多く、申告した生産量と実際量にも大きな違いがないのに対して、W_7〜W_9の作業員たちは少ない生産高にも関わらず過剰に生産量を報告しており差額請求の合計も大きいことを示している。前節での、配電器巻線作業室内の人間関係について「友人関係がある否か」という観点から関係構造を描いたソシオグラム（前節図3-1-1）でも室内には2つのグループが

表3-2-1 生産性とグループ成員性の関係
(Homans 1950 = 1959：80 第10図より作成)

	W_1	W_2	W_3	W_4	W_5	W_6	W_7	W_8	W_9
研究期間全体に対する平均時間当り生産高	■	■	■	■	■	■	■	■	▪
差：報告量―実際量	●	・	－	・	－	●	⬤	●	⬤
差額請求の合計	◆	◆	◆	◆	◆	◆	◆	◆	◆

注)「－」は報告量が実際量よりも少なかったマイナスを表す。

形成されており、そのグループ分けと表3-2-1の内容は関連しているように見える。

このようにホーソン実験におけるインフォーマル・グループの特定は、ソシオグラムを検討することから導かれたが、ネットワーク分析には、ある関係構造のなかで誰と誰が関係をもっていて、誰と誰が同じグループにいるのか、といった行為者の位置関係をより客観的に計量的な方法で調べる方法がある。ここでは行為者の位置関係を表す「直接結合」「クリーク」「構造同値」といった概念について紹介する。

3-2-2　行為者の結合関係：直接結合・クリーク

ネットワーク分析では、行為者間に直接的な関係がある、すなわちソシオグラムで表現すると点と点が1本の紐帯で結ばれる状態を「直接結合」の関係にある、または「隣接している」という。前節の図3-1-1のソシオグラムにある W_1 と W_3 や S_1 と W_7 のように1本の紐帯で結ばれている部分はすべて直接結合である。1人の行為者がもつ直接結合の総和を「隣接度」といい、行為者がもつ結合関係の量的な特徴としてとらえることができる。例えば、前節の図3-1-1の各行為者についてみていくと S_1 と W_3 がともに隣接度4となっており、このなかで最も友人数が多いことがわかる。

さて、直接結合に注目してソシオグラムを検討してみると、3人以上の行為者が直接結合によって結びついている部分があることに気付く。このように直接結合の関係で結ばれた行為者のグループを「クリーク」という。前節の図3-1-1のソシオグラムには、このようなクリークが複数存在しており、そのう

ち巻線工 $W_1 \cdot W_3 \cdot W_4$ の 3 人と、$W_7 \cdot W_8 \cdot W_9$ の 3 人がそれぞれ形成する 2 つのクリークは、表3-1-1で示した生産高や申告行動と対応していることがわかる。直接結合によって結びついたこれらの行為者たちには、生産高や申告行動においても同じような傾向がみられるのである。

　グラフ理論の定義ではクリークを互いに直接結合の関係にあるグラフとしているが、より柔軟にクリークをとらえる方法もある。それが「n 段階のクリーク・n-クリーク」の概念である。n-クリークでは、直接結合の関係ではなく、他の行為者を通じて間接的に結びついている行為者もクリークに含め、どの行為者も直接結合している状態のクリークを1-クリーク、関係を媒介する行為者1人を通じて結びついている状態のクリークを2-クリークとする。前節の図3-1-1の I_1 は W_1、W_4、S_1 とは直接結合の関係にないが、W_3 を通じてそれぞれと間接的に結びついているため、行為者同士が 2 段階で到達しあう2-クリークに含まれる。分析においてどのようなクリークが適切なのか判断する際には、結合関係だけではなく、そこに含まれる行為者の共通した感情や行動も重要な基準になる。例えば、2-クリークの場合 I_1 は $W_1 \cdot W_3 \cdot W_4 \cdot S_1$ と同じクリークに含まれるが、そうすることによって W_8、W_9 と直接結合の関係にある W_7 もこのクリークに含まれることになってしまう。表3-2-1の生産高や申告行動と関連があるクリークを求める場合には1段階のクリークを採用した方が妥当といえよう。

3-2-3　構造同値

　行為者がもつ結合関係は、関係構造のなかでどのような位置にいるかを示す1つの指標とみることができる。2人ないしそれ以上の行為者において互いのもつ結合関係の構造がまったく同じである状態を、ネットワーク分析では「構造同値」という。厳密な意味での構造同値とは、行為者間の結合関係が完全に同じか否かの 2 値しかない概念だが、R.S.バートはこれを連続量としてとらえ、以下の式から導かれるユークリッド距離によって測定する方法を提起した（Burt 1982：43）。

$$d_{ij} = d_{ji} = \left\{ \sum_{k=1}^{K} \sum_{q=1}^{N} [(z_{iqk} - z_{jqk})^2 + (z_{qik} - z_{qjk})^2] \right\}^{\frac{1}{2}} \quad \cdots(1)$$

3-2 職場の人間関係と生産性

これによると、行為者iとjの構造同値の程度は、k個のネットワークにおけるiとj以外の行為者qとの関係から求められる。iとjが完全に構造同値の場合、すなわち2者のもつ結合関係の構造が全く同じである場合には、ユークリッド距離は0となる。つまり、距離が近いほど構造同値の程度は高く、距離が遠いほど関係構造における2人の位置は異なっていることを示している。

では、前節の図3-1-1を元に作業員間のユークリッド距離を計算して、誰と誰が類似した位置にいるのか調べてみよう。表3-2-2中のユークリッド距離0.00は2人の行為者が完全に構造同値であることを示している。I_3、W_2、W_5、W_6、S_2の5人は作業室内の誰とも友人関係がない。W_1とW_4がもつ結合関係は全く同じであり、W_8とW_9もまた同一の結合関係をもっている。また、先に示した図3-1-1でクリークを形成している行為者同士は他の行為者に比べて互いのユークリッド距離が短く、これはそれら行為者が類似した位置関係にあることを表している。

この結果と表3-2-1を合わせてみると、構造同値であるか、あるいはユークリッド距離が短い行為者の間には生産高、申告行動に同じ傾向があることがわかる。例えば、互いの距離が近いW_1、W_3、W_4は生産高や差額請求の大きさも同程度である一方、これらとは生産高や申告行動が異なるW_7、W_8、W_9との距離が遠く、関係構造において異なる位置にいる。このことから、作業員の生産高や申告行動は、それぞれの間の位置関係にも影響されていることが推測

表3-2-2 作業員間のユークリッド距離

	I_1	I_3	W_1	W_2	W_3	W_4	W_5	W_6	W_7	W_8	W_9	S_1	S_2	S_4
I_1														
I_3	1.41													
W_1	2.00	2.45												
W_2	1.41	0.00	2.45											
W_3	2.45	2.83	1.41	2.83										
W_4	2.00	2.45	0.00	2.45	1.41									
W_5	1.41	0.00	2.45	0.00	2.83	2.45								
W_6	1.41	0.00	2.45	0.00	2.83	2.45	0.00							
W_7	2.83	2.45	2.83	2.45	3.16	2.83	2.45	2.45						
W_8	2.83	2.45	3.46	2.45	3.74	3.46	2.45	2.45	2.00					
W_9	2.83	2.00	3.46	2.45	3.74	3.46	2.45	2.45	2.00	0.00				
S_1	2.45	2.83	1.41	2.83	2.00	1.41	2.83	2.83	3.16	3.16	3.16			
S_2	1.41	0.00	2.45	0.00	2.83	2.45	0.00	0.00	2.45	2.45	2.45	2.83		
S_4	2.45	2.00	3.16	2.00	3.46	3.16	2.00	2.00	1.41	1.41	1.41	3.46	2.00	

できる。

3-2-4　直接結合と構造同値

　行為者間の行動にみられる類似性を、ホマンズは直接結合によって形成されたクリークへの所属によって説明した。しかし、行為者間のユークリッド距離を求めてみると、行動の類似性は作業室内における構造同値性からも説明できることが示された。このように直接結合と構造同値は同時に成り立つことが可能な関係の概念である。直接結合は、行動の類似性を行為者間の相互作用を通じて成立する規範の影響力によって説明する。一方の構造同値は、共通して結合関係がある他者から同様の影響を受けることで行動が類似するとしている。直接結合によって形成されたクリークが行動の類似性をもたらしているのか、それとも行為者のもっている結合関係の類似性が行動に影響を与えているのか、これらは互いに独立した因果メカニズムである。

　ホーソン実験のデータでは、W_1 と W_4 の組合せも W_8 と W_9 の組合せも直接結合であり構造同値でもあるため、どちらが行動の類似性をもたらしているのかは判別しがたい。しかし、グループの成員間にみられる行動の類似性を考えるときに、一般的には直接結合によるクリークに注目しがちであるところを、構造同値という行為者間の結合関係の類似性から考えることで関係構造が行動に与える影響を違った形で解き明かすことができる。ネットワーク分析は位置関係の測定をより客観的に、多様な方法で行うことによって、行為者の行動を説明するメカニズムのバリエーションを広げてくれる手法である。

【今後の学習のための文献案内】

- Marsden, P. V., and Nan Lin, eds., 1982, *Social Structure and Network Analysis*, Sage.
　バートやグラノヴェッターなどネットワーク研究者の論文集。社会移動、弱い紐帯の機能、市場分析など幅広いネットワーク研究の応用例がまとめられている。

3-3 パーソナルネットワークの結びつきと葛藤状況

結びつきを指標化する：同質性（異質性）の距離と密度

大西康雄

3-3-1 カプフェラーによる、ザンビア亜鉛精錬工場における工員間ネットワークの研究

　グループ内に葛藤が起こったとき、人々は何ゆえに支持を得られたり得られなかったりするのだろうか。規範や属性に照らし合わせても必ずしも一貫した支持が得られるとは限らないのはなぜなのだろうか。B. カプフェラー（Kapferer 1969=1983）によるザンビア亜鉛工場における研究「労働状況における規範および関係性の操作」は、このような問題に対しネットワークの結びつきのあり方から答えようとする研究である。

　ザンビア・ブロークンヒル開発会社におけるアフリカ人亜鉛鉱石精錬工場労働者の集団内で、年長の労働者アブラハムは、同じ労働ユニットにいる若い労働者ドナルドの速い労働ペースに対しペースを落とすよう文句を言った。ドナルドは「せっかち野郎」と呼びかけられたのに腹を立てて抗議をするが、アブラハムに妖術をかけてやると脅される（当時の現地では一般に年長者は妖術をかける力があると信じられていた）。ドナルドは周囲の労働者に支持を求めるが、他の労働者からお前は酔っ払っていると言われ支持を得られずに沈黙を強いられることになる。

　ある労働者が早く仕事を終えることは早く休憩に入れる一方、規範の上では一般的に労働条件の維持に対する脅威と見なされる。とはいえ、早く仕事をこなす能力のある他の若手労働者への負担軽減にもつながり、年長者に対する若手の力の誇示（反抗）とも理解されうる。しかし現実には他の若手労働者は彼を支持しなかった。しかも、論争の焦点はドナルドが酔っ払っていたとか状況判断がおかしいという点にすりかわっていった。このように規範や属性からだ

3 社会構造の様態を記述する

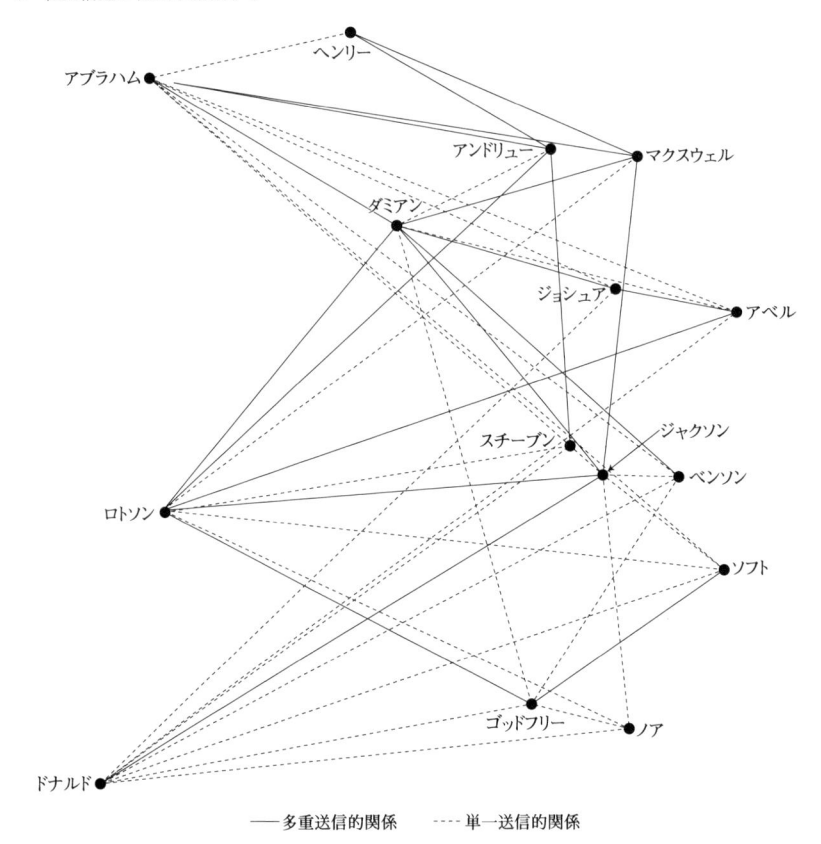

―― 多重送信的関係　　・・・・・ 単一送信的関係

注：ボワセベンの引用した図では、カプフェラーのオリジナル図の中から原著者のミスによって落されたと思われる線が補われている。図3-3-1はその図からノードの構造同値性に基づき新たにソシオグラムをプロットしなおしている。

図3-3-1　電解作業室での口論にかかわった人々の関係
（Boissevain 1974＝1986：91をもとに再構成）

けではドナルドの孤立は必ずしも説明が付かない。

　この論争にかかわった人々の5種類のネットワークについてのソシオグラムが図3-3-1である。

　この図に基づきJ. ボアセベンは口論当事者のパーソナル（エゴセントリック）ネットワークの結びつきを表す指標を計算しなおしているが、それは表3-3-1のようになる（Boissevain 1974＝1986）。

　これらの結果から、論争がこじれるにつれ、情報中心性が高くかつ深い（複

3-3 パーソナルネットワークの結びつきと葛藤状況

表3-3-1 当事者のパーソナルネットワークにおける結びつき（統合）指標

当事者	密度	二つ以上の問題処理を行っている関係の割合		中心度
		スター	ゾーン	
アブラハム	72.2%	33.3%	53.8%	15.1
ドナルド	64.2%	12.5%	38.9%	11.1

出所：Boissevain（1974=1986：90）より抜粋引用

数の問題処理を行っている）関係の比率が高いアブラハムがより有利になったと考えられる。つまり論点そのものの是非よりも、それぞれの持つパーソナルネットワークがよりよく統合されていることが、支持を取り付ける際の決め手だというのである。

3-3-2 ネットワークの結びつきの指標としての密度、距離、多重送信性

ボアセベンはここで、それぞれの、パーソナルネットワークの統合度指標として密度、中心度、多重送信性（ある関係が複数の問題処理を行っているかどうか）を取り上げている。このうち中心度の考え方は様々なものが提案されているが、ボアセベンの中心度指標は、後述のように、ネットワークの距離（パス長）に基づくものである。

J.C.ミッチェルは、初期のネットワーク研究の中で、結びつきの指標として密度とパス長（ミッチェルの用語では「到達度」）が混同されて用いられるケースが見られると指摘しているが（Mitchell 1969=1983：29）、いずれもネットワークの結びつき指標として重要である。

(1) 密度の考え方

社会ネットワークの結びつきの指標を考える場合、ネットワークの結びつきの「濃さ」がどの程度であるのかということは、誰でもまず思いつく概念であろう。この結びつきの「濃さ」をグラフ的に表した指標が密度（density）である。一般的には密度はネットワーク全体の相互作用の頻度やコミュニケーションの円滑性を示す指標とされる。

ネットワークをグラフで表す場合、グラフの線の向きを考慮しない無向グラフと、線の向きを考慮した有向グラフが存在する。図3-3-2の場合、矢印を無視し線の有無のみを問題にするのが前者であり、矢印を考慮するのが後者であ

3 社会構造の様態を記述する

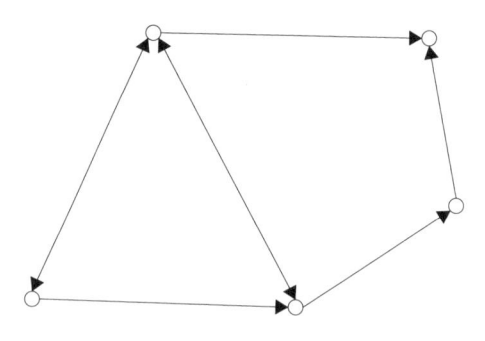

図3-3-2　ネットワークグラフの例

る。関係を通るコミュニケーションや財（たとえば、企業間の取引など）の流れを問題にしたり、ヒエラルキカルな関係を分析したい場合は有向グラフが望ましく、関係のパターンやノードがおかれている場を分析したい場合は無向グラフでも十分である。

　無向グラフの密度は下記の式で表せる。密度を$\varDelta$とすると、注目するネットワークの中に紐帯（線）がl本、ノード（点）がg個ある場合、実際に存在する紐帯数lをg個のノード間で最大限紐帯が存在する可能性のある数（つまり、すべてのノードが線で結ばれている場合の線の数）で割ったものと定義する。

$$\varDelta = \frac{l}{g(g-1)/2} = \frac{2l}{g(g-1)}$$

　また、すべてのノードが実際に直接線で結ばれているグラフを完全グラフといい、この場合の密度の値は1、さらにすべてのノードが孤立している場合は密度の値は0である。さきほどの例の場合は、ノード数が5、線数が6であるので、密度は0.6となる。

　一方、グラフが有向である場合、一方向に方向付けられた関係をノードからノードへの矢印として表現する場合（この場合、双方向的な関係は2本の向きの異なる矢印で表現されることになる）、グラフ内に存在する矢印の総数をlとすると密度$\varDelta$は下記のように式で表される。

$$\varDelta = \frac{l}{g(g-1)}$$

前記の例ではノードは5、矢印の数は8となるので（双方向の矢印は2と数える）、密度は0.4となる。

但し、一般にノードが増えると、最大可能な紐帯数はそれ以上に増える（ノード数が2倍になれば、可能な紐帯数は4倍以上）。ネットワークのサイズが大きくなるに従って密度は疎になる傾向にあるので、密度を比較する際は、ネットワークのサイズに十分注意を払う必要がある。

(2) パス長の考え方

グラフに含まれるノードとノードが、何本の線を経由して相互に到達できるかという概念がパス長（Path Distance）の概念である。一般的には、ノード相互の距離（最短到達パス数＝「測地線」）の行列で表される。次の表は図3-3-1のグラフを元に各成員（ノード）間のパス長を求めた例である。なお、元のグラフは方向性がないので対称行列となっているが、有向グラフであれば非対称行列となる。その場合慣例として行側が発信元、列側が受信先と扱われることが多い。ネットワークを構成する多くの人々が比較的少数のパス長で結ばれるのであれば、より緊密なネットワークと考えられる。また、このケースではすべての成員が到達可能となっているが、相互に到達不可能なサブグループに分かれている場合もあり、その場合は、到達可能な範囲の大きさも検討しなければならない。ミッチェルは、このようなパス長の概念の社会学的意義は「人々の形成するネットワークの内部にある連結が、ある特定の人間に対し規範を強化し、圧力を加える役目を果たし、それを進路として判断と意見を包有した情報が伝達される」（Mitchell 1969=1983：29）こととかかわると論じている。

しかしながらこのような距離行列がそのままネットワークの結びつき指標として用いられるよりも、実際の分析にはこのような距離概念に基づいて作られた指標が用いられることが多い。

例えば、サビドゥーシが提案した距離に基づくもっとも単純な近接中心度は、ノード数がg個、ノードn_iとn_j間の距離を$d(n_i, n_j)$とするとき

$$C_c(n_i) = \left[\sum_{j=1}^{g} d(n_i, n_j)\right]^{-1} \quad ただし \quad i \neq j$$

これは、ノードn_iの中心度を他のすべてのノードに対する最短距離の総和で表している。

表3-3-2を見るとアブラハムの総和は19なのに対し、ドナルドは21とより長

3 社会構造の様態を記述する

表3-3-2 図3-3-1を元に作成した成員相互の最短パス長の行列表現

	ジャクソン	マクスウェル	アブラハム	ヘンリー	アンドリュー	ダミアン	ロトソン	ジョシュア	アベル	ソフト	ベンソン	ゴッドフリー	ドナルド	ノア	スチーブン
ジャクソン	*	1	1	2	2	1	1	2	2	1	1	2	1	1	2
マクスウェル	1	*	1	1	2	1	1	2	2	2	2	2	2	2	2
アブラハム	1	1	*	1	1	1	2	1	1	1	1	2	2	2	2
ヘンリー	2	1	1	*	1	2	2	2	2	2	2	3	3	3	2
アンドリュー	2	2	1	1	*	1	1	2	2	2	2	2	2	2	1
ダミアン	1	1	1	2	1	*	1	1	1	2	1	2	2	2	2
ロトソン	1	1	2	2	1	1	*	2	1	1	2	1	2	1	2
ジョシュア	2	2	1	2	2	1	2	*	1	2	2	1	2	2	2
アベル	2	2	1	2	2	1	1	1	*	2	2	2	1	2	2
ソフト	1	2	1	2	2	2	1	2	2	*	1	2	1	2	2
ベンソン	1	2	1	2	2	1	2	2	2	1	*	1	1	2	2
ゴッドフリー	2	2	2	3	2	2	1	1	2	2	1	*	1	1	2
ドナルド	1	2	2	3	2	2	2	2	1	1	1	1	*	1	1
ノア	1	2	2	3	2	2	1	2	2	2	2	1	1	*	2
スチーブン	2	2	2	2	1	2	2	2	2	2	2	2	1	2	*
パス長総和	20	23	19	28	23	19	19	24	23	23	23	23	21	25	25

いことが分かる。パス長の総和は他者への接近の容易さを示す近接性指標として考えられており。この値が小さいほどネットワーク的に有利（例えば、情報伝達や支援を得るといった面で）だといえる。先に挙げたボアセベンの中心度も基本的にはこのアイディアを踏襲しているが、中心度が高い（ネットワーク的に有利な）ものほど値を大きくするために中心度 C を以下のように定義している（Boissevain 1974＝1986：67）。

$$C = \frac{\text{全成員から他の全成員への最短パス長の総和}}{\text{エゴから他の全成員への最短パス長の総和}}$$

このほか、サブグラフの発見のためにパス長概念をクリーク概念の拡張に適用した n-クリークや n-クランもあるが、これらは S. ワッシャーマンら（Wasserman and Faust 1994）などを見てほしい。

3-3　パーソナルネットワークの結びつきと葛藤状況

(3) 多重送信性の考え方

2人のパーソナルネットワークを比較してみると最も決定的だったのは、多重送信性の違いである。多重送信性とはある関係が複数の問題処理を行っているかということである。カプフェラーの場合、会話、冗談行動、仕事上の援助、個人的サービス、金銭的援助の5つの問題処理について調べ（Kapferer 1969＝1983：147）、それぞれの関係がこのうちいくつの問題処理を行っているか検討した。1種類の問題処理しか行っていない場合その関係は単一送信的であり、2

アブラハムのスター（上）とゾーン（下）　　　　ドナルドのスター（上）とゾーン（下）

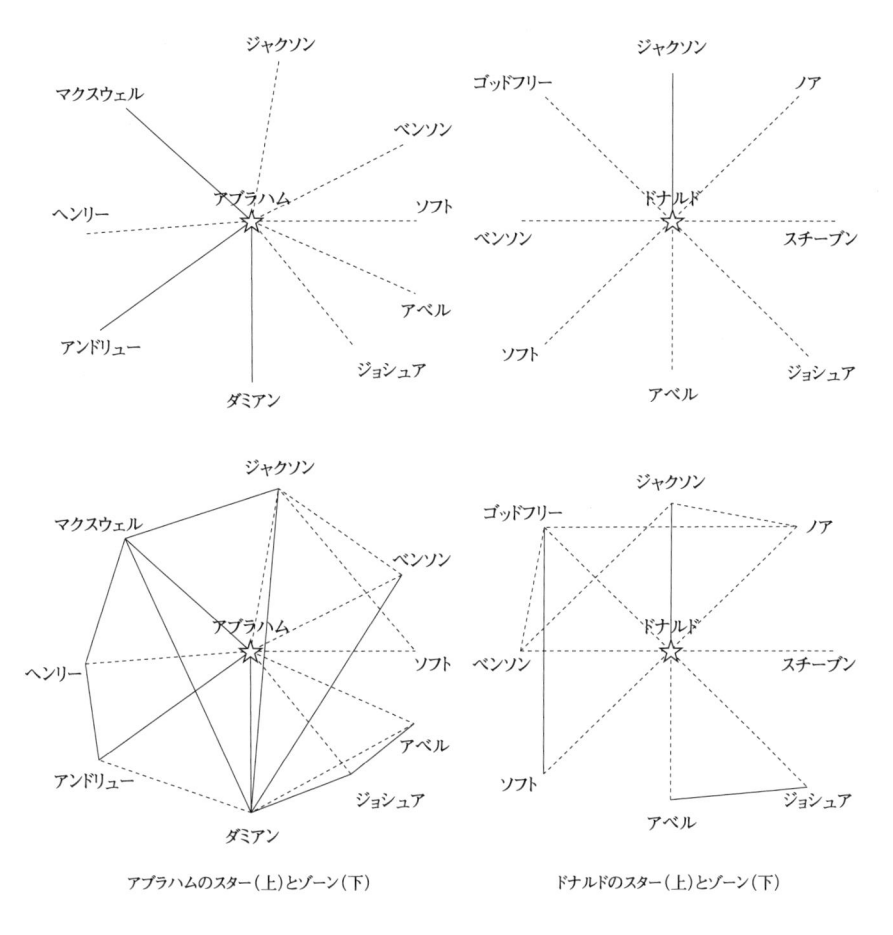

図3-3-3　アブラハムとドナルドのスターとゾーン
（Boissevain 1974＝1986：91をもとに作成）

249

種類以上の問題処理を行っていれば多重送信的である。多重送信的な関係は結合の強い緊密な関係であるのに対し、単一送信的関係は弱い関係と見なされよう。

2人の比較の際、パーソナルネットワークのスターとゾーンのそれぞれで多重送信的関係の比率が計算されている。スターとは、パーソナルネットワークのうちエゴ（注目するノード）が直接持つ関係のみを指す。つまりアブラハムの直接持つ紐帯のうち33.3％が多重送信的であったのに対しドナルドは12.5％でしかない。一方、ゾーンはアブラハムと直接関係をもつ人々の中で、スターに加えアブラハムとつながりはなくてもこれらの人々を相互に結ぶ紐帯も含めたネットワークである。

スター、ゾーンいずれを比較しても、アブラハムのパーソナルネットワークはドナルドより多重送信的関係が多く、より強く結合されているといえる。

このような2者のパーソナルネットワークにおける結びつきの緊密さの違いが、葛藤状況が起こったときに、両者の主張内容の規範的な意味にかかわらず、アブラハムが多くの支持を取り付けられた要因になったと考えられるのである。

【今後の学習のための文献案内】

- Boissevain, J., 1974, *Friends of Friends : Networks, Manipulators and Coalitions,* Blackwell（＝1986，岩上真珠・池岡義孝訳『友達の友達：ネットワーク，操作者，コアリション』未来社．ネットワーク分析を用いた、いくつかの社会人類学的コミュニティ研究のモノグラフを収録．

- Mitchell, J. C., ed., *1969, Social Networks in Urban Situations: Analyses of Personal Relationships in Central African Towns,* The University Press．（＝1983，三雲正博ほか訳『社会的ネットワーク：アフリカにおける都市の人類学』国文社．カプフェラーの「労働状況における規範および関係性の操作」を収録．）
  都市社会を分析する社会人類学の方法論として，社会ネットワーク分析の意義を解説し応用例をまとめたアンソロジー．社会ネットワークの社会学的意義を論じた古典の部分訳．

- Wasserman, S., and K. Faust, 1994, *Social Network Analysis: Methods and Applications,* Cambridge University Press.
  社会ネットワーク分析のさまざまな技法を解説した800ページ以上にわたる大冊．本文は平易な英語で書かれ，社会ネットワーク分析の『辞書』として活用できるだろう．

- 金光淳，2003，『社会ネットワーク分析の基礎: 社会的関係資本論に向けて』勁草書房．

ワッシャーマンとファウストの *Social Network Analysis* も多分に意識しながら社会ネットワーク分析の全体動向を紹介しようとした本．単なる技法の紹介にとどまらず，社会理論としてのネットワーク分析の動向を位置付けようという視点が活きた好著．

・Scott, J., [1991]2002, *Social Network Analysis: A Handbook*, 2nd ed., Sage.
　社会ネットワーク分析の学説史から，基本的な技法までバランスよくまとめられたネットワーク分析入門書．

・安田雪，2001，『実践ネットワーク分析: 関係を解く理論と技法』新曜社．
　基本的なネットワーク分析の技法を，分かりやすい具体例を交えながら紹介した入門書．ネットワーク分析技法入門としておすすめ．

3-4　世界システムの構造

関係を縮約する：ブロックモデル

安田　雪

3-4-1　中心と周辺を特定する

　世界システム論は従来の従属論が提起してきた、搾取する国々対搾取される国々という世界の対立構造を、覇権を握る中心的な国々とそれをとりまく周辺の国々、そして両者の中間の準周辺の国々の3極構造として描きなおすものである。I. ウォーラーステインは、世界システムの搾取構造を黒白の二項対立に、準周辺というグレーゾーンを加えたのである（Wallerstein 1974＝1981）。

　ウォーラーステインによれば、世界システムとは「固有の境界と組織構造と構成員、何らかの法体系、一体感などをもった社会システムである」（Wallerstein 1974＝1981：279）。世界はこの巨大な分業体制のもとで発展をたどるが、発展の報酬は分業の担い手たちに、きわめて不平等にしか分配されない。時代の変遷とともに、国々がシステム内で占める位置は変化するものの、近代の資本主義的世界経済は、国家とその民が矛盾する力として相互作用しながら分業役割を担うことによって維持されてきた。これがウォーラーステインの主張である。世界システム論は、具体的な歴史的記述にうらうちされた圧倒的な説得力を持つ。

　だが、世界システム論は2つの大きな問題を抱えていた。第1は、世界システムが国家による搾取と対立の構造であるならば、いかなる国々がその中心にあり、いかなる国家が周辺の国々なのかである。中心、準周辺、周辺の位置を占めているのは、それぞれどのような国なのだろうか。ウォーラーステインの理論からは、国家の位置づけは明白ではない。第2は、彼自身が「はじめに」で述べているように、「世界システム分析の現状は、数量化の程度はごく低いし、今後簡単に実行できる範囲も限られている」（Wallerstein 1974＝1981：11）。

理論の計量を彼自身は断念し、後続の研究者に委ねている。

　世界システム論の鍵概念である「中心」「周辺」「準周辺」は、概念枠組みとしてはきわめて有効である。だが、その操作定義が与えられていないため、一部の中心的な国々を除き、世界の大多数の国々の位置づけは不明であり、真の対立関係や搾取の構造が具体的に浮かび上がってこない。計量の試練を受けていない理論が陥る典型的な状況である。

　この本質的な2つの問題に対して、世界システム内の各国の位置づけとその関係を鮮やかに特定してみせたのが、D. スナイダーとE. L. キック（Snyder and Kick 1979）である。スナイダーとキックは、1960年頃の世界システムの構造を、貿易・軍事介入・外交・同盟協定の4種類のネットワークデータを用いて、定量的に描くことに成功する。4種類のネットワークデータから、国家間の相互関係構造を抽出し、分析対象となった国々が、中心、周辺、準周辺のいずれの位置を占めているのかを明らかにしたのである。分析対象となった国は118カ国、もちろん日本も含まれている。その際、スナイダーとキックがネットワークデータから構造を抽出するために使った手法が、ブロックモデルである。

　H. ホワイトら（White, Boorman and Breiger 1976）によって提唱されたブロックモデルは、複雑な関係構造を単純化する手法である。その手法は大きく2段階に分けられる。

(1) ネットワークの構成要素をその関係の類似性に基づいて分類し、似通った関係のパターンをもつ構成要素同士をまとめてグループ化する。このグループをブロックと呼ぶ。
(2) 関係の類似性に基づいて作成されたブロックについて、ブロック内およびブロック間の関係の有無を判断する。

　一連の操作によって、複雑なネットワークの構造が、少数のブロックとブロック内およびブロック間の関係構造にまで単純化され、縮約グラフが描ける。ネットワークの構成要素が、相互に似通った関係のパターンをもつ時、その複数の要素は構造同値の関係にあると言う。ブロックモデルが構造同値の複数の要素をまとめてブロックを作るその手順を検討しよう。

3-4-2 相関係数によるブロックの作成と階層的なクラスター化

　スナイダーとキックは、4種の国家間関係それぞれについて、国家間に関係がある場合には1、ない場合は0とした2値データの行列を作成し、この4つの行列に対して、CONCOR（CONvergence of iterated CORelations）を適応した。CONCORとは構造同値を相関係数に基づいて判断し、ブロックモデルを作る手法である。CONCORは関係を示す行列における、構成要素間の行データ同士、列データ同士の相関係数を計算する。他の諸国に対して完全に同一な関係のパターンをもつ2つの国は構造同値であり、この2国の行データと列データの相関係数は1になる。まったく正反対の関係のパターンを持つ2国の相関係数は-1になる。行要素と列要素の相違の程度に応じて、相関係数が算出される。こうして計算された相関係数から、新たな行列を作る。新しくできた相関係数の行列を用いて、再度、行、列　それぞれについてペアごとに相関係数を計算する。最終的に行列の各要素が1か−1のいずれかに収束するまで、これを繰り返す。

　数式で示してみよう。行為者iから行為者jへの関係をx_{ij}とする。行為者が複数（R個）のネットワークに属している時に、行為者iからjへの関係x_rの紐帯の値はx_{ikr}と定義できる。ここで、R個のネットワークにおける行為者iと行為者jの関係パターンについて、ピアーソンの相関係数の計算式は、

$$r_{ij} = \frac{\sum_{r=1}^{2R}\sum_{k=1}^{g}(x_{ikr}-\bar{x}_{i.})(x_{jkr}-\bar{x}_{j.})}{\sqrt{\sum_{r=1}^{2R}\sum_{k=1}^{g}(x_{ikr}-\bar{x}_{i.})^2}\sqrt{\sum_{r=1}^{2R}\sum_{k=1}^{g}(x_{jkr}-\bar{x}_{j.})^2}}$$

となる。なお、$i \neq k$かつ$j \neq k$という制約がつく（Wasserman and Faust 1994：369）。ネットワークが1つの場合には、関係の類似度を、ネットワークデータの行のペアごと、そして列のペアごとに計るだけである。対称データであれば、列か行のいずれかだけで良い。ネットワークを構成する要素のペアごとに、相関係数を算出し、それを繰り返していくことにより、行列の成分は収束していく。収束したデータの行要素と列要素を変化させずに、できるだけ似たパターンをもつ行要素、列要素が近くなるように行の順番と列の順番を変えていく。この操作により、構造同値の行為者をグルーピングしてブロックを作るのであ

3-4　世界システムの構造

る。

　どの程度までの関係の相違を許容して構造同値とみなすか、その基準を徐々に厳しくすることによって、国家の集合体である世界システムがまず2分割され、さらにそれが2分割，…，と段階的にグループが形成されていく。この操作により世界システムは複数のブロックに分かれ、各国がどのブロックに属しているのかが明らかにされる。

　スナイダーとキックは最終的には世界システムを10のブロックに分割し、21ヶ国からなる1ブロックを中心諸国、29ヶ国を含む3つのブロックを準周辺、残りの68ヶ国を含む6つのブロックを周辺諸国と位置づけている。

　スナイダーとキックが論文で提示する情報は、10のブロックに階層的に分けられたクラスターの構造と、密度表、密度表の平均値を閾値とした二値化したイメージ行列、そして各ブロックを構成する国家の一覧表である。ここでは貿易ネットワークについての、密度表（表3-4-1）とイメージ行列（表3-4-2）を検討してみよう。

　表3-4-1の要素は各ブロック内及びブロック間の密度である。密度は各ブロックに属する国々の持つ紐帯数から計算される。ブロック内の相互関係が多いのが C ブロック、ブロック内の相互関係が少ないのが、ブロック F' である。ブロック相互の紐帯の分布を見ると、C ブロックはいずれのブロックとも多

表3-4-1　国家間貿易データを用いたブロック間関係の密度表

	C	C'	D	D'	E	E'	F	F'	A	B
C	0.943	0.895	0.908	0.889	0.744	0.714	0.630	0.612	0.622	0.500
C'	0.829	0.560	0.320	0.422	0.250	0.525	0.215	0.114	0.087	0.100
D	0.854	0.267	0.613	0.474	0.033	0.133	0.282	0.286	0.271	0.108
D'	0.884	0.533	0.459	0.617	0.153	0.194	0.308	0.349	0.215	0.069
E	0.679	0.225	0.042	0.139	0.422	0.172	0.106	0.000	0.023	0.000
E'	0.643	0.525	0.125	0.125	0.125	0.297	0.135	0.036	0.039	0.023
F	0.634	0.215	0.262	0.265	0.029	0.135	0.183	0.165	0.144	0.087
F'	0.551	0.171	0.229	0.317	0.018	0.018	0.132	0.082	0.045	0.009
A	0.604	0.037	0.225	0.181	0.000	0.039	0.115	0.045	0.141	0.063
B	0.533	0.025	0.092	0.042	0.000	0.008	0.038	0.000	0.070	0.160

出所：Snyder and Kick（1979：1113）より作成

3 社会構造の様態を記述する

くの関係をもち、ブロック A 及びブロック B は他のブロックとほとんど紐帯を持たないことがわかる。

さらに、この密度表の平均値である0.341以上を1、0.341未満を0として2値化し、行列（表3-4-2）作れば、すぐに縮約グラフ（図3-4-1）が描ける。

C、C'、D、D'とEについては対角要素に1があり、ブロック内の相互関係があるのだが、煩雑になるため図3-4-1では自分から発し自分に戻る循環矢印は省略している。縮約グラフからは、この10個のブロックの関係では、中心

表3-4-2　密度表をもとにしたブロック間関係のイメージ行列

	C	C'	D	D'	E	E'	F	F'	A	B
C	1	1	1	1	1	1	1	1	1	1
C'	1	1	0	1	0	1	0	0	0	0
D	1	0	1	1	0	0	0	0	0	0
D'	1	1	1	1	0	0	0	1	0	0
E	1	0	0	0	1	0	0	0	0	0
E'	1	1	0	0	0	0	0	0	0	0
F	1	0	0	0	0	0	0	0	0	0
F'	1	0	0	0	0	0	0	0	0	0
A	1	0	0	0	0	0	0	0	0	0
B	1	0	0	0	0	0	0	0	0	0

出所：Snyder and Kick（1979:1111）より作成

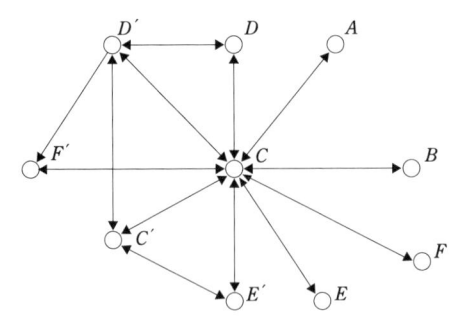

図3-4-1　世界システムを10ブロックにした縮約グラフ
（表3-4-2をもとに作成）

が C、周辺が A、B、E、F、準周辺が C'、D、D'、E'、F' ブロックであることがわかる。各ブロックを構成する国家は対応表から明らかになる。日本は米・英・仏などと共に C ブロックに所属している。

3-4-3 関係の混沌を整理する

　ブロックモデルは181ヶ国が構成する複雑な関係構造を、わずか10のブロックとその関係に縮約してしまう。分析対象となる国々が181あれば、論理的には最大、32580本の紐帯が発生しうる。さらに4つの次元で関係を捉えるならば、発生しうる紐帯の数は膨大になり、その関係構造を把握するのはきわめて困難である。それが10ブロックと、ブロック内及びブロック間の関係だけになれば、中心と周辺の識別は容易になる。

　ネットワーク分析には、中心性というきわめて重要な指標がある。中心性はネットワークを構成する要素が、相対的にどの程度中心的な位置を占めているのかを計量する。全体構造を縮約して表現するブロックモデルとは、考えかたがまったく異なる。ブロックモデルはネットワークの全体構造を単純化する。中心性はネットワークの構成要素の相対的位置特性を示す。

　スナイダーとキックにしても、何らかの中心性指標を用いて、中心、周辺そして準周辺を特定することは十分可能であったはずだ。だが、それが常套手段のように考えられる状況で、あえてブロックモデルを使い、国々を階層的にクラスタリングすることにより、中心と周辺を規定してみせた。それがスナイダーとキックの分析戦略の巧妙さでもある。もちろんCONCORにも、その2分割による固定的なクラスター生成や、相関係数による構造同値の定義の社会学的含意など、問題点や限界がある。だが、この画期的な分析を経て、世界システム論の計量的な検証が飛躍的に進んだのは確かである。

　複雑な混沌とした関係構造をあえて単純化した関係構造に縮約する彼らの戦略は、毛細血管を統合し大動脈と大静脈をたどりながら心臓の位置を特定するにも似た、世界システムの解剖作業である。

3　社会構造の様態を記述する

【今後の学習のための文献案内】

・Snyder, D., and E. L. Kick, 1979, "Structural Position in the World System and Economic Growth, 1955-1970: A Multiple-Network Analysis of Transnational Interactions," *American Journal of Sociology* 84：1096-1126.
　個別国家の位置付けに曖昧さがある「世界システム論」を，定量的に考察した論文．関係構造の理論を計量化していく過程が見事に描かれている．

・White, H. A., Scott A. Boorman, and Ronald L. Breiger, 1976, "Social Structure form Multiple Networks I: Blockmodels of Roles and Positions," *American Journal of Sociology* 81：730-780.
　関係をブロックに分割して，ブロックの位置と役割を特定する「ブロックモデル」を提唱した画期的な論文．続編が同じく *AJS* に掲載されている．

・Wallerstein, I. M., 1974, *The Modern World-System,* Academic Press.（＝1981，川北稔訳『近代世界システム：農業資本主義と「ヨーロッパ世界経済」の成立Ⅰ，Ⅱ』岩波書店．）
　国際関係をシステムとしてとらえ，支配と従属の2分割を基本とする従属論に，準周辺を加えた理論を展開した名著．

社会的カテゴリー間の
関連のしくみをとらえる

3-5 社会移動と社会の開放性

社会的地位の結びつきの大きさを調べる：移動指標

三輪 哲

3-5-1 社会移動とは何か

「移動」という言葉を聞いた場合、多くの人が最初にイメージするのは引越しのような地理的な移動であろう。居住する場所が変わること、それは確かに「移動」である。それでは、会社員として勤めていた人が転職して教師になるというようなケースはどうだろうか。こちらもある種の「移動」であるととらえることはできないだろうか。

社会的な地位の移り変わりは、社会移動の1つとして考えることができる。そのように、社会移動の研究を確立したのはP. A. ソローキンの貢献である (Sorokin [1927] 1959)。彼は、社会における2つのタイプの移動を区別した。1つは水平的移動、すなわち地理的な移動である。もう1つは垂直的移動、こちらは社会的地位の移動である。後者の移動は階層間移動と呼ばれる。通常、社会移動という言葉は階層間移動の意味で用いられるので、これ以降は社会移動を階層間移動として、狭義に用いることにする。さらに、階層間移動も2つに大別される。親の地位から本人の現在の地位への移動と、本人の最初に就いた地位から現在の地位への移動である。前者は世代間移動、後者は世代内移動とそれぞれ呼ばれる。

社会移動研究の伝統的かつ中心的問題は、世代間移動機会の格差である。社会移動研究を主導してきた産業化命題によれば、産業化が進むほど移動機会は平等あるいは開放的になるという。その主張が正しいかどうかをめぐって、時代間比較や国家間比較研究が展開されてきた (Erikson and Goldthorpe 1992；原・盛山 1999)。社会の開放性の程度を測定する試みは、産業化の帰趨を問う実証的研究の中で重要な位置にあるといえよう。

3-5-2 社会移動表と移動率

ある社会についての社会移動の様態をとらえるためには、移動表を作成することが有用である。移動表とは、出身の地位と到達の地位というように、異なる2時点における地位をクロス分類したものである。到達の地位の指標としては、本人の現在の職業を用いることが多い。他方、出身の指標としては、世代間移動を分析するためには父親の職業を、世代内移動を分析するためには本人の初職を、それぞれ使用することが一般的である。

さて、現代の日本社会に関する世代間移動表を見てみよう。表3-5-1の数値は、調査データにおいてみられた度数、すなわち人数である。行ごとに、また列ごとに合計の人数が異なるため、このままでは移動のしやすさを比較しがたい。ゆえにまず行われる操作は、行の合計や列の合計によって各々のセル内の数値を割ることである。すると以下の表3-5-2の結果を得る。パネルAの値は行の合計で割った数値である。これらは流出率と呼ばれ、「ある階層出身者が、どの階層へ行くのか」を測定している。それに対して、パネルBの数値は列の合計で割った数値である。こちらは流入率と呼ばれる。「ある階層に属する人が、どの階層から来たのか」を測っている。

移動表においては、対角セル[1]とそれ以外とを分けて考えることが重要である。なぜなら対角セルは非移動を表す箇所であり、その他のセルとは決定的に

表3-5-1　世代間移動表（20-69歳、男性）

父の職業	本人の現在の職業			
	ホワイトカラー	ブルーカラー	農業	計
ホワイトカラー	572	168	10	750
ブルーカラー	306	346	6	658
農業	216	253	108	577
計	1094	767	124	1985

出所：原・盛山（1999：28 表1-1）より作成

1　対角セルとはクロス表において行と列の番号が等しいセルのことである。例えば、1行1列、2行2列などの位置がそれにあたる。

3-5 社会移動と社会の開放性

表3-5-2 流出率と流入率

A 流出率

父の職業	本人の現在の職業		
	ホワイトカラー	ブルーカラー	農業
ホワイトカラー	0.76	0.22	0.01
ブルーカラー	0.47	0.53	0.01
農業	0.37	0.44	0.19

B 流入率

父の職業	本人の現在の職業		
	ホワイトカラー	ブルーカラー	農業
ホワイトカラー	0.52	0.22	0.08
ブルーカラー	0.28	0.45	0.05
農業	0.20	0.33	0.87

意味が異なるからである。仮に対角セルに度数が集中する移動表が得られたならば、その社会は移動が少ない閉鎖的な社会である。社会の移動のしやすさの判断材料として、移動表をもとに計算される各種の移動率が開発されている。以下、順にみていこう。

粗移動率[2]とは、総度数に占める移動者の割合である。これは事実としてみられた移動の程度を示す。試みに表3-5-1から求めてみよう。移動者数は、総度数から非移動者数を引いた数と同じであるから、1985−(572+346+108) という式により計算され、959である。それを総度数の1985で割った0.48が粗移動率である。以下に、一般的な数式での表記を示す。ここでの n は総度数、n_{ii} は i 行 i 列のセル度数である。

$$粗移動率 = (n - \sum n_{ii}) \div n$$

事実としてみられた移動（粗移動）は、社会の職業構造の変化によってもたらされた移動と、それ以外の要因によって起きた移動の2つに分割される。前

---

[2] 粗移動は事実移動とも呼ばれる。また、構造移動は強制移動と、循環移動は純粋移動や交換移動と呼ばれることがあるが、これらは概念的には同一のものである。

者は構造移動、後者は循環移動とそれぞれ呼ばれる。再び表3-5-1に注目して欲しい。ホワイトカラーの行の合計は750、列の合計は1094である。このように周辺度数が決まっているならば、対角セルに入ることのできる度数、すなわち非移動者数は最大で750に制限される。ホワイトカラーの周辺度数2つのうち、大きいものから小さいものを引いた344（＝1094－750）人だけは、どうしても移動表において対角以外のセルに配置されざるを得ない。それは産業化の進行に伴い農業層が縮小するというような、職業や産業などの構造変動によって生じた移動と考えられる。このような移動が構造移動である。他の階層について同様に計算すると、ブルーカラーは109、農業は453になる。これらを合計してさらに2で割った[3]数の453が当該社会全体における構造移動量、構造移動量を総度数で割った0.23が構造移動率となる。

循環移動は、構造変動以外の要因による移動である。個人の意思に基づく移動などがその内容となる。行と列の周辺度数のうち小さいもの（構造移動ではな・い・部分）から対角セルの度数（非移動の部分）を引いた数を階層ごとに求め、それらの合計の値が循環移動量、また循環移動量を総度数で割った値が循環移動率として求められる。構造移動の影響を除去しているので、循環移動はより純粋な意味での社会の開放性を表していると考えられる。なお循環移動率は、粗移動率から構造移動率を引いた数に等しい。構造移動率と循環移動率の定義式は、それぞれ以下の通りである。$n_{i.}$ は i 行の合計、$n_{.i}$ は i 列の合計を示す。

$$構造移動率 = (\sum |n_{i.} - n_{.i}|) \div 2n$$
$$循環移動率^4 = [\sum \min(n_{i.}, n_{.i}) - \sum n_{ii}] \div n$$

3-5-3　移動指標によって社会をとらえる

社会移動においては、機会の平等をとらえることが重要である。ここでいう機会の平等とは、出身の地位が何であれ、ある地位へと到達する確率に差がないことを意味する。社会移動研究では、そのような状態を完全移動と呼ぶ。そ

---

[3] ある階層から流出した構造移動人数は、同時に受け入れ先階層の流入人数ともなるので、そのままでは二重にカウントされてしまう。それを調整するために2で割る。

[4] 数式中の min は、かっこ内の値のうち、最小のものを採用することを意味している。

3-5 社会移動と社会の開放性

してそれは、統計的には独立であることに相当する。

機会の平等の実現程度を測定するための移動指標として、結合指数、分離指数が古くから用いられている。どちらも、現実に観測された度数と、出身と到達階層とが独立であるときの期待度数との比である。対角セルについて求めたときには結合指数、非対角セルについて計算した場合は分離指数と呼ばれる。これらはともに、完全移動状態ならば1の値をとる。1より大きければそのセルが示す移動は起こりやすい、1より小さければ移動が起こりにくいことを表す。以下の n は総度数、n_{ii} は i 行 i 列、n_{ij} は i 行 j 列のセル度数である。

$$結合指数 = \frac{n_{ii}}{n_{i.} n_{.j} \div n}$$

$$分離指数 = \frac{n_{ij}}{n_{i.} n_{.j} \div n}$$

ところが結合指数には、値の上限が周辺度数に依存するという重大な欠陥がある。それを克服すべく、安田三郎によって開発された移動指標が開放性係数[5]である（安田 1971）。

$$個別的開放性係数 = \frac{\min(n_{i.}, n_{.i}) - n_{ii}}{\min(n_{i.}, n_{.i}) - n_{i.} n_{.i} \div n}$$

分子は実際に観察された階層 i の循環移動の量、分母は完全移動のときに期待される階層 i の循環移動の量である。つまり開放性係数は、完全移動状態と比べて、現実ではどのくらい機会が平等になっているかを測ったものである。完全移動が実現していれば開放性係数は1となる。ほとんどの場合、出身と到達の地位は強く結びつくので、開放性係数は1を下回る。そのため、開放性係数の値は、「完全移動、すなわち機会平等の実現率」という意味として解釈されうる。この値が高いほど、当該の階層 i は、移動に関して開放的であると読むことができる。

個別の階層についてだけでなく、社会全体の開放性をとらえることもできる。次の係数の値は社会についての開放性を評価する要約値であり、総合的開放性係数と呼ばれる。

---

[5] 開放性係数は開発者である安田三郎の名をとって、安田係数とも呼ばれる。

3 社会構造の様態を記述する

表3-5-3　移動指標の値

粗移動率	0.48
構造移動率	0.23
循環移動率	0.25
個別的開放性係数	
ホワイトカラー	0.53
ブルーカラー	0.77
農業	0.18
総合的開放性係数	0.61

$$総合的開放性係数 = \frac{\sum_i \min(n_{i\cdot}, n_{\cdot i}) - \sum_i n_{ii}}{\sum_i \min(n_{i\cdot}, n_{\cdot i}) - \sum_i n_{i\cdot} n_{\cdot i} \div n}$$

　先の移動表から、これまでの移動指標を計算してみよう。表3-5-3がその結果である。粗移動率は0.48であることから、社会の成員のおよそ半数が移動者であることがわかる。さらに構造移動率は0.23、循環移動率は0.25である。事実としての移動のうち半分近くは職業構造の変動によりもたらされたことが明らかになる。個別的開放性係数をみると、農業がもっとも開放性が低く（0.18）、次いでホワイトカラー（0.53）、ブルーカラー（0.77）の順となる。総合的開放性係数の値は0.61である。完全移動時を基準とすると、循環移動実現の程度は概ねその6割ということである。これら移動指標の大きさは、他国の数値や過去の数値と比較することによって、より豊かにいろいろな含意を引き出すことができる。

3-5-4　移動指標による分析の可能性

　現在では、社会移動分析の主役はもはや移動指標ではなく、ログリニアモデルである。だが移動指標は数学的操作が単純で、解釈は容易であるなど優れた面をもつ。分析の手始めとして、あるいは要約として、移動指標は今なお有益である。
　ただし移動指標は、周辺分布の影響を受けてしまうこと[6]、カテゴリーの数次第で結果が変わりうることなどの欠点がある。結果を解釈する上で注意が必

要である。

　移動指標の適用範囲は社会移動だけに限られるわけではない。行と列の変数カテゴリーが同じ正方表であれば、移動指標を計算することは可能である。興味深い応用例として、就職活動開始時の希望進路と決定した進路との関係の分析（安田 1999）、夫出身階層と妻のそれとの関係の分析（志田・盛山・渡辺 2000）などがある。社会移動以外のテーマに関しても、移動指標を適用することによって、興味深い知見が得られるであろう。

【今後の学習のための文献案内】

・Hout, M., 1983, *Mobility Tables,* Sage.
　移動表の分析に関して、初等的な手続きから高度な手法まで幅広く扱っている。移動指標の分析をマスターした後にじっくり取り組むのがよいだろう。

・盛山和夫, 1994,「社会移動データの分析手法」東京大学教養学部統計学教室（編）『人文・社会科学の統計学』東京大学出版会：257-279.
　本章よりも詳細にさまざまな指標の解説がなされている。統計学的に体系だった理解を求める読者に特にすすめたい。

・安田三郎, 1971,『社会移動の研究』東京大学出版会.
　社会移動の考え方、方法的問題、実証的研究などをすべて含めた大著である。内容の古さは否めないが、この分野を研究する上での必読書である点に疑いはない。

6　開放性係数も、完全に周辺分布から自由ではない。詳しくは盛山（1994）を参照。

3-6 母娘の家族形成プランの類似性

社会的カテゴリー間の結びつきのパターンをあきらかにする：ログリニア・モデル

保田時男

3-6-1 娘の家族形成プランに見られる母親との類似性

　少子化およびそれを引き起こす晩婚化が、広く社会的な問題として捉えられるようになってから、すでに久しい。近年は特に、少子化・晩婚化に歯止めをかけるために、結婚や子育てへの公的な支援がいろいろと模索されている。

　確かに、そのような支援によって外的な環境が変化すれば、人々の結婚や子育ての判断に一定の影響を与えることができるであろう。しかし一方で、外的な変化の影響をすぐには受けない要素もあることに注意が必要である。幼少時からの社会化によって「結婚は20代後半になってから」「子どもの数は2人が標準」といった意識を強く植え付けられた人々は、結婚や子育てをめぐる外的な環境が改善しても、自分が内面化している規範に制約され、その晩婚・少子的な行動様式を簡単には変えることができないであろう。

　言うまでもなく、子どもの社会化を担う最も主要な人物は、その親である。特に、結婚や子育てなど、家族領域における社会化については、親の果たす役割が大きい。そのため、子どもの家族形成プラン（自分がいつ結婚し、いつ何人子どもを生むかという予定）は、自分の親の経験や期待と類似する傾向がある。

　M. E. シュトレルとK. E. ホーム（Starrels and Holm 2000）はこの類似性に注目し、思春期の子どもの家族形成プランと親の期待・経験との間にどのようなパターンの類似性があるのかを、親子調査のデータから明らかにすることを試みた。彼らは、その類似性をさまざまな側面から検討しているが、ここではその中でも次の問題に焦点を絞ろう。思春期の娘の結婚年齢プラン（何歳で結婚しようとしているか）は、母親がその娘に対して抱く結婚年齢の期待、および母親

自身が結婚を経験した年齢と、ある程度の類似性を持つ。その類似性のパターンはどのように記述できるのか。また、その類似性のパターンは母親からどのような社会化を受けた結果と考えられるのか。

彼らはこの問題に取り組むにあたり、社会的学習理論による説明とシンボリック相互作用論による説明を対置している。社会的学習理論は、役割モデルの直接的な模倣による社会化を強調する。すなわち、母親が何歳で結婚したかという行動レベルでの事実が、娘の結婚年齢プランに大きな影響を与えると考える。一方、シンボリック相互作用論は、社会化の主体（母親）による積極的な意味づけを強調する。すなわち、娘の結婚年齢プランは、母親の行動の単なる模倣ではなく、母親により意味づけされた期待から影響を受けると考えるわけである。

このいずれの理論によって、結婚年齢の社会化、およびそれに伴う母親との類似性が、経験的に説明できるのか。この問題を実証的に検討することは重要な課題である。学習理論が正しければ、娘は母親の意志とは関係なく、その役割行動を模倣するのであるから、結婚に関する社会的環境が改善し、娘の将来に対する母親の考え方が変化したとしても、それは娘の社会化にはあまり影響を与えないことになる。一方、相互作用論が正しければ、母親の考え方に変化を引き起こせば、それは娘の社会化にも影響を及ぼし、晩婚化傾向の改善はよりスピーディに進行することが期待できる。

3-6-2　それぞれの社会化仮説とログリニア・モデルとの対応

いま考察している問題に関係している変数は、思春期の娘の結婚年齢プラン（P）・その母親が娘に抱く結婚年齢の期待（E）・母親自身の結婚行動（B）の3つである。シュトレルとホーム（Starrels and Holm 2000）は、これらの変数をカテゴリー変数として測定している。娘の結婚プラン（P）は、24歳までの結婚を望む程度によって3カテゴリーで表されている。分かりやすさのため、ここでは3つのカテゴリーを早婚プラン・中庸プラン・晩婚プランと呼ぶことにする。母親の期待（E）も同様の3カテゴリーで表される（早婚期待・中庸期待・晩婚期待）。母親の結婚行動（B）は、24歳以下で結婚を経験したかどうかで2カテゴリー（早婚経験・晩婚経験）に分けられている。

さて、このように変数を定義したときに、いま分析によって説明を与えよう

3 社会構造の様態を記述する

としているのは、娘の結婚プランという変数ではないということに注意してもらいたい。つまり、娘の結婚プランを従属変数として、他の変数を独立変数とした説明をしようとしているわけではない。そうではなく、これら3つの変数の類似性、より一般的に言えば3つの変数のカテゴリー間にみられる結びつきのパターンに対して説明を与えようとしているのである。形式的に表現するならば、それはB、E、Pの3つのカテゴリー変数から作られる$2 \times 3 \times 3$のクロス集計表における度数の分布構造を説明しようとしていることになる。

このような関心を満たすことのできる最もポピュラーな分析技法が、ログリニア・モデルである（log-linear models；対数線形モデルという訳をあてたり単にログリニアと呼んだりすることもある）。ログリニア・モデルは、クロス表のセルごとに度数が異なるのはなぜなのかをモデル化する。つまり、図3-6-1のように、クロス表全体をいくつかの独立した要因の掛け合わせで説明しようとする。

このとき、どのような要因をモデルに適用するかは、分析者の関心に依存し、後で述べるように相当に幅広い関心に対応したモデルを組み立てることができる。しかし、一般的には諸変数間の関連性の存在（従属性）を、説明要因とするモデルを用いることが多い。先にあげた2つの社会化仮説と照らし合わせて説明しよう。もし学習理論仮説が正しければ、3つの変数は図3-6-2の(a)のような関連性を持つと考えられる。すなわち、娘の結婚プランは母親の結婚行動を直接模倣するので、$B-P$間には関連性が存在するが、母親の意味づけを伴う期待の影響は受けないので、$E-P$間には関連性が存在しない（母親自身の経験と娘への期待の間には当然関連性が存在すると考えられるので、$B-E$間にも線が引かれる）。

一方、相互作用論仮説が正しければ、3つの変数は(b)のような関連性を持つであろう。娘の結婚プランは母親の行動を直接反映するのではなく（$B-P$間の

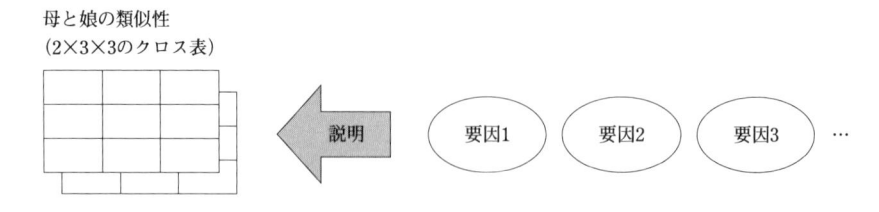

図3-6-1　ログリニア・モデルの目的

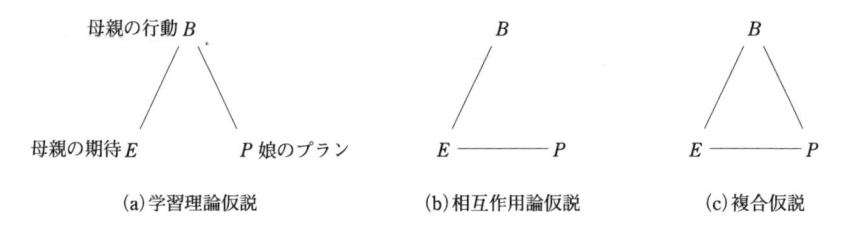

```
         母親の行動 B                    B                      B
        ╱         ╲                  ╱   ╲                 ╱   ╲
   母親の期待 E    P 娘のプラン      E ─── P              E ─── P

    (a) 学習理論仮説            (b) 相互作用論仮説         (c) 複合仮説
```

図3-6-2　社会化仮説の種類により異なる諸変数間の関連性

関連性はない)、母親による意味づけを通した期待から影響を受ける（$B-E$ 間、$E-P$ 間には関連性がある）。また、これら 2 つの仮説が両立しているならば、3 つの変数は(c)のような複合的な関連性を持つはずである。

ログリニア・モデルによる分析を行えば、これらの仮説のうちどのモデルを選択すればよいのかを判断することができる。つまり、結婚年齢に関する母と娘の間の類似性は、何と何の結びつきによって説明できるのかを特定することができる。また、それらのモデルにおける諸変数間の結びつきの内容を数量的に捉えることができる。

3-6-3　効果パラメータの読み取りとモデルの比較

やや数学的な話になるが、以上のような目的をログリニア・モデルがどのようにして果たすのかを簡単に説明しておこう。例えば、相互作用論仮説［図3-6-2(b)］に基づいて $B \times E \times P$ のクロス表における各セルの期待度数を推定するならば、セル (i, j, k) の期待度数 μ_{ijk}^{BEP} は、式(1)のように表すことができる。

$$\mu_{ijk}^{BEP} = \pi \pi_i^B \pi_j^E \pi_k^P \pi_{ij}^{BE} \pi_{jk}^{EP} \quad \cdots(1)$$

この式では、独立したいくつかの要因（効果パラメータ）の単純な掛け算で各セルの期待度数が決まることを表している。後ろの 2 つの π_{ij}^{BE}、π_{jk}^{EP} はそれぞれ、$B-E$ 間の関連性による相互作用を反映したパラメータ、および $E-P$ 間の関連性による相互作用を反映したパラメータである。また、最初にある π は全体の標本数を反映した共通効果パラメータ、続く $\pi_i^B \cdot \pi_j^E \cdot \pi_k^P$ は $B \cdot E \cdot P$ の各変数単独の効果を反映したパラメータである。これらのパラメータは相互作用論仮説のモデルの中には明示的に表されていないが、より高次元のパ

3 社会構造の様態を記述する

ラメータを含むモデルには、それより低次元の効果は当然含まれると考えるのが通例である。例えば、$B-E$間の関連性（π_{ij}^{BE}）の効果を含むモデルには、B、Eそれぞれの変数単独の効果（$\pi_i^B \cdot \pi_j^E$）も、当然含まれると考える。

ログリニア・モデルによる分析は、基本的にいま示した式(1)の形で各セルの期待度数が決まっていると想定するが、この式をそのまま用いるのではなく、式(2)のように両辺を対数化して（logを取って）モデルを表現する。対数化により、互いに掛け合わされていた効果パラメータは、足しあわされる形、つまり線形（linear）に結合した形になる。これがログリニア・モデルと呼ばれる所以である。

$$\begin{aligned}\log \mu_{ijk}^{BEP} &= \log \pi + \log \pi_i^B + \log \pi_j^E + \log \pi_k^P + \log \pi_{ij}^{BE} + \log \pi_{jk}^{EP} \\ &= \lambda + \lambda_i^B + \lambda_j^E + \lambda_k^P + \lambda_{ij}^{BE} + \lambda_{jk}^{EP}\end{aligned} \quad \cdots(2)$$

これらのパラメータの具体的な値は、与えられたモデルの制約の中で元のクロス表をもっともよく再現できる値が推定される。例えば、上記の相互作用論モデルについてパラメータを推定すると、表3-6-1のような結果が得られる[1]。λ_{jk}^{EP}の各値に注目しよう。λ_{11}^{EP}が0.638と正の値を持つということは、母親が早婚を期待しており（$E=1$）娘が早婚プランを持っている（$P=1$）というセルの度数は大きくなるという効果を表している（つまり、母親の早婚期待と娘の早婚プランとの間には正の関連性がある）。逆にλ_{13}^{EP}は-0.381と負の値を示しているので、母親が早婚を期待しており（$E=1$）娘が晩婚プランを持つ（$P=3$）というセルの度数は小さくなる効果が示されている。同じように他のパラメータについても見ていくと、相互作用論仮説の予想どおりに母親の結婚期待と娘の結婚プランが結びついていることが観察できる。

---

1 シュトレルとホーム（Starrels and Holm 2000）は元のクロス表および細かな分析結果を明示していなかったため、ここでは同じデータを筆者が再分析した結果を掲載している。シュトレルとホームが用いたデータ（National Survey of Children Wave 2）は、Inter-university Consortium for Political and Social Research（ICPSR）によって公開されている。ただし、合成変数の定義が明確に示されていなかったため、彼らの分析を正確には再現できていないことを了承していただきたい。

Zill, Nicholas, Frank Furstenberg, Jr., James Peterson, and Kristin Moore, 1988, NATIONAL SURVEY OF CHILDREN: WAVE I, 1976, WAVE II, 1981, AND WAVE III, 1987 [Computer file], 3rd release, Washington, DC: Child Trends, Inc. [producer]; Ann Arbor, 1990, *MI: Inter-university Consortium for Political and Social Research and ICPSR Japanese National Membership*（ICPSR国内利用協議会）[distributor].

3-6 母娘の家族形成プランの類似性

表3-6-1　相互作用論モデルの推定パラメータ

λ	1.915	λ_{11}^{BE}	0.390
λ_1^B	1.343	λ_{12}^{BE}	-0.380
λ_2^B	-1.343	λ_{13}^{BE}	-0.010
λ_1^E	-1.302	λ_{21}^{BE}	-0.390
λ_2^E	0.907	λ_{22}^{BE}	0.380
λ_3^E	0.396	λ_{23}^{BE}	0.010
λ_1^P	-0.530	λ_{11}^{EP}	0.638
λ_2^P	0.445	λ_{12}^{EP}	-0.257
λ_3^P	0.084	λ_{13}^{EP}	-0.381
		λ_{21}^{EP}	-0.095
		λ_{22}^{EP}	0.209
		λ_{23}^{EP}	-0.113
		λ_{31}^{EP}	-0.543
		λ_{32}^{EP}	0.048
		λ_{33}^{EP}	0.495

　このように、ログリニア・モデルの効果パラメータは、回帰分析における回帰係数と同じように、正の値は正の効果、負の値は負の効果として読み取ることができる。パラメータの値を容易に読み取ることができるのは、式(2)のように、モデルを対数線形化したおかげである。
　さて、いくつかの仮説を元に複数のログリニア・モデルを推定したとき、どのモデルが現実をより的確に表していると判断すればよいのであろうか。つまり、どのモデルを採択するかは、どのようにして判断すればよいのであろうか。その判断は2つの手続きでなされる。
　第1に、そのモデルから推定されるクロス表が、現実の標本データと適合していなければならない。一般に、検証されるログリニア・モデルは元のデータを完全に説明できるわけではないので、モデルから推定されるクロス表と元のデータのクロス表との間にはいくらかの齟齬が生まれる。そこで、その齟齬が確率的な偶然とみなせる程度かどうかを判断するために検定を行う。表3-6-2は先に示した3つの仮説にもとづいたログリニア・モデルについて、それぞれの適合度検定の結果を表している。適合度の検定には、通常、χ^2（カイ自乗）分布に近似する尤度比統計量（G^2やL^2と表記される）が用いられる。この場合、有意水準を5％とするならば、相互作用論モデルと学習理論モデルから推定されるクロス表は、いずれも有意に元のクロス表から乖離している。したがって、

表3-6-2　各ログリニア・モデルの適合度検定

モデル		G^2	df	p
複合モデル	$\{BE\}\{BP\}\{EP\}$	6.47	4	0.17
相互作用論モデル	$\{BE\}\{EP\}$	14.18	6	0.03
学習理論モデル	$\{BE\}\{BP\}$	30.06	8	0.00

適合的なモデルは複合モデルのみとなる。娘の結婚プランの社会化は、学習理論と相互作用論の双方を勘案しなければ十分に説明できないようである。

　適切なモデルを選択するための第2の手続きは、モデル間の適合度の比較である。例えば、複合モデルは相互作用論モデルに対して学習理論仮説の考え方（$B-P$間の関連性による効果パラメータ λ_{ik}^{BP}）を追加したモデルと見ることができる。したがって、この2つのモデルの間での適合度の差は、λ_{ik}^{BP} を追加したことによってどれだけ適合度が改善したかを表している。この差もそのまま χ^2 分布に近似するので、適合度の改善の程度を統計的に検定することができる。この場合、$df=6-4=2$、$G^2=14.18-6.47=7.71$なので、$p=0.02$で適合度の有意な改善が確認される。このことから、もし仮に適合度検定の結果、相互作用論モデルも十分に適合していたとしても、適合度が有意に改善する複合モデルの方が適切なモデルとして選択されるべき、と判断できることになる。

　より詳しくログリニア・モデルの分析方法を知りたい場合には、簡単な入門書としてD. ノークとP. J. バークの薄い入門書（Knoke and Burke 1980）などを通読することをお奨めする。また、A. アグレスティのテキストは（Agresti 1996）、ログリニア・モデルに限らずカテゴリカル・データの分析方法全般を解説したものである。関連する他の諸分析法との結びつきを理解し、学習を体系的に進める上で役立つ。

3-6-4　ログリニア・モデルの魅力

　ここまで説明してきたログリニア・モデルでは、変数間の関連性の存在だけを説明要因として投入してきたが、ログリニア・モデルにはもっと様々な説明要因を投入することが可能である。例えば、「母親が早婚を経験している場合にのみ、母親の期待と娘のプランとの間に関連性が表れる」という仮説や、「母親の期待と娘のプランは完全に合致する傾向が強い（つまり、クロス表の対角

線上の度数が多くなる)」という仮説に対応する効果パラメータをモデルに投入することが可能である。そのためには、デザイン行列 (design matrix) と呼ばれる行列で、仮説の内容を表現する手続きが必要なものの、分析者の持つ仮説をかなり柔軟に検証することができ、分析の幅が大きく広がる。

実際、シュトレルとホーム (Starrels and Holm 2000) は単純に変数間の関連性を説明要因とするログリニア・モデルを検討するのではなく、母親の期待 (E) と娘の結婚プラン (P) との間の関連性が線形であるという仮説にもとづいた効果パラメータを投入して、特殊な複合モデルについて検証している。つまり、シンボリック相互作用論仮説の内容により見合ったモデルを表現するために、その関連性の内容に制約をかけたのである。また、さらに彼らは、その$E-P$間の線形の関連性の強さが、母親の結婚経験 (B) によって異なるという仮説に対応したモデルをも検証している。このモデルは、娘は単純に母親の期待に従うのではなく、母親の実際の行動と照らし合わせた判断をしている、という仮説に対応している。このように、ログリニア・モデルは分析者が持つ仮説に柔軟に対応することができる。

最後に、ログリニア・モデルが説明するのは、1つの変数ではなく、クロス表全体の人々の分布であるということの意味を強調しておこう。社会調査データは一般に個人を1ケースとするので、回帰分析のように1つの従属変数を説明するモデルを用いるならば、扱っているテーマがいかに社会学的なものであろうとも、そのモデルは「個人の」行動や状態を説明することになる。そのため、その分析結果から社会学的な意味を読み取るためには、一段階余分に解釈が必要になる。これに対して、ログリニア・モデルで説明されるクロス表は、いくつかの側面から人々を分類した「社会の」一様態そのものである。その意味で、ログリニア・モデルは社会現象を分析するより直接的な方法となりうる。先に述べたように分析者の仮説に柔軟に対応できることと合わせて、ログリニア・モデルは社会学者の関心を直接的に満たしてくれる結果をズバリと表してくれる。この直接的な強力さこそが計量社会学者にとってログリニア・モデルの持つ一番の魅力であろう。

3 社会構造の様態を記述する

【今後の学習のための文献案内】

・Agresti, A., 1996, *An Introduction to Categorical Data Analysis,* John Wiley & Sons.（＝2003, 渡辺裕之他訳『カテゴリカルデータ解析入門』サイエンティスト社.）
　　カテゴリー変数の分析全般の入門書．一般化線形モデルというより広い視点から捉えたときのログリニア・モデルの位置づけや他の分析手法との関連性が分かる．

・Knoke, D., and P. J. Burke, 1980, *Log-linear Models,* (Sage University Papers Series on Quantitative Applications in the Social Sciences, 07-020), Sage.
　　80ページの薄い解説書．デザイン行列を用いる場合を除けば，十分な入門書である．

変数や分析対象の
類似性を把握する

| 3-7 | 権威主義的攻撃と F 尺度 |

複数の連続変数間の類似性を検討し要約する：因子分析

石黒　格

3-7-1　権威主義的パーソナリティとその測定

　T. W. アドルノは、第2次世界大戦中のドイツでナチズムの台頭を許したのは、迷信にとらわれ、同時に権威に迎合するある種の心理傾向の持ち主が存在していたからだと考えた（Adorno et al. 1950＝1980）。アドルノはこの心理傾向を「権威主義的パーソナリティ」と名づけ、人々の中にある権威主義的な傾向の強弱を測定しようと試みた。それにより、「潜在的にファシスト的な個人、つまり反民主主義的な宣伝にとくに動かされやすい精神構造をもっている個人」（強弱は原文）を対象とした研究を行ったのである。

　研究を進める上で、アドルノらが試行錯誤を経て作成したのが、F 尺度（ファシズム尺度）と呼ばれる、一連の質問項目である。たとえば、表3-7-1の第1列に示したのは、アドルノらが権威主義的パーソナリティの下位概念として取りあげた「権威主義的攻撃」、すなわち「因襲的な諸価値を侵犯しようとする人びとをさがし出し、非難し、拒斥し、処罰しようとする傾向性」を代表すると考えられる8つの質問項目である。

　アドルノらは、権威主義的攻撃を含む9つの下位概念について質問項目を作成し、その全体が権威主義的パーソナリティを測定していると考えた。そのため、各質問項目の得点を加算すれば、回答者の権威主義的パーソナリティが測定できると考えたのである。権威主義的パーソナリティとその尺度は、社会科学において代表的な概念と道具のひとつとなった。

3 社会構造の様態を記述する

表3-7-1 「権威主義的攻撃」尺度の因子分析 (Varimax回転後)

質問項目	第1因子 (権威主義的攻撃)	第2因子 (同性愛嫌悪)	第3因子 (性犯罪処罰)	独自性
しつけや習慣、マナーのよくない人が、礼儀正しい人々と交際することは、ほとんど期待できない	0.72	−0.09	−0.06	0.47
若者にもっとも必要とされているのは、厳しい規律であり、断固とした決断であり、そして家族と祖国のために働き、闘おうとする意志である	0.66	0.20	−0.03	0.53
われわれの名誉に対するいかなる侮辱も、けっして看過されるべきではない	0.49	−0.14	0.58	0.41
強姦や小児暴行のような性的犯罪は、単なる禁固刑以上のものに値する。これらの犯罪は、公衆の面前で処罰されるか、あるいはそれ以上の刑を課されるべきである	−0.06	0.07	0.90	0.17
自分の両親に対して、心からの尊敬、感謝、愛を感じないような人間は、ほとんど最下等の人間である	0.51	0.34	0.10	0.62
現代の社会問題の大部分は、われわれが、何とかして、非道徳的で、精神の歪んだ、意志の弱い人びとをとりのぞくことさえできるならば、解決されてしまうであろう	0.25	0.54	0.10	0.63
もし人びとがもうすこし口を慎み、もうすこしよく働くならば、すべての人びとのくらし向きがよくなるであろう	0.68	0.16	0.08	0.50
同性愛は、犯罪とほとんど同じくらい害悪をもたらすものであり、きびしく処罰されなければならない	0.01	0.87	0.02	0.25
因子寄与	1.99	1.26	1.18	
因子寄与率	0.25	0.16	0.15	

3-7-2 因子としての態度

アドルノらは尺度の作成に際して、質問項目に対する回答が互いに相関するのは、それぞれの項目が、背後にある潜在的な権威主義的パーソナリティと関わっているからだと考えていた。質問項目への反応を通して、人々の潜在的な態度を測定できると考えたのである。個別の質問項目は、測定したい概念そのものではない。まず人々の内に権威主義的パーソナリティという概念変数が存在しており、これがそれぞれの質問項目に対する反応を規定している、と考え

3-7 権威主義的攻撃とF尺度

たのである。

　このような考え方は、態度など、人の心理的変数を測定する際に、常に背景にある。たとえば、「性役割意識」を測定したいと我々が考えたとき、そこで我々が求めているのは「男は仕事・女は家庭という考え方に賛成ですか、反対ですか」という質問に対する、「賛成」から「やや賛成」「やや反対」「反対」までの4点による回答ではない。我々は前提として、より一般的な「性役割意識」の存在を、個々の回答の背後に仮定しているのである。複数の質問項目を性役割意識への測定に用いているのなら、それらの項目の相関は、共通要因としての「性役割意識」が回答者の反応を規定したからだと考えている。

　つまり、複数の質問項目を用いて態度を測定するとき、我々は項目同士の相関を、内在的な態度を共通要因とする偽相関だと解釈していることになる。研究者が因果関係の検討を目的としているとき、共通要因による擬似相関はデータの解釈に対するノイズに過ぎない。だが、態度のように直接的に測定するのがむずかしい概念変数を、複数の質問項目で測定するような場合には、この共通要因こそが我々の測定対象となっている。

　因子分析では、この共通要因を因子と呼ぶ。そして、個々の回答者（より一般的にはオブザベーション）は、各因子について得点（因子得点）を持つと想定される。たとえば、数多くの質問項目を同時的に規定する、因子としての「権威主義的パーソナリティ」が存在し、回答者はそれぞれこの因子の得点を持つと考える。観測された変数の相関関係から共通要因を抽出し、さらに観測された変数と共通要因との関係（因子構造）を推測するのが、因子分析の目的である。

　図3-7-1は、因子分析の考え方を模式的に示したものである。6つの質問項目が測定されたとき、それらの項目が主として2つの因子によって規定されているとしよう。ふたつの因子はすべての変数を規定しているが、観測された変数1、2、4は主に1つ目の因子に、3、5、6はもう1つの因子によって規定されている。ここから、1つの因子によって強く規定される変数は、同一の概念を測定していると考えることができる。

　少数の因子によって多数の観測変数が規定されると考えることは、2つの点で有用である。1つは、すでに述べたように、因子を数学的に探索することを通して、我々が真に測定の対象としている概念へと迫ることである。因子を変数間の偽相関をもたらす共通要因と捉えることで、観測された、具体的な変数ではなく、その背後にある要因を考えることができる（ただし、後に述べるように、

3 社会構造の様態を記述する

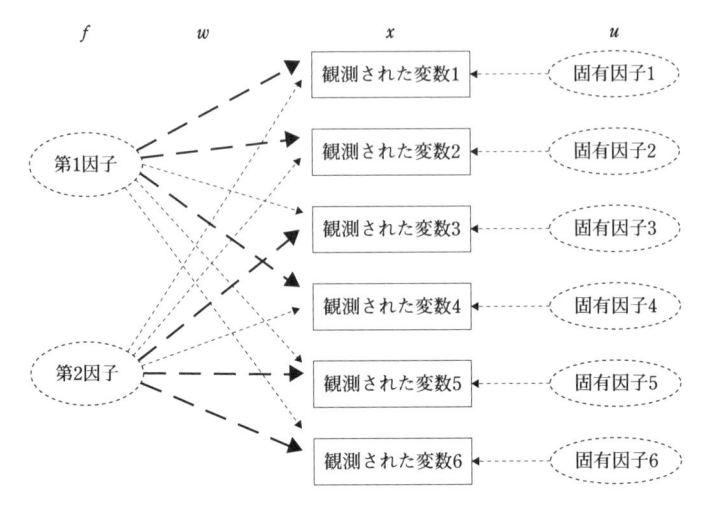

矢印の太さは、因子負荷の大きさを模式的に示している。実線で描かれた四角は観測値を、破線で描かれた楕円と矢印は数学的な推測値を示す。推測による点線で描かれた部分が多いことが、因子分析の恣意性の原因のひとつである。

図3-7-1　因子分析の考え方を示す模式図

「因子＝概念」と捉えるのは危険である）。

　もう1つの利点は、多数の変数を少数の因子得点に集約できることである。因子が関心の対象となっている概念を代表すると考えることにより、我々は測定した変数すべてについて網羅的に検討するかわりに、少数の因子得点だけを検討して作業を終わらせることができる。因子分析によって各回答者の因子得点を推定し、変数として分析の説明変数、目的変数として利用することで、データの解析と解釈が容易になる。

　図3-7-1の例なら、6つの変数が主として2つの因子に規定されていると考えて、この因子だけを分析対象とすれば、分析で扱う変数の数を$\frac{1}{3}$にできるのである。測定に用いた変数が多いほど、このことのメリットは大きくなる。

3-7-3　因子分析の基本的な考え方

　観測された変数の相関関係から、その背後に隠された因子と、因子と変数と

の関係を推定するために、因子分析では、まず妥当と考えられる初期値を置いて計算をスタートする。その後、計算結果を初期値として代入する計算を繰り返し、データとのギャップが十分に小さくなった時点で最終的な解とする。

このとき、推定に用いる方法には、最小二乗法、一般化最小二乗法、最尤推定法など、多様な方法がある。また、初期値としてどんな値を用いるかについても、様々な方法が提示されている。これらのなかから、どの方法を選ぶかによって結果が（ときに大きく）変わることは、因子分析の重要な特徴の1つである。

さらに、後に紹介するように、因子分析に際しては、様々な点について分析者の判断や解釈が必要となる。そのため、因子分析の結果が「絶対的に確実」であることはほとんどない。因子とは多数の仮定と、分析者の選択のもとで作られた数学的な構築物にすぎない。具体的な変数の背後にある概念を推定し、変数化するための方法ではあっても、因子自体は概念そのものではありえない。

このような曖昧さを含みながら、それでもデータの構造を探索するための道具としての因子分析の価値は大きい。たとえば、社会意識研究の初期の段階には、人々の意識を測定する尺度を構成することが重要な作業となるが、こうした場合には有用である。

社会意識を測定する尺度は、単独の概念のみを測定するか、あるいは、アドルノらがしたように、いくつかの下位概念を含むものとして作られる。そして、概念（や下位概念）のひとつひとつについて、複数の質問項目を作成して測定を行うのが普通である。このとき、研究者は因子分析と極めて類似した形で、質問項目と概念（ここでは意識）との間に一定の構造を想定して作業を開始する。図3-7-1において、因子を概念、観測された変数を質問項目と置き換えた図式を想定していることになる。

しかし、研究者の考えが常に現実を反映しているわけではない。研究者が理論的に分離した下位概念は、調査回答者の意識の中では混在しているかもしれない。あるいは、ひとつの下位概念に含まれると想定した質問項目群が、ふたつの、ほぼ独立した下位概念に分離しているかもしれない。

因子分析を行うことで、我々は現実に得られたデータの中から、背後にある構造を確認し、あるいは、新たな仮説を発見していくことができるのである。因子分析は、変数間の相関関係をのぞけば、概念の構造についての仮定がまったくない状態から分析がスタートし、データの相関関係から構造を推定する。

3 社会構造の様態を記述する

そのため、測定の対象としている概念の構造、あるいは質問項目との関係についての知識が不足している場合には、因子分析の価値は非常に大きくなる。

3-7-4 具体例と結果の読み方

アドルノらの時代には、計算量の問題から因子分析を利用するのはむずかしかった。今、改めて因子分析を用いたとき、表3-7-1に示した8つの質問項目は、ただひとつの因子の存在を仮定することで十分に説明されるだろうか。このことを確認してみよう。

表3-7-1に示した権威主義的攻撃の尺度に、関西地区の男女大学生206名に回答してもらった。回答は、各質問項目について「そう思う」から「そう思わない」までの4点で測定した。表3-7-1の第2列目以降は、このデータに対して、3つの因子の存在を仮定して（それがもっとも解釈しやすかったため）因子分析を行った結果である。この表には因子構造を解釈するのに必要な値が示されている。ここで、その内容を説明しておく。

表3-7-1の第2、3、4列に示されているのは、個々の質問項目と因子との関係の強さを示す因子負荷と呼ばれる係数である。因子負荷は相関係数と似た解釈が可能である。0は因子と質問項目への回答には関係がないことを示し、絶対値が1に近づくほど、強い関係があることを示す。

各因子の「因子寄与」は、質問項目すべての因子負荷の二乗和をとった値である。この値が、それぞれの因子のデータに対する説明力を示す。「因子寄与率」は、分析に投入した質問項目の分散全体の内、その因子によって説明される比率を示す。「因子寄与」と「因子寄与率」は、因子分析のデータに対するあてはまりの良さを示し、これが高いほど、因子がデータをよく説明することを示す。

一方で、表3-7-1の最右列に示した「独自性」はその反対に、質問項目それぞれにおいて、因子によって説明されなかった部分を示す。この値が低いほど、質問項目への回答が因子によって説明される部分が大きい[1]。

---

[1] 共通性（1から独自性を引いたもの）を図表中に示すことも多い。共通性は、値が高いほど分析モデルの説明力が高いことを示すので直観的であるし、因子寄与との関係でも理解しやすい。この章では、数式とつきあわせたときの理解のしやすさから、独自性を用いて説明した。

この表を読むために、因子分析によって質問項目への回答がどのように表現されるのかを知っておくことは有用だろう。p個の因子を仮定した因子分析では、ある回答者の、質問項目への回答は、式(1)のように表される。

$$x = \sum_{i=1}^{p} w_i f_i + u = w_1 f_1 + w_2 f_2 + \cdots w_p f_p + u \quad \cdots(1)$$

この式のxが質問項目への回答である。$f_1 \sim f_p$は、この回答者の各因子の因子得点である。$w_1 \sim w_p$は、因子負荷を指す。uは独自性である。因子負荷が高い因子が、質問項目を強く規定することが、この式からわかるだろう。図3-7-1では、xが「測定された変数」を、fが「(第1または第2)因子」を、fが矢印の太さを、uが「固有因子」を、それぞれ表している。

数学的に推定された因子自体はなんの意味も持たないため、推定された因子とその得点が何を表しているかは、研究者自身が解釈する必要がある。質問項目と因子との対応、すなわち因子負荷が、解釈の手がかりである。今回の例では、以下のように解釈できるだろう。

第1因子はほとんどの項目に対して高い正の負荷がある。このことから、第1因子得点が高いほど、ほとんどの質問項目の得点が高くなることがわかる。よって、第1因子はアドルノらが権威主義的攻撃と名づけた態度を示していると考えられる。しかし、この第1因子の因子寄与率は、25％程度に過ぎない。また、第1因子はいくつかの項目にほとんど因子負荷がない。アドルノらの予測とは異なり、単一の因子だけで、ここで用いた質問項目への回答を十分に説明することはむずかしいのである。

そこで、第2、第3の因子の特徴を因子負荷のパターンから確認してみよう。第2因子は「同性愛は……処罰されなければならない」に対する正の負荷が高く、また、第3因子は「強姦や小児暴行のような性的犯罪は……それ以上の刑を課されるべきである」に対する、同じく正の負荷が高い。これらの因子は、それぞれ16％、15％の因子寄与率を示しており、3つの因子によって、全分散の56％が説明できることになる。

こうして作られた3つの因子は、負荷の高い質問項目の特徴から、それぞれ「権威主義的攻撃」の因子、「性犯罪処罰」の因子、「同性愛嫌悪」の因子と名づけることができるだろう。アドルノらは、8つの質問項目すべてが権威主義的攻撃という単一の概念を代表していると仮定したが、現代の人々を対象としたとき、これらの質問項目への回答を1つの概念で説明するのは難しく、3つ

の異なる態度が含まれていると考える方が妥当だということを、結果は示唆している。

　因子分析の結果からは回答者それぞれが持つ因子得点が推定できる。ここでも推定法は複数あるが、いずれの方法を用いるにしろ、推定した因子得点は、質問項目への回答や年齢などと同様、変数として利用できる。たとえば、第1因子の因子得点を重回帰分析の目的変数とすることで、「どのような人々が高い権威主義的攻撃を示すのか」といった、アドルノが目指した問題を検討できるのである。

3-7-5　実行の際に注意すべき点

　ここでは、あたかもスムーズに分析が進んだかのように例を示したが、因子分析の実行は、実際には試行錯誤と分析のやり直しの連続による。そのステップとやり直しの過程を、図3-7-2は模式的に示している。因子分析には研究者が明示的に設定しなければならない数値が多いにもかかわらず、「どんな値がよいのか」「どのような結果がよいのか」を事前に定めるのに有用な基準がない。そのため、結果を見ながら、「よりよい結果」が得られるように、研究者自身が改善を繰り返す必要がある。

　図3-7-2に示したように、因子分析は以下の手順で実行するが、ほとんどすべてのステップで分析者がなんらかの決定をしなければならない。

(1)　分析に投入する変数の選択
(2)　因子数の決定
(3)　初期解の推定法の決定
(4)　回転法の決定
(5)　因子の解釈と命名
(6)　因子得点の推定法の決定

　これらの中には、方法を変えてもそれほど結果が変化しないものと、大きく変化するものがある。決定的に重要な点、あるいは研究者自身の関わりがなければ分析が成り立たないのは、分析に投入する変数の選択、因子数の決定、そして因子の解釈と命名である。

```
          ┌─→ 変数の選択
          │      ↓
          │   因子数の決定  ┐
   再検討  │      ↓         │ 統計パッケージを
          │   推定法の決定  │ 用いるプロセス
          │      ↓         │
          │    回  転      ┘
          │      ↓
          │   結果の解釈
          │      ↓
          └── 因子得点の推定と
              その後の分析
```

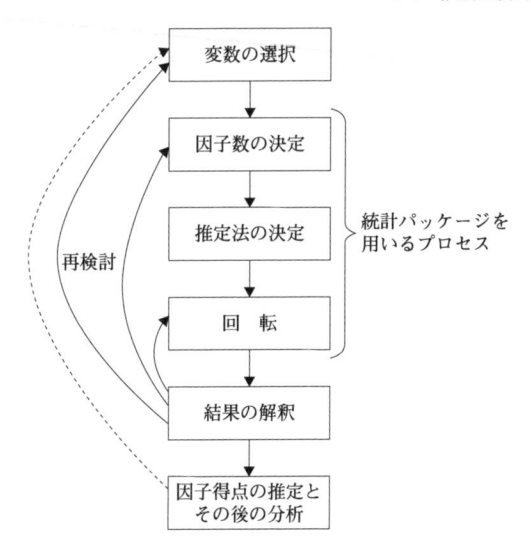

分析の全プロセスの内、統計パッケージを用いるのは一部であり、さらに、統計パッケージを用いない部分が重要である。結果の解釈を行う時点になってから、それ以前のステージに戻って分析をやり直し、何度も繰り返し分析することが、多くの場合は必要である。まれではあるが、非常に解釈しやすい結果を用いても、その因子得点がその後の分析で使いにくい場合もある。このような場合にも、最初に戻ってやり直す必要があるだろう。

図3-7-2　因子分析の流れ

3-7-6　分析に投入する変数の選択

　まず、決定的に重要であるのは、分析にどの変数を含めるかの選択である。どのような分析でも言えることであるが、分析に投入する変数を増やす、あるいは減らすことで、分析結果とそこから引き出される結論は大きく変わる。特に、因子分析では、以下に述べる因子数の決定や因子の解釈が、変数の選択によって決定的に変化することが多い。そのため、変数の取捨選択は重要な作業になる。

　この作業は、分析の恣意性という問題も招くが、分析の道具としての因子分析の位置づけを考えれば、積極的に行われる価値もある。たとえば、後述する単純構造が得られない場合や、すべての因子に対して負荷の小さい質問項目がある場合には、そうした変数を削除することで、解釈しやすく、また、最少の

質問項目のみを含む尺度を作成できる。そのため、質問項目を取捨選択しながら因子分析を繰り返す、という作業は、概念に関する知識と理解が乏しく、測定尺度が未発達な研究初期には有用である。アドルノらは上位―下位分析などをもとに項目の選定を行っており、現在でもこの手法は重要であるが、因子分析は弁別力だけでなく、測定対象となっている概念との関係性の強さという基準を、尺度に含める項目の選定にもたらすのである。

3-7-7　因子数の決定

　因子分析で設定される強い仮定のひとつが、因子数である。因子分析は、仮定する因子の数を設定しなければ、推定を実行できない。例では3つの因子の存在を仮定したが、この仮定が妥当であるという保証は絶対に得られない。そして、因子分析の結果は、いくつの因子を仮定するかで大きく変わる。

　たとえば、説明される分散は40％もあればいいと判断し、第3因子を取り除いて再分析したとしよう。このことがもたらす結果は、単に第3因子が分析から消える、ということだけではない。第1、第2因子の因子負荷もまた、大きく変わってしまうのである。表3-7-2にはその結果を示したが、第3因子であった「同性愛嫌悪」の因子がなくなり、同性愛に関わる項目は、第1因子に取り込まれたことがわかるだろう。「同性愛嫌悪」が独立した因子として得られた表3-7-1と表3-7-2では、印象が大きく変わったのに気づくはずである。このようなことは、因子分析においては頻繁に起きる。

　では、いくつの因子によってデータを説明するのがよいのか。実は、その決定は完全に研究者自身に任される。多くの場合、もっとも強力な基準は、「因子数をいくつに設定したときに結果が理解しやすく、かつ、使いやすいか」というものである。因子分析が、データの構造を検討する探索的なツールであることを考えれば、この恣意的な基準が否定されるものではない。

　とはいえ、一定の制限は設けることができる。それは、因子数を増やすにつれて、得られる因子の寄与が小さくなっていくことによる。説明力が小さい因子を分析に用いることは、それほど意味があることではない。よって、情報量が一定の水準に達する因子のみが得られるように、因子数を最低限に留めることは合理的である。

　1つの基準は、因子寄与率と、その総和（累積寄与率）である。全体の分散を

表3-7-2　2因子構造を仮定した場合の結果

質問項目	第1因子 (権威主義的攻撃)	第2因子 (性犯罪処罰)	独自性
しつけや習慣、マナーのよくない人が、礼儀正しい人々と交際することは、ほとんど期待できない	0.52	0.26	0.66
若者にもっとも必要とされているのは、厳しい規律であり、断固とした決断であり、そして家族と祖国のために働き、闘おうとする意志である	0.64	0.14	0.57
われわれの名誉に対するいかなる侮辱も、けっして看過されるべきではない	0.27	0.72	0.41
強姦や小児暴行のような性的犯罪は、単なる禁固刑以上のものに値する。これらの犯罪は、公衆の面前で処罰されるか、あるいはそれ以上の刑を課されるべきである	−0.06	0.69	0.52
自分の両親に対して、心からの尊敬、感謝、愛を感じないような人間は、ほとんど最下等の人間である	0.60	0.14	0.62
現代の社会問題の大部分は、われわれが、何とかして、非道徳的で、精神の歪んだ、意志の弱い人ぶとをとりのぞくことさえできるならば、解決されてしまうであろう	0.52	−0.05	0.72
もし人びとがもうすこし口を慎み、もうすこしよく働くならば、すべての人びとのくらし向きがよくなるであろう	0.63	0.26	0.53
同性愛は、犯罪とほとんど同じくらい害悪をもたらすものであり、きびしく処罰されなければならない	0.53	−0.34	0.60
因子寄与	2.09	1.30	
因子寄与率	0.26	0.16	

何パーセント説明できれば十分と考えるのか、その水準を事前に定めておき、因子寄与率の総和がその水準を超えるところまでの因子を用いるのである。

　この基準は、用いると決めた最後の因子の寄与が、極端に小さくなる可能性を含む。そこで、個々の因子の寄与率を基準として用いることもできる。因子寄与率が事前に定めた水準を上回る因子のみを、分析に用いるという方法である。

　因子寄与が1以上を示す因子を用いるという方法も、よく用いられる。因子寄与が1を下回るということは、その因子が1つの変数に含まれる情報すら説明できないということである。このような因子は、「多数の項目を小数の因子

によって理解する」という因子分析の目的に合わないため、無意味と考えられるのである。ただし、逆に因子寄与が1を超えたからといって、その因子が重要な意味を持つとは限らない。50項目を用いて意識を測定した場合、たった1項目分の分散を説明することに、重要な意味があるとは言えないのである[2]。

現実には、「理解しやすさ」「使いやすさ」まで含め、これらの基準を複合的に用いて最終的な因子数は決定される。研究者は因子数を変えながら分析を繰り返し、「もっとも適切な因子数」を決定する必要がある。この過程で、以下に述べる回転、あるいはすでに述べた質問項目の取捨選択を同時に行わなければならないのは言うまでもない。

3-7-8　因子の解釈と単純構造

因子分析の結果として得られた因子は実体として存在するものではなく、数学的な方法によってデータから作られたものである。よって、因子が何を意味しているのかは、分析した研究者が解釈し、意味づけ、あるいは名づける必要がある。この作業には研究の背景にある理論を利用できることもあるが、結果を見ながら事後的に解釈しなければならないことも多い。例では、第1因子を権威主義的攻撃と、事前の理論から定めることができたが、予測と反して得られた第2、第3因子については、負荷の大きな質問項目の内容から解釈を行う必要があった。

因子の解釈は、変数と因子との関係が1対1に近いほど容易になる。たとえば、「同性愛は、……処罰されなければならない」という質問項目の因子負荷は、第3因子に対してだけ高く、他の因子では0に近い。つまり、同性愛に対する否定的な態度は、この因子にだけ含まれるのだと考えてよい。

ひとつひとつの変数が、それぞれただひとつの因子によって説明され、他の因子の寄与がほとんどない場合に、その因子と変数の構造を単純構造と呼ぶ。解釈が容易になるため、因子分析では単純構造が得られるように努力がなされ

---

[2] 因子の推定に最尤推定法を用いた場合、因子の追加による説明力の向上についての統計的仮説検定が可能になる。説明力の低い因子を排除し、説明力と簡潔さのバランスをとって因子数を決定できる点で、最尤推定法を用いる利点は大きい。ただし、この方法を用いたからといって、絶対不変の因子数が確定されるわけではないことには注意する必要がある。用いる質問項目を追加したり除去したりすれば、因子数が変化することには変わりないのである。

ることが多い。

　そのために行われるのが、因子の回転である。回転には、因子の間の無相関を前提とする直交回転と、無相関を前提にしない斜交回転がある。直交回転では、推定される因子得点は（たとえば第1因子得点と第2因子得点は）無相関になるが、斜交回転では因子得点が互いに相関する。

　回転と呼ぶ理由、直交・斜交という言葉の意味について、当然、読者は疑問を持つだろう。その点については、参考文献を参照していただきたい。最初の理解として重要なのは、回転によって、因子分析の本質的な結果を変化させず、可能な限り単純構造に近い因子構造を得られる、ということである。

　実は、表3-7-1は統計パッケージが算出した最初の結果に、ヴァリマックス（Varimax）法という代表的な方法で直交回転を施した結果である。表3-7-3に、回転前の解を示した。複数の因子に負荷が高い質問項目が多く、因子の解釈が難しくなっていることがわかるだろう。たとえば、回転後は明らかに第1因子にだけ負荷が高かった質問項目「しつけや慣習、マナーのよくない人……」が、第1、第3因子の双方に、ほぼ同等に負荷がかかっている。このような解釈の難しい結果を、回転によって単純構造に近づけることができるのである。

　とはいえ、回転によって常に単純構造が得られるわけではない。研究者は因子数や回転法などを変えながら繰り返し分析を実行し、解釈のしやすい結果を得るように試行錯誤しなければならない。

3-7-9　因子分析利用の注意点

　今回の事例でも、筆者は実は2つの因子を仮定して分析を始め、解釈が難しかったことから3つ目の因子を追加した。ここで解釈がしやすい結果が得られたことで、「因子分析を終了した」のである。しかし、この尺度がアドルノらによって作成されたものではなく、筆者が新たに作ろうとしている尺度だったとしたら、別の選択肢もあった。たとえばそれは、複数の因子の負荷が高く、そのため因子の解釈をむずかしくする「同性愛は、……処罰されなければならない」という質問項目を取り除くという選択肢かもしれない。あるいは、回転法を斜交回転にするという方法だったかもしれない。推定法を変えたかもしれない。どの選択肢を採用するかによって、ここで示した因子の解釈は、まったく違っていた可能性は高い。

3　社会構造の様態を記述する

表3-7-3　表3-7-1に示した因子分析結果の初期解

質問項目	第1因子	第2因子	第3因子	独自性
しつけや習慣、マナーのよくない人が、礼儀正しい人々と交際することは、ほとんど期待できない	0.58	0.03	−0.44	0.47
若者にもっとも必要とされているのは、厳しい規律であり、断固とした決断であり、そして家族と祖国のために働き、闘おうとする意志である	0.65	−0.13	−0.20	0.53
われわれの名誉に対するいかなる侮辱も、けっして看過されるべきではない	0.54	0.55	−0.01	0.41
強姦や小児暴行のような性的犯罪は、単なる禁固刑以上のものに値する。これらの犯罪は、公衆の面前で処罰されるか、あるいはそれ以上の刑を課されるべきである	0.22	0.66	0.59	0.17
自分の両親に対して、心からの尊敬、感謝、愛を感じないような人間は、ほとんど最下等の人間である	0.61	−0.11	0.04	0.62
現代の社会問題の大部分は、われわれが、何とかして、非道徳的で、精神の歪んだ、意志の弱い人ぶとをとりのぞくことさえできるならば、解決されてしまうであろう	0.46	−0.25	0.31	0.63
もし人びとがもうすこし口を慎み、もうすこしよく働くならば、すべての人びとのくらし向きがよくなるであろう	0.69	−0.01	−0.17	0.50
同性愛は、犯罪とほとんど同じくらい害悪をもたらすものであり、きびしく処罰されなければならない	0.35	−0.53	0.59	0.25
因子寄与	2.27	1.11	1.05	
因子寄与率	0.28	0.14	0.13	

　はっきりしていることは、3因子構造を採用するのと同程度に、解釈が容易な2因子構造を得る分析がありえる、ということである。繰り返し述べているように、因子は数学的な構築物にすぎない。因子分析によって想定された概念が現実に存在すると主張することはできないのであり、因子はなんの意味づけもないものとして、我々の前に現れる。それに意味を見いだしていくのは、研究者である。この意味づけに誤りや過度の恣意性が入り込むことは、まれではない。それがゆえに、因子分析は、その妥当性について懐疑の視線にさらされることが多いのである。

　決定的とは言えないまでも、初期解の推定法や回転法の選択によって、因子

分析の結果は変動する。すでに述べたように、投入する変数の選択、因子数と推定法の設定、回転法の選択などは、いずれも因子分析の結果を変化させる。特に、複数の因子に強い因子負荷を示す、あるいはいずれの因子にも低い負荷を示す変数を（いずれも、単純構造を得るには障害となる）取り除いて分析を再実行するという作業は頻繁に行われ、尺度構成の段階では推奨もされる。しかし、この作業は自らが考案した概念が、あたかもデータによって支持されたかのような印象を読者に与えることを可能とする。

このような恣意性は、特に仮説検証的な目的で因子分析を使った場合に大きくなる。たとえば、ある社会的争点に対する態度に4つの因子があることを仮定し、因子分析によって4つの因子が得られたことによって、「仮説は支持された」と結論するような、因子分析の使い方である。因子が数学的な構築物であることを考えれば、さらには因子数や因子構造が、分析に含める質問項目の取捨選択などで大きく変わってしまうことを考えれば、このような方法で仮説を検証することには意味がない。

事前に研究者が一定の因子構造を仮定し、その妥当性を確認したい場合、ここまでで紹介した方法は適当ではない。ここで紹介した、いわゆる「探索的因子分析」は、因子構造などにいっさいの仮定がないところから、実データを手がかりに、因子構造についての洞察を引き出す手法だからである。だからこそ、我々の知識が不足しているときに有用なのだし、同時に、どのような変数を投入するかなど、様々な要因で結果、結論が変動してしまう。

研究者が事前に因子構造を仮定し、その仮定を確かめる目的がある場合には、探索的因子分析ではなく、「確証的因子分析（確認的因子分析）」を行う必要がある。確証的因子分析は、あらかじめ因子と因子、因子と各変数との規定関係（因果関係を含む）を仮定し、その仮定の妥当性、データとの適合性を検討する分析である。研究者が因子分析の結果を用いて、自らの予測を検討しようと考える場合には、この章で紹介した探索的因子分析ではなく、確証的因子分析を行う必要がある。確証的因子分析については、共通の方法を用いる共分散構造分析の章に詳しいので、参照していただきたい。

確証的因子分析は、因子負荷の係数に対して統計的仮説検定も行えることから、ある意味では、より厳格なデータ分析を可能としている。しかし、だからといって、全面的に確証的因子分析が優れていると考えるべきではない。探索的因子分析は、それがそもそも仮説的なモデルに基づいて、その妥当性を検証

するものではないことが十分に理解されていれば、発見的な方法として有用であろう。

3-7-10　何を、どんな手順で実行するか

　ここまでで、因子分析の有用性と限界、問題点が理解できただろう。しかし、その一方で「具体的に何を、どんな手順で実行すればいいのか」が理解できない読者も多いだろう。因子分析は恣意的な選択と解釈が多いため、どうしても「職人芸」的な性格が強く、実際に分析して始めてわかる側面が多い。

　具体的な内容については、【文献案内】に挙げた本などを参考にして欲しいが、基本的には図3-7-2に示した手順で因子分析は行われる。重要なのは、一度の分析で、満足できる結果が得られることは少ないし、満足できたとしても、「より良い結果」がありうることである。そのため、因子分析は修正と繰り返しの連続を含む。

　因子の解釈にまで達した時点で、それ以前の段階に戻り、修正を加えた上で分析を繰り返すことは、ごくふつうである。その中で、もっとも解釈しやすく、利用しやすい結果を採用することが望ましい。図3-7-2では省略されたが、因子得点を計算し、事後的な分析を行った時点で、再度の因子分析が要請されることもある。因子得点の外的妥当性が保証されない場合などは、因子分析単独では解釈しやすい結果だったとしても、それを破棄し、再度の分析が必要になるのだ。

　因子分析は複雑な計算を要し、そのため統計パッケージの助けなしで実行するのは現実的ではない。しかし、統計パッケージを用いるのは分析全体の一部であり、それ以外のステージがより重要なのがわかるだろう。

【今後の学習のための文献案内】

・松尾太加志・中村知靖著，2002，『誰も教えてくれなかった因子分析：数式が絶対に出てこない因子分析入門』北大路書房．
　　因子分析を実践する際の手続きや注意すべき点などが，統計パッケージの利用法まで含めて，ていねいに紹介されている．理論的な背景の理解には弱いが，初学者には勧められる．

・渡部洋編著，1988，『心理・教育のための多変量解析法入門：基礎編』福村出版．
　　数学的な背景まで含めて，因子分析の基本的な理解によい．

・柳井晴夫・繁桝算男・前川眞一・市川雅教，1990，『因子分析：その理論と方法』朝倉書店．
　　推定法や回転法の詳細まで含めて解説されている．共分散構造分析との連結までふくめて，因子分析について網羅的に理解するのに優れる．

| 3-8 | 趣味と文化的慣習行動 |

複数のカテゴリー変数の類似性を検討する：
双対尺度法と数量化Ⅲ類

中井美樹

3-8-1　回答傾向の把握：ブルデューによる文化の階層性の考察

　ブリューゲルが好き、というような人はカンディンスキーも結構好きな人も多いのではないか。またこうした人たちはバロック音楽も好む傾向があるように思える一方で、ビートルズはそれほど聞かないかも知れない。私たちは文化や芸術に対する好みについてしばしばこうしたイメージを持っている。

　ところでこうした作家に対する選好、つまり好き嫌いや趣味とはどういうことなのだろうか。P. ブルデューは『ディスタンクシオン』の中で、ゴッホ、ルノワール、ブリューゲルなどたくさんの作家や音楽作品の好みに関する調査データの分析から、音楽や作家のジャンルや作品はヒエラルキー化されており、さらにこれらの正統的／中間的／大衆的といった趣味の序列が社会階級と対応していると主張している (Bourdieu 1979＝1990)。例えば事務労働者はビュッフェなどの作品を選ぶ傾向がある一方でブラックはあまり好まない傾向がある。また「美しき青きドナウ」など大衆化した音楽を好む。他方、自由業といった支配階級の人たちはブラックやカンディンスキーなど希少価値のあるものを好む傾向がある。このように、各職業階級は趣味の違いによって特徴づけられているというのである。

　このときブルデューが用いたデータとは、音楽・絵画・写真・スポーツ・料理の好みなど、いわゆる趣味についてたくさんの項目を示した中から人々に好きなものを選んでもらった回答であった。そしてそれを人々の職業カテゴリーや学歴資格ごとに頻度の形で集計表にまとめた、例えば以下のようなデータである。

表3-8-1　趣味と文化的慣習行動

	好きな画家											
	ラファエロ	ビュッフェ	ユトリロ	ヴラマンク	ワットー	ルノワール	ヴァン・ゴッホ	ダリ	ブラック	ゴヤ	ブリューゲル	カンディンスキー
庶民階級	32	8	20	6	16	49	48	3	5	16	1	—
職人・小商人	23	23	26	6	24	53	47	—	8	14	8	—
事務労働者・一般管理職	34	19	18	14	23	56	42	3	5	12	6	—
一般技術員・小学校教員	15	15	18	12	12	49	57	7	1	29	15	3
新興プチブル	22	11	16	10	13	42	50	8	12	28	25	6
商・工業経営者	19	14	21	17	23	59	31	8	12	18	19	6
管理職・上級技術者	23	10	24	8	14	47	56	5	6	34	27	2
自由業	12	6	16	22	16	61	57	6	8	22	31	10
教授・芸術制作者	18	9	20	11	16	48	49	9	31	27	4	

出所：Bourdieu（1979＝1990：473）より作成

3-8-2　質的なカテゴリーの数量化

　作家の名前や音楽、職業カテゴリーはそれぞれ質的な性質を持つ回答カテゴリーである。にもかかわらずブルデューはどのように序列化することが可能であったのだろうか。ブルデューが用いたのは質的なデータを数量化する手法である。質的なものに最適な数量を与えることによって、質的に区別されているものどうしの近さ・遠さを数値に表し序列化することでそれらの間の関係を示すことができたのである。このときただ単に種類の異なる趣味の間の区別が浮き彫りになるようにするだけでなく、回答した人々の属性や判断・選択基準によって区別されるようにしよう、と考えるのである。
　ところで質的な項目どうしはある観点から見ればそれら個々の並びがあらわれてくることもあろうが、また別の観点からみれば別の並びがあらわれることもある。つまり質的データはただ1つの尺度上に序列づけられない複雑な情報を含んでいる。これらの中から、順序や区別が浮き彫りにされるような潜在的で本質的な情報を得るのが目的である。その点で多次元尺度構成法（MDS）などとも共通する目的を持った手法といえる。このとき第1番目の次元（＝尺度）

だけではなく第2、ときには第3次元の数値まで見ていくことが有効な場合もある。こうして得られた数値を2次元空間上における点の座標と考えてプロットするなら、その散布の状況からさまざまなことが読み取れる。社会の中のさまざまな職業集団の社会的空間配置と各集団に特有の趣味・好みを社会の見取り図として示したブルデューは、ここから「あらゆる文化的慣習行動および文学・絵画・音楽などの選好は、まず教育水準に、そして2次的には出身階層に密接に結びついている」(Bourdieu 1979=1990:4) ことを示した。なぜなら「趣味は分類し、分類する者を分類する。社会的主体は美しいものと醜いもの、上品なものと下品なものの間で彼らが行う区別立ての操作によって自らを卓越化するのであり、そこで客観的分類＝等級づけのなかに彼らが占めている位置が表現され現れてくる」(Bourdieu 1979=1990:11) からである、と主張した。数量化の手法はこのように質的データの持つ複雑な情報を縮約することができる。また、多項目から作成されるクロス表を一見しただけではわからないようなデータの持つ意味や、表に隠されている事実が質的データの数量化によってわかるようになるという利点も持つ。

回答傾向における近さにもとづいて質的項目を数量化・計量化して類型化・分類するこの手法は、日本では数量化III類として最もよく知られている。ところでこの名称は外国では必ずしも一般的ではなく、この手法は世界各国において違った名称で独自に研究され用いられてきた。代表的なものをあげると、双対尺度法（dual scaling）（西里 1982）、フランスでは対応分析あるいはコレスポンデンス分析（analyse des correspondances）（Benzécri 1973）、アメリカにおいては最適尺度法（optimal scaling）と呼ばれるもの、また交互平均法（reciprocal averages）、オランダにおいては等質性分析（homogeneity analysis）、同時線形回帰（simultaneous linear regression）などがある。これらはいずれも着想、アイデアにおいては若干の違いがあるものの、同じ解法の分析手法である。

3-8-3　手法の説明

数量化III類や双対尺度法は、回答者の回答パターンをもとに、回答者と質的変数の各項目間、つまりデータ行列の縦側と横側の相関係数を最大にするように値を与えようとする発想から出発している。

調査した結果、人々がある一群の項目のうちどの項目を選択しているか、ど

表3-8-2 相関表

Y \ X	y_1	y_2	$\cdots$	y_j	$\cdots$	y_l	計
x_1	f_{11}	f_{12}	$\cdots$	f_{1j}	$\cdots$	f_{1l}	$f_{1\cdot}$
x_2	f_{21}	f_{22}	$\cdots$	f_{2j}	$\cdots$	f_{2l}	$f_{2\cdot}$
$\vdots$	$\vdots$	$\vdots$		$\vdots$		$\vdots$	$\vdots$
x_i	f_{i1}	f_{i2}	$\cdots$	f_{ij}	$\cdots$	f_{il}	$f_{i\cdot}$
$\vdots$	$\vdots$	$\vdots$		$\vdots$		$\vdots$	$\vdots$
x_k	f_{k1}	f_{k2}	$\cdots$	f_{kj}	$\cdots$	f_{kl}	$f_{k\cdot}$
計	$f_{\cdot 1}$	$f_{\cdot 2}$	$\cdots$	$f_{\cdot j}$	$\cdots$	$f_{\cdot l}$	N

のような回答をしているかをみると、いろいろな反応パターンをとるだろう。いま調査結果をまとめた相関表の縦の項目を x_i、横の項目を y_j で表すものとする（表3-8-2）。この縦側 X と横側 Y の相関係数が最大になるように $x_1, x_2, \cdots$ および $y_1, y_2, \cdots$ を定めようとするのが数量化の考え方である。

統計的に表現すれば、X と Y の相関係数

$$\rho_{XY} = \frac{\sigma_{XY}}{\sigma_X \sigma_Y}$$

を最大にするという問題である。ただし、σ_X, σ_Y は X, Y の標準偏差を表し、σ_{XY} は X と Y の共分散を表す。これはすなわち、個体と変数のクロス集計表が得られたとき、このデータ行列について、反応パターンが似ている人が近くに集まるように、同時に、同じような人に選ばれる項目が近くに集まるように、というように人の分類と項目の分類を同時に行っていることになる。

これを次の例で見てみよう。表3-8-3は、20人の被験者に以下に示す8種類の施設を提示して、今後どのような施設が地域に必要と思われるかを聞いた結果である。レ印は回答者が選んだ項目の箇所を示す。コミュニティに対する人々の意識構造を数量化の手法を用いて考えてみよう。

1	緑地や公園	5	美術館や図書館などの文化施設
2	老人ホームやデイサービスセンターなどの福祉施設	6	子どもの遊び場（児童遊園）
3	温水プール・テニスコートなどのスポーツ施設	7	商業施設やレストラン
4	多目的ホールや公民館などの集会施設	8	レジャー・娯楽施設

3 社会構造の様態を記述する

　表3-8-3の反応パターンを(1, 0)によるデータ行列で表すなら、この行列に対して相関係数を最大にするような x_i と y_i を求めるということになる。相関係数に関する式について最大にする値を求めるため、x_i と y_i に関して偏微分したものを解いてみると、ベクトル x とベクトル y は以下が求まる。詳細な計算法は文献案内にあげた、たとえば駒澤(1982)などにゆずる。

$$x' = (0.6558, 1.0714, -0.9983, -0.9066, -0.375, -0.9066, -0.2506,$$
$$-0.4796, -0.6027, 1.6753, 0.8324, 0.4677, -0.8387, 0.4677,$$
$$-0.4401, -0.375, -0.9829, -0.4401, 1.6753, -0.4401)$$

$$y' = (0.0836, 1.3631, -0.7997, 0.6773, -0.6756, 1.3631, -0.3051,$$
$$-0.949)$$

　次に x と y をそれぞれ各個体、各項目の大きさの順に並べ直してみると表3-8-4のようになる。この表の順をもとに施設の特徴を調べてみると、老人ホームなどの福祉施設や児童遊園といった公共の福祉に関連の深いものから、レジャー・娯楽施設やスポーツ施設といった娯楽的なものへと並んでいることがわかった。同時に、レ印の反応パターンから公共性の高いものを選ぶ人、娯楽性の高いものを選ぶ人など、回答のしかたのうえで誰が近いか・遠いかということもわかるのである。

　さらに2次元目までを計算で得るなら、第1軸×第2軸の布置図から各々の個人の位置づけなどが明らかになる。

　表を構成する一方が人ではなくカテゴリーの場合、つまりブルデューが社会階級と趣味・嗜好の関係を明らかにしたときに用いたような質的変数どうしの相関表（クロス集計表）をもとに各項目間の相互関連を分析する場合もある。この場合も縦と横の要素を並べ替えることにより相関係数を最大にする、というアイデアは同じである。行変数と列変数の各カテゴリーの回答パターンが似ているものが近くに集まるように、逆に似ていないものを遠くに位置づけるようにする。これにより集団や項目の類似性・親近性に基づく分類を行うことができる。

3-8-4　種々の利用例

　社会調査の回答結果における質的データ分析のために開発された数量化Ⅲ類

3-8 趣味と文化的慣習行動

表3-8-3　カテゴリーへの反応パターン

回答者	施設	緑地・公園	福祉施設	スポーツ施設	集会施設	文化施設	児童遊園	商業施設	娯楽施設
		0.084	1.363	−0.800	0.677	−0.676	1.363	−0.305	−0.949
1	0.656	レ	レ			レ	レ		
2	1.071	レ	レ		レ		レ		
3	−0.998					レ			レ
4	−0.907			レ		レ			
5	−0.375							レ	
6	−0.907			レ		レ			
7	−0.251	レ		レ	レ			レ	
8	−0.480							レ	レ
9	−0.603					レ		レ	
10	1.675		レ				レ		
11	0.832			レ					
12	0.468	レ					レ	レ	
13	−0.839			レ		レ		レ	レ
14	0.468	レ	レ					レ	
15	−0.440	レ		レ					
16	−0.375							レ	
17	−0.983					レ			
18	−0.440	レ		レ					
19	1.675		レ				レ		
20	−0.440	レ		レ					

表3-8-4　並べ替えられた回答パターン

回答者	施設	福祉施設	児童遊園	集会施設	緑地・公園	商業施設	文化施設	スポーツ施設	娯楽施設
		1.363	1.363	0.677	0.084	−0.305	−0.676	−0.800	−0.949
10	1.675	レ	レ						
19	1.675	レ	レ						
2	1.071	レ	レ	レ	レ				
11	0.832			レ					
1	0.656	レ	レ		レ		レ		
12	0.468		レ		レ	レ			
14	0.468	レ			レ	レ			
7	−0.251			レ	レ	レ		レ	
5	−0.375					レ			
16	−0.375					レ			
15	−0.440				レ			レ	
18	−0.440				レ			レ	
20	−0.440				レ			レ	
8	−0.480					レ			レ
9	−0.603					レ	レ		
13	−0.839					レ	レ	レ	レ
4	−0.907						レ	レ	
6	−0.907						レ	レ	
17	−0.983						レ		
3	−0.998						レ		レ

や双対尺度法の手法が用いられる場面は多岐にわたる。また応用例も多様である。たとえば、統計数理研究所が長年行ってきた「日本人の国民性」研究では日本人の意識の時系列変化についても分析が行われている（統計数理研究所国民性調査委員会 1992）。そこでは解析結果の時系列比較により、第1軸、第2軸の持つ意味の変化から日本人の意見構造の変化が明らかにされている。同じ意見や態度の意味が時代によって変化していくことも指摘されている。また、時系列データを一度に解析することにより1つの2次元空間のなかで数時点におけるある項目の位置の変動を追跡することも試みられている。

数量化の手法は、定量化することが難しく、しかしながら多くの複雑な情報を含む質的データが多くを占める社会調査において1つの有効な分析方法であるといえるだろう。

【今後の学習のための文献案内】

ここで紹介した数量化の手法について，計算法まで含めて詳しく解説されているものに，次があげられる．

- Greenacre, M. J., 1984, *Theory and Applications of Correspondence Analysis,* Academic Press.
  双対尺度法や数量化III類と同様の手法でありヨーロッパで主流の対応分析（コレスポンデンス分析）についての代表的な解説書．さまざまな分野での利用例も紹介されている．

- 林知己夫，1993，『数量化―理論と方法―』朝倉書店．
  数量化理論の生みの親による，数量化理論I類，II類，III類，その他の関連する手法の考え方について系統的に書かれた解説書．数量化III類の応用例が豊富でわかりやすい．

- 駒澤勉，1982，『数量化理論とデータ処理』朝倉書店．
  数量化理論I類，II類，III類の数学的な説明が丁寧になされている．

- 西里静彦，1982，『質的データの数量化：双対尺度法とその応用』朝倉書店．
  双対尺度法の解説書．多様な回答形式における手法の適用について，実例を用いながら提示している部分も参考になる．

3-9　社会的地位の非一貫性

類似性にしたがって、分析対象をいくつかの集団に分ける：クラスター分析

元治恵子

3-9-1　地位の一貫性問題

　人々は社会の中で、さまざまな集団や組織の一員として暮らしている。それぞれの集団や組織の中で、自分は、どの程度の位置（社会的地位）にいるのだろうか。学歴なら中ぐらい、資産なら中の下ぐらい、職業なら上の下ぐらいというように、何を基準にするかによって、自分の位置は違ってくるだろう。このことを社会全体で考えた場合、人々の社会的地位をどのように定義するかによって、社会の階層構造のとらえかたはまったく変わってしまう。従来の階層研究では、職業威信スコアという人々の職業的地位を尺度化した指標が社会的地位として利用されてきた。この指標は、さまざまな職業を1次元上に序列付けてならべている。つまり、人々の社会的地位を1次元的な概念でとらえているのだ。この一面的な見方に対して、個人の社会的地位を多面的にとらえようとしているのが、「地位の一貫性と非一貫性」に関する議論である。まず、G. E. レンスキー（Lenski 1954；1956）が個人の社会的地位を多次元的な概念ととらえ、学歴、職業、所得、人種の4つの地位指標の間でどの程度の一貫性（「地位の結晶化」）があり、その程度によって政治的な態度や行動に差異があるのかどうかを研究したように、個人の態度や意識との関連に焦点があてられた。しかし、その後のP. マホニンらによる研究（Machonin 1970 など）以降、地位の一貫性は社会構造をとらえる視点から議論されるようになった。

　日本においては、今田高俊と原純輔が現代日本の社会的資源や報酬の多元的な不平等分配構造を明らかにし、社会階層や階級を1次元的なカテゴリーでとらえようとしてきたことの問題点を指摘している（今田・原 1978）。現代日本の

階層構造を描き出すために、人々の社会的地位を多次元的な概念としてとらえたのである。個人の社会的地位を複数の社会的地位変数によって定義できるならば、地位変数ごとに個人の位置は変化しうる。そこで、個人の社会的地位を地位パターンとしてとらえ、似ているパターンをもつ人々を集団（クラスター）に分類し、各集団に対して社会的地位を定義すれば、社会構造をとらえることができるようになると考えたのである。このように、複数の対象（ここでは人）が似ているか似ていないかによって対象を分類する場合に有効なのが、クラスター分析である。次項では、クラスター分析の手法と手順について話を進めることにしよう。

3-9-2　似たものどうしをまとめる：どのようにクラスターをつくるか

　クラスター分析とは、対象を類似しているか類似していないかによって分類する方法の総称であり、大別して階層的な手法と非階層的な手法に分けられる。階層的クラスター分析は、分類しようとしている対象（n 個）1つ1つがその対象自身のみからなるクラスターの状態（n 個のクラスター）から、対象全体が1つのクラスターになる状態まで、階層的な構造を作っていく方法である。分類結果は、樹状図（デンドログラム）として表現される。一方、非階層的クラスター分析は、あらかじめクラスターの数を決めておくか、分析の過程で決めるなど、与えられたなんらかの基準を最適化するようにクラスターにまとめ、分類する方法である。

　ここでは、最も広く用いられている階層的クラスター分析（以下では、単にクラスター分析とする）に限定して話を進めていこう。まず n 個の対象間すべての距離[1]を定義し、もっとも距離の小さい2つの対象を1つのクラスターにまとめる。続いて、結合したクラスターと他の対象（クラスター）との間の距離を計算し、最小の距離をもつ対象ペア（クラスター）を1つのクラスターにまとめる。この手順を、クラスターが1つになる（つまり、すべての対象を含む）まで繰り返すのである。このように、クラスター分析では、分類しようとする対象間の似ている（似ていない）程度を表す「距離」と、どのようにクラスターを構成して

---

[1] 似ている対象間の距離は小さく、似ていない対象間の距離は大きくなるので、似ていない程度、つまり、非類似度としてとらえることができる。

いくかという「方法」（クラスター間の距離）を定義する必要がある[2]。このクラスター間の距離をどのように定義するかによって、分析結果もかなり違ったものになってくる。

3-9-3 人々の地位は一貫しているのか

　人々の社会的地位を単一の指標をもとに序列化して、社会の階層構造をとらえることは指標さえ決めてしまえば、そう難しいことではないだろう。しかも、単一の指標によって社会的地位を特定しているので、地位の一貫性と非一貫性の議論の対象にはならない。しかし、社会的地位を多次元的に考えた場合、なんらかの総合的な指標によって個人の社会的地位を特定化しなければ、社会の階層構造をとらえることはできない。たとえば、2ないし3つ程度の地位変数によって個人の社会的地位をとらえる場合であれば、クロス集計表（カテゴリーに分けた場合）などを使い、地位の水準が一致している人と一致していない人を識別することは可能であろう。しかし、これは、個人の地位が一貫しているのか、していないのかをとらえることはできるが、非一貫性の中身の違いまではわからないのである。

　前述した今田・原（1978）を参考に、1995年SSM（社会階層と社会移動）調査（B票）の調査データ[3]を用い、クラスター分析によって、どのように類似した特性をもつ人々をまとめ、社会で同一の階層を占める者として定義できるのか、そして、同一の階層に分類された人々の地位の一貫性から社会構造をとらえることができるのかを具体的に見ていこう。まず、人々の社会的地位を多次元的にとらえるために、社会的地位変数として、職業威信、学歴、収入、財産、勢力の5変数を選びそれぞれの変数ごとに5分類し、5点尺度に変換した。

　5つの地位変数の間の相関係数は、表3-9-1に示したとおり、もっとも高い

---

[2] 対象間の距離やクラスター間の距離をどのように定義するかについては、M. R. アンダーバーグの研究（Anderberg 1973＝1988）などに詳しい。

[3] 1995年SSM調査では、本調査A（経歴を中心とする調査項目）、本調査B（意識を中心とする調査項目）、威信調査（職業威信を中心とする調査項目）の3種類の調査が実施されている。今田・原（1978）の使用した6変数のうち、本調査Aでは勢力に関する質問、本調査Bでは生活様式に関する質問がないが、本調査Bを用いることとする。男性1242人中、分析で使用する5つの変数すべてに欠損値のない963人を使用した。

3 社会構造の様態を記述する

表3-9-1 社会的地位変数間の相関係数

	学歴	収入	財産	勢力
威信	0.47	0.48	0.32	0.11
学歴		0.30	0.32	0.09
収入			0.41	0.20
財産				0.26

のが、職業威信と収入の間の0.48であり、他の変数間の相関は、それよりも低い。変数間の関連は、必ずしも一貫的とは言えず、これらの5つの地位変数の組み合わせにより個人の地位パターンを特定し、さまざまな地位パターンをもつ人々を地位パターンの類似性によって分類する意味がありそうである。個人のペアごとの類似性を測る指標として、さまざまなものが考えられるが、ここでは、ユークリッド距離[4]を用い、クラスターの連結方法（クラスター間の距離）として、群平均法[5]を用いて分析した。

結果を見よう。各クラスターを構成する人々の各地位変数の平均値を図示したのが、図3-9-1である。どの指標で見ても地位の水準がほぼ等しい社会的地位が一貫しているクラスターが1つ（A）、指標によって大きな差が見られる非一貫的なクラスターが3つ（Ⅰ、Ⅱ、Ⅲ）、合計で4つのクラスターが抽出さ

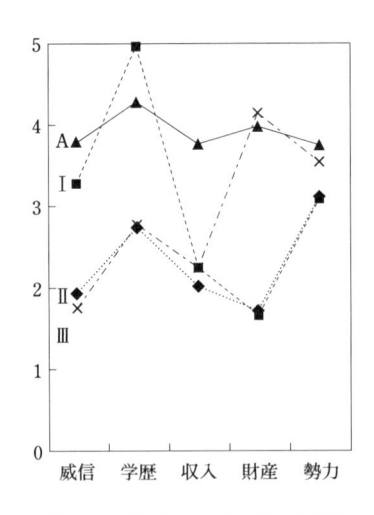

図3-9-1 階層クラスター別の平均値

れた。地位の一貫したクラスターAには、全体の2割程度が含まれるに過ぎず、ある指標で見ると高い階層を占める人が、別の指標で見ると低い階層を占めると言った矛盾が、多くの人で認められる。このことは、1次元的な概念で、階層構造をとらえることの不十分さを示唆するものである。つまり、人々の社会的地位を単一の次元上に位置づけ、その相対的な序列構造から社会構造をとらえるという方法だけでは見えなかった社会構造の一側面を、クラスター分析によって明らかにすることができたといえる。

3-9-4 分析方法で異なるクラスターのメンバー（成員）

階層クラスター分析の結果は、樹状図（デンドログラム）によって表され、視覚的に把握することができる。樹状図により、クラスターが構成されていく過程や、どの対象とどの対象が近い関係にあるかを把握することができる。樹状図は、縦に書く場合と横に書く場合があり、縦に書いた場合は下から上に、横に書いた場合は左から右に、最終的に1つのクラスターにまとめられていく様子を見ることができる。一度同じクラスターに組み込まれた対象同士は、その後も同じクラスターに属すこととなる。また、樹状図内で各対象やクラスターの結合を示す座標の高さ（横に書いた場合は長さ）は、その間の距離を表しており、低い位置（横に書いた場合は左）で結合しているほど、近い距離にある、すなわち類似していると解釈することができる。クラスター分析では、対象をいくつのクラスターに分けることが妥当なのかについての指標は一般的には示されない。よって、分析者は、この樹状図を見て、対象の結合状況などから判断する必要がある。

4　2つの対象 i と j について、m 個の観測された変数 $(x_{1i}, x_{2i}, \cdots, x_{mi})$、$(x_{1j}, x_{2j}, \cdots, x_{mj})$ があるとき、ユークリッド距離は、

$$d_{ij} = \left(\sum_{k=1}^{m} (x_{ki} - x_{kj})^2 \right)^{\frac{1}{2}}$$

で定義される。これは、変数 k における対象 i と対象 j の値の差をそれ自身で重み付け（結果として2乗することと等しい）し、すべてを足し合わせたものの2乗根、いわゆる、私たちが日常的に用いている「距離」である。

5　群平均法（group average method）は、クラスター間の距離を、2つのクラスターに含まれる対象間の距離の平均として定義する。対象が、集団を形成している場合に有効である。

3 社会構造の様態を記述する

前項で用いた1995年SSM調査（B票）のデータから20人を抽出し、4種類の異なる手法によって分析した結果を見てみよう（対象間の距離として平方ユークリッド距離を用いた）。各々の樹状図（図3-9-2～図3-9-5）を見てみると、それぞれの対象（人）の属するクラスターが分析手法によって違っていることがわかる。このようにクラスター間の距離をどのように定義するかによって、分析結果も違ったものになる。それでは、どのクラスター分析を使ったらよいのだろうか。すべての方法が、データに対して同じように適切であるわけではない。クラスター分析によってデータを分析する際には、同じデータを違う手法で分析し、得られた結果を比較し、どの手法から得られた結果が、解釈する際に納得のい

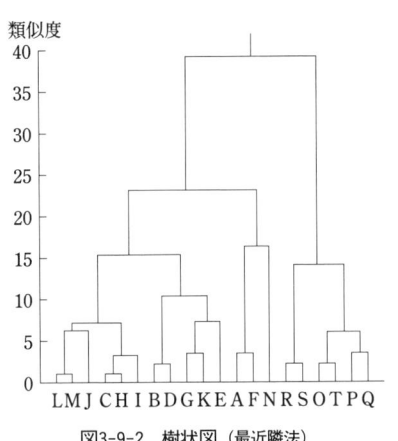

図3-9-2　樹状図（最近隣法）

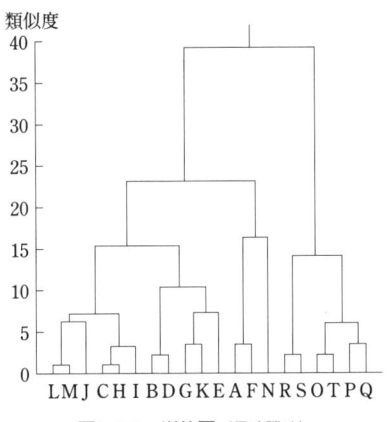

図3-9-3　樹状図（最遠隣法）

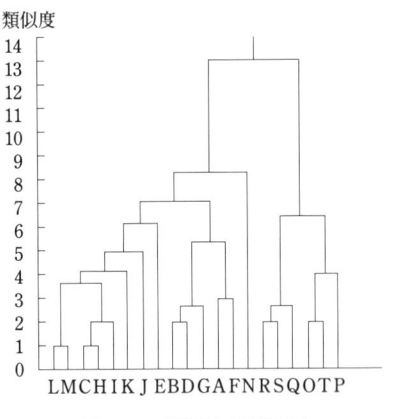

図3-9-4　樹状図（群平均法）

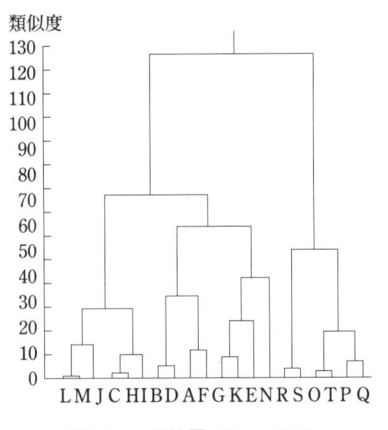

図3-9-5　樹状図（ウォード法）

くものであるかを検討する必要がある．

【今後の学習のための文献案内】

・竹内光悦, 2003,「クラスター分析を用いた分類法」橋本紀子・渡辺美智子・櫻井尚子(編著)『Excel で始める経済統計データの分析：デジタル時代のソリューション支援ツール』日本統計協会, 237-245.
　　Excel によるクラスター分析法が，説明されている．データ分析体験版 CD-ROM もついていて，実際に体験してみることができる．

・岡太彬訓・今泉忠, 1994,『パソコン多次元尺度構成法』共立出版．
　　多次元尺度構成法が中心だが，クラスター分析法についても例を用いて，考え方，データ，モデル，計算手順，利用方法などが丁寧に説明されている．プログラムも提供されている．

・山際勇一郎・田中敏, 1997,『ユーザーのための心理データの多変量解析法』教育出版．
　　多変量解析の各手法が，分析手順にそって丁寧に解説されている．SAS を用いているが，SPSS ユーザーにとっても，参考になる．

3-10 職業評定の構造

複数の変数の位置関係を空間に描き出す：多次元尺度構成法（MDS）

元治恵子

3-10-1 職業に対するイメージ

「どのようなお仕事をなさっているのですか」、「ご職業は」、日常生活のさまざまな場面で、このような質問をされた経験をもつ人は少なくないだろう。あなたがまだ学生ならば、父親や母親の職業を尋ねられたりした経験はないだろうか。なぜ人々は、「職業」を尋ねたりするのだろうか。それは、「職業」を知ることによって、その人に関する多くの情報を得ることができると考えられているからである。現代産業社会において、所得（収入）、権力、生活様式など個人のさまざまな面が、職業によってある程度決まってしまうという認識が背景にある。「職業」は、人々の総合的な社会的地位をとらえる上で最良の指標であると考えられ、社会階層や社会移動の研究においても、重要な役割を果たしてきた。

職業は本来名義的なものであるが、その特性を量的に尺度化することが行われてきた。その1つが、職業威信スコアである。職業威信（occupational prestige）とは、人々が任意の職業に対して抱く社会的評価の高低のイメージであり、職業威信スコアは、職業に対する人々の主観的な威信評価を利用した尺度である。具体的には、各職業を5つの評定カテゴリーに順位付け、最上位を100点、最低位を0点として、25点間隔の評定値を与え、職業ごとに平均評定値を算出したものである（直井 1978）。職業威信スコアは、職業は1次元の尺度で序列付けできるということを前提としている。このことは、多変量解析による分析などにおいて、職業を1つの量的変数として利用する際には、非常に威力を発揮する。しかし、職業が多次元的な序列構造をもつならば、職業威信ス

コアは人々の職業に対するイメージの一面しかとらえていないことになる。人々の職業に対するイメージを多次元的にとらえる1つの方法が多次元尺度構成法（MDS；MultiDimensional Scaling）である。

3-10-2　職業の類似性をどのように認識しているのか

バスの運転手と救急車の運転手は、どの程度似ている職業だと考えられるだろうか。救急車の運転手と医師ではどうだろうか。また、これら3つの職業間の類似関係はどのようになっているのだろうか。2つの職業がどのぐらい似ているかという情報が、多くの職業ペアごとにある場合、この類似関係を視覚的に表現し、その構造を明らかにするのに有効なのが、多次元尺度構成法である。この方法は、対象（この場合は「職業」）と対象がどの程度似ているのか（類似度）、あるいは似ていないのか（非類似度）（「クラスター分析」の章を参照せよ）という情報から、データの背後にはどのような構造があるのかをとらえ、多次元空間に対象を点として表現し、対象間の類似関係を点の間の距離で表現する方法である。

分析方法の詳細を説明する前に、イメージをつかむために、分析結果を見てみよう。図3-10-1は、多次元尺度構成法の1つであるJ. B. クルスカル（Kruskal 1964）の方法により分析し、職業間の構造を2次元でとらえたもの（2次元布置）である。このように、職業が点として表現され、類似度の大きい職業同士は、近くに位置づけられるというように、職業を表す点間の距離により職業間の類似関係を視覚的にとらえることができるのである。

それでは、クルスカルの方法を説明していこう。まず、任意の2つの職業jと職業kの間の類似度をδ_{jk}とする。ここでは、職業威信の質問から得たデータ（前節参照）を、類似性の尺度として利用した[1]。2つの職業が類似しているというのは、職業威信評価が似ているということを示している。

つぎに、多次元空間に点として表現される職業jと職業kの間の点間距離を、

---

[1] 2つの職業の類似性を表す指標として、評定者全員の評定から算出したユークリッド距離を用いている。したがって、厳密には職業間の非類似性であり、任意の2つの職業間の距離が小さいほど、2つの職業は似ていると考えることができる。

3 社会構造の様態を記述する

図3-10-1 2次元布置

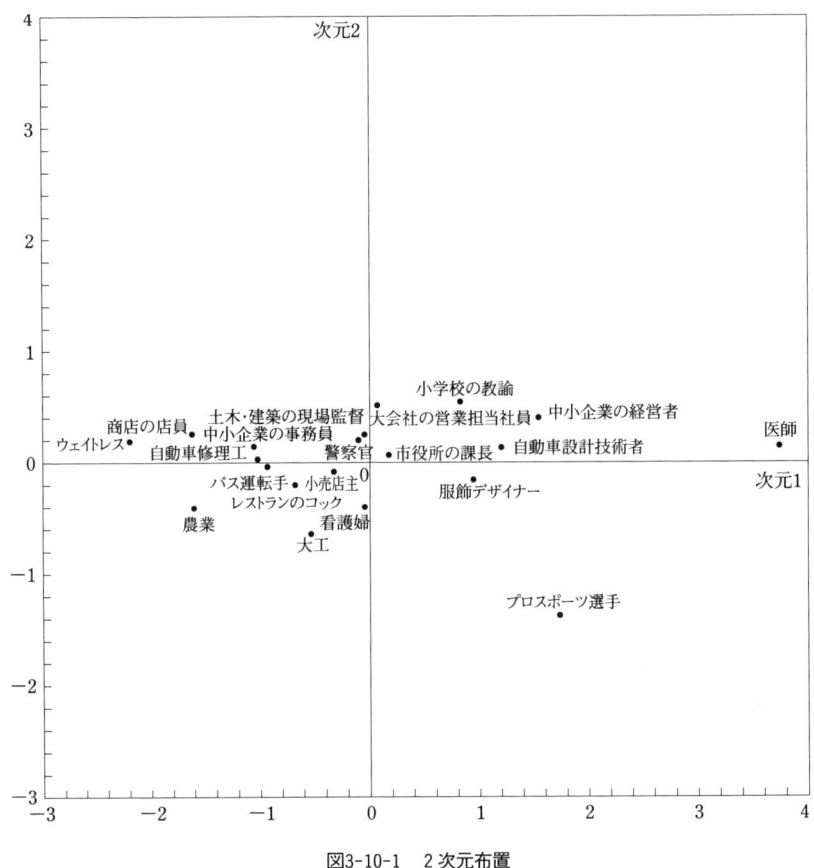

$$d_{jk} = \sqrt{\sum_{t=1}^{p}(x_{jt}-x_{kt})^2}$$

とする。ただし、x_{jt} は、職業 j の次元 t の座標であり、p は多次元空間の次元数である。

そして、職業間の類似度が大きくなれば、点間距離は小さくなるという単調減少関係（$\delta_{jk} > \delta_{lm}$ ならば $d_{jk} \leq d_{lm}$）になるように、多次元空間内の点の位置を決める。しかし、点の位置を決めていく過程で、点間距離と類似度が単調関係には、必ずしもならない場合がある。このような単調関係からのズレ（不適合の度合い）は、ストレス[2]と呼ばれ、ストレスの値は、解の次元数を決定する際の

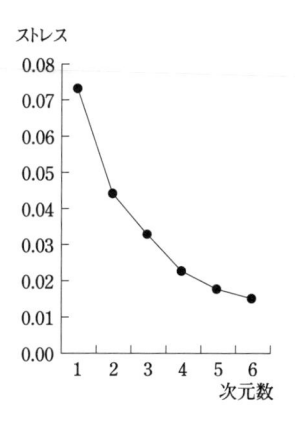

図3-10-2　ストレス

1つの規準となる。また、適切な点の位置を決めるということは、ストレスの値を最小化する布置を求めることといえる。

分析の結果、各次元数でのストレスは、6次元の場合から1次元の場合までを順に示すと、0.02、0.02、0.02、0.03、0.04、0.07であった（図3-10-2）。ストレスの値や肘の規準[3]から2次元布置を解とするのが妥当と考えられ、前出の図3-10-1が得られたのである。若干の解釈を試みると、次元1は、正から負の方向に、威信スコアの高い職業から低い職業が並んでおり、職業の威信そのものを表すと解釈できる。次元1における各職業の座標と職業威信スコアとの相関係数も0.99と高く妥当な解釈と言えるだろう。特に、医師は、他の職業から離れた位置にあり、かなり高い威信を持っていると評価されていることがわかる。次元2の解釈は難しいが、同程度の職業威信スコア内での差異を示し、正の方向にある職業は、組織への帰属度の高い仕事、負の方向にある職業は、仕事の内容が個人的である傾向がみられ、職業遂行上の自律性と解釈できるのではないだろうか。特に、プロスポーツ選手は、他の職業から離れた位置にあり自律度が高く、他とは、やや異なった職業ととらえられていることがわかる。

---

[2] ストレスの定義式は岡太・今泉（1994）を参照。点間距離が類似度との単調減少関係からどの程度ずれているのかを示している。

[3] 解の次元数を決定するための規準のひとつ。グラフ（図3-10-2）は、横軸に次元数、縦軸にストレスをとったものであり、形状が肘に似ていることから、このように呼ばれる。次元数を増加してもストレスが顕著には減少しない次元数を布置の解とする。本稿の分析結果であれば、2次元。

3 社会構造の様態を記述する

職業間の類似関係から、その構造を探ったが、1次元では、とらえきれない構造があることが確認された。一方で、次元1における各職業の位置関係は、職業威信スコアの序列構造と酷似しており、職業間の類似関係から見ても、人々の間には、職業の相対的な序列構造に関する共通した認識があることが明らかになった。

3-10-3 職業によって職業の類似性に対する認識は異なるのだろうか

評定者を職業によってグループに分け、グループごとに職業間の類似度に対する認識の違いを比較したい場合がある。このような場合に有効なのが、個人差多次元尺度構成法（INDSCAL[4]；INdividual Differences SCALing）である。この方法は、すべてのグループ[5]に共通な、グループごとの布置のもととなる布置（「共通対象布置」という）を考え、それをグループごとに変化させる。得られた各々のグループの布置（「専用布置」という）が、もとの布置をどのように変化させたものであるのかを比較することにより、職業間の類似度に対する認識の違いを明らかにすることができる。

図3-10-3は、分析結果の2次元共通対象布置である[6]。つまり、すべての職業グループに共通の構造を示している。次元1は、前節の結果と同様、職業の威信そのものと解釈できるだろう。ここでも次元1における各職業の座標と職業威信スコアとの相関係数は0.99と、かなり強い関連性があることを示している。次元2は、前節の結果と似ているものの、医師の位置がかなり違っており、これだけの分析からどのような意味をもつのか、解釈するのは難しそうである。

つぎに、各々の職業グループが、職業間の類似度に対し、どのような認識の違いをもっているのかを見ていこう。各職業グループの専用布置は、共通対象布置の各次元に重みをかけて伸縮させることにより得られる。職業グループごとの各次元への重みを表現したものが、2次元重み布置（図3-10-4）である。職業間の類似度判断における、職業グループごとの各次元に対する重要性の違

---

[4] 「インスカル」と読む。
[5] 各グループは、INDSCAL分析における1人の個人に対応している。
[6] 分析の結果、各次元数でのストレスは、6次元の場合から2次元の場合までを順に示すと、0.11、0.11、0.12、0.15、0.16であった。ストレスの値からは4次元布置を解とするのが妥当と考えられるが、前項の解との比較や次元の解釈のしやすさから2次元布置を解とする。

3-10 職業評定の構造

図3-10-3 2次元共通対象布置

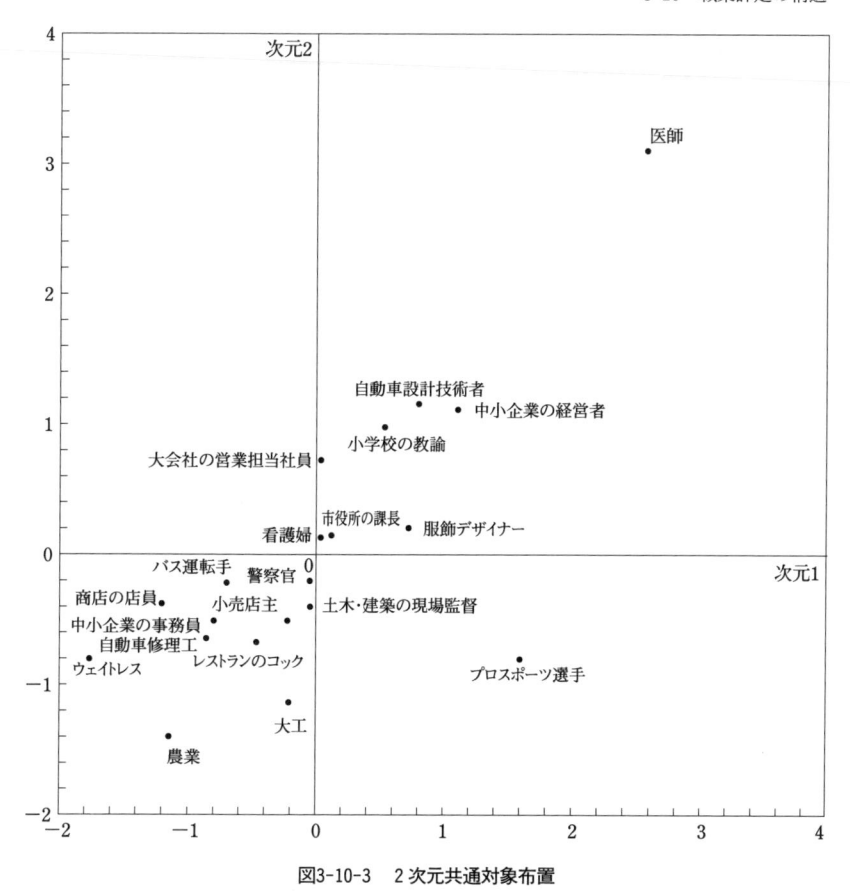

いを表している。自営ノンマニュアルと農業は、次元1と次元2を同程度に重み付けている（重要と考えている）が、他の職業グループは、次元1を次元2よりも重み付けていることがわかる。自営ノンマニュアルと農業以外の職業グループの専用布置では、次元2の方向が圧縮され、共通対象布置（図3-10-3）に比べ横長になる。これらの職業グループにとって、次元2は、職業間の類似度判断には、あまり関係しない（重要性が低い）次元であると解釈できる。これらのことから、次元2は、自営ノンマニュアルと農業の職業グループの職業間の類似度判断には関係するが、その他の職業グループにとっては、関係のない次元と判断することができるだろう。

3　社会構造の様態を記述する

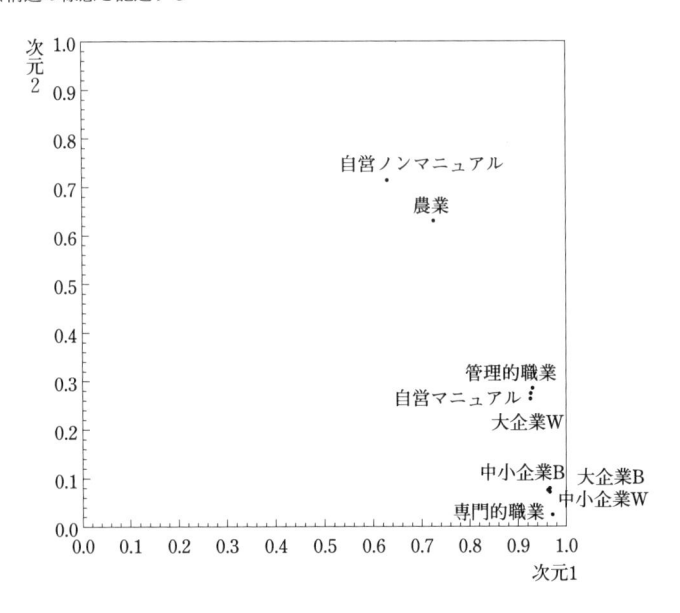

```
次元2
1.0
0.9
0.8
0.7    自営ノンマニュアル
       ・
0.6       農業
          ・
0.5
0.4
0.3              管理的職業
       自営マニュアル ：
0.2              大企業W
            中小企業B 大企業B
0.1              ・  ・
          専門的職業・中小企業W
0.0
   0.0 0.1 0.2 0.3 0.4 0.5 0.6 0.7 0.8 0.9 1.0
                                      次元1
```

図3-10-4　2次元重み配置

　最後に、共通対象布置における職業間の距離と専用布置における職業間の距離の関係をまとめておこう。共通対象布置における職業 j と職業 k の多次元空間における各々を表す点の間の距離 d_{jk} は、クルスカルの方法と同様に定義される。また、個人（職業グループ）i の専用布置における職業 j と職業 k の間の距離は、

$$d_{ijk} = \sqrt{\sum_{t=1}^{p} w_{it}(x_{jt} - x_{kt})^2}$$

と定義される。ただし、$w_{it}(w_{it}>0)$ は、個人 i の次元 t に対する重みである。つまり、共通対象布置の各次元における職業 j と職業 k の座標の差の二乗 $(x_{jt}-x_{kt})^2$ に重み w_{it} をかけることにより、共通対象布置の次元を伸縮しているのである。また、分析対象となった全職業グループの w_{it} を座標軸上に表したものが、重み布置（図3-10-4）なのである。

3-10-4　空間に表現された変数間の関係を考える

　多次元尺度構成法は、データに潜んでいる情報を取り出し、変数間の類似関係からできるだけ少ない次元の空間に表現することを目的としている。しかしこのことには、多くの無理が伴う。次元数の決定において、適合度と解釈の容易さをどのように調和させて最適な次元数の布置を解として選ぶのかは、多次元尺度構成法を利用する際の大きな焦点の１つである。ある程度適合度を犠牲にしても、解釈のしやすさという点から、次元数の低い布置、できれば２次元の布置を解とすることが望ましいという説もある（岡太・今泉　1994：5；Shepard 1974）。また、布置を解釈する際には、次元がどのような意味をもっているのか、布置における対象間の位置関係にどのような関係が認められるのかを検討する必要がある。

　多次元尺度構成法の分析結果は、データそのものからではわからなかった構造を、明らかにする（発見する）ことができる。しかし、これは、データのもつ情報すべてを表したものではなく、圧縮して一側面を要約したものであるということを忘れてはいけない。得られた布置から、対象間にはどのような関係があり、社会学的にどのような意味をもち、解釈できるのかを考え、分析を進めることが重要である。

【今後の学習のための文献案内】

・Arabie, P., Carroll, J. D., and W. S. DeSarbo, 1987, *Three-way Scaling and Clustering,* Sage.（＝1990, 岡太彬訓・今泉忠訳『３元データの分析：多次元尺度構成法とクラスター分析法』共立出版.）
　INDSCAL など３元データの分析手法について、詳細に書かれている．MDS に関する予備知識がある程度必要であるが、応用例も豊富で、分析する際に参考になる．

・Coxon, A. P. M. and C. L. Jones, 1978, *The Images of Occupational Prestige,* MacMillan.
・Coxon, A. P. M. and C. L. Jones, 1979, *Class and Hierarchy: The Social Meaning of Occupations,* MacMillan.
　社会学における多次元尺度構成法を用いた先駆的研究である．一読をお奨めする．

3 社会構造の様態を記述する

・岡太彬訓・今泉忠，1994，『パソコン多次元尺度構成法』共立出版．
　　多次元尺度構成法を中心に，例を用いて，考え方，データ，モデル，計算手順，利用方法などが丁寧に説明されており，分析のためのプログラムも提供されている．

・山際勇一郎・田中敏，1997，『ユーザーのための心理データの多変量解析法』教育出版．
　　多変量解析の各手法が，分析手順にそって丁寧に解説されている．SAS を用いているが，SPSS ユーザーにとっても参考になる．

変数を合成する

3-11 性別役割意識

複数の項目の信頼性を検討する：尺度構成とα係数

杉野　勇

3-11-1　抽象概念の具体化

　男女共同参画社会の実現が唱えられている昨今であるが、欧米と比べれば日本はまだまだ男性と女性の役割を別々のものと区別する意識が強いと言われる。こうした意識を一般には「性別役割意識」「性別役割分担意識」などと呼ぶ。本当に日本で性別役割意識は強いのか否か、日本の中でもどういった人々の間でその意識が強いのかを調べることは、男女共同参画社会設計においても意味のある課題である。そこで、標本調査を行い、得られたデータを分析することを考えよう。計量分析を行うには、この意識の強弱を数値として得る必要がある。では一体どうやって数値化すればよいだろうか？「あなたの性別役割意識は強いですか？　弱いですか？　5～1の数字で…」のように単刀直入に質問しても、言葉が抽象的すぎて回答者としても何を思い浮かべて答えていいのやら戸惑うだろう。直接に測定できない抽象的もしくは理論的な概念のことを構成概念と呼ぶ（稲葉 1998；吉田 2001）が、こうした構成概念を数値化するためには、それを具体的に加工して表現する必要がある。

　性別役割意識を測る方法の1つの例として、「男性は外で働き、女性は家庭を守るべきであるという意見について、あなたはそう思いますか、そう思いませんか」と尋ねるものがある（原・肥和野 1990など）。そして、例えば(1)「そう思う」～(4)「そう思わない」の4件法で回答者に答えを選んで貰って数値化するのである[1]。この1つの質問で性別役割意識を測定したことにする場合もある

---

[1] この4件法の例に「どちらともいえない」を加えた5件法や、賛成か反対かの択一で答えてもらう2件法もある。

が、少しずつ異なった複数の質問項目を用意することもある。例えば、育児に関して男の子らしさ・女の子らしさを重視するという意見や、男性は家事や育児には不向きだという意見も、「性別による役割の振分けに直接的に関わる」(木村 2000) 意識と言え、それぞれが性別役割意識の一面を測定していると考えられる。これら具体的な質問文によって得られた変数を測定項目と呼ぶ。直接観測できない理論的な構成概念に対して、間接的な測定が一面的になってしまう危険性に対処するために、測定項目を複数用意するのである。

複数の測定項目の利用法は主に2つある。1つは、この複数の測定項目を因子分析にかけて、その因子得点を用いる方法である。しかし、因子負荷量から計算される一種の重み付け得点としての因子得点の場合、集団(標本)が異なれば因子負荷量の様子が変化してしまい、その結果異なる集団間の比較がしにくくなってしまう難点がある。それに対してもう1つの利用法は、複数の測定項目の点数を合計して合成尺度を作るものである。この方法であれば、因子得点を利用する場合の難点は回避できる。

ここで、「それぞれが1つの構成概念を間接的に測定しているはずだ」と考えて測定項目群を用意して合成尺度を作ったとしても、それが使い物にものになるかどうかをどうやって判断すればいいのかという疑問が生じるだろう。尺度の良さを判断するには、正確な測定がなされているかどうかという測定精度と、構成概念の指し示す内容が適切に測られているかどうかという測定内容が問題になる(吉田 2001)。前者を尺度の信頼性といい、後者を尺度の妥当性という。この節では、実際の調査データ[2]で例示しながら、尺度の信頼性の1つの指標である α 係数について紹介する。

このデータは、「性別役割意識」を測定する項目の候補として以下の6つの質問(全て4件法)を含んでいる。これら6つの項目を足し合わせて、性別役割意識を表す1つの尺度を構成したい。

> 項目(1)男性は外で働き、女性は家庭を守るべきである
> 項目(2)男の子と女の子は違った育て方をすべきである
> 項目(3)家事や育児には、男性よりも女性がむいている

---

[2] このデータは1995年 SSM 調査のものであり、データ使用に当たっては2005年 SSM 調査研究会の承諾を得ている。

項目（4）専業主婦という仕事は、社会的に大変意義のあることだ
項目（5）女性も、自分自身の職業生活を重視した行き方をするべきだ
項目（6）専業主婦は、外で働く女性よりも多くの点で恵まれている

3-11-2　信頼性係数と α 係数の定義

　これら6項目の合計得点の範囲は6〜24の19段階となり、人々もより細かく分類される。ところで、点数が大きければ性別役割意識が強いのだろうか。「そう思う」が1だから点数の小さい方が性別役割意識が強いと言えそうだが、よく見ると項目5だけは逆である。数値の大小で意識の強さを測定しようとするなら、その方向性に気をつけなければならない。実際に相関係数行列を見ると、項目5だけは他の全ての項目との相関が負になっていた。項目5のようなものを逆転項目といい、他の項目の方向性に揃えなければならない。

　方向を揃えた上で相関係数行列を眺めると、範囲が0.008〜0.365、平均は約0.144となる。有意にならないペアも2つあり、いずれも項目5に関わっている。果たしてこのまま6項目全てを足し合わせてもよいかどうかを以下で検討する。

　1つの構成概念を表す目的で複数の項目を足し合わせることが適切であることを内的整合性があると言う。そしてその内的整合性を判断するための代表的な指標が、クロンバックの α である（Cronbach 1951）。この α 係数は、先に述

表3-11-1　性別役割意識項目間の相関係数

	項目1	項目2	項目3	項目4	項目5
項目1：男は外、女は家庭					
項目2：男女で違う育て方	.309***				
項目3：家事育児は女性向き	.365***	.287***			
項目4：専業主婦には社会的意義	.254***	.188***	.231***		
項目5：女性も職業生活重視	.199***	.094***	.069***	.008	
項目6：専業主婦は恵まれている	.215***	183***	.198***	.165***	.008

ケース数　3455
***は0.01％水準で有意

3 社会構造の様態を記述する

べた尺度の信頼性と密接な関係があるために、尺度構成では非常に重視されているのである。

そこでまずは、信頼性係数の基本的な説明から始めよう。

測定値 X は、理論的には真値 T と誤差 E に分解して考えることができる。

$$X = x_1 + x_2 + \cdots + x_k = (t_1 + e_1) + (t_2 + e_2) + \cdots + (t_k + e_k)$$
$$= (t_1 + t_2 + \cdots + t_k) + (e_1 + e_2 + \cdots + e_k) = T + E \quad \cdots(1)$$

信頼性係数 ρ は、X の分散中に占める T の分散の割合として定義される。

$$\rho = \frac{\sigma_T^2}{\sigma_X^2} \quad \cdots(2)$$

真値の分散は分からないので、何らかの方法で信頼性係数を推定することが必要になる。再テスト法では、同じ質問（同一の測定）を同じ対象者たちに、時間をおいて2度行う。そうして得られた2組の測定値 X_1 と X_2 が独立であれば、その相関係数 r_{12} は信頼性係数に等しくなる（南風原 2002b）。しかし、同じ測定を繰り返すと、最初の測定が後の測定に影響したりして2回の測定が独立でなくなることがある。そのため平行テスト法では、同じ対象者たちに、互いに等質で代替的であるとみなせる2つの測定を行って相関係数 r_{12} を求める。しかし様々な面で互いに等質であると言える測定項目を2組も作るのは実際上困難である。また再テスト法も平行テスト法も同一の対象者に2回の測定を行わなければならないが、これも容易ではない。さらに、時間をおいている間に真値自体が変化しているおそれもある。

折半法は、一組の項目群を2つに分けることによって、あたかも平行テストを行ったかのように見なす方法である。例えば、10個の測定値を、偶数番目と奇数番目の2群に分ける（奇偶法）。

$$X = x_1 + x_2 + \cdots + x_{10} = (x_1 + x_3 + \cdots + x_9) + (x_2 + x_4 + \cdots + x_{10}) = X_{odd} + X_{even} \quad \cdots(3)$$

ただし、項目数が半減しているため、この場合の X_{odd} と X_{even} の相関係数 r は、10項目全体の信頼性係数より低くなる。これを、次のスピアマン・ブラウンの公式を用いて修正する。

$$\rho = \frac{2r}{1+r} \quad \cdots(4)$$

この方法だと一度の調査で済むため便利であるが、折半の仕方が幾通りもあ

ってそれぞれについて信頼性係数の推定値が計算されるため、信頼性を1つの値で表現できない。この10項目の場合だと、折半の仕方は $_{10}C_5 \div 2 = 126$ 通りあり、126個の推定値が得られることになる。

それら折半法においてありうる全ての信頼性係数推定値の平均値が、クロンバックの α 係数である。この α 係数は、信頼性係数の最も控え目な推定値となることが知られている[3]。数式表現の仕方は幾つかあるが、最も一般的と思われる2つの定義式を示す[4]。

$$\alpha = \frac{k}{k-1}\left(1 - \frac{\sum_{j=1}^{k} s_j^2}{s_t^2}\right) = \frac{k\bar{r}}{1+(k-1)\bar{r}} \quad \cdots(5)$$

簡単に言えば、合計した複数の項目が本当に1つのものを安定して測定していると見なせるか否かの指標であり、項目数が多いとき、また項目間の相関が高いときに大きな値となる。ただしこれは構成概念の妥当性を保証するものでないことには注意しなければならない。用いられた一群の項目の内的整合性を保証するだけであって、全く的外れな別の概念を安定して測定してしまっている危険もないとは言えない。

3-11-3 信頼性係数による項目の選別

先の実際の調査データにおける性別役割意識6項目についてこの α 係数を計算すると、$\alpha = 0.586$ となった。α は1に近いほど理想的であるが、この値は満足のいく大きさなのだろうか？

明確な基準はないが、一般に0.80以上が望ましく、低くとも0.70くらいは必要だと言われている。それに比べると0.586という値はやや小さい。項目数が

---

[3] 本質的タウ等価性、誤差間の無相関という2つの条件を満たした時にのみ α 係数と信頼性係数は一致し、その条件が満たされない場合（普通はこちらである）は常に α 係数は信頼性係数より小さくなる。つまり α 係数は信頼性係数の下限をなす。

[4] k は項目数、s_t^2 は合計得点の分散、s_j^2 は j 番目の項目の分散。$\bar{r}$ は各項目間の相関係数の平均値（ただし各項目の分散が等しいか、全て1に基準化されている場合）。なお、クーダー・リチャードソンの公式20と言われるものも有名だが、これは各測定項目が0か1の2値しか取らない特殊ケースの α 係数に等しい。

表3-11-2 除外すべき項目の検討

除外項目	他の5項目の合計得点との相関係数	除外した場合のα係数	他の5項目による重回帰モデルのR^2
項目1：男は外、女は家庭	.479	.467	.237
項目2：男女で違う育て方	.370	.520	.148
項目3：家事育児は女性向き	.407	.503	.189
項目4：専業主婦には社会的意義	.291	.555	.103
項目5：女性も職業生活重視	.123	.613	.044
項目6：専業主婦は恵まれている	.262	.566	.081

少ないとα係数は高くなりにくいものの、この値では全ての項目が内的に一貫しているとは見なさないのが普通である。こうした場合、いずれか1つの項目を除外してα係数を求めて検討する。その際、除外した場合の合計得点と除外された項目との相関係数も同時に参考にすることが多い。他の項目の合計得点との相関が低いということもまた、その項目だけ整合性が低いことを意味しているには変わりない。しかし、比較的馴染みのある相関係数の大小ならば、その整合性の低さの度合がより分かりやすくなるだろう。

ここから、項目5の得点とその他5項目の合計得点との相関がかなり小さい（.123）こと、項目5を除外した場合のみα係数が改善される（.613）ことが分かる。よって、項目5を除外した4項目で再度同じ手順を繰り返す。この例では、これ以上αの値を改善させることはできなかった。

整合性の低い項目を判断するには、1つの項目を従属変数に、他の全ての項目を独立変数にした重回帰モデルの決定係数R^2に着目する方法もある。R^2が大きくなれば、その項目は残りの項目によって説明できる割合が大きいということであり、整合性が高く好ましいと考える。逆にR^2が小さければ、独立変数となっている他の項目群とは関連が弱いということになり、整合性は低いと見なされる。表3-11-2の最右列のように、やはり項目5の場合に特にR^2が低い（.044）。

また、この6項目で因子分析を行うと、他の5項目からなる第1因子に対し、項目5がほぼ単独で第2因子を構成する結果が得られる。このこともまた、他の項目に対して項目5だけは独立である＝関係が弱いことを示しており、合せて1つの尺度を構成するには不向きであると言える。なお、ある項目を除外し

た場合のα係数、他の項目の合計得点との相関係数、重回帰モデルの決定係数、因子分析の結果、これらそれぞれに着目する判断方法は、ここでの例のようにほぼ同じような結果をもたらすことも多い。それゆえ全てを行う意味はないと思われるかも知れないが、微妙なケースにおいて慎重な判断を行いたい場合には、こうした多重チェックも役に立つであろう。

　ここでの例に関しては、以上の検討から項目5はやや異質な項目であると判断して除外し、他の5項目を加算して性別役割意識変数とする方が望ましいと言える[5]。

　ただし、劣化項目を機械的に除外することが必ずしも良い訳ではないことには注意してもらいたい。もともと1つの測定項目では偶然誤差の影響が大きいと考えられるので複数の項目を使用している場合、測定項目間で相違が出てくるのは当然でもある。α係数を高めることが自己目的化して、単なるトートロジー、すなわち識別困難な少数の項目から構成概念を作ってしまう危険についても配慮した方が良い。

【今後の学習のための文献案内】

・豊田秀樹編，2003，『共分散構造分析［技術編］：構造方程式モデリング』朝倉書店．
　第10章で，α係数よりもバイアスの小さい信頼性係数の推定値としてのマクドナルドのω係数を紹介し，実際に構造方程式モデリングを用いて信頼性係数を推定する手法を解説している．

・池田央，1973，『心理学研究法8　テストII』東京大学出版会．
・池田央，1980，『社会科学・行動科学のための数学入門4　調査と測定』新曜社．
・池田央，1994，『行動計量学シリーズ7　現代テスト理論』朝倉書店．
　信頼性や妥当性を含め，測定理論・テスト理論の基礎について詳しく勉強したい人への基本書．

---

[5] 社会調査データの場合には0.6以上なら許容可能だとする考えもあるようだが、一般に言われている基準からするとα=0.61はかなり小さめの値であり、この合計得点を使用することには慎重になるべきかもしれない。性別役割態度のより本格的な尺度については鈴木（1991）を参照．

3-12 都市度

複数の変数を重みづけて新たな合成変数を作る：
主成分分析

石黒 格

3-12-1 フィッシャーの都市社会研究と「都市度」の概念

　都市化が進むことによって、人々の人間関係は破壊され、ソーシャル・サポートが絶たれ、かつて存在した人間的な生活が失われる。先進国の都市は、今まさしくこのような状態にある。誰もが耳にしたことがあるであろう、こうした「コミュニティ喪失論」に、C.フィッシャーは実証的な見地から挑戦した（Fischer 1984）。フィッシャーは人々のパーソナル・ネットワークを測定の対象とし、都市度の異なる複数の地域に住む人々の対人関係を比較した。そして、都市化によってかならずしも精神的適応が損なわれないことや、対人関係が選択性を増すことで、相対的に血縁者の占める地位は低下するものの、人間関係全体が希薄化しているとは言えないことなどを示した。直観的な議論に疑問を呈したフィッシャーの研究は画期的な方法論を含み、都市社会学やパーソナル・ネットワーク研究の領域で、数多くの後続研究を生み出した。

　この研究の中で、重要な概念となるのが都市度である。都市度とは、「調査回答者が日常生活を送る場としての都市の規模が大きく、人口が多い程度」と言える。フィッシャーはアメリカ西海岸の都市をサンプリングし、それらを都市度で序列化した。

　フィッシャーが都市度を表現するのに用いたのは、人口ポテンシャルと自治体人口を合成したものである。前者は調査地点にもっとも近い人口中心地の人口を両地点の距離で割ったもの（実際には、住民のデモグラフィック・プロフィールで細かな重みづけがなされる）であり、後者は文字通り調査地点を含む行政区分の人口である。フィッシャーは、2つの変数を平均0、分散1に標準化した上で

加え、都市度の得点として分析に用いている。

　ここでは、日本の都道府県を単位に、都市度という変数を作成することを考えよう。ただし、フィッシャーの方法を単に踏襲するのではなく、より多くの要素を含めてみる。誰にでも容易に入手できる統計資料として、各都道府県の総面積、人口、隣接都道府県の最大人口、人口30万人以上の市の数、昼間／常住人口の比を用いる[1]。

　これらの変数は、いずれも都市度という概念の一部を示している。人口はフィッシャーの言う自治体人口そのものであり、総面積から人口密度を算出すれば、人口がどれだけ密集しているのかを示す変数になる。人口30万人以上の市の数も、人口の密集を示す変数と考えられる。隣接都道府県の最大人口と昼間／常住人口の比は、それぞれの県への人口の流入を示している。その一方で、これらはどれも単独では都市度の概念全体を代表させるのに十分ではない。

　こうした場合には、合成変数を作るのが有益である。複数の変数すべてを、ひとつ、あるいはごく少数の合成変数にまとめることによって、概念全体をよく代表し、さらに分析にも使いやすくすることができる。その代表的な方法として、この節では主成分分析を紹介する。

3-12-2　合成変数作成の方法としての主成分分析

　フィッシャー自身は、ふたつの変数を加算することで都市度の尺度とした。単純加算という方法で作られた合成変数は、個々の変数が適切に概念と結びついていれば、測定したい概念をよく代表する。しかし、単純加算では、すべての変数に同じ重みづけを与えているという点が問題になりうる。変数と概念の関係が強くても、弱くても、すべての変数が同じ重要性をもって扱われることによって、合成変数と概念との対応が悪くなることがあるのである。

　クロンバックの α 係数が極めて高い、すなわち各変数の相関が極端に高い場合には、このことはほとんど問題にならない。しかし、合成変数を作りたいと我々が考えるのは、それぞれの変数が、中程度、あるいはそれよりやや高い程度の相関を持つ場合である。すべての変数が互いに完全に近い相関を示すのであれば、合成変数を用いることと単独の変数を用いることにはほとんど差が

---

[1] 矢野恒太記念会編、2003、『データでみる県勢　CD-ROM 2003 第2版』から抜粋。

3 社会構造の様態を記述する

ないからである。つまり、我々が合成変数を用いる必要性が高いときにこそ、単純加算の問題は大きくなる。

この問題を解決するひとつの方法が、主成分分析である。主成分分析は、合成変数として複数の変数を加算した得点を考えるが、単純加算と異なるのは、個々の変数の重みづけを変動させることである。もちろん、合成変数との相関が大きいほど、重みづけが大きくなるようにする。

新たな合成変数は、

$$y = \sum_{i=1}^{p} w_i x_i = w_1 x_1 + w_2 x_2 + \cdots + w_p x_p \quad \cdots(1)$$

と表現される。p 個の変数 $x_1 \sim x_p$ にそれぞれ重みづけ $w_1 \sim w_p$ を乗じて加算し、合成変数 y を作っている。

合成変数 y を作るためには、適切に重みづけ $w_1 \sim w_p$ を設定しなければならない。このとき、できあがった y の情報量がもっとも大きくなるように、$w_1 \sim w_p$ を決定することが望ましい。多数の変数をひとつの合成変数にすれば、情報が集約される代わりに失われる部分も出てきてしまう。主成分の情報量を最大にすれば、その損失を最小にできる。

主成分分析では、分散を変数がもつ情報量の指標とする。そして、y の分散を最大化するように $w_1 \sim w_p$ を定めるのである。しかし、単に分散を大きくするだけなら、$w_1 \sim w_p$ をただ大きくしてしまえばよいことになり、重みづけが定まらない。そこで、$w_1 \sim w_p$ の自乗和を1とする制約を加える。すなわち、

$$\sum_{i=1}^{p} w_i^2 = 1 \quad \cdots(2)$$

という条件下で y の分散を最大化することを考える。このようにして決定された $w_1 \sim w_p$ によって重みづけされた合成変数が、主成分である。一般に、この合成変数は第1主成分と呼ばれる。

第1主成分だけでは個々の変数が持っていた分散を完全に説明することはできないが、主成分分析では、第1主成分に含まれなかった分散(すなわち、残差)に対して、再びこれをもっともよく説明するような合成変数を作ることができる。こうした作業を繰り返して、順次作られていく合成変数を、第2主成分、第3主成分、…と呼ぶ。残差に対して作られるため、それぞれの主成分は完全に独立(互いに無相関)である。

SASなど、多くの統計パッケージでは、主成分分析は各変数を標準化した

表3-12-1 主成分分析の結果

変数	第1主成分	第2主成分
人口	.56	.11
人口密度	.54	.24
人口30万人以上の市の数	.52	−.14
隣接県の最大人口	.34	−.51
昼間／常住人口の比	.07	.81
固有値	2.88	1.36
寄与率	.58	.27

上で算出される。紹介した都道府県のデータに対して主成分分析を適用した結果の、一つの例を表3-12-1に示した。表中の数字は、それぞれ、各指標の合成変数に対する重みづけを示している。この例では、都市度は

都市度＝.56×人口＋.54×人口密度＋.52×人口30万人以上の市の数
　　　＋.34×隣接県の最大人口＋.07×昼間／常住人口の比
（ただし、各変数は平均0、分散1に標準化した上で投入される）

として定義できることになり、このように定義したとき、合成指標が5つの指標の分散全体を、もっともよく説明することになる。

「もっともよく」がどの程度のレベルなのかを示すのが、「寄与率」である。因子分析における「因子寄与率」と同様、この値は、主成分の分散と、変数 $x_1 \sim x_p$ の分散の総和との比を示す。つまり、データに含まれたすべての情報の内、どれだけを主成分が説明したのかを示す。この例では、第1主成分によって、分散の58%が説明されている。

「固有値」は、重みづけの決定のために行われる行列計算で算出されるためにこの名がつくが、主成分分析に限って言えば、主成分得点の分散を示す。変数の分散が1に標準化して分析が行われている場合、固有値は、変数いくつ分の分散を主成分が説明したのかを示す。固有値を投入した指標の数である5で割れば、寄与率が得られる。

以上により、主成分を表す式が得られた。この主成分を都市度と名づけ、式に従って得点を算出すれば、各県の都市度を表す変数として用いることができる。たとえば、都市度と男女の通勤時間との相関係数を求めてみよう。すると、

それぞれ .78、.67の有意な正相関が得られた。フィッシャーは都市度が高くなると、人々の移動範囲が広くなり、それが対人関係の選択性を増すことがあると論じている。都道府県を単位として都市度を算出するのは、非常におおざっぱな試みだが、それでも都市度の上昇によって人々の移動の範囲が広くなっていることが示唆されたことになる。

3-12-4　重みづけの解釈と複数主成分の利用

　重みづけの解釈は、主成分分析において重要な作業となる。たとえば、例として作成した主成分では、昼間／常住人口の比は、他の変数に比べて重みづけが小さく、その寄与が小さいことがわかる。このとき、昼間／常住人口の比は都市度を測定するのに適切な変数ではなかったと判断し、分析から除外して主成分を求め直すこともできる。

　この作業は、単純加算を元にした尺度構成では、標準的な作業として行われるが、一方で、わずかではあっても、その変数が寄与する部分を失ってしまう。この損失を避けたいのならば、昼間／常住人口の比を残したままにする方がよい。

　主成分分析では、寄与が小さい変数の重みづけを下げ、寄与が低いなりに合成変数に反映させることができる。これが、単純加算に対する主成分分析の大きな長所である。「もっとも寄与の大きな変数よりは小さいが、それなりに寄与している」という、中程度の寄与を示す変数が含まれる場合には、この長所はより大きくなる。例では、隣接県の最大人口がこうした特徴を持っている。

　一般に、第1主成分に対して寄与の小さな変数は、それ以降に算出される第2、第3、…、主成分に高く寄与する。表1に示した例では、第2主成分に対しては、昼間／常住人口の比と隣接県の最大人口の重みづけが大きいことがわかる。また、第1主成分については、すべての変数の重みづけが正だったが、第2主成分では負の重みづけも現れており、特に隣接県の最大人口の負の重みづけが大きい。

　重みづけを検討することで、それぞれの主成分が何を示しているのかを解釈し、第1主成分とは別の、(そして互いに独立な)尺度を構成することができる。この例では、隣接県の最大人口が小さいほど、また昼間／常在人口の比は大きいほど、第2主成分得点が高くなるのだから、周囲に人口の多い県が少なく、

さらに昼間に人口（おそらくは労働力人口）の流入が激しいことを示していると解釈できよう。つまり、第1主成分が都道府県の都市度を示すとしたら、第2主成分は都道府県がその地方の中核都市を含む程度を示していると言える。この例では、この「中核度」が、分散の27%を説明している。

　このように、重みづけの解釈は有用であり、特に複数の主成分得点を分析で用いる場合には、必須である。しかし、式(2)の制限があるため、変数が多くなると重みづけの値が全体として小さくなり、解釈は難しくなる。この点で、因子分析とは性格が異なるという点は、注意しておく必要がある。因子分析における回転もありうるが、主成分分析の長所である解の一意性が失われるため、望ましいとは言えない。

3-12-5　主成分と因子

　このように、主成分分析は、多数の変数を少数にまとめる場合に有用である。読者は、ここで疑問を感じるに違いない。「では、主成分分析と因子分析は何が違うのか」と。実際、ふたつの分析は「多数の変数を少数にまとめる」という目的で用いられ、分析の手順と結果も似ているのがふつうである。分析後に得点を求め、さらなるデータ解析に用いるという点でも共通している。

　しかし、2つの分析は、その背景となっている考え方がまったく異なっている。そのため、ふたつの分析を明確に区別し、それぞれを適切な場面で用いる必要がある。

　主成分分析と因子分析の違いとして重要なのは、2点である。1つは潜在変数を仮定するか、しないかの違いであり、もう1つは変数と合成変数のどちらをインプット（外生変数）とし、アウトプット（内生変数）とするかの違いである。

　詳細は他の節に譲るが、因子分析では直接の観測の対象にはできない潜在変数が存在していると仮定する。その上で、観測した複数の変数に相関関係があるのは、共通の因子によって規定される部分がそれぞれの変数にあるからだと考える。

　これに対して、主成分分析は潜在変数を仮定せず、観測した複数の変数から合成変数を作ることのみを考える。主成分と個々の変数の間に、説明―被説明の関係を強く意識する必要はないし、まして、主成分が個々の変数の規定要因

になっていると考えることはできない。式(1)に明らかなように、むしろ個々の変数が主成分の説明変数となるのが、主成分分析である。

　どちらが適切な手法であるのかは、そのときに直面している課題や概念によって決まる。たとえば、質問紙調査において、「…に対する意識」という潜在変数が個々の質問項目への反応を規定していると考えることは合理的である。しかし、都市度という潜在変数が都市の人口を増大させると考えるのは合理的ではない。人口の多さは、それ自体が都市度という概念の一部だからである。よって、前者の場合は因子分析を、後者の場合では主成分分析を用いるのが、それぞれ合理的となるだろう。

【今後の学習のための文献案内】

・渡部洋，1988，『心理・教育のための多変量解析法入門：基礎編』福村出版．
　1章に、簡単な記述ではあるが、主成分分析の理解に必要な情報をほぼ含んでいる。そこにあげられている参考文献をさらに読み進むのもよいだろう．

4
もっともふさわしいモデルをえらぶ

モデルの説明力をたかめる

4-1 女性の階層帰属意識

モデルを選択し診断する：決定係数と VIF

村上あかね

4-1-1 既婚女性の階層帰属意識は何によって決まるのか

　階層研究の歴史のなかで、配偶状態にかかわらず女性が研究対象として大いに注目を集めるようになったのは1970年代以降と言える。それまであまり注目を集めなかった理由としては、階層の単位は家族であると考えられ、女性の社会的地位は男性世帯主（たとえば父親や夫）の地位に等しいとみなされてきたことが指摘できる。しかし、この前提は妥当なのだろうか。まず、この前提の背後にはある特定の家族像――女性は結婚するまでは（両）親やきょうだいと暮らし、結婚後は夫の稼ぎで一家が生活をし、死が2人を分かつまで夫婦が添い遂げるという像――が念頭に置かれている。このような「パーソンズ的」家族が主流を占めていた時代もあった。しかし、現実には、離死別などの理由によって男性世帯主が存在しない世帯もあるし、未婚で単身世帯を構えている女性もいる。さらには社会進出の結果、自分の収入や資産を持ち、経済面でも、意識の面でも自立している女性も増加しつつある。この場合でも、女性の地位は男性世帯主の地位に等しいと言えるのだろうか。このような階層論の前提に対する批判を、J. アッカーが行って以来、女性を対象とした研究が多数おこなわれてきた（Acker 1973）。その1つに既婚女性の階層帰属意識（主観的な社会的地位の評価）の規定要因を明らかにする研究がある。これまでに提唱されているモデル（仮説）は4つあり、具体的にはM. フェルソンとD. ノーキ（Felson and Knoke 1974）が提案した(1)地位借用モデル（これは「妻の地位は世帯主である夫の地位に等しい」という前提に適合するモデルであり、夫の地位が妻自身の階層帰属意識の判断基準すなわち規定要因となる）、(2)地位独立モデル（妻自身の地位が基準）、(3)地位分有モデル（夫婦それぞれの地位がともに基準）、さらにR. エリクソン（Erikson

4 もっともふさわしいモデルをえらぶ

1984)らが提起する(4)地位優越モデル（夫婦それぞれの地位のうち高いほうが基準）である[1]。

　研究の過程では、このような競合する複数のモデル（ある事象が生じているメカニズムを、複数の変数の組み合わせとして表現したもの）を比較・検討し、現実をもっともよく説明するモデルを選ぶことがある。重回帰分析などにおいて、この「モデル選択」の手がかりを与えてくれるのが決定係数（Coefficient of Determination; R^2）である。

　以下では、最近のデータを用いて実際に分析してみよう。

4-1-2　既婚女性の階層帰属意識に関する地位モデルの選択

　ここでは財団法人家計経済研究所の「消費生活に関するパネル調査（以下、「家計研パネル」と省略）第10年度調査の対象者のうち、2002年時点で33-43歳の既婚女性（コーホートA）を分析の対象とする。質問文は一般的な階層帰属意識のワーディングとはやや異なり、「現在のあなたの生活程度は、世間一般から見て、次のどれに入ると思いますか」である。回答の選択肢は、上、中の上、中の中、中の下、下であり、分析にあたっては上＝5点～下＝1点とした。表4-1-1には、4つのモデルごとに、妻または夫の客観的な社会的地位を表す教育年数、職業威信、年収の各変数の内容を示した。さらにすべてのモデルに世帯状況を表す変数、具体的には持ち家の有無（1＝持ち家、0＝持ち家以外）、財産の所有点数（26種類の耐久消費財、預貯金、有価証券の所有点数の合計）、家族人数、居住地の都市規模（1＝町村、2＝12政令指定都市以外の都市、3＝東京都区部＋12政

---

[1] 日本では、1980年代には分有モデルが、1990年代には優越モデルが当てはまるとの結果が得られている（直井道子 1990；赤川 2000）。

[2] 分析にあたっては、つぎのような手続きを採用した。まず、職業威信であるが、原則として、「1995年社会階層と社会移動全国調査（SSM調査）」で採用された数値を割り当てた。ただし、「家計研パネル」では職業小分類ではなく、13の職業カテゴリーが公表されている。したがって、95年SSM調査職業小分類を家計研パネルの各カテゴリーに対応させ、95年SSM調査の職業威信から求めた各カテゴリーの平均値を代入した（なお、専業主婦については、85年SSM調査で求められた職業威信43.1を割り当てた）。「家計研パネル」の職業カテゴリーの都合上、自営・自由業者、内職従事者は分析から除いた。また、収入について「家計研パネル」では自由回答形式で尋ねているが、95年SSM調査と同様、約100万円刻みのカテゴリーにまとめ、その中央値を採用した。さらに分布にやや偏りがみられ、かつ0を含んでいるため、$\log(X+1)$の対数変換を施した（Snedecor and Cochran 1967＝1972：313-314；森・吉田 1990：38-42）。

4-1 女性の階層帰属意識

表4-1-1 既婚女性の階層帰属意識に関する4つの地位モデルの地位変数

モデル	地位変数
地位借用モデル	夫教育年数・夫収入・夫職業威信
地位独立モデル	本人教育年数・本人収入・本人職業威信
地位分有モデル	夫婦の教育年数の平均・世帯収入・夫婦の職業威信の平均
地位優越モデル	夫婦のうち、より長いほうの教育年数・より多いほうの収入・より高いほうの職業威信

表4-1-2 既婚女性の階層帰属意識に関する地位モデルの分析結果

	地位借用モデル	地位独立モデル	地位分有モデル	地位優越モデル
家族人数	−0.011	−0.020	−0.039	0.001
都市規模	0.024	0.049	0.044	0.032
教育年数	0.124**	0.111*	0.133**	0.123**
収入	0.227***	−0.106*	0.192***	0.280***
職業威信	0.089*	0.142**	0.115*	0.082
財産	0.113*	0.151***	0.101*	0.082
持ち家	0.072	0.085	0.053	0.071
決定係数	0.154	0.100	0.149	0.176
(修正済決定係数)	0.142	0.087	0.137	0.164

注：サンプル数 504
表中の数字は標準化偏回帰係数
***は0.1％水準で有意
**は1％水準で有意
*は5％水準で有意

令指定都市）を含めた[2]。4つのモデルに対応する重回帰分析を計4回おこなった結果は表4-4-2のとおりである。原則的には決定係数の値が大きいモデルがよりよいモデルと考えるので、4つのモデルのうち、もっとも決定係数が大きい優越モデルを採択する。この結果からは、現代の若い既婚女性は自分と夫の客観的な地位をともに考慮しながら、自身の主観的な地位を評価するようだ。

4-1-3　決定係数：その数学的意味

決定係数 R^2 とは「ある回帰式の被説明変数の分散が説明変数（群）によって

説明される割合」であり、次の(1)式のように定義される。

$$R^2 = \frac{\Sigma(Y_i - \bar{Y})^2 - \Sigma(Y_i - \hat{Y}_i)^2}{\Sigma(Y_i - \bar{Y})^2} = 1 - \frac{\Sigma(Y_i - \hat{Y}_i)^2}{\Sigma(Y_i - \bar{Y})^2} \quad \cdots (1)$$

$$= \frac{(Yの全変動 - 回帰により説明されなかった変動)}{Yの全変動}$$

$$= 1 - \left(\frac{回帰により説明されなかった変動}{Yの全変動}\right)$$

$$= \frac{回帰により説明された変動}{Yの全変動}$$

ここで $i\ (i=1, 2, \cdots, n)$ は分析対象の個体を区別する番号、Y_i は個体 i の観測値、$\bar{Y}$ は $Y_i\ (i=1, 2, \cdots, n)$ の平均値、$\hat{Y}_i$ は回帰式によって予測された Y_i の値を示す。R^2 は最小値が 0、最大値は 1 である。$R^2=0$ のとき、式(1)より $\bar{Y}=\hat{Y}_i$ となるが、このとき回帰直線は $\bar{Y}$ をとおって X 軸に平行な直線となる。逆に、$R^2=1$ のとき、$Y_i - \hat{Y}_i = 0$ となるので、すべての個体の観測値 Y_i は回帰式によって完全に説明される。このとき回帰直線はすべての観測値の上を通る。

なお、決定係数は Y と $\hat{Y}$ の相関係数（重相関係数）の二乗に等しい。さらに、単回帰分析の場合、決定係数は X と Y の相関係数の二乗に等しい。つまり、決定係数は、被説明変数と説明変数（群）との関係の強さをも表すと言える。したがって、決定係数が大きければ、「説明変数群と被説明変数との関係は強い」＝「説明変数（群）は被説明変数の変動を説明する割合が高い」＝「モデル

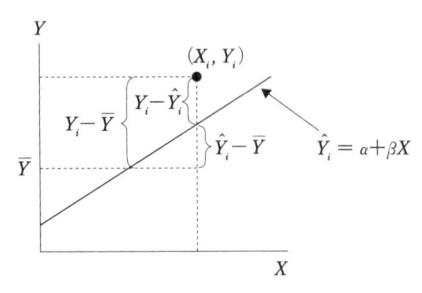

図4-1-1　回帰直線と観測値との関係

は予測力がある」とみなすことができる[3]。

さて、G. W. ボーンシュテッドとノークは、決定係数についてのもう一つの理解の仕方を示しているので紹介しよう（Bornhstedt and Knoke 1988=1990：314-316）。これによれば、説明変数が2つの重回帰分析の場合、つぎのどちらかの公式を用いても決定係数を求めることができる。

$$R^2_{Y \cdot X_1 X_2} = r^2_{YX_1} + (r^2_{YX_2 \cdot X_1})(1 - r^2_{YX_1}) \quad \cdots(2)$$

$$R^2_{Y \cdot X_1 X_2} = r^2_{YX_2} + (r^2_{YX_1 \cdot X_2})(1 - r^2_{YX_2}) \quad \cdots(2)'$$

式(2)をみると、決定係数は第1項の $r^2_{YX_1}$（X_1 のみが説明する Y の変動）と第2項の $(r^2_{YX_2 \cdot X_1})(1 - r^2_{YX_1})$（$X_1$ をコントロールしたうえで X_2 が説明する Y の変動）とに分けられることがわかる。$r^2_{YX_1}$ は Y と X_1 の共通部分と Y、X_1、X_2 の共通部分を含み、$(r^2_{YX_2 \cdot X_1})(1 - r^2_{YX_1})$ は Y と X_2 の共通部分から Y、X_1、X_2 の共通部分を除いたものと言える。同様に、(2)' 式は、決定係数が $r^2_{YX_2}$（X_2 のみが説明する Y の変動）と $(r^2_{YX_1 \cdot X_2})(1 - r^2_{YX_2})$（$X_2$ をコントロールしたうえで X_1 が説明する Y の変動）とに分けられることを示している。

ボーンシュテッドとノークによれば、決定係数についてよく似た2種類の式があることは、説明変数（この例では X_1、X_2）が Y と相関し、さらに説明変数が互いに相関する場合には、Y の変動のうち、ここまでが X_1 との関連によって説明される部分、ここからが X_2 との関連によって説明される部分というように、厳密に切り分けることができないことを意味するという。なお、この点は、後の多重共線性の問題を理解する上でも重要である。

4-1-4　決定係数の拡張：修正済決定係数と擬似決定係数

通常の決定係数のほかに、修正済（自由度調整済）決定係数（Adjusted Coefficient of Determination）R^{*2} がある。定義式は次の式(3)である。

$$R^{*2} = R^2 - \frac{k}{n-k-1}(1-R^2) \quad \cdots(3)$$

---

[3] 予測式としての有用性の評価にあたっては決定係数ではなく、誤差の変動係数（Coefficient of Validation；誤差の標準偏差 s_e を $\bar{y}$ で割り、さらに100倍したもの）に注目すべきという指摘もある（芳賀他 1996）。

ここで n はサンプル数、k は説明変数の数である。修正済決定係数はモデルに含める説明変数を増やせば（通常の）決定係数は大きくなることを考慮したものであるから、本来は説明変数の「数」が異なるモデル同士を比較するときに参照する値である。式(1)と(3)を比べると、修正済決定係数は、説明変数の数によって通常の決定係数を調整していることがわかる。なお、修正済決定係数の値は、通常の決定係数よりも小さくなり（表4-1-2を参照）、負の値をとることもある。

また、重回帰分析の場合とは異なり、プロビット分析やロジット分析など被説明変数を質的変数とみなす分析の場合には、決定係数の代わりに擬似決定係数（pseudo R^2）を用いる。代表的なものに、コックスとスネル（Cox and Snell）の擬似決定係数、ナーゲルケルケ（Nagelkerke）の擬似決定係数、マクファーデン（McFadden）の擬似決定係数がある。それぞれの定義式はここでは省略するが（Maddala 1992＝1996：第7章などを参照のこと）、擬似決定係数の計算には尤度を用いるという点、および擬似決定係数の中には最大値が1にならないものがある点が、（通常の）決定係数とは異なる。しかしながら、決定係数（修正済決定係数を含む）も擬似決定係数も、値が大きいほどモデルの説明力が高いと考えて差し支えない。

4-1-5　決定係数と多重共線性

決定係数は、重回帰分析における多重共線性の診断にも深い関連がある。多重共線性（multicollinearity）とは、モデルに含まれている k 個の説明変数（X_1, X_2, X_3, …, X_k）のうちのある説明変数（かりに X_1 とする）とその他の $k-1$ 個の説明変数（群）（X_2, X_3, …, X_k）との相関が高い状態を指す。このことは、X_1 が他の $k-1$ 個の説明変数群によって予測される割合が高いこと、さらに言い換えれば、X_1 を被説明変数、他の変数を説明変数とした回帰分析を行ったときの決定係数が高いことを意味する。

多重共線性が「問題」とされるのは、多重共線性が生じているとき、それぞれの説明変数 X_j（$j=1, 2, …, k$）（ここで、j はモデル中の k 個の説明変数を区別する番号である）が被説明変数 Y へ及ぼしている影響を区別することができず、回帰係数 β_j の最小二乗推定値の分散が大きくなって推定精度が下がるため、推定結果が不確かになるためである。

多重共線性と決定係数との関係は、VIF（Variance Inflation Factor）係数の定義式に示されている。VIF係数とは、どの説明変数が多重共線性の影響をうけているかを示す値であり、多重共線性の診断に用いられる代表的な値である。

説明変数がk個の重回帰分析の場合、ある説明変数X_jのVIF係数は

$$\text{VIF}(X_j) = \frac{1}{1-R_j^2}$$

である。ここでのR_j^2とは、（説明変数の1つである）X_jを被説明変数とし、残りの$k-1$個の説明変数群をXとした回帰分析で得られた決定係数である。多重共線性が生じているとみなす目安としては、VIF(X_j)の値が2以上の時とも10以上の時とも言われる。具体的な数値をあてはめて考えてみると、VIF$(X_1)=1/(1-R_j^2)=2$のとき、$R_j^2=0.5$であるから、説明変数群$X_2, X_3, \cdots, X_k$はX_1の変動の50％を説明していると言える。このような場合、一般には問題となる変数を分析から除いたり、なんらかの方法（足し算や因子分析など）で変数群を1つにまとめたり、リッジ回帰をおこなうなどの対策を取る。

表4-1-3には、4-1-2で採択された優越モデルに含まれる各変数のVIF係数を示した。7つの説明変数すべてにおいてVIF係数は2以下であるので、多重共線性は生じていないといえよう。

4-1-6 決定係数は万能か

ここでは、決定係数・擬似決定係数と多重共線性について取り上げた。望ま

表4-1-3 優越モデルの多重共線性の診断

	VIF係数
家族人数	1.217
都市規模	1.111
教育年数	1.261
収入	1.142
職業威信	1.206
財産	1.185
持ち家	1.178

しい決定係数の大きさは研究領域、データの性質や分析手法によって異なるので、一概には言えない。ただし、おおよその目安は先行研究によって示されているはずである。

　決定係数とは、分析者が想定する複数のモデルのうち、被説明変数の変動を最も多く説明するという基準からみて「最適」なモデルを示す有用な値である。モデルと現実との距離を示す値とも言えよう。たとえリアリティや説得力がある魅力的なモデルであっても、決定係数が低い場合、そのモデルは現実を適切に説明しているとは言いがたい。もっとも、決定係数が高くとも、説明変数と被説明変数の内容（概念）が似ている場合、その分析結果は既存の社会学の知識に何か新しい知見を加えたと言えるのか疑わしい。さらに言えば、決定係数の比較はあくまで分析者が想定し、分析をしたモデルについてのみ可能である。つまり、想定・分析しなかったモデルのなかに、より決定係数が大きい適切なモデルがありえる。

　また、モデルの「良さ」を決定係数のみで判断することは充分ではない。というのも、決定係数はモデル「全体」（言い換えれば、被説明変数と説明変数、説明変数と説明変数との組み合わせ）についての評価であるからだ。モデルのなかの個々の要因（説明変数）が果たす役割を理解するには、係数の有意性検定、係数の符号の正負、係数の大きさ、あるいは多重共線性を診断する数値なども欠かせない。さらに、これらの統計学的な観点に加え、分析結果の理論的貢献の可能性など多面的な角度からモデルを判断する必要がある。決定係数の有効性と限界を踏まえつつ分析を行うことが望ましい。

【今後の学習のための文献案内】

- Bohrnstedt, G. W., and D. Knoke, 1988, *Statistics for Social Data Analysis* (2nd ed.), F. E. Peacock.（＝1990, 海野道郎・中村隆監訳『社会統計学』ハーベスト社.）
　　決定係数の有意性検定、説明変数の追加による決定係数の増加の有意性検定について記述がある。

- 蓑谷千凰彦, 1992,『計量経済学の新しい展開』多賀出版.
　　多重共線性の診断、リッジ回帰について詳しい。また、本章では触れなかった回帰診断（複数の観点からモデルの妥当性を検討し、モデルを改善する一連の手続き）について豊富な実例を交えて解説している。

・Maddla, G. S., 1992, *Introduction to Econometrics* 2nd ed., Prentice-Hall.（＝1996，和合肇訳『計量経済分析の方法』シーエーピー出版.）
　ロジット分析などで擬似決定係数が用いられる理由を詳しく解説している．多重共線性については，1章を割いて解説をしている．

4-2 教育と不平等

モデルの当てはめの良さを測る：適合度指標

中原洪二郎

4-2-1 教育と不平等：コールマン・レポート

　多民族社会において、学校教育に期待される役割とは何だろうか。1960年代のアメリカ社会では、人種的・民族的不平等の解決が急務であり、学校教育はその役割の一端を担うものであった。少なくとも、学校教育にはそのような役割を果たすことが期待されていた。しかし1966年、J. S. コールマンを中心とする調査プロジェクト・チームは、その期待を打ち砕くような結論を伴う調査レポート（Coleman et al. 1966）を発表し、学校教育に関する一大論争を巻き起こしたのである。コールマンらは、アメリカの公立学校に通学する1年生、3年生、6年生、9年生、12年生の生徒たち、教師、校長など約60万人を対象者とする調査を実施し、家庭環境や学校環境が生徒の学力成績にどのような影響を与えているのかを明らかにしようとした。相関係数や重回帰分析、分布比較などを駆使したその分析結果は、次のようなものであった。まず、白人に比べて黒人生徒の成績はふるわなかった。さらに学校毎の人種的偏りがはっきりしていた。つまり、白人は白人多数の、黒人は黒人多数の学校に通う傾向があった。この段階で、白人と黒人の成績の差は学校環境の違い、つまり設備やカリキュラムの充実度などによって影響されているかもしれない、と考えるのはごく自然なことであろう。しかし、コールマンらによる分析は、その仮説を否定したのである。彼らは、黒人の生徒と白人の生徒の学校環境には相違がみられず、学校環境は生徒の学力成績にほとんど影響を与えていないこと、さらには生徒の学力成績に決定的な影響を与えていたのは家庭環境であり、経済状況や両親の学歴、きょうだいの人数などの影響が大きいことを明らかにしたのである。すなわち、コールマン・レポートの結論は「人種・民族的不平等を解消するの

に、現在の学校システムは役にたっていない」というものだったのである。

4-2-2　コールマンの分析とモイニハンらの再分析

このレポートを受けて、D. P. モイニハンらはレポート再検討のためのセミナーを発足させ、多くの研究者が再分析に取り組んだ（Mosteller and Moynihan 1972）。ここでは、M. S. スミスが行った再分析における重回帰モデルを紹介しよう（Smith 1972）。まず、説明されるべき概念は「学力成績」、これを説明する概念は「客観的および主観的家庭環境」「生徒環境」「学校設備とカリキュラム」「教員の質」「学校の人種構成」である。「学力成績」は「言語試験の成績」で、その他の概念は複数の測定変数で観測されている（表4-2-1）[1]。再分析の結果は、コールマンが導出した結論を明確に否定するものではなかった。

このモデルは、5つの概念で1つの概念を説明しようとしているが、概念間に因果関係は想定できるだろうか。また、6つの概念を35個の測定変数で操作化しているが、理論的・統計学的にみて、それらの測定変数はそれぞれの概念

表4-2-1　学力成績を説明する重回帰モデルで用いられた変数

概念	操作化された変数（観測変数）
学力成績	言語試験の成績
客観的家庭環境	都市化の状況、両親の学歴、生徒と保護者との血縁的距離、きょうだいの人数、テレビ・電話などの所有財有無、辞書・事典・新聞の所有と購読、
主観的家庭環境	生徒と両親の教育に関するコミュニケーション程度、両親からの教育期待認知
生徒環境	百科事典を所有している生徒の比率、転校・編入した生徒の比率、学校全体での出席状況、大学進学率、宿題にあてる平均時間、教師からみた生徒の質
学校設備とカリキュラム	生徒一人あたりの予算、生徒一人あたりの図書数、実験設備の保有状況、課外活動の充実度、進度の速いカリキュラム有無、多彩なカリキュラムの有無、能力別学級の編成状況、能力別学級間の移動状況、学校規模、学校のある地域の特質と都市規模、カウンセラーの人数、進度の遅い生徒の扱い（転校-進級-留年）
教員の質	教員に対する言語試験の平均成績、教員の平均学歴、教員の母親の平均学歴、教員が教えたいと思う生徒の種別、教員の経験年数、教員の地元出身度、教員の人種
学校の人種構成	白人生徒の比率

出所：Smith（1972）より抜粋

---

[1] 学年によっては測定されていない変数があるが、ここでは網羅的に示した。

4 もっともふさわしいモデルをえらぶ

を測定するのに適切なものとなっているだろうか。そこで、それらのことを確認するために、スミスの重回帰モデルを、SEM（構造方程式モデル）を使って再構成し、適合度指標を参照しながら、コールマンらの得た知見に挑戦してみよう。

4-2-3 「適合度指標」とは何か

適合度指標とは、「モデル全体がどれだけデータをうまく説明できているか」を測る物差しといえる。ここでは代表的な適合度指標として、GFI、AGFI、RMSEA の3つを取り上げたい。GFI はずばり、適合度指標（Goodness of Fit Index）の頭文字を採ったもので、最もよく使われる指標の1つである。これは、「モデルが共分散行列をどれぐらい説明できているか」ということを意味している。GFI の値は0から1までの値をとり、値が大きいほど、モデルの説明力が高い。どれだけ大きければ十分か、という点については定まった基準があるわけではないが、一般的には0.9を下回る場合、そのモデルを採用すべきではないだろう。ただし GFI が0.9に満たないからといって、常にモデルとして不適切であるとはいえないのも事実である。その理由は2つある。まず第1に、モデルとしてどれだけ有意義な知見を与えてくれるか、ということである。研究者＝分析者にとって最も重要なことは、モデルの説明力をあげることではなく、そのモデルで何を説明するか、ということなので、機械的に0.9で切り捨てることに積極的な意味はないと思われる。第2に、GFI はモデルの自由度が高くなると、その値を小さくする性質があるため、観測変数が非常に多いモデルでは、高い値をとりにくくなってしまう。豊田（1998b：174）は GFI＞0.9という基準を採用するかどうかの留意点を簡潔にまとめているが、本章ではその中で特に次の2点を強調しておきたい。第1に、観測変数をできるだけ30個以内に収めるということ、第2に、観測変数が必然的に30個を超えてしまうような場合には、GFI＞0.9という基準そのものを使わないということ、である。

GFI とペアで用いるとよい指標に、AGFI（Adjusted Goodness of Fit Index）がある。これは、上述の自由度に関して GFI を修正（adjust）したものである。GFI には、理論的には何の意味がなくても、モデルのパスを増やすなどして自由度を下げさえすれば改善するという性質があるが、AGFI は、自由度を下

げるだけでは値が改善しないように設計されている。それでは、最初から AGFI だけを用いればよいように思えるかもしれないが、GFI と AGFI はペアで使うことでその真価を発揮する。AGFI は定義上、常に GFI 以下の値をとるが、その値の差に重要な意味がある。たとえば、GFI＝0.97、AGFI＝0.92というモデル A と、GFI＝0.97、AGFI＝0.83というモデル B の 2 つがあったと仮定しよう。共に GFI は十分に高いが、モデル B は GFI と AGFI の差がかなり大きい。これは、モデル B には「自由度を下げることによって、GFI が高くなっている」という問題点があることを示唆しているのである。

　3つ目の指標として、RMSEA（Root Mean Square Error of Approximation）を取り上げよう。RMSEA は、「モデルによって得られた観測変数の分布と、データの分布の距離」に着目した指標である。経験的には0.05より小さければよく、0.1以上なら問題があると見なされることが多いようである。推定法が最尤法によらない場合（最小二乗法など）は計算することができないが、最尤法を用いた場合にはぜひ利用してもらいたい指標である。

4-2-4　SEMによる再分析

　いよいよ、SEM と適合度指標を用いたコールマン・レポートの再分析に入る。データは、コールマン（Coleman et al. 1966）に掲載されている、60変数の平均値、標準偏差、相関係数表の中から、アフリカン・アメリカン生徒全員を対象としたものを用いる。対象者数は316,915人である。なお各変数の多くは直接に測定された尺度のままではなく、複数項目の加算など、何らかの手が加えられているものがほとんどである。データの問題点については、最後で改めて触れることにする。以下、ここでとりあげるすべてのモデルにおいて、想定されているすべてのパスが5％水準で有意である。また、紙面の関係から構造モデルのみを図示するが、論文における望ましい SEM 分析結果の表示については、2-9を参照されたい。

　まずは、前述のスミスによるモデルを、そのまま SEM に再構成してみよう。「客観的および主観的家庭環境」「生徒環境」「学校設備とカリキュラム」「教員の質」「学校の人種構成」という5つの概念＝潜在変数を用いて、「学力成績」という概念＝潜在変数を説明するというモデルである。スミスのモデル（A-0）では重回帰分析ということもあって「学力成績」として「言語試験の成績」の

4 もっともふさわしいモデルをえらぶ

みが採用されているが、ここでは「言語試験」「非言語試験」「読解試験」「数学試験」の 4 つを観測変数として採用する。結果は、GFI＝0.76、AGFI＝0.72、RMSEA＝0.100 と、適合度指標はかなり悪い値を示した。そもそも概念とその観測変数が SEM を想定して構成されているわけではないので、まずは観測モデルを再構築するところから始めよう[2]。

「客観的および主観的家庭環境」は、階層的な特徴がはっきりする変数でモデリングし、あらたに「家庭環境」としてまとめる。「両親学歴」「所有財（テレビや電話など）のバリエーション」「辞書、事典の所有、新聞の購読」を観測変数として採用しよう。「生徒環境」については、他の概念と因果的に前後する変数を含んでいるなど、概念としての一貫性に乏しいため、独立した潜在変数としては採用しない。「学校設備とカリキュラム」については、設備とカリキュラムの充実度をとらえたモデリングを行う。「生徒一人あたりの支出」「生徒一人あたりの図書数」「実験設備の保有状況」「課外活動の充実度」「進度の速いカリキュラム有無」「多彩なカリキュラムの有無」「能力別学級編成」「カウンセラーの数」を観測変数として採用しよう。「教員の質」については、「教員に対する言語試験の成績」「教員の学歴」「教員の経験年数」を観測変数として採用する。「学校の人種構成」については、アフリカン・アメリカン生徒全体の約 70％が、アフリカン・アメリカン生徒が学校の生徒数全体に占める比率が 90％以上の学校に通学しているという事実に照らして、人種構成を云々するデータとしては不十分と判断し、分析から除外することにした。また、「家庭環境」「学校設備とカリキュラム」「教員の質」の間に、相関関係を仮定した（再構成モデル A-1、図4-2-1）。

結果は GFI＝0.91、AGFI＝0.89、RMSEA＝0.081 と、かなり改善したが、因果モデルの係数を確認してみると、「学校設備とカリキュラム」が「学力成績」に対してマイナスになっており、さらに「学校設備とカリキュラム」「教員の質」の相関係数が 0.92 と、非常に高くなっている。そこで、「学校設備とカリキュラム」「教員の質」を、「学校教育」として一つの潜在変数に合併することにした（再構成モデル A-2、図4-2-2）。

結果は GFI＝0.91、AGFI＝0.88、RMSEA＝0.082 と、わずかに悪化して

---

[2] 測定変数の詳細については、コールマン（Coleman 1967）およびスミス（Smith 1972）を参照のこと。

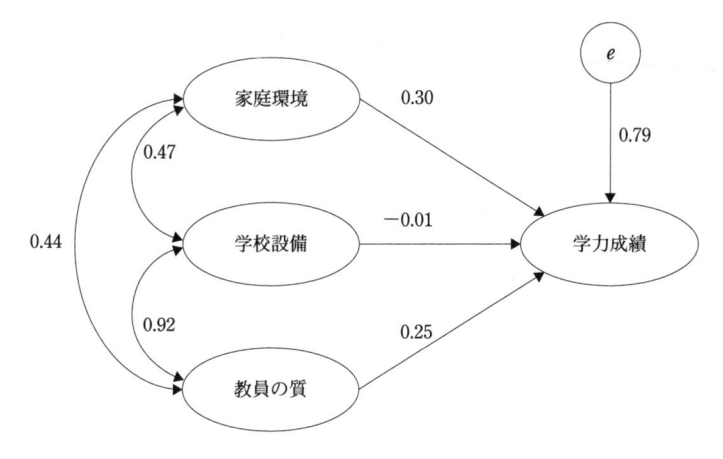

図4-2-1　再構成モデル A-1

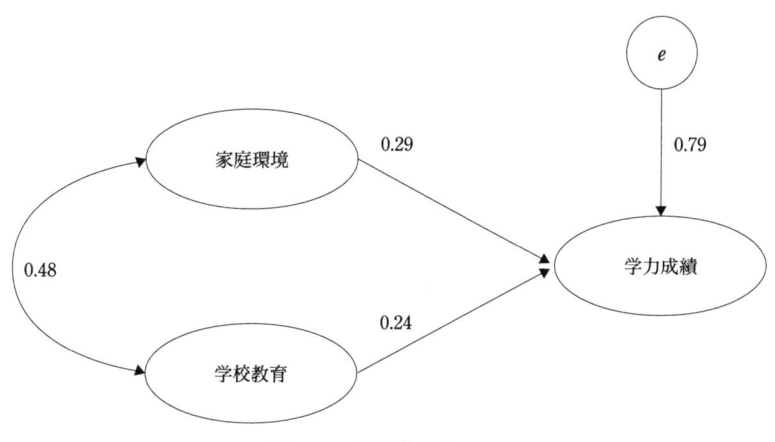

図4-2-2　再構成モデル A-2

しまったが、生徒の学業成績に影響しているのが、家庭の階層的状況か、学校教育の充実度か、という、そもそものテーマについてより分かりやすいモデルになった。確かに、家庭環境が学校教育よりもやや強い影響力を持っているようではあるが、両者の間にそれほど大きな差は認められない。

　ここで、新しい潜在変数「生徒の意欲」を導入したい。観測変数として、「宿題に費やす時間」「両親からの教育期待認知」「生徒と両親の教育に関する

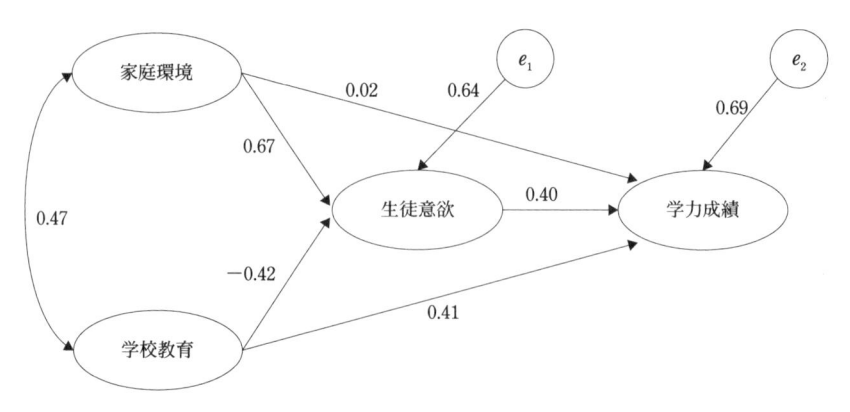

4 もっともふさわしいモデルをえらぶ

図4-2-3 再構成モデル B-1

コミュニケーション程度」「自己能力評価」「学校や読書への関心度」を採用する。これらの観測変数の一部は、スミスのモデルでは「主観的家庭環境」に分類されていたものであるが、この修正モデルでは「家庭環境」を特に階層的特徴を表す潜在変数として再構成したため、モデルから漏れていた。潜在変数間の因果関係は図4-2-3のように想定した。

結果は、GFI＝0.90、AGFI＝0.88、RMSEA＝0.073となった。適合度指標を総合的にみると、モデル A-2に比べて若干改善していると言ってよいだろう。

この分析結果から読み取れることは次のような事柄である。「家庭環境」と「学校教育」を比較すると、「学力成績」に対して直接の影響力を持っているのは、「学校教育」であり、「家庭環境」は、「生徒の意欲」を媒介することで「学力成績」に影響を与えている。この結果は、モデルの適合度がやや低いという問題はあるものの、少なくともアフリカン・アメリカンの全生徒については、コールマンらの知見を基本的に否定するものである。

とはいえ、GFI はぎりぎり0.9であり、RMSEA は0.1よりは小さいものの、0.05よりはかなり高い値になってしまっている。このモデルは捨て去るべきだろうか。それとも、さらなる改善を図るべきであろうか。

4-2-5　適合度指標と知見の重要性

　単にモデル B-1 の適合度を改善したいと思うならば、それは簡単である。観測変数の誤差共分散を、いくつか指定してやるだけでよい。実際、モデル B-1 の適合度指標はそれだけで劇的に改善される。しかし、誤差共分散の指定を行うためには、そうする必然性がなければならないし、必然性がある場合には、最初からモデルに組み込まれているべきである。事後的な誤差共分散の指定は、かえって正当なモデルの評価を損ねる。

　では、他にどのような方法によって適合度の改善を図ることができるであろうか。今回用いたデータは、そもそも SEM を念頭に測定されたものではなく、また分析に用いた各変数の尺度化の方法にも問題があるので、必ずしも以下の方法論をすべて適用できるわけではないが、一般論としては次のような方法が考えられるだろう。

　第1に、観測モデルの修正を検討すべきである。用いられている観測変数の観測尺度と変数間の相関の強さなどによっては、別々の観測変数として用いられているものを加算得点化するなどしたほうが、よい適合度を得られる場合もある。ただし、今回のデータは、多くの変数について、すでにいくつかの項目を加算などによって得点化しているため、一層慎重に検討すべきだろう。

　第2に、分析の層化が考えられる。今回の分析では、アフリカン・アメリカン生徒すべてのデータを一括して用いているが、コールマンらの分析では、北部と南部といった地域による層化が重視されていた。また、学年による層化もおそらくは適合度の改善に結びつくだろう。というのも、まず理論的に言って、そもそも学校教育におけるカリキュラムの意味合いというものは初等教育と中等教育では異なるものであるだろうし、家庭環境の持つ意味合いも、子供の発達段階に応じて相違していると考えられるからである。調査における技術的な問題もある。今回用いたデータは前述のように素データではなく、コールマン・レポートに掲載されている60変数の平均、標準偏差、相関行列であるが、実はその中に、学年によっては測定されていない変数が含まれている上に、測定されているとしても質問文など測定方法が異なっているものもある。そういう意味でも学年による層化は適合度の改善に結びつき、また新たに重要な知見を与えてくれる可能性が高い。

4　もっともふさわしいモデルをえらぶ

　逆に、やるべきでないことは、次のようなことであろう。先に述べたとおり、誤差変数間の共分散の設定は、きわめて慎重に行われなければならない。またすでに目的を達成するために必要かつ十分な潜在変数でモデルが構成されており、それぞれの潜在変数を観測するために必然的な観測変数がすでに採用されているのであれば、適合度指標を改善するために安易に観測変数を出し入れしたり、無理矢理に新しい潜在変数を追加したりすべきではない。

　さて、では再構成モデルB-1については、どうしたものだろうか。GFI＝0.90、AGFI＝0.88、RMSEA＝0.073という指標に対する評価、データの諸問題、コールマンらの知見に挑戦するという目的、などについて評価のバランスを考慮した上でこのモデルを採用し、「コールマンらの得た知見とは異なる側面が存在する可能性」について控えめな主張を行う、というのがよいのではないだろうか。いずれにしても、適合度指標の改善は、あくまで手段であって、目的ではない。そのことを特に強調しておきたい。

【今後の学習のための文献案内】

・豊田秀樹，1998，『共分散構造分析：構造方程式モデリング［入門編］』朝倉書店．
　第10章「モデルの評価」で，いくつかの有用な適合度指標についてわかりやすく解説されている．適合度指標の解釈に迷ったらぜひ一読を．

・Bollen, K. A. and J. Scott Longeds, 1993, *Testing Structural Equation Models,* Sage.
　モデルの「良さ」について，一歩踏み込んだ理解を求める読者にぜひ目を通していただきたい一冊．タイトルに偽り無し．

4-3 福祉国家の形成と産業化
より効率的なモデルを選ぶ：*AIC*

中原洪二郎

4-3-1　経済的豊かさと福祉国家

　「福祉国家」とは、どのように形成されるのだろうか。富永健一は、「自国の個別的な歴史的事実をただアドホックにあげてきたやり方」を批判し、社会学的分析としてより「一般化的説明」を目指した（富永 1988：87-125）。富永は、かつての農業社会段階において社会システムの機能的要件であった「家」と「村落共同体」は、近代化と産業化によって分離され、近代産業社会は「核家族」「組織」「市場」という3つの基本的要素に、「地域社会」と「国家」を加えたものによって構成されている、と考える。この構造変動によって、家族や親族といった基礎集団と地域社会の共同体機能は縮小・解体し、かつて「家」と「村落共同体」によって守られていた個人は、様々な危機に直面するようになった。そして、産業化に伴う普遍的事実である年齢構造の高齢化という事実と相まって、制度としての社会保障ないし福祉国家の実現が要請されるようになる。このプロセスは近代産業社会に共通しており、福祉国家形成についての普遍化的説明は、近代化・産業化・社会変動の研究の一環として位置づけられるべきだと考えた。

　そこで富永は、社会保障支出水準を説明する因果モデルを構築し、27ヶ国のマクロデータを用いたパス解析によってこれを検討した。最終的には「一人あたりGDP」「非農人口比」「65歳以上人口比」「単身世帯比率」「一人あたり社会保障給付額」「年金支出対GDP比」の6変数によって構成された因果モデルによって、一人あたりGDPの成長と第2次、第3次産業従事者の増加が高齢化社会を生み出すという因果関係を示し、さらに、一人あたりGDPの成長が社会保障給付費をダイレクトに押し上げる効果を持っていると同時に、高齢

化による福祉国家化の要請による社会保障給付費の押し上げもうかがえると結論づけた。

ここでは富永の福祉国家形成モデルを再分析し、情報量基準によってさらなるモデルの改善か可能かどうかを検討してみることにしよう。

4-3-2 「情報量基準」とは何か

富永の研究の再検討に入る前に、まず「情報量基準」について説明しよう。情報量基準を一言で言うならば、それは「モデルの説明力と冗長性のバランスをみる指標」である。何でも構わない、任意の現象を少しでも説明できそうな要因を可能な限りリストアップしてみよう。データ収集などの制約が一切無いなら、そのリストは信じがたいほど膨大なものになるに違いない。そしてそれらの要因は、それぞれがごくわずかであっても現象を説明できるのであるから、モデルの「説明力」を高める上では一定の意味を持つ。しかし、たった一つの現象を説明するために、森羅万象を用いることに何の意味があるだろうか。できるだけ少ない変数で、できるだけ有効な説明を行う、その判断を助けてくれるのが、「情報量基準」である。

情報量基準は、シンプルなモデルを構築する手助けをしてくれる、というその性質から、複数のモデルからより効率的なモデルを選択する、という手助けもしてくれる。理論的に候補となりうる複数のモデルがあったとき、そしてそのモデルのいずれもが統計的に見て有意である、と見なされる場合、情報量基準を比較することによって、最も効率的なモデルを示すことができるのである。

代表的な情報量基準である赤池情報量基準（AIC；Akaike Information Criterion）は、次のような数式で定義される[1]。

$$AIC = -2MLL + 2df$$

ここで MLL は「最大対数尤度」、つまりモデルの当てはまりの良さを、df はモデルの自由度、つまりパラメータの数を意味しており、AIC の値は小さい方がよい。仮に2つのモデルがあり、共に第1項の値が同じくらい、つまり

---

[1] ここで用いている AMOS など統計パッケージでの AIC は異なる数式で定義されているが、値の小さい方がよいという性質そのものはどれも同じである。

モデルの当てはまりの良さが同じくらいであれば、パラメータの少ないモデルが良いモデルであるということになる。

4-3-3　富永モデルの再検討

では AIC を用いて、富永モデルを再検討してみることにしよう。まず富永は「一人あたり GDP」「非農人口比」「都市人口比」を独立変数、「65歳以上人口比」「制度経過年数」「単身世帯比率」「平均世帯規模」を媒介変数、「一人あたり社会保障給付額」「年金支出対 GDP 比」を従属変数とするパス解析モデルを想定した。しかし、「65歳以上人口比」と「制度経過年数」の相関係数が0.881、「単身世帯比率」と「平均世帯規模」の相関係数が-0.976と非常に高く、このまま分析を行うと多重共線性が発生するため、65歳以上人口比と制度経過年数のいずれか、単身世帯比率と平均世帯規模のいずれか1変数ずつを採用することにし、65歳以上人口比と単身世帯比率を採用した。次に一人あたりGDP、非農人口比、都市人口比、65歳以上人口比、単身世帯比率、一人あたり社会保障給付額、年金支出対 GDP 比の7変数を用いたモデルの分析結果から、富永はさらに独立変数「都市人口比」について「全然説明力をもたない」ので、「モデルから都市人口比を除去した方が、モデルとしての有効性が高い」と判断し、これを除外した。

1970年のデータを富永の6変数モデルに従って分析した結果が図4-3-1である[2]。実線で示されたパスはいずれも5％水準で有意になったもの、点線で示されたパスは有意にならなかったものである。

このモデルは飽和モデルであり、AIC の値は42.000であった。そこでこのモデルの因果関係を活かす形で、まずは機械的に AIC を最小化するモデルを探索してみることにする。採用するパスを一つ一つ検討したところ、AIC が最小になるモデルは図4-3-2となり、その AIC の値は34.433だった。結果的に図4-3-1のモデルから、有意でないパスのほとんどを削除した物が AIC 最小モデルとなったが、これをもってして「図4-3-2のモデルが図4-3-1のモデルより優れている」と言えるだろうか。

結論から言うと、そういうことは言えない。確かに AIC は「最も効率のよ

---

[2] AMOS 5.0 による再分析結果。富永（1988：119）の結果とは若干異なっている。

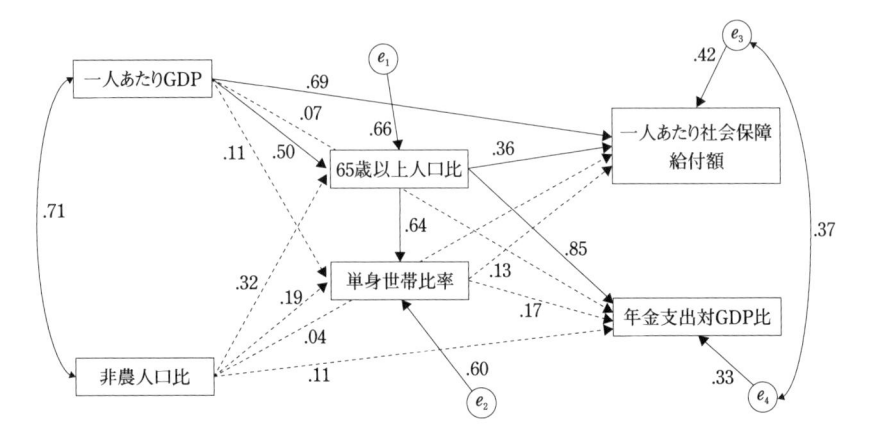

4　もっともふさわしいモデルをえらぶ

図4-3-1　富永の福祉国家形成モデル（1970年データ 6 変数モデル）

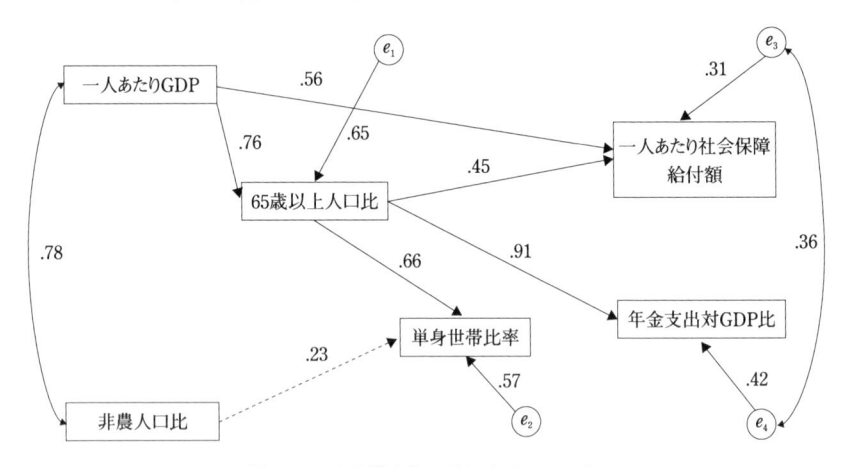

図4-3-2　*AIC* 最小化モデル（AIC＝34.433）

いと思われるモデル」を示唆してくれるが、それは「モデルとして優れている」こととは別問題である。パス解析を用いる初学者がときおりやってしまう誤りとして、まず飽和モデルを分析し、次に有意にならなかったパスをすべて削除して再分析し、その結果だけを示す、ということがある。しかし「いかにパスを引くか」ということはモデルの根幹に関わる問題であって、常に理論的な裏付けを意識すべきである。*AIC* についても同様で、「*AIC* を最小化する」ことを目的とすべきではない。例えば図4-3-2の *AIC* 最小化モデルでは、「単

身世帯比率」を始点とするパスがどこへも引かれていないが、だとすれば福祉国家形成を説明するモデルにこの変数を残しておく理由はどこにあるだろうか。「単身世帯比率」から「一人あたり社会保障給付額」「年金支出対 GDP 比」へのパスが引かれていてこそ、理論的にモデルとしての意味が生まれるはずである。その上でパスの有意性、つまり単身世帯比率の社会保障給付額と年金支出対 GDP 比への影響が検討されるべきである。これと同様に、富永は「都市人口比」を「説明力」を理由にモデルから除外しているが、本来は理論的に必要な変数であれば残しておくべきであり、そうでなければ除外する、とすべきであろう。説明力を理由にするならば、「単身世帯比率」についてもモデルから除外することになってしまう。

 AIC をモデル選択の指標として用いる場合も同様で、「説明力を高める」ことを目的に使用すべきではない。あくまで可能な複数の理論的に根拠のあるモデルを比較するために用いるべきである。

 ただ、ここでの AIC 最小化モデルのような「効率のよい」モデルを参考にして、モデルそのものを組み直すことはできるだろう。富永のモデルでは村落共同体解体の象徴としての「非農人口比」や家解体の象徴としての「単身世帯比率」が結果として十分な役割を演じていないようにも思える。「AIC を最小化すること」を目的とすべきではないが、この AIC 最小化モデルがモデルとして「最も効率がよい」ことは確かなので、次に AIC 最小化モデルで引かれているパスを参考にしつつ、変数そのものの位置関係、つまりモデルとしての因果関係を修正してみることにしよう。

4-3-4　修正モデルの提案

 まず、「65歳以上人口比」に着目してみる。富永のモデルでは、「一人あたりGDP」「非農人口比」が因果的に高齢化に先行するようになっているが、試みに高齢化、すなわち「65歳以上人口比」をモデルの「起点」にして、富永モデルを修正してみることにしよう。

 富永モデルとの相違は、産業化と高齢化の因果的関係をどのように想定するか、ということにある。確かに産業化を原因として高齢化が進むという因果的関係は妥当なものであるが、ある程度高齢化の進んだ社会においてはその社会を維持するため、縮小する労働力をより効率的に生産に変換し、より高い利益

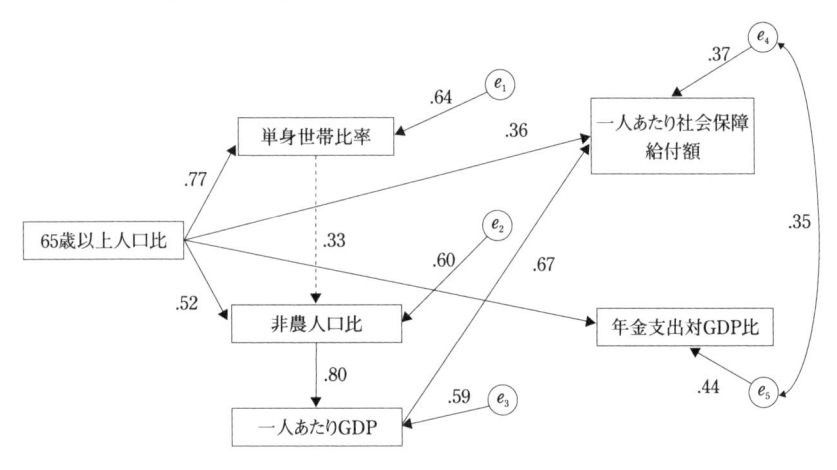

4 もっともふさわしいモデルをえらぶ

図4-3-3 修正モデル (AIC＝35.586)

を生み出す産業構造によって多くの高齢人口を支えていかなければならなくなる、という「高齢化から産業化へ」という因果的関係も想定できるのではないだろうか。ここではそのような仮説に基づき、モデル修正を試みた。

　社会の高齢化は長寿と少子の結果として生じる。高齢化が進めば、産業化をより一層に進めざるを得ない。そうしなければ、社会そのものを維持できなくなってしまうからである。さらに高齢化の進行によって、福祉社会の形成が求められ、産業化の進行と相まって、社会保障の手厚さも増していく。そして福祉社会の形成は高齢化をさらに促し、モデルの始点である「65歳以上人口比」に立ち戻って、さらなる福祉社会の形成が促される。

　高齢化が進んでいることと世帯の単身化が進んでいることは、「家の解体」という文脈において因果関係を想定することができる。逆に、高齢化が進んでいても「家の解体」が生じていなければ、単身化が進んでいることはない。

　産業化の指標である「非農人口比」「一人あたりGDP」と高齢化・単身化の関係について考えてみよう。高齢化と単身化が進み、かつ「村落共同体の解体」が生じている国では、農業経営は困難であり、農業以外の産業に従事する人々が多いだろう。もし「村落共同体の解体」が生じていなければ、高齢化や単身化によって生じる農業経営の困難性をある程度は村落共同体が吸収できているはずである。相対的に生産効率の高い、農業以外の産業に従事する人々が多い国では、国民一人あたりのGDPは高いだろう。そして高いGDPで財政

的に余裕があれば、社会保障給付金の額を高齢者の数に見合うだけ支払うことが可能だろう。高齢者が多い国では、年金の支払いは財政支出の多くを占めているだろう[3]。

以上のような因果的推測に基づいて構築したモデルの分析結果が図4-3-3である。これまでと同様に、モデル中の実線は5％水準で有意なパスを、点線は有意にならなかったパスである。修正モデルの AIC は35.586であり、飽和モデルの42.000と比較するとかなり小さくなっている。この修正モデルをこれ以上修正しても AIC は1以上改善しないので、高齢化を起点とした因果推測を前提としたこのモデルを採択することは、AIC の値という点から見て妥当であるといえる。

修正モデルは富永モデルと比較して変数の位置関係が多少変わっているのみであり、変数間の関係の強さが大きく変化するわけではない。したがって単身世帯比率から非農人口比への影響はやはり有意にはならなかった。つまり、高齢者の多い国は単身者も多くなり、また農業以外の産業に従事する人も多くなっているが、単身者が多いからといって非農産業への従事者が多くなっているわけではない、ということである。仮に、27カ国の間に高齢化と産業化の程度に相違があり、産業化によって農業従事者が減少し、また高齢化と産業化がどの社会にとっても普遍的命題であるとするならば、この結果は「単身化の進んだ国では村落共同体の解体が生じていない」か、あるいは「村落共同体の解体は生じているが、単身化によるコストの増加は機械化など産業化そのものによって吸収されている」と考えることができるだろう。

AIC 最小化モデル（図4-3-2）と修正モデル（図4-3-3）の AIC の差は1以内に収まっており、経験的にこれらのモデルの「効率性」、つまりできるだけシンプルなモデルでより説明力を高める、という観点に立てば、両者の間に明確な差はない。しかし「妥当性」という観点に立てば、話は変わってくる。AIC によって、同じぐらい「効率的だ」ということになっても、同じぐらい「妥当だ」ということにはならない。産業化が高齢化に先行するというプロセスが理論的に妥当であることはこれまで多くの研究によって検証されてきた。

---

[3] これらの因果的推測が正しいとして、いくら高齢者が増加しても「福祉国家」は安泰だ、ということにはならない。このモデルは1960年当時における27カ国の状況の違いを静的にモデル化したものであって、時間的な変化を想定したものではないからである。

しかし本論で「修正モデル」として示した高齢化が産業化に先行するというモデルは理論的にどの程度「妥当」と言えるだろうか。どちらのモデルがより福祉国家形成をうまく説明できているかということは、研究者自身の判断にまかされるところである。

4-3-5 「情報量基準」を用いる目的

　最後に富永の研究を少し離れて、大規模モデルにおける説明変数の選択について少し考えてみよう。重回帰分析に代表される線形モデルはその性質上、独立変数が増えることによってモデルの「説明力」は高まる。そのため、説明力を上げることを考えるあまり、多くの変数を盛り込んでしまいがちになるが、モデルとしての「有効性」はむしろ、いかに少数の独立変数で説明できるか、というところにある。そこで情報量基準を用いて独立変数を選択する、という方法があるが、AIC による変数選択はあくまで参考程度にとどめるべきだろう。前述の通り AIC が最小になるモデルが常に「優れている」とは限らないからである。社会学的研究において最も重要なのは、理論的に意味のあるモデルを選択することである。ある変数がモデルにおいて有効な説明力を持たないことを示すために、あえてその変数をモデルに残しておくことが重要な場合もある。理論的に構築されたモデルを、分析の結果のみによって安易に操作することも望ましくない。最終的な判断は常に研究者にゆだねられている、ということを自覚して用いるならば、AIC は有用な指標である。

【今後の学習のための文献案内】

・鈴木義一郎, 1991,『先をよむ統計学「情報量基準」とは何か』講談社.
　豊富な事例と読み進めやすい構成で, 初学者におすすめの一冊.

・坂元慶行・石黒真木夫・北川源四郎, 1983,『情報量統計学』共立出版.
　方法論として AIC などに関する理解を数学的にきっちりこつこつ深めたい読者へはこちらをお奨めする.

付録
計量社会学の論文を提出するまえに

> チェックリスト

計量論文を書き終えたら

安田 雪

　計量分析を用いた論文は、ともすれば「調査して分布を見たら、こうでした」「集計結果はこうなりました」に陥りがちである。書き手がちょっとでも油断すると、調査や実験結果を無機的に提示するだけの退屈な論文ができあがってしまうのだ。そういう論文に出会うと、学術雑誌であれ専門書であれ、執筆経験が少ない研究者なのだろうかとか、およそ本人の興味からははずれている材料を扱っているのだろうかといぶかしく思い、がっかりする。

　だが、同情の余地がないわけではない。計量的な分析の経緯と結果を論文に書きおろしていく、それまでの長いプロセスで、研究者は相当消耗してしまうからだ。

　無理もない。調査や実験の企画と実施、データの入力やクリーニング、適切な手法の選定と、延々と続くデータとの格闘、モデルや仮説の見直し、分析手法の選定しなおし……。最初の関心や興味が、一つの論文として結晶するまでには長い時間と大変なエネルギーが必要である。経験を重ねるうちに、効率的にスピーディに論文が書けるというものでもない。

　扱う理論や手法、対象の複雑によっては、それこそ無限にも思える時間とエネルギーを投入する覚悟が必要になる。データを扱いながら、もしかしたら自分が行っている分析は何の新しい結果も生み出さないのではないかという恐怖にかられることもないとは言えない。深夜の夢に、データの行列や統計グラフがいくつも出てくることもあるかもしれない。山あり谷ありの長い過程である。だが、研究者ならば誰でも一度は経験があると思うが、こうした一連の暗い苦闘のさなかに、ふっと蠟燭に灯がともるような一瞬が来る。それが研究の頂点であり至福の瞬間である。

　そのように何らかの新しい発見に出会えたならば、その研究にはめどがたち、一気呵成に進むものだ。そしてようやく、データ、検定結果、妥当なモデル、

図表、理論とデータの整合性の確認資料などが手元に揃う。あとはこれらを元に論文を書くだけである。

ところが、ここで先の問題にぶつかる。この段階で研究者が疲れすぎていると、最初の興味や理論的な関心にたちもどって、論文を構成していく余裕が残らないのだ。この力不足が、「調べて見たらデータはこうでした」といった論文の生産に繋がる。だが、多数の、若く優れた研究者が精魂込めて書いてくださった本書には、この瑕疵をもつ論文はほとんどみられないのではないかと思っている。

ここでいう論文とは、学術論文だけを厳密に指すものではない。専門的な論文に限らず、学問的な関心に基づいて、研究の成果を数字や図表を含む文章によって論理的に書き表したものと思っていただければ良い。

論文を書く以前の、研究を最初に企画した時の、わくわくするような知的興奮や関心を思い出して欲しい。自分が本来、明らかにしようとした事実は何だったのか。データをとろう。計ってみよう。知りたい。その当初に自分が抱えた「偉大な疑問符」を、データと計算に埋もれるうちに見失ったとしたら、それは非常に残念なことだ。

論文を書き始めたばかりの新人であれ、百戦錬磨のはずの老大家であれ、一つの計量論文という作品を生み出すために味わう苦しみと喜びは何ら変わることはない。仮に前者と後者に違いがあるとしたら、それは何よりも、長い消耗戦の間にも当初の目的を完遂する力量を、経験が後者に与えたことだろう。学問はすべて先人の積み重ね、流れのなかで、それぞれ一定の言語規則をもって蓄積されている。現実社会にいきいきと存在する人々や組織の活動をとらえ、データとして収集し分析しながらも、先行研究からの理論の流れから離れることなく、自らの研究関心の位置どりを常に確かめつつ材料を整え、最後の仕上げとしての論文執筆へ向かっていって欲しい。

卒業論文や修士論文から始まり、学術雑誌への投稿論文、博士論文、そして研究者として独り立ちした後も書き続ける論文である。悩みながらかつ楽しみながら、良い書き手になっていって欲しい。また、良い書き手は必ず良い読み手であることを忘れてはならない。その逆は必ずしも真ではないが、良い論文を書くものは、必ず論文の良い読み手である。良い研究者には、論文の良い読み手と良い書き手の双方の資質が必要なのだろう。

本書の末尾として、「論文を書き上げた後」のチェックリストを記す。

チェックリスト

　計量論文を書き終えたら、以下の質問を一つずつチェックしてみて欲しい。もちろん論文にも種類がある。何らかの理論から導いた仮説検証を目的とした論文もあるだろう。複雑なデータから何らかの法則や規則を見いだそうとするデータマイニングを目的とした論文もあるだろう。できるだけ汎用性の高いチェックリストになるよう、一般的な確認事項にとどめたが、論文のスタイルによっては、該当しない質問もあるだろう。その点は、各自の判断に委ねよう。

*

　最後になるが、論文は、自らの名前とともに公開された後も、なお苦行し錬磨せよと教え、励ましてくれる。まさしく論文こそは厳しくかつ恥ずかしい知的遍歴の最高の伴侶である。

付録　計量社会学の論文を提出するまえに

その論文は大丈夫ですか

価値は？	
(1) この論文は面白いか。	☐
(2) この論文の最も重要な発見は何か。あなたはそれを一言で表現できるか。	☐
(3) 関連する先行研究と比べてみて、この論文に独自の点があるか。	☐
(4) それはデータ、理論、分析手法、検証結果のいずれか。あるいはこれらのうち複数か。	☐
位置づけは？	
(5) 関連する先行研究のレビューは、偏らず過不足なくなされているか。	☐
(6) この論文が、先行研究からの学問的な流れのなかでは、どのように位置づけられるのかが明記されているか。	☐
(7) 読み手を想定しているか。学術雑誌、紀要、報告書、専門書、入門書、教科書など、媒体を想定したうえで、構成、文章や図表に工夫がされているか。	☐
体裁は？	
(8) 語句や文章のトーンは、学術論文として適切なものか。差別用語や偏見などが含まれていないだろうか。	☐
(9) 学術雑誌に投稿する場合には、指定の投稿規定にそった、文章のフォーマット、分量、引用形式などが整っているか。	☐
(10) 図表には番号と内容を簡潔に伝える題がついているか。	☐
(11) 図表は、仮に本文中に説明がなかったとしても独立して意味内容がわかるように、凡例や軸ラベル、単位などに工夫がされた構成になっているか。	☐
(12) 参照文献リストは、参照された文献をもれなく含んでいるか。	☐
(13) 引用文については、元の著作者、文献情報、引用箇所が正しく明確に記されているか。	☐

	論の立て方は？	
(14)	理論や重要概念の定義は、トートロジーになっていないだろうか。	☐
(15)	仮説検証型の論文では、検証する仮説は反証可能な命題として提示されているか。	☐
(16)	仮説を提示する際に、可能な限り、考えられる限りの対立仮説を検討しているか。	☐
(17)	理論的な概念を扱う場合、そのデータは元の概念を正しく表しているか。また、適切に計量されているだろうか。	☐
(18)	計量された変数は、適切な手法で分析されているか。論文で用いた手法よりも、もっと適切な手法はないか。	☐
	発展は？	
(19)	この論文の限界あるいは短所を確認したか。	☐
(20)	この論文の知見をふまえて、残された将来的な課題は何か。	☐
	表記は？	
(21)	数字やアルファベットの全角・半角は統一されているか。	☐
(22)	外国語の人名やカタカナ用語は、統一した記述で揺れなく書かれているか。	☐
	倫理は？	
(23)	共著者がいる場合には、論文の著作権や著作者の順序など、それぞれの役割分担と権利の調整は終わっているか。	☐
(24)	データ提供者、調査回答者などの協力者のかたがたの個人情報の取り扱いと、事前の守秘義務契約などの遵守に問題はないだろうか。	☐
(25)	自分の名前・所属・連絡先など、編集作業に必要な情報を記してあるか。	☐

参考文献

Acker, J., 1973, "Women and Social Stratification: A Case of Intellectual Sexism," *American Journal of Sociology*, 78 (4): 936-45.
Adorno, T. W., et al., 1950, *The Authoritarian Personality*, New York: Harper and Brothers. (＝1980, 田中義久他訳『権威主義的パーソナリティ』青木書店.)
Agresti, A., 1996, *An Introduction to Categorical Data Analysis*, New York: John Wiley and Sons. (＝2003, 渡邉裕之他訳『カテゴリカルデータ解析入門』サイエンティスト社.)
赤川学, 2000,「女性の階層的地位はどのように決まるか?」盛山和夫編『日本の階層システム4 ジェンダー・市場・家族』東京大学出版会, 47-63.
Aldrich, J. H., and F. D. Nelson, 1984, *Linear Probability, Logit and Probit Models*, Newbury Park, CA: Sage.
Allison, P. D., 2002, *Missing Data*, Thousand Oaks, CA: Sage.
甘利俊一他, 2002,『多変量解析の展開』岩波書店.
Amemiya, T., 1981, "Qualitative Response Models: A survey," *Journal of Economic Literature,* 19: 1483-1536.
Anderberg, M. R., 1973, *Cluster Analysis for Applications*, New York: Academic Press. (＝1988, 西田英郎監訳『クラスター分析とその応用』内田老鶴圃.)
Arabie, P., J. D. Carroll, and W. S. DeSarbo, 1987, *Three-way Scaling and Clustering*, Newbury Park, CA: Sage. (＝1990, 岡太彬訓・今泉忠訳『3元データの分析 多次元尺度構成法とクラスター分析法』共立出版.)
Archer, D., and R. Gartner, 1984, *Violence and Crime in Cross-National Perspective*, New Haven: Yale University Press.
Asher, H. B., 1976, *Causal Modeling*, Beverly Hills, CA: Sage. (＝1980, 広瀬弘忠訳『因果分析法』朝倉書店.)
朝日新聞社編, 1999,『民力1999』朝日新聞出版局.
Atkinson, A. B., 1970, "On the Measurement of Inequality," *Journal of Economic Theory,* 2: 244-263.
Barton, A. H., and P. F. Lazarsfeld, 1961, "Some Functions of Qualitative Analysis in Social Research," S. M. Lipset and N. J. Smelser, eds., *Sociology*, Englewood Cliffs: Prentice-Hall, 95-122
Benzecri, J.-P., 1973, *L'Analyse des Donnees*, Paris: Dunod.
Berelson, B., 1952, *Content Analysis in Communication Research*, Glencoe: Free Press.
Blalock, H. M., eds., 1971, *Causal Models in the Social Sciences*, Newbury Park: Sage.

参考文献

Blau, J. R., and P. M. Blau, 1982, "The Cost of Inequality: Metropolitan Structure and Violent Crime," *American Sociological Review,* 7: 114-29.

Blau, P., and O. D. Duncan, 1967, *The American Occupational Structure*, New York: Wiley.

Bohrnstedt, G. W. and D. Knoke, 1988, *Statistics for Social Data Analysis*, 2nd ed., Itasca, IL: F. E. Peacock Publications.（＝1990, 海野道郎・中村隆監訳『社会統計学』ハーベスト社.）

Boissevain, J., 1974, *Friends of Friends: Networks, Manipulators and Coalitions*, Oxford: Blackwell.（＝1986, 岩上真珠・池岡義孝訳『友達の友達: ネットワーク, 操作者, コアリション』未来社.）

Bollen, K. A., and J. S. Long, eds., 1993, *Testing Structural Equation Models*, Newbury Park, CA: Sage.

Bourdieu, Pierre, 1979, *La Distinction: Critique Sociale du Judgement*, Paris: Minuit.（＝1990, 石井洋二郎訳『ディスタンクシオンⅠ, Ⅱ』藤原書店.）

Box, G. E. P., and G. M. Jenkins, 1976, *Time Series Analysis: Forecasting and Control* (Revised Edition), Holden-Day.

Bryk, A. S., et al., 1993, *Catholic Schools and the Common Good*, Cambridge: Harvard University Press.

Burt, R. S., 1982, *Toward a Structural Theory of Action: Network Models of Social Structure, Perception, and Action*, New York: Academic Press.

Cohen, L. E., and K. C. Land, 1987, "Age Structure and Crime: Symmetry versus Asymmetry and the Projection of Crime Rates through the 1990s," *American Sociological Review,* 52: 170-83.

Coleman, J. S., et al., 1966, *Equality of Educational Opportunity*, The U. S. Office of Education.

Coulter, P. B., 1989, *Measuring Inequality: A Methodological Handbook*, Boulder: Westview Press.

Coxon, A. P. M., and C. L. Jones, 1978, *The Images of Occupational Prestige*, New York: MacMillan.

Coxon, A. P. M., and C. L. Jones, 1979, *Class and Hierarchy: The Social Meaning of Occupations*, New York: MacMillan.

Cronbach, L. J., 1951, "Co-efficient Alpha and The Internal Structure of Tests," *Psychometrika*, 16 (3): 297-334.

Duncan, O. D., 1966, "Path Analysis: Sociological Examples," *American Journal of Sociology*, 72: 1-16.

Duncan, O. D., A. O. Haller, and A. Portes, 1968, "Pear Influence on Aspiration: A Reinterpretation," *American Journal of Sociology*, 74: 119-37.

Durkheim, E., 1895, Les regles de la methode sociologique, Paris: Presses Universitaires de France.（＝1978, 宮島喬訳『社会学的方法の規準』岩波書店.）

Durkheim, E., 1897, *Le suicide: Etudes de sociologie,* Paris: Presses universitaires de

France.（＝1985，宮島喬訳『自殺論』中央公論社.）
Erikson, R., 1984, "Social Class of Men, Women and Families," *Sociology*, 18 (2): 500-14.
Erikson, R., and J. H. Goldthorpe, 1992, *Constant Flux: A Study of Class Mobility in Industrial Societies*, Oxford: Clarendon Press.
Felson, M., and D. Knoke, 1974, "Social Status and the Married Women," *Journal of Marriage and the Family*, 36 (3): 516-21.
Fischer, C., 1984, *To Dwell among Friends: Personal Networks in Town and City*, Chicago: The University of Chicago Press.（＝2002，松田康・前田尚子訳『友人のあいだで暮らす：北カリフォルニアのパーソナル・ネットワーク』未来社.）
Floud, J. E., et al., 1956, *Social Class and Educational Opportunity*, Melbourne: William Heinemann Ltd.（＝1959，本庄良邦他訳『社会階層と教育の機会』関書院.）
Frankfort-Nachmias, C., and D. Nachmias, 1992, *Research Methods in the Social Sciences*, 4th ed., New York: St. Martin's Press.
Gallup, G. H., [1972]1976, *The Sophisticated Poll Watcher's Guide, Revised Edition*, Princeton, N. J.: Princeton Opinion Press.（＝1976，二木宏二訳『ギャラップの世論調査入門』みき書房.）
Gallup, G. H., and S. F. Rae, 1940, *The Pulse of Democracy: The Public-Opinion Poll and How It Works*, New York: Simon and Schuster.
Gartner, R., and R. N. Parker, 1990, "Cross-National Evidence on Homicide and the Age Structure of the Population," *Social Forces*, 69 (2): 351-71.
Gini, C., 1936, "On the Measure of Concentration with Special Reference to Income and Wealth," in *Abstracts of Papers Presented at the Cowles Commission Research Conference on Economics and Statistics*, Colorado College Press.
Goldstein, H., 1995, *Multilevel Statistical Models*, New York: John Wiley and Sons.
Green, W. H., 2000, *Econometric Analysis*, 4th ed., Upper Saddle River, N. J.: Prentice-Hall（＝2000，斯波恒正他訳『グリーン 計量経済分析』（改訂4版）エコノミスト社.）
Greenacre, M. J., 1984, *Theory and Applications of Corresponcence Analysis*, London: Academic Press.
南風原朝和，2002a,「モデル的神戸の目標適合度－観測変数の数を減らすことの是非を中心に」『行動計量学』29 (2): 160-166.
南風原朝和，2002b,『心理統計学の基礎：総合的理解のために』有斐閣.
芳賀敏郎・野澤昌弘・岸本淳司, 1996,『SASによる回帰分析』東京大学出版会.
原純輔・肥和野佳子, 1990,「性別役割意識と主婦の地位評価」岡本英雄・直井道子編『現代日本の階層構造4 女性と社会階層』東京大学出版会, 165-86.
原純輔・盛山和夫, 1999,『社会階層 豊かさの中の不平等』東京大学出版会.
長谷川計二・西田春彦, 1992,「奈良県農業集落カードの計量的研究（II）」『奈良大学紀要』20: 263-74.
林知己夫, 1993,『数量化－理論と方法』朝倉書店.

参考文献

林知己夫編,2002,『社会調査ハンドブック』朝倉書店.
Homans, G. C., 1950, *The Human Group*, New York: Harcourt.(＝1959, 馬場明男・早川浩一訳『ヒューマン・グループ』誠信書房.)
Hout, M, 1983, *Mobility Tables*, Beverly Hills: Sage.
Huff, D., 1954, *How to Lie with Statistics*, New York: W. W. Norton and Company(＝1968, 高木秀玄訳『統計でウソをつく法－数式を使わない統計学入門』講談社.)
稲葉昭英,1998,「データの整理とチェック:分析の前にすべきこと」森岡清志編『ガイドブック社会調査』日本評論社,167-98.
市川伸一他,1993,『SAS によるデータ解析入門』(第2版) 東京大学出版会.
井手靖子,2000,「性別分業意識の規定要因の探索－ブール代数アプローチによる試行」『ポイエーシス』16 九州大学文学部・九州大学大学院比較社会文化研究科,17-32.
池田央,1973,『心理学研究法8 テストⅡ』東京大学出版会.
池田央,1980,『社会科学・行動科学のための数学入門4 調査と測定』新曜社.
池田央,1994,『行動計量学シリーズ7 現代テスト理論』朝倉書店.
今田高俊・原純輔,1978,「社会的地位の一貫性と非一貫性」富永健一編『日本の階層構造』東京大学出版会,161-97.
井上文夫,2001,『すぐ役に立つ社会調査の方法』八千代出版.
岩間暁子,1997,「性別役割分業と女性の家事分担不公平感－公平価値論・勢力論・衡平理論の実証的検討」『家族社会学研究』9: 67-76.
Jones, M. P., 1996, "Indicator and Stratification Methods for Missing Explanatory Variables in Multiple Linear Regression," *Journal of the American Statistical Association*, 91 (433): 222-30.
Joreskog, K., and D. Sorbom, 1997, *LISREL 8: User's Reference Guide*, Scientific Software International, Inc.
金光淳,2003,『社会ネットワーク分析の基礎:社会的関係資本論に向けて』勁草書房.
狩野裕,2002a,「構造方程式モデリングは,因子分析,分散分析,パス解析のすべてにとってかわるのか?」『行動計量学』29 (2): 138-159.
狩野裕,2002b,「再討論:誤差共分散の利用と特殊因子の役割」『行動計量学』29 (2): 182-97.
狩野裕・三浦麻子,2002,『グラフィカル多変量解析―AMOS, EQS, CALIS による目で見る共分散構造分析』現代数学社.
鹿又伸夫,1996,「"予言の自己成就"と合理性―ブール代数分析による思考実験」『社会学評論』47 (2): 156-70.
鹿又伸夫,1998,「質的比較プログラム QCA について」『立命館産業社会論集』29 (2): 85-132.
鹿又伸夫・野宮大志郎・長谷川計二編著,2001,『質的比較分析』ミネルヴァ書房.
Kapferer, B., 1969, "Norms and the Manipulation of Relationships in a Work Context," J. C. Mitchell, ed., *Social Networks in Urban Situations*, Manchester: The University Press.(＝1983, 三雲正博・福島清紀・進本真史訳「労働状況における規範および関係

性の操作」三雲正博・福島清紀・進本真史訳『社会的ネットワーク―アフリカにおける都市の人類学―』国文社, 119-166.)

苅谷剛彦, 2001,『階層化日本と教育危機』有信堂高文社.

警察庁, 1975,『昭和49年の犯罪（犯罪統計書）』警察庁.

警察庁, 1982,『昭和56年の犯罪（犯罪統計書）』警察庁.

警察庁, 1991,『平成2年の犯罪（犯罪統計書）』警察庁.

警察庁, 2000,『平成11年の犯罪（犯罪統計書）』警察庁.

Kerchoff, A. C., 1974, *Ambition and Attainment: A Study of Four Samples of American Boys*, American Sociological Association.

吉川徹, 1999,「『中』意識の静かな変容」『社会学評論』50 (2): 216-230

木村邦博, 2000,「労働市場の構造と有配偶女性の意識」盛山和夫編『日本の階層システム4 ジェンダー・市場・家族』東京大学出版会, 177-92.

Knoke, D., and P. J. Burke, 1980, *Log-linear Models*, Beverly Hills, CA: Sage.

駒澤勉, 1982,『数量化理論とデータ処理』朝倉書店.

径書房編, 1989,『長崎市長への七三〇〇通の手紙』径書房.

小室直樹, 1974,「社会学における統計モデルをめぐる諸問題」『現代社会学』1 (2): 24-55.

小西秀樹, 2002,「所得格差とジニ係数」宮島洋・連合総合生活開発研究所編『日本の所得配分と格差』東洋経済新報社, 209-240.

Krippendorff, K., 1980, *Content Analysis*, Beverly Hills: Sage Publications. (1989, 三上俊治・椎野信雄・橋元良明訳『メッセージ分析の技法』勁草書房.)

Kruskal, J. B., 1964, "Nonmetric Multidimensional Scaling: A Numerical Method," *Psychometrika*, 29: 115-29.

Lazarsfeld, P. F., B. Berelson, and H. Gaudet, [1944]1968, *The People's Choice*, 3rd ed., New York: Columbia University Press. (=1987, 有吉広介他訳『ピープルズ・チョイス』芦書房.)

Lazarsfeld, P. F., 1972, *Qualitative Analysis*, Boston: Allyn and Bacon. (=1984, 西田春彦・高坂健次・奥川櫻豐彦訳『質的分析法』岩波書店.)

Lenski, G. E., 1954, "Status Crystallization: A Non-Vertical Dimension of Social Status," *American Sociological Review*, 19 (4): 405-13.

Lenski, G. E., 1956, "Social Participation and Status Crystallization," *American Sociological Review*, 21 (4): 458-64.

Levine, Joel H., 1993, *Exceptions Are the Rule*, Boulder: Westview Press.

Little, R. J. A. and D. B. Rubin, 2002, *Statistical Analysis with Missing Data(2nd)*, New York: John Wiley and Sons.

Long, J. S., 1997, *Regression Models for Categorical and Limited Dependent Variables*, Thousand Oaks, CA: Sage.

Lorenz, M. O., 1905, "Methods of Measuring the Concentration of Wealth," *Publications of the American Statistical Association,* 9: 209-19.

Machonin, P., 1970, "Social Stratification in Contemporary Czechoslovakia," *American*

Journal of Sociology, 75 (5): 725-41.

Maddla, G. S., 1992, *Introduction to Econometrics*, 2nd ed., Englewood Cliffs, N. J.: Prentice-Hall.（＝1996, 和合肇訳『計量経済分析の方法』シーエーピー出版.）

真壁肇, 1987,『信頼性データの分析』岩波書店.

真壁肇・宮村鐡夫・鈴木和幸, 1989,『信頼性モデルの統計解析』共立出版.

Marsden, P. V., and N. Lin, eds., 1982, *Social Structure and Network Analysis*, Beverly Hills: Sage.

松尾太加志・中村知靖著, 2002,『誰も教えてくれなかった因子分析：数式が絶対に出てこない因子分析入門』北大路書房.

Merton, R., [1949]1957, *Social Theory and Social Structure: Toward the Codification of Theory and Research*, rev. ed., Glencoe, Ill.: Free Press.（＝1961, 森東吾他訳『社会理論と社会構造』みすず書房.）

Merton, R., 1938, "Social Structure and Anomie," *American Sociological Review*, 3: 672-82.

蓑谷千凰彦, 1985,『回帰分析のはなし』東京図書.

蓑谷千凰彦, 1992,『計量経済学の新しい展開』多賀出版.

三隅一人, 1998,「クロス表のブール代数分析―携帯電話に対する不快感の論理」鹿又伸夫編『ブール代数アプローチによる質的比較』科学研究費研究成果報告書, 61-72.

見田宗介, 1965,『現代日本の精神構造』弘文堂.

Mitchell, J. C., ed., 1969, *Social Networks in Urban Situations: Analyses of Personal Relationships in Central African Towns*, Manchester: The University Press.（＝1983, 三雲正博・福島清紀・進本真史訳『社会的ネットワーク―アフリカにおける都市の人類学―』国文社.）

文部科学省, 2003,『文部科学統計要覧（平成15年版）』文部科学省.

森敏昭・吉田寿夫, 1990,『心理学のためのデータ解析テクニカルブック』北大路書房.

森岡清美, 1993,『現代家族変動論』ミネルヴァ書房.

Mosteller, F. and D. P. Moynihan, eds., 1972, *On Equality of Educational Opportunity*, New York: Random House.

Muller, C., and K. S. Schiller, 2000, "Leveling the Playing Field?: Students' Educational Attainment and States' Performance Testing," *Sociology of Education*, 73 (3): 196-218.

永田靖, 2003,『サンプルサイズの決め方』朝倉書店.

永田靖・吉田道弘, 1997,『統計的多重比較法の基礎』サイエンティスト社.

直井優, 1978,「職業の分類と尺度」富永健一編『社会階層と社会移動1975年SSM全国調査報告書』1975年SSM調査委員会, 270-288.

直井道子, 1990,「階層意識―女性の地位借用モデルは有効か」岡本英雄・直井道子編『現代日本の階層構造4 女性と社会階層』東京大学出版会, 147-64.

成島弘・小高明夫, 1983,『ブール代数とその応用』東海大学出版会.

Newman, W. L., [1991]1994, *Social Research Methods: Qualitative and Quantitative*

Approaches, 2nd ed., Boston: Allyn and Bacon.
西平重喜, [1957]1985, 『統計調査法 改訂版』培風館.
西里静彦, 1982, 『質的データの数量化－双対尺度法とその応用』朝倉書店.
落合恵美子, 1994, 『21世紀家族へ－家族の戦後体制の見かた・超えかた』有斐閣.
落合恵美子, 1997, 『[新版]21世紀家族へ－家族の戦後体制の見かた・超えかた』有斐閣.
尾嶋史章, 1990, 「教育機会の趨勢分析」菊池城司編『現代日本の階層構造3　教育と社会移動』東京大学出版会, 25-55.
岡太彬訓・今泉忠, 1994, 『パソコン多次元尺度構成法』共立出版.
大橋靖雄・浜田和久馬, 1995, 『生存時間解析』東京大学出版会.
大谷信介他編, 1999, 『社会調査へのアプローチ：論理と方法』ミネルヴァ書房.
大塚雄作, 2002, 「2値変数を予測する」渡部洋編『心理統計の技法』福村出版, 199-215.
Pampel, F. C., 2000, *Logistic Regression: A Primer*, Thousand Oaks, CA: Sage.
Ragin, C. C., 1987, *The Comparative Method: Moving Beyond Qualitative and Quantitative Strategies*, Berkeley: University of California Press.（＝1993, 鹿又伸夫監訳『社会科学における比較研究―質的分析と計量的分析の統合にむけて』ミネルヴァ書房.）
Ragin, C. C., 1992, "Introduction: Cases of "What Is a Case?"," C. C. Ragin and H. S. Becker, eds., *What Is a Case?* New York: Cambridge University Press, 1-17.
Raudenbush, S. W., and A. S. Bryk, 1992, *Hierarchical Linear Models: Applications and Data Analysis Methods*, Newbury Park: Sage.
Rossi, P. H., J. D. Wright, and A. B. Anderson, 1983, *Handbook of Survey Research*, California: Academic Press.
Rubin, Donald B., 1976, "Inference and Missing Data," *Biometrika*, 63 (3): 581-92.
Rubin, Donald B., 1977, "Formalizing Subjective Notions About the Effect of Nonrespondents in Sample Surveys," *Journal of American Statistical Association*, 72 (359): 538-43.
坂元慶行・石黒真木夫・北川源四郎, 1983, 『情報量統計学』共立出版.
佐藤俊樹, 2000, 「統計の実践的意味を考える」佐伯胖・松原望編『実践としての統計学』東京大学出版会, 179-212.
Scott, J., [1991]2002, *Social Network Analysis: A Handbook*, 2nd ed., Thousand Oaks, CA: Sage.
盛山和夫, 1983, 「量的データの解析法」直井優編『社会調査の基礎』サイエンス社, 121-204.
盛山和夫, 1987, 「EVENT HISTORY分析に関するノート」盛山和夫編『社会移動分析のコンピュータ・プログラム』1986年度科学研究費補助金研究成果中間報告書, 9-16.
盛山和夫, 1993, 「『核家族化』の日本的意味」直井優他編『日本社会の新潮流』東京大学出版会, 3-28.
盛山和夫, 1994, 「社会移動データの分析手法」東京大学教養学部統計学教室編『人文・社会科学の統計学』東京大学出版会, 257-279.
盛山和夫・近藤博之・岩永雅也, 1992, 『社会調査法』放送大学教育振興会.

参考文献

Sewell, W., A. O. Haller, and A. Portes, 1969, "The Educational and Early Occupational Attainment Process," *American Sociological Review*, 34 (1): 82-92.

Shavit, Y., and H. P. Blossfeld, eds., 1993, *Persistent Inequality: Changing Educational Stratification in Thirteen Countries*, Boulder, Colo.: Westview Press.

Shepard, R. N., 1974, "Representation of Structure in Similarity Data," *Psychometrika*, 39: 373-421.

志田基与師・盛山和夫・渡辺秀樹, 2000,「結婚市場の変容」盛山和夫編『日本の階層システム4 ジェンダー・市場・家族』東京大学出版会, 159-76.

繁桝算男・柳井晴夫・森敏昭, 1999,『QとAで知る統計データ解析』サイエンス社.

清水誠, 1996,『データ分析はじめの一歩：数値情報から何を読みとるか？』講談社.

Simon, J. L., and P. Burstein, [1969]1985, *Basic Research Methods in Social Science*, 3rd ed., New York: Random House.

Singer, J. D., and B. W. John, 2003, *Applied Longitudinal Data Analysis: Modeling Change and Event Occurrence*, Oxford: Oxford University Press.

Singleton, Jr. R., et al, 1988, *Approaches to Social Research*, New York: Oxford University Press.

Smith, M. S., 1972, "Equality of Educational Opportunity : The Basic Findings Reconsidered," F. Mosteller and D. P. Moynihan, eds., *On equality of Educational Opportunity*, New York: Random House, 230-342.

Snedecor, G. W., and W. G. Cochran, 1967, *Statistical Method*, 6th ed., Ames: Iowa State University Press.（=1972, 畑村又好・奥野忠一・津村善郎訳『統計的方法』岩波書店.）

Snyder, D., and E. L. Kick, 1979, "Structural Position in the World System and Economic Growth, 1955-1970: A Multiple-Network Analysis of Transnational Interactions," *American Journal of Sociology*, 84: 1096-126.

Sorokin, P. A., [1927] 1959, *Social and Cultural Mobility*, New York: Free Press.

総務省統計局, 2003,『日本統計年鑑 第52回（平成15年）』日本統計協会.

Spilerman, S., 1970, "The Cause of Racial Disturbance: A Comparison of Alternative Explanations," *American Sociological Review*, 35: 627-49.

Spilerman, 1976, "Structural Characteristics of Cities and the Severity of Racial Disorders," *American Sociological Review*, 41: 771-93.

Stark, R., D. Doyle, and J. Rushing, 1983, "Beyond Durkheim: Religion and Suicide," *Journal for the Scientific Study of Religion*, 22 (2): 120-131.

Starrels, M. E., and K. E. Holm, 2000, "Adolescents' Plans for Family Formation: Is Parental Socialization Important?" *Journal of Marriage and Family*, 62 (2): 416-29.

鈴木義一郎, 1991,『先をよむ統計学「情報量基準」とは何か』講談社ブルーバックス.

鈴木淳子, 1991,「平等主義的性役割態度：SESRA（英語版）の信頼性と妥当性の検討および日米女性の比較」『社会心理学研究』6: 80-7.

Takane, Y., F. W. Young, and J. de Leeuw, 1977, "Nonmetric Individual Differences

Multidimensional Scaling: An Alternating Least Squares Method with Optimal Scaling Features," *Psychometrika*, 42: 7-67.
高山憲之, 1980, 「富と所得の分布」熊谷尚夫・篠原三代平編『経済学大辞典Ⅰ』東洋経済新報社, 468-81.
竹内光悦, 2003, 「クラスター分析を用いた分類法」橋本紀子・渡辺美智子・櫻井尚子編『Excel で始める経済統計データの分析－デジタル時代のソリューション支援ツール』日本統計協会, 237-45.
戸田貞三, 1937, 『家族構成』弘文堂. (＝1970, 『家族構成』（叢書名著の復興）新泉社.)
富永健一, 1988, 『日本産業社会の転機』東京大学出版会
統計数理研究所国民性調査委員会編, 1992, 『第5日本人の国民性－戦後昭和期総集』出光書店.
統計数理研究所国民性調査委員会編, 2000, 『統計的日本人研究の半世紀』統計数理研究所.
東京大学教養学部統計学教室編, 1994, 『人文・社会科学の統計学』東京大学出版会.
豊田秀樹, 1994, 『違いを見抜く統計学－実験計画と分散分析入門』講談社.
豊田秀樹, 1998a, 『調査法講義』朝倉書店.
豊田秀樹, 1998b, 『共分散構造分析［入門編］－構造方程式モデリング』朝倉書店.
豊田秀樹, 1998c, 『共分散構造分析［事例編］－構造方程式モデリング』朝倉書店.
豊田秀樹, 2000, 『共分散構造分析［応用編］－構造方程式モデリング』朝倉書店.
豊田秀樹, 2003a, 『共分散構造分析［技術編］－構造方程式モデリング』朝倉書店.
豊田秀樹, 2003b, 『共分散構造分析［疑問編］－構造方程式モデリング』朝倉書店.
豊田秀樹・前田忠彦・柳井晴夫, 1992, 『原因を探る統計学：共分散構造分析入門』講談社ブルーバックス.
Vandaele, W., 1983, *Applied Time Series and Box-Jenkins Models*, New York: Academic Press（＝1988, 蓑谷千凰彦・廣松毅訳『時系列入門－ボックス＝ジェンキンズモデルの応用』多賀出版.）
涌井良幸・涌井貞美, 2003, 『図解でわかる共分散構造分析－データから「真の原因」を探り出す新しい統計分析ツール』東京図書.
Wallerstein, I. M., 1974, *The modern World-system*, New York: Academic Press.（＝1981, 川北稔訳『近代世界システム－農業資本主義と『ヨーロッパ世界経済』の成立Ⅰ, Ⅱ』岩波書店.）
Wasserman, S., and K. Faust, 1994, *Social Network Analysis: Methods and Applications*, New York: Cambridge University Press.
渡部洋編著, 1988, 『心理・教育のための多変量解析法入門：基礎編』福村出版.
Weber, R. P., 1990, *Basic Content Analysis*, 2nd ed., Newbury Park, CA: Sage.
White, H. A., S. A. Boorman, and R. L. Breiger, 1976, "Social Structure form Multiple Networks. I. Blockmodels of Roles and Positions," *American Journal of Sociology*, 81: 730-80.
Wong, K. K. and J. Lee, 1998, "Interstate Variation in the Achievement Gap Among Racial and Social Groups: Considering the Effects of School Resources and Class-

room Practices," *Advances in Educational Policy,* 4: 119-42.

World Bank, ed., 2002, *World Development Indicators on CD-ROM*, The World Bank.

山田昌弘, 1994, 『近代家族のゆくえ―家族と愛情のパラドックス』新曜社.

山際勇一郎・田中敏, 1997, 『ユーザーのための心理データの多変量解析法』教育出版.

Yamaguchi, K., 1991, *Event History Analysis*, Newbury Park, CA: Sage.

山本嘉一郎・小野寺孝義編, 2002, 『Amosによる共分散構造分析と解析事例』ナカニシヤ出版.

柳井晴夫他, 1990, 『因子分析:その理論と方法』朝倉書店.

矢野恒太記念会編, 2003, 『データでみる県勢　CD-ROM 2003』(第2版), 矢野恒太記念会.

安田三郎, 1971, 『社会移動の研究』東京大学出版会.

安田三郎・海野道郎, 1977, 『社会統計学』(改訂2版) 丸善.

安田雪, 1997, 『ネットワーク分析:何が行為を決定するか』新曜社.

安田雪, 1999, 『大学生の就職活動』中公新書.

安田雪, 2001, 『実践ネットワーク分析: 関係を解く理論と技法』新曜社.

安本美典・本多正久, 1981, 『因子分析法』培風館.

吉田富士雄, 2001, 「信頼性と妥当性―尺度が備えるべき基本的条件」堀洋道監修・吉田富士雄編『心理測定尺度集II―人間と社会のつながりをとらえる〈対人関係・価値観〉』サイエンス社, 436-53.

Yule, G. U., and M. G. Kendall, 1950, *An Introduction to the Theory of Statistics*, 14th ed., London: Charles Griffin.

Zeisel, H., and D. Kaye, 1997, *Prove It with Figures: Empirical Methods in Law and Litigation*, New York: Springer.

あとがき

　本書は、数理社会学会（JAMS: Japanese Association for Mathematical Sociology）の2003年度学術振興事業として企画されました。数理社会学会は「数理社会学ならびに理論社会学・計量社会学に関する研究を行なうとともに、それらの研究にたずさわる研究者の研究成果の発表と相互交流を通じて、社会学ひいては社会諸科学の発展に資すること」（会則より抜粋）を目的とし1986年に設立された学会組織です。数理社会学会の研究活動は社会学理論の研究全般を範囲とし、研究方法は数理的あるいは計量的なものにかならずしも限定されていません。とはいえ、数理社会学および計量社会学は本学会の研究活動の重要な両輪であり、この2つを中心として研究活動が展開されています。

　計量社会学は社会理論を前提に、数学や統計的な技法を社会現象の分析に対して適用していく実証研究を志向しており、一方、数理社会学は社会現象の数理的定式化と数学的知識を利用した理論的検討を志向しています。計量社会学と数理社会学は、実証面、理論面で相互に補完し、また刺激しあいながら発展している社会研究の主力分野の一つです。しかしながら、日本の社会学の中で、ときとして統計学や数学の知識が一つの障壁となり、計量社会学、数理社会学は「近づきにくい」、「理解しにくい」といった印象を与えてきたことも事実です。また、計量社会学、数理社会学的な研究は、質、量ともに充実しているにも関わらず、社会学以外で一般にひろく認知されているとは言えない状況にあります。

　本書および姉妹書『社会を〈モデル〉でみる－数理社会学への招待』（2004年3月刊行）は、このような現状に対して学会としてきちんと応えていくための試みとして企画され、編集がはじまりました。この営みの背景に、社会学は学問領域内での研究活動に閉じこもるべきではなく、社会一般にその存在を認知されること、さらには研究成果を還元する機会を広めることがぜひとも必要であるとの考えがあります。また、こうした営みが、数理社会学会の研究活動の基礎をささえ、さらにはその展開への刺激となっていくだろうとも考えてい

あとがき

ます。本書は、このような考えに賛同してくれた、20代、30代の若手学会員の積極的な協力のもとに刊行されました。各節は、これらの若手学会員によって執筆されており、その意味で、本書は学会の若手研究者の研究活動を皆様に知っていただく場ともなっています。

　各節の編集にあたっては、執筆者と編集委員の間で、できるかぎり意見のやりとりをするように心がけました。このやりとりにおいて、各執筆者は内容を改善するための努力を惜しまず、全力で執筆にとりくんでくれました。内容を充実させていくための努力の過程で、ときとして原稿のバージョンアップは第5稿にまでおよびました。また、各編集委員と執筆者間の意見のやりとりの全体は、おそらく400字詰め原稿用紙に換算して400枚を優にこえているものと思います。学会活動の一環としての本書作成の営みに参加してくださった各執筆者、そして、貴重な時間を惜しみなく本書のために割いてくださった栗田、高田、間淵、安田の各編集委員に、この場を借りて心からの尊敬と感謝の念を表させていただきたいと思います。

　執筆者と編集委員の間の長いやりとりを経てつくられた本書中の誤り等については、すべて編集委員会の責任です。皆様からの意見、ご指摘をいただければ誠に幸いです。

　最後になりますが、本書の企画、編集は、勁草書房編集部の徳田慎一郎さんの力がなければまったく不可能でした。また、勁草書房編集部の宮本詳三さんの適切なアドバイスとサポートを受けて本書を刊行することができました。お二人に、こころからの感謝の意を表するとともに、本書が、日本の計量・数理社会学の発展をささえてくださっている徳田さんの理想の一端を担うものとなることを願っています。

編集委員長　与謝野有紀

事項索引

各項目の番号は章-節を表す。
定義等はゴシック文字の節を参照

AGFI　2-9,4-2
AIC　2-9,4-3
ARIMA　2-11
CFI　2-9
CONCOR　3-4
GFI　2-9,4-2
HLM　2-5
ICC（級内相関係数）　2-5
INDSCAL　3-10
MDS（多次元尺度構成法）　3-8,3-9,**3-10**
multiple imputation（多重代入法）　1-3
RMSEA　2-9,4-2
SLOPE-AS-OUTCOME　2-5
SMSA（標準大都市統計地域）　2-7
SSM調査　2-10,3-9,3-11,4-1
VIF　4-1

α　→クロンバックのα
η^2（イータ二乗、相関比）　2-3
ϕ係数　2-2
χ^2（カイ自乗）　2-2,2-4,2-9,3-6

あ行

アグリゲートデータ　2-3
アスピレーション　2-9
アトキンソン尺度　1-6
アノミー　1-5,2-2,2-9,2-11
アフター・コード　1-1
一元配置分散分析　2-3
移動表　2-8,**3-5**
移動平均　2-11
意図的標本　1-2
一般化最小自乗法　3-7
一般化線型モデル　2-3

一般線型モデル　2-3
逸脱　1-5,2-11
イベントヒストリー分析　2-10
イメージ行列　3-4
因果推論　2-7
因果図式　2-7
因子　2-3,2-9,**3-7**,3-11,3-12
　　――の回転　3-7
因子寄与率　**3-7**,3-12
因子得点　2-9,**3-7**,3-11
因子負荷　**3-7**,3-11
因子分析　2-1,2-6,2-9,**3-7**,3-11,3-12,4-1
インフォーマル・グループ　3-2
ウィスコンシン・モデル　2-8
エリー調査　1-1,2-2
オッズ　2-4
オッズ比　2-2,2-4

か行

回帰係数　2-3,3-6,4-1
回帰分析　1-3,1-5,2-1,**2-3**,2-4,2-8,2-9,2-11,3-6,4-1
階級　1-5,2-10,3-8,3-9
回収率　1-2,1-3
外生変数　**2-7**,2-8,2-9,3-12
階層帰属意識　2-8,4-1
開放性係数　3-5
核家族　1-4,4-3
確証的因子分析（確認的因子分析）　3-7
確率標本抽出　1-2
学歴　1-2,2-4,2-5,2-8,2-9,3-8,3-9,4-2
家族　1-1,1-4,2-1,2-3,2-5,2-7,3-6,4-1,4-3
家族形成プラン　3-6

事項索引

家族形態　1-4
家族構成　1-4
家族人数　2-1,4-1
学校教育　2-4,2-5,4-2
カテゴリカルな変数（カテゴリー変数、離散変数）　1-5,2-2,2-4,2-8,3-6,3-8
カプラン・マイヤー法　2-10
間接効果　2-8,2-9
完全関連　2-2
完全平等、完全不平等　1-6
観測値　1-5,2-3,2-6,2-11,4-1
観測変数　2-8,**2-9**,3-7,4-2
関連係数　→ユールの関連係数
機会の不平等　2-11
危険率　2-2
擬似決定係数　4-1
擬似相関　2-7,3-7
期待値　1-2,2-4,2-7,2-10
期待度数　2-2,3-5,3-6
機能主義理論　2-5
帰無仮説　2-2,2-3
級内相関係数　→ICC
教育　1-3,1-6,2-4,2-5,2-8,2-9,3-7,3-8,3-9,3-10,3-12,4-1,4-2
　　──の不平等　2-5
教育機会　2-4
共通対象布置　3-10
共通要因　3-7
共分散　**2-1**,2-9,3-8,4-2
共分散構造分析　2-1,2-7,2-8,2-9,3-7,3-11,4-2
共分散分析　2-3
共変動　2-2,2-7,2-9
距離（クラスター間の）　3-9,3-10
距離（ネットワークの）　3-3
距離（ユークリッドの）　→ユークリッド距離
寄与率　→因子寄与率
近接性指標　3-3
近代化　4-3
緊張理論　1-5
クーダー・リチャードソンの公式20　3-11
クラスター分析　2-6,3-9,3-10

グラフィカルモデル　2-7
グラフ理論　3-2
クラメールの関連係数V　2-2
クリーク　3-2,3-3
クロスモデル　2-5
クロス（集計）表　**2-2**,2-4,2-8,3-5,3-6,3-8,3-9
クロンバックの α　**3-11**,3-12
群平均法　3-9
系統抽出　1-2
系列相関　2-11
欠損データ　1-3
結合指数　3-5
結婚　2-3,2-4,2-10,3-6,4-1
決定係数　2-3,2-8,2-9,3-11,**4-1**
権威主義的パーソナリティ　2-1,2-9,3-7
交互作用効果　2-3
交差相関　2-11
合成指標（合成尺度）　3-11,3-12
構成概念　1-1,2-9,3-11
合成変数　3-6,3-12
構造移動　3-5
構造同値　3-2,3-4
構造方程式　2-7,**2-8**,2-9,3-11,4-2
交絡変数　2-7
誤差項　2-3,2-5,2-7,2-11
誤差分散　2-1,2-5
固定効果　2-5
コミュニティ喪失論　3-12
固有因子　3-7
固有値　3-12
コールマン・レポート　4-2
コレスポンデンス分析　3-8
コレログラム　2-11

さ行

最小二乗法　**2-3**,2-9,3-7
最適尺度法　3-8
再テスト法　3-11
最頻値　1-4,1-5
最尤推定法　2-5,2-11,3-7,4-2
産業化　1-4,3-5,4-3

事項索引

残差	**2-3**, 2-4, 2-8, 2-11, 3-12
残差分析	2-11
散布図	1-5, 2-3, 2-4
散布度	1-4, 1-5
サンプリング	1-2, 1-3, 3-12
→ランダム・サンプリング	
シェフ法	2-3
時系列データ	2-11, 3-8
自己回帰	2-11
自己相関	2-11
自殺	2-1, 2-7
失業率	1-5, 2-11
実現度数	2-2
質的データ	1-1, 2-6, 3-8
質問紙法	1-1
ジニ係数	1-6
四分点相関係数	2-2
四分表	2-2
社会化	3-6
社会階級	2-5, 3-8
社会階層	2-5, 2-9, 2-10, 3-9, 3-10, 4-1
社会的学習理論	3-6
社会的厚生	1-6
社会的地位	2-4, 2-5, 2-8, 2-9, 3-5, 3-9, 3-10, 4-1
社会的統合	2-1, 2-7
社会の開放性	3-5
社会保障	4-3
尺度構成	3-7, 3-10, 3-11, 3-12
斜交回転	3-7
重回帰分析（重回帰モデル）	1-6, 2-1, **2-3**, 2-4, 2-5, 2-7, 2-8, 2-9, 2-10, 2-11, 3-7, 3-11, 4-1, 4-2, 4-3
自由回答	1-1, 2-6, 4-1
宗教	2-1, 2-7
修正済決定係数	4-1
従属変数	2-3, 2-4, 2-5, 2-6, 2-8, 2-9, 2-11, 3-6, 3-11, 4-1
→被説明変数、目的変数	
従属論	3-4
集中度	1-4
自由度	**2-2, 2-3**, 2-4, 2-9, 4-1, 4-2, 4-3

周辺度数	2-2, 3-5
周辺分布	2-2, 3-5
縮約グラフ	3-4
主効果	2-3
主成分分析	3-12
循環移動	3-5
少子化	2-11, 3-6
情報量基準	4-3
職業威信	2-8, 3-9, 3-10, 4-1
職歴	2-10
所属行列	3-1
所得分布	1-6
シンボリック相互作用論	3-6
信頼性	2-9, 2-10, 3-11
信頼性係数 ρ	3-11
真理表	2-6
数量化III類	3-8
ストレス値	3-10
スピアマン・ブラウンの公式	3-11
生存関数	2-10
生存時間分析	2-10
性別役割意識	3-7, 3-11
性別役割分業	2-3, 2-6
世界システム論	3-1, 3-4
折半法	3-11
切片	2-3, 2-5, 2-8, 2-11
説明変数	2-3, 2-4, 2-7, 2-9, 3-7, 3-12, 4-1, 4-3
→独立変数	
潜在変数	2-8, **2-9**, 3-12, 4-2
センサリング	2-10
尖度	**1-4**, 1-5
粗移動	3-5
相関係数	1-5, **2-1**, 2-2, 2-7, 2-8, 2-9, 2-11, 3-4, 3-7, 3-8, 3-9, 3-10, 3-11, 3-12, 4-1, 4-2, 4-3
相関比	→η^2
総効果	2-8
総合的開放性係数	3-5
操作変数法	2-7
双対尺度法	3-8
層別抽出	1-2

387

事項索引

測定誤差　2-1,**2-3**,2-9
測定方程式　2-9
ソシオグラム　**3-1**,3-2,3-3

た行

対応分析　3-8
第三変数　2-7
対数線形モデル　→ログリニアモデル
代表値　1-4,1-5
対立仮説　2-2
タウ等価性　3-11
多元配置分散分析　2-3
多次元尺度構成法　→MDS
多重共線性　2-3,2-4,2-9,4-1,4-3
多重送信性　3-3
多水準モデル（マルチレベルモデル）　2-5
妥当性　2-9,3-7,3-11,4-1,4-3
ダービン＝ワトソン比　2-11
ダミー変数（二値変数）　1-3,2-2,2-3,2-4,
　2-5,2-11
単一送信的関係　3-3
単回帰分析　2-1,**2-3**,4-1
単純構造　3-7
単純無作為抽出　1-2
　→ランダム・サンプリング
地位達成　2-5,2-8,2-9
地位の一貫性　3-9
逐次モデル　2-8
中央値　**1-4**,1-5,4-1
紐帯　3-1,3-2,3-3,3-4
直接結合　3-2
直接効果　2-8,2-9
直交回転　3-7
定型データ　2-6
定常データ　2-11
適合度検定　2-9,3-6
適合度指標　2-9,4-2
デザイン行列　3-6
デビアンス　2-4
テューキー法　2-3
伝達関数モデル　2-11
デンドログラム　3-9

統計的検定　2-2,2-3,2-5,3-7
統計的推論　1-2
同時線形回帰　3-8
等質性分析　3-8
同時方程式　2-1,**2-8**,2-9
ドキュメント分析　2-6
独自性　3-7
独立性の検定　2-2
独立変数　2-3,2-5,2-6,2-7,2-8,2-11,3-6,
　3-11,4-3
　→説明変数
都市度　3-12
度数分布　1-4,1-5,2-2,2-10
トレンド　2-11
ドント・ケア項　2-6

な行

内生変数　**2-7**,**2-8**,2-9,3-12
内的整合性　3-11
内容分析　1-1
二段階最小二乗法　2-9
二値変数　→ダミー変数
二部グラフ　3-1
ネットワーク分析　2-5,3-1,3-2,3-3,3-4
ノード　3-3

は行

配電器巻線作業室　3-2
箱ひげ図　1-5
ハザード　2-10
はずれ値　1-4,**1-5**,2-1
パス解析　2-1,**2-7**,2-8,2-9,4-3
パス長　3-3
パーソナル・ネットワーク（エゴセントリック・ネットワーク）　3-3,3-12
犯罪　1-5,1-6,2-5,2-11,3-7
非確率標本抽出　1-2
ヒストグラム　1-5,1-6
被説明変数　2-1,2-2-3,2-4,2-7,2-9,4-1
　→従属変数、目的変数
非定型データ　2-6
非標本誤差　1-2

標準化偏回帰係数　2-1,**2-3**,2-8
標準誤差　1-2,2-4,2-5
標準偏差　1-2,**1-4**,1-5,2-1,2-5,2-8,2-10,3-8,4-1,4-2
標本誤差　1-2
標本抽出　1-2,2-5
標本比率　1-2
標本分散　1-2,2-10
標本平均　1-2,2-10
比例割当　1-2
貧困の文化　1-6
ヒンジ　1-5
ファシズム尺度　3-7
福祉国家　4-3
不公平感　2-3
不平等　1-6,2-4,2-5,2-8,3-4,3-9,4-2
プリ・コード　1-1
ブール代数アプローチ　2-6
ブロックモデル　3-4
プロビット分析　2-4,4-1
文化資本　2-9
分散　1-2,**1-4**,1-5,2-1,2-3,2-4,2-5,2-8,2-9,2-10,2-11,3-7,3-11,3-12,4-1,4-2
分散分析　2-3
紛争理論　2-5
分離指数　3-5
平均値　1-2,2-1,2-4,2-5,2-3,2-5,2-10,2-11,3-4,3-9,3-11,4-1,4-2
平行テスト法　3-11
便宜的標本　1-2
ベン図　2-7
偏相関係数　2-7
変動係数　1-4,2-10,4-1
棒グラフ　1-5
暴動　2-10
暴力　1-6
ホーソン実験　3-1,3-2
ボックス＝ジェンキンズ法　2-11
ボックス＝リュングのQ統計量　2-11
母分散　1-2
母平均　1-2

ホワイトノイズ　2-11

ま行
マクロデータ　2-1,**2-3**
ミクロデータ　2-3
密度　3-3,3-4
矛盾値　2-6
名義尺度　1-1,2-2
目的変数　2-4,3-7
　→被説明変数、従属変数

や行
尤度比統計量　3-6
ユークリッド距離　3-2,3-9,3-10
ユールの関連係数Q　2-2
ユールの結束係数Y　2-6
予測誤差　1-2,2-1

ら行
ラグ効果　2-11
ランダム・サンプリング　1-2,1-3,2-2,2-11
ランダムな欠損　1-3
ランダム効果　2-5
離散変数　→カテゴリカルな変数
量的データ　2-6
隣接行列　3-1
連続変数　1-5,2-2,2-4,2-8,3-7
ローレンツ曲線　1-6
ログリニア・モデル（対数線形モデル、ログリニア分析）　2-2,2-3,2-8,2-9,3-5,**3-6**
ロジット　2-4
ロジット分析　2-3,2-4,4-1
論理式　2-6
論理変数　1-1,2-6

わ行
歪度　**1-4**,1-5
和分　2-11
割当標本　1-2
ワルド検定　2-4,2-9

人名索引
各項目の番号は章-節を表す。

アッカー, J.　4-1
アッシャー, H.　2-7
アトキンソン, A. B.　1-6
アドルノ, T. W.　2-1, 3-7
今田高俊　3-9
ウォーラーステイン, I.　3-4
エリクソン, R.　4-1
落合恵美子　1-4, 2-3

カークホフ, A. C.　2-9
カプフェレ, B.　3-3
キック, E. L.　3-4
ギャラップ, G. H.　1-2
クラスカル, J. B.　3-10
クリッペンドルフ, K.　1-1
小室直樹　2-9

サイモン, H.　2-7
スターク, R.　2-7
スナイダー, D.　3-4
スピラーマン, S.　2-10
スミス, M. S.　4-2
盛山和夫　1-4

ダンカン, O.　2-8, 2-9
デュルケーム, E.　2-1, 2-7, 2-11
富永健一　4-3
豊田秀樹　4-2

ノーキ, D.　3-6, 4-1

バート, R. S.　3-2
原純輔　3-9, 3-11
フェルソン, M.　4-1
ブラウ, J. R.　1-6
ブラウ, P. M.　1-6, 2-8
フラウド, J. E.　2-4
ブルデュー, P.　3-8
ブレイラック, H. M.　2-7
ベレルソン, B.　1-1
ボアセベン, J.　3-3
ホマンズ, G. C.　3-1, 3-2

マートン, R.　2-11
マホニン, P.　3-9
見田宗介　2-6
モイニハン, D. P.　4-2

ライト, S.　2-8
ラザースフェルド, P. F.　1-1, 2-2
レイガン, C. C.　1-1, 2-6
レンスキー, G. E.　3-9

山田昌弘　2-3
安田三郎　3-5

執筆者略歴（ABC 順，＊は編集委員，数字は担当章-節）

元治恵子（GENJI, Keiko）　3-9, 3-10
明星大学人文学部人間社会学科准教授
立教大学大学院社会学研究科応用社会学専攻博士後期課程修了（2000年3月）
単著，2006,「進路に向けての活動の実態」石田浩編著『高校生の進路選択と意識変容』東京大学社会学研究所，29-42.
共著，2005,『アンケート調査とデータ解析の仕組みがよ～くわかる本』秀和システム.

星　敦士（HOSHI, Atsushi）　3-1, 3-2
甲南大学文学部准教授
東京都立大学大学院社会科学研究科博士課程単位取得退学（2005年3月）
単著，2005,「世代とジェンダーの視点からみた相談ネットワークの選択」『人口問題研究』61(4)：39-56.
単著，2002,「階層帰属意識の判断メカニズム：地位認知に対するパーソナルネットワークの影響」森岡清志編著『パーソナルネットワークの構造と変容』東京都立大学出版会，63-78.

井手靖子（IDE, Yasuko）　2-6
福岡工業大学工学部比較非常勤講師
九州大学大学院比較社会文化研究科修士課程修了（1997年3月）
単著，2000,「性別分業意識の規定要因の探求―ブール代数アプローチによる試行―」『ポイエーシス』16：17-32.
単著，1998,「昭和天皇の戦争責任論序論―知識人の議論をめぐって―」『社会分析』25：129-42.

稲田雅也（INADA, Masaya）　2-10
拓殖大学国際開発学部准教授
東京工業大学大学院理工学研究科社会工学専攻博士後期課程中退（1992年11月）
単著，2005,「近世日本社会における農民一揆の時間的側面に関する計量社会学的分析」『国際開発学研究』4(2)：67-82.
単著，2000年,「日本的経営と長期雇用」原純輔編『近代化と社会階層　日本の階層システム1』東京大学出版会，161-76.

石黒　格（ISHIGURO, Itaru）　博士（社会心理学）　3-7, 3-12
日本女子大学人間社会学部心理学科准教授
東京大学大学院人文社会系研究科単位取得退学（2001年3月）
共著，2005,「謙遜の生起に対するコミュニケーション・ターゲットの効果」『社会心理学研究』21(1)：1-11.
単著，2003, "Contextual Effects of Personal Network on Individuals' Tendency to Blame the Victims of Sexual Harassment," *Asian Journal of Social Psychology*, 6(3): 201-14.

岩間暁子（IWAMA, Akiko）　2-3
立教大学社会学部社会学科教授
北海道大学大学院文学研究科博士後期課程単位取得退学（1996年3月）
単著，2006,「女性の就業が出生意欲に及ぼす影響のジェンダー比較」『人口問題研究』62(1-2)：30-34.
単著，2005, "Social Stratification and the Division of Household Labor in Japan: The Effect of Wives' Work on the Division of Labor among Dual-earner Families," *International Journal of Japanese Sociology* 14：15-31,

神林博史（KANBAYASHI, Hiroshi）　博士（文学）　2-8
東北学院大学教養学部准教授
東北大学大学院文学研究科博士人間科学専攻課程後期単位取得退学（2002年3月）
単著，2005,「政治的態度における DK 回答と政治的行動」『社会学評論』56(2)：452-67.
単著，2003,「未婚者の階層帰属意識のジェンダー差に関する試論」『社会学年報』32：93-112.

古宇田千恵（KOTA, Chie） 1-6
関西学院大学総合政策学部非常勤講師、同志社女子大学学芸学部情報メディア学科非常勤講師
中央大学大学院文学研究科社会情報学専攻博士後期課程単位取得退学（2001年3月）
単著，2003，「企業による従業員のジェンダー・イメージの創出―制服着用制度による補助事務職女性の集団内同一化―」『中央大学文学部紀要』13：161-9.
単著，2000, "Men's and Women's Perceptions of Gender Inequality in the Japanese Workplace: A Comparison with the Former West Germany, Great Britain, and the United States," Masaru Miyano ed., *Japanese Perceptions of Social Justice: How Do They Figure out What Ought to Be?* (Ministry of Education, Science, Sports and Culture, Grant-in-Aid for Scientific Research (B) Report), 119-31.

栗田宣義*（KURITA, Nobuyoshi） 博士（社会学） 1-1，2-2
関西国際大学教授
上智大学大学院文学研究科社会学専攻博士後期課程単位取得退学（1988年3月）
単著，2006，『社会学』ナツメ社．
単著，1999，『トーキングソシオロジー』日本評論社．

間淵領吾*（MABUCHI, Ryogo） 2-1
関西大学社会学部教授
中央大学大学院文学研究科博士後期課程社会学専攻単位取得退学（1992年3月）
共著，2005，中村圭介・連合総研編『衰退か再生か：労働組合活性化への道』勁草書房．
単著，2002，「二次分析による日本人同質論の検証」『理論と方法』17(1)：3-21.

三輪　哲（MIWA, Satoshi） 2-4，3-5
東北大学大学院教育学研究科准教授
東北大学大学院文学研究科人間科学専攻博士課程後期単位取得退学（2005年3月）
単著，2006，「後発産業社会における社会移動の趨勢とパターン―日本と韓国の社会移動にみられる相違と類似―」『社会学研究』79：165-93.
単著，2004，「近代日本における教育機会の階層間格差―格差の趨勢的拡大と新中間層の形成―」『社会学年報』33：117-37.

村上あかね（MURAKAMI, Akane） 4-1
桃山学院大学社会学部准教授
大阪大学大学院人間科学研究科博士課程単位取得退学（2002年3月）
単著，2005，「20・30代未婚者の職業生活―初職、現職、転職とネットワーク」『若年世代の現在と未来』国立印刷局，95-115.
共著，2004，「デフレ時代におけるリスク対処法」『女性たちの平成不況』日本経済新聞社，235-260.

村澤昌崇（MURASAWA, Masataka） 2-9
広島大学高等教育研究開発センター准教授
広島大学大学院教育学研究科教育学専攻博士課程後期単位取得退学（1996年3月）
共著，2000，「日本の大学評価システムの構造と機能―自己点検・評価が生み出したもの―」『高等教育研究』3：173-93.
単著，1995，「学校目標と学力アウトプットとの関連の分析―「効果的な学校研究」の検討を通じて―」『日本教育経営学会紀要』37：99-114.

中原洪二郎（NAKAHARA, Kojiro） 4-2，4-3
奈良大学社会学部准教授
東北大学大学院文学研究科社会学専攻博士課程後期中退（1996年3月）
共著，2004，「韓国人と日本人相互の民族的印象形成と、両者の印象上での在日コリアンの位置づけに関する計量的分析」『人文科学論集〈人間情報学科学〉』38，信州大学人文学部，119-32.

単著，2003，「参政権と帰化をめぐる在日韓国人の意向―その類型化と構造の分析」『社会心理学研究』19(2)：79-93．

中井美樹（NAKAI, Miki）　3-8
立命館大学産業社会学部教授
北海道大学大学院文学研究科博士後期課程中退（1992年3月）
単著，2004，"Classification of Career-Lifestyle Patterns of Women," Daniel Baier and Klaus-Dieter Wernecke eds., *Innovations in Classification, Data Science, and Information Systems,* Heidelberg-Berlin, Springer, 363-370．
単著，2000年，「市場参加／社会参加―キャリア・パターンの多様性とその背景」盛山和夫編『ジェンダー・市場・家族　日本の階層システム4』東京大学出版会，111-31．

中野康人（NAKANO, Yasuto）　博士（文学）　2-7
関西学院大学社会学部教授
東北大学大学院文学研究科社会学専攻博士後期課程単位取得退学（1998年3月）
共著，2004，岡田昌史編『The R Book―データ解析環境「R」の活用事例集―』九天社．
共著，2004，小野寺孝義・山本嘉一郎編『SPSS事典―BASE編―』ナカニシヤ出版．

大西康雄（OHNISHI, Yasuo）　3-3
山梨県立大学国際政策学部准教授
東京都立大学大学院社会科学研究科博士課程単位取得退学（1990年4月）
単著，2003，「ネットワーク認知の「正確さ」とは何か―政治家ネットワークにおけるCSとLSの分析的有効性の比較研究―」『理論と方法』18(1)：53-70
共編著，1994，『自己組織化過程のネット分析』八千代出版

杉野　勇（SUGINO, Isamu）　1-2，3-11
お茶の水女子大学文教育学部准教授
東京大学大学院人文社会系研究科博士課程単位取得退学（1997年3月）
共著，2006，"Employment Problems and Disputing Behavior in Japan," *Japan Labor Review* 3(1)：51-67．
単著，2006，「1936年大統領選予測の実際―*Literary Digest* と Gallup 再訪」『相関社会科学』15：55-69．

高田　洋*（TAKADA, Hiroshi）　博士（人間科学）　2-11
札幌学院大学社会情報学部教授
大阪大学大学院人間科学研究科博士後期課程修了（2000年3月）
単著，2004，「民主化の「第3の波」のその後の民主主義の安定と経済発展―交差相関による時系列分析―」『東京都立大学　人文学報』350：45-64．
単著，2001，「横断的国家分析における民主主義の指標とその問題点」『東京都立大学　人文学報』319：77-98．

豊島慎一郎（TOYOSHIMA, Shin'ichiro）　2-2
大分大学経済学部准教授
関西学院大学大学院社会学研究科博士後期課程修了（1998年3月）
単著，2004，「なぜマイノリティは差別されるのか―予言の自己成就」土場学他編『社会を〈モデル〉でみる―数理社会学への招待』勁草書房，132-35．
単著，2000，「新しい市民像―社会的活動」高坂健次編『階層社会から新しい市民社会へ　日本の階層システム第6巻』東京大学出版会，143-59．

上川一秋（UEKAWA, Kazuaki）　Ph. D.（社会学）　2-5
Optimal Solutions Group 上級研究員
シカゴ大学大学院社会学部博士号取得（2000年6月）
単著，2007，『英語喉』三修社．

共著, 2005, *Meaningful Urban Education Reform: Confronting the Learning Crisis in Mathematics and Science,* New York: State University of New York Press.

山本英弘（YAMAMOTO, Hidehiro） 博士（文学） 1-5
山形大学地域教育文化学部准教授
東北大学大学院文学研究科人間科学専攻博士後期課程修了（2003年3月）
単著, 2005,「社会運動の発生と政治的機会構造―ゲーム理論的モデルによる考察と国際比較分析」数土直紀・今田高俊編『数理社会学入門』勁草書房, 147-67.
単著, 2005,「イラク戦争抗議デモ参加者の諸相―質問紙調査に基づく分析から―」『社会学年報』34：183-203.

保田時男（YASUDA, Tokio） 1-3, 3-6
関西大学社会学部准教授
大阪大学大学院人間科学研究科博士後期課程単位取得退学（2003年3月）
単著, 2004,「親子のライフステージと世代間の援助関係」渡辺秀樹他編『現代家族の構造と変容: 全国家族調査［NFRJ98］による計量分析』東京大学出版会, 347-365.
単著, 2000,「クロス集計表における欠損データの分析: 学歴移動表を例として」『理論と方法』15(1)：165-80.

安田 雪＊（YASUDA, Yuki） Ph. D.（社会学） 3-4, チェックリスト
関西大学社会学部教授
コロンビア大学大学院社会学専攻博士課程修了（1993年5月）
単著, 2004,『人脈づくりの科学』日本経済新聞社.
単著, 2002,『働きたい でも 働けない』勁草書房.

与謝野有紀＊（YOSANO, Arinori） 2-1
関西大学社会学部教授
北海道大学大学院文学研究科博士後期課程中退（1990年3月）
共著, 2005, "Social Stratification, Intermediary Groups and Creation of Trustfulness," *Sociological Theory and Methods* 20(1)：27-44.
単著, 2005,「紛争のダイナミズム―リチャードソン、ボールディングの決定論的システムからカオスへ」三隅一人編著『社会学の古典理論：数理で蘇る巨匠たち』勁草書房, 193-217.

渡邊 勉（WATANABE, Tsutomu） 博士（文学） 1-4
関西学院大学社会学部教授
東北大学大学院文学研究科人間科学専攻博士後期課程単位取得退学（2001年3月）
共編, 2004,『社会を〈モデル〉でみる―数理社会学への招待』勁草書房.
単著, 2004,「職歴パターンの分析―最適マッチング分析の可能性」『理論と方法』19(2)：213-34.

社会の見方、測り方　計量社会学への招待

2006年7月25日　第1版第1刷発行
2014年3月10日　第1版第4刷発行

監　修　数理社会学会
編　集　与謝野有紀
　　　　栗田宣義
　　　　間淵領吾
　　　　安田　雪
　　　　高田　洋

発行者　井村寿人

発行所　株式会社　勁草書房
112-0005　東京都文京区水道 2-1-1　振替 00150-2-175253
（編集）電話 03-3815-5277／FAX 03-3814-6968
（営業）電話 03-3814-6861／FAX 03-3814-6854
港北出版印刷・中永製本

Ⓒ Japanese Asscoiation of Mathematical Sociology　2006
ISBN978-4-326-60186-8　Printed in Japan

JCLS ＜㈳日本著作出版権管理システム委託出版物＞
本書の無断複写は著作権法上での例外を除き禁じられています。
複写される場合は、そのつど事前に㈳日本著作出版権管理システム
（電話03-3817-5670、FAX03-3815-8199）の許諾を得てください。

＊落丁本・乱丁本はお取替いたします。
http://www.keisoshobo.co.jp

数理社会学会監修・土場学ほか編集
社 会 を〈モ デ ル〉で み る　　A5判　2,800円
数理社会学への招待　　　　　　　　　　60165-3

三隅一人編著
社 会 学 の 古 典 理 論　　A5判　3,000円
数理で蘇る巨匠たち　　　　　　　　　　60167-7

―――― **数理社会学シリーズ（全5巻）** ――――

数土直紀・今田高俊編著
　1　数 理 社 会 学 入 門

小林盾・海野道郎編著
　2　数 理 社 会 学 の 理 論 と 方 法

佐藤嘉倫・平松闊編著
　3　ネットワーク・ダイナミクス
　　　　社会ネットワークと合理的選択

土場学・盛山和夫編著
　4　正　義　の　論　理
　　　　公共的価値の規範的社会理論

三隅一人・髙坂健次編著
　5　シンボリック・デバイス
　　　　意味世界へのフォーマル・アプローチ

――――――――――――――――――――勁草書房刊

＊表示価格は2014年3月現在。消費税は含まれておりません。